REVISTA DE DIREITO MERCANTIL
industrial, econômico e financeiro

126

Publicação do
Instituto Brasileiro de Direito Comercial Comparado
e Biblioteca Tullio Ascarelli
do Departamento de Direito Comercial
da Faculdade de Direito da Universidade de São Paulo

Ano XLI (Nova Série)
abril-junho/2002

MALHEIROS
EDITORES

REVISTA DE DIREITO MERCANTIL

industrial, econômico e financeiro

Nova Série — Ano XLI — n. 126 — abril-junho de 2002

REVISTA DE DIREITO MERCANTIL
publicação trimestral de
MALHEIROS EDITORES LTDA.
Rua Paes de Araújo, 29, conjunto 171
CEP 04531-940
São Paulo, SP - Brasil
Tel. (011) 3078-7205
Fax: (011) 3168-5495

Diretor Responsável: Álvaro Malheiros
Diretora: Suzana Fleury Malheiros

Assinaturas e comercialização:
CATAVENTO DISTRIBUIDORA DE
LIVROS S.A.
Rua Conselheiro Ramalho, 928
CEP 01325-000
São Paulo, SP - Brasil
Tel. (011) 289-0811
Fax: (011) 251-3756

Supervisão Gráfica: Vânia Lúcia Amato
Composição: *Scripta*

SUMÁRIO

DOUTRINA

CONCEITO DE LIQUIDEZ NA DISCIPLINA DO MERCADO DE VALORES MOBILIÁRIOS
— RACHEL SZTAJN 7

ATUALIDADES

OS CONTRATOS INOMINADOS E O NOVO CÓDIGO CIVIL
— HAROLDO MALHEIROS DUCLERC VERÇOSA 31

A RETIRADA JUDICIAL DOS SÓCIOS COTISTAS E A JUSTA PRESERVAÇÃO DE SEUS DIREITOS NO CURSO DA AÇÃO
— JOÃO LUIZ COELHO DA ROCHA 37

O MERCADO DE CAPITAIS COMO IMPERATIVO DESENVOLVIMENTISTA
— RAPHAEL VELLY DE CASTRO 42

A ARBITRAGEM NAS SOCIEDADES DE RESPONSABILIDADE LIMITADA
— PEDRO A. BATISTA MARTINS 58

GOVERNANÇA CORPORATIVA E AÇÕES PREFERENCIAIS — DILEMA DO LEGISLADOR BRASILEIRO
— FERNANDO SHAYER 75

ELEIÇÃO DE MEMBROS DO CONSELHO DE ADMINISTRAÇÃO PELOS ACIONISTAS MINORITÁRIOS (EXEGESE DO INCISO I DO § 4º DO ART. 141 DA LEI 6.404/1976)
— PEDRO OLIVA MARCILIO DE SOUSA 87

DIREITO E ECONOMIA

Apresentação do Projeto "Diálogos FEA & Largo de São Francisco"

RELEVÂNCIA PARA TRANSFORMAÇÃO DAS INSTITUIÇÕES NO BRASIL CONTEMPORÂNEO
— DECIO ZYLBERSZTAJN, RACHEL SZTAJN, ÉRICA CRISTINA ROCHA GORGA e ROBERTO FAVA SCARE 101

A ECONOMIA E O DIREITO DE PROPRIEDADE
— DECIO ZYLBERSZTAJN e RACHEL SZTAJN 112

DIREITOS DE PROPRIEDADE NA NOVA ECONOMIA DAS INSTITUIÇÕES E EM DIREITO E ECONOMIA
— BERNARDO MUELLER 117

A *PROPRIEDADE PRIVADA* ENTRE O DIREITO CIVIL E A CONSTITUIÇÃO
— ALCIDES TOMASETTI JR. 123

ESPAÇO DISCENTE

NOTAS SOBRE A EFICÁCIA DA CLÁUSULA COMPROMISSÓRIA ESTATUTÁRIA
— JULIANA KRUEGER PELA 129

ALIENAÇÃO DO CONTROLE DE S/A POR OFERTA PÚBLICA (ART. 254-A DA LEI DAS S/A)
— ADRIANA JOSUÁ 141

JURISPRUDÊNCIA COMENTADA

CÉDULA RURAL PIGNORATÍCIA — DEPÓSITO DE BEM FUNGÍVEL EM ARMAZÉM-GERAL — PRISÃO DE DEPOSITÁRIO INFIEL
— FERNANDO NETTO BOITEUX 159

CVM — DECISÃO ADMINISTRATIVA SOBRE ALIENAÇÃO DE CONTROLE — AÇÕES VINCULADAS A ACORDO DE ACIONISTAS — O CASO VOTORANTIM
— ARTHUR BARDAWIL PENTEADO 178

PARECER CVM DE 16.4.2002: CRITÉRIOS PARA A ELEIÇÃO DE MEMBROS DO CONSELHO DE ADMINISTRAÇÃO DE S/A ABERTA, APÓS A LEI 10.303/2001
— DANIELA GOMES AFONSO 193

COLABORAM NESTE NÚMERO

ADRIANA JOSUÁ
Pós-Graduanda da Faculdade de Direito da Universidade de São Paulo

ALCIDES TOMASETTI JR.
Professor na Faculdade de Direito da Universidade de São Paulo

ARTHUR BARDAWIL PENTEADO
Pós-Graduando da Faculdade de Direito da Universidade de São Paulo. Advogado em São Paulo

BERNARDO MUELLER
Departamento de Economia da Universidade de Brasília

DANIELA GOMES AFONSO
Pós-Graduanda da Faculdade de Direito da Universidade de São Paulo

DECIO ZYLBERSZTAJN
Professor Doutor da Faculdade de Economia, Administração e Contabilidade (FEA) da Universidade de São Paulo

ÉRICA CRISTINA ROCHA GORGA
Aluna da Faculdade de Direito da Universidade de São Paulo

FERNANDO NETTO BOITEUX
Doutor em Direito Comercial pela Universidade de São Paulo, onde foi Professor. Professor Doutor de Direito Comercial da Fundação Armando Álvares Penteado (FAAP). Advogado em São Paulo

FERNANDO SHAYER
Bacharel em Economia pela Universidade de São Paulo e em Direito pela Pontifícia Universidade Católica de São Paulo. Mestre em Direito (LL. M.) pela Columbia University (EUA). Doutorando em Direito Comercial pela Universidade de São Paulo. Advogado em São Paulo

HAROLDO MALHEIROS DUCLERC VERÇOSA
Mestre e Doutor em Direito pela Faculdade de Direito da Universidade de São Paulo. Professor de Direito Comercial nos Cursos de Graduação e Pós-Graduação da USP e da FAAP. Consultor Jurídico de Empresas

JOÃO LUIZ COELHO DA ROCHA
Professor de Direito Comercial da Pontifícia Universidade Católica do Rio de Janeiro. Advogado

JULIANA KRUEGER PELA
Pós-Graduanda da Faculdade de Direito da Universidade de São Paulo

PEDRO A. BATISTA MARTINS
Professor Convidado da Escola da Magistratura do Estado do Rio de Janeiro. Advogado no Rio de Janeiro

PEDRO OLIVA MARCILIO DE SOUSA
Mestrando em Direito Comercial pela Faculdade de Direito da Universidade de São Paulo. Advogado

RACHEL SZTAJN
Professora Associada da Faculdade de Direito da Universidade de São Paulo

RAPHAEL VELLY DE CASTRO
Especialista em Direito Mobiliário. Advogado

ROBERTO FAVA SCARE
Aluno da Faculdade de Economia, Administração e Contabilidade (FEA) da Universidade de São Paulo

Doutrina

CONCEITO DE LIQUIDEZ NA DISCIPLINA DO MERCADO DE VALORES MOBILIÁRIOS

RACHEL SZTAJN

Introdução. 1. Definição de circulação. 2. Definição de liquidez. 3. Liquidez no mercado de valores mobiliários. Conclusão.

Introdução

A disciplina da circulação de valores mobiliários — ações, debêntures, opções de compra de ações, ou outros instrumentos de captação da poupança popular no mercado — precisa levar em conta, como um dos mais importantes instrumentos regulatórios, a liquidez. É que direcionar recursos da poupança privada para investimentos de longo prazo (debêntures) ou de tempo indeterminado (ações), para ser eficiente, requer a harmonização de interesses dos titulares de recursos excedentes (agentes superavitários ou doadores de recursos) com os de interessados em recebê-los, para o que é fundamental que não se imponha àqueles a imobilização de suas poupanças.

Dado o fato de que a escassez de recursos monetários é constante, fato notório, às pessoas que tenham recursos excedentes que podem ser direcionados para investimentos, são oferecidas, no mínimo, duas alternativas: podem escolher o mercado financeiro estrito senso ou mercado de valores mobiliários, este considerado, em geral, mercado de risco, que é o ponto em que se dá a concorrência entre os dois mercados, sendo o outro fator o retorno ou rentabilidade.

Não se suponha que não há riscos no investimento em mercados financeiros. O que facilita extremá-los é que nestes, a intermediação feita pelas instituições financeiras, profissionais, na captação do excedente dos agentes superavitários e sua transferência aos deficitários, inexistente no que se refere a valores mobiliários, tende a reduzir o risco, pois o intermediário trata de pulverizá-lo construindo carteiras e, portanto, eventuais perdas ficam dispersas. Outra relevante diferença entre os mercados está em que o de valores mobiliários aparece em dois níveis, ou dois diferentes mercados: o primário, no qual se negociam os produtos de novas emissões, ao menos quanto à sua distribuição pública; e o secundário, no qual são negociados valores que, em momento anterior, foram emitidos e postos em circulação no mercado primário.

Essa duplicidade de mercados é que permite aos adquirentes de emissão primária a recuperação dos recursos aplicados mediante a troca dos valores mobiliários adquiridos ou subscritos por outros ativos, como a moeda, que alterem ou mudem a titularidade sobre os valores mobiliários pela reorganização da composição de suas carteiras de investimentos.

Mas os dois mercados também se assemelham quanto à variedade de "produtos" oferecidos, que se multiplica a fim de atender a necessidades específicas, tanto de investidores, quanto de tomadores de recursos. No campo dos valores mobiliários lembra-se, desde logo, as ações, debêntures (conversíveis ou simples, com garantia real, flutuante, sem garantia e subordinadas), opções para compra de ações e cédulas pignoratícias, demonstrando-se a variedade de instrumentos de captação de recursos, sejam de participação em risco, ou não.

A importância do mercado de valores mobiliários para o investimento direto na atividade produtiva de recursos da poupança popular, que se somam, aglutinam, é sobejamente reconhecida e desejada, sendo a sociedade anônima o instituto jurídico predisposto para essa finalidade. A sociedade anônima é tipo societário que favorece a reunião de montante expressivo de recursos para investimento em atividades de risco, em virtude da limitação da responsabilidade pessoal de cada sócio ou investidor pelas obrigações da sociedade, que é limitada ao valor pago pelas ações subscritas ou adquiridas, isto é, fica restrito ao montante da participação individual no capital da companhia. Sylvio Marcondes explica que a anônima é o tipo de sociedade na qual a contribuição patrimonial do sócio prevalece sobre a pessoal.

Ponto importante da organização desse tipo de sociedade é a dissociação entre participação no capital social e o exercício da administração da companhia, o que na anônima se verifica nos casos de administração dual, isto é, dividida entre conselho de administração e diretoria (art. 140, I, da Lei 6.404/1976). Essa regra também se prende à fungibilidade dos participantes, cuja composição, a qualquer tempo, pode ser modificada em virtude da circulação, da transferência de titularidade das participações societárias.

A facilidade de circulação das participações leva à indagação sobre eventuais riscos de significativas mudanças da política administrativa, que podem alterar a decisão do investidor quanto a manter, ou não, sua participação. Por isso, analisar como a dispersão das ações junto ao público investidor, ou ao revés, sua elevada concentração, se manifestam e afetam decisões de investimento/desinvestimento dos agentes superavitários é importante. Aqui, o núcleo das questões relacionadas à liquidez do mercado e dos valores mobiliários, especialmente ações, tem relevância.

Afirma-se, resultado de investigação empírica que, quanto mais elevada for a dispersão da base acionária, mais fácil será que cada investidor encontre interessado(s) em adquirir sua participação e, portanto, a retirada/admissão na sociedade é mais ágil, o mercado é líquido. Avalia-se a dispersão da base acionária comparando-se a quantidade de ações com efetivas possibilidades de circulação no mercado em relação ao total de ações representativas do capital social da companhia. Quanto maior o número de titulares para essa quantidade de ações, maior a dispersão. Esse cálculo é importante para que se avalie o aumento ou a redução da liquidez da ação em cada momento.

Diferente do que se dá com outros tipos de sociedades, na anônima o legislador abandona a regra tradicional segundo a qual a administração cabe aos sócios, pois neste tipo a administração pode ser exercida por acionistas e por terceiros, não sócios, de sorte que a fungibilidade acionária, que pode ser grande em face de larga dispersão das ações junto ao público, não afeta a estabilidade da administração, que não está imediatamente presa à participação no capital social e cujas políticas administrativas podem, então, ser mantidas mesmo que mudem os membros da sociedade.

Se, de um lado, a dispersão da base acionária é desejável para que facilite a circulação das ações, ao mesmo tempo que não se produz expressiva concentração do poder de controle, de outra parte, é fundamental lembrar que a faculdade de celebrar acordos de acionistas, sejam eles de voto para a formação de blocos acionários — tanto de controle quanto de bloqueio — ou de preferência para a aquisição de ações, é de considerar os efeitos que essa restrição voluntária à circulação das ações pode ter sobre a condução dos negócios sociais.

Riscos do controle nas anônimas devem ser considerados sob ótica distinta daquela em que se o faz nos outros tipos societários. É que naqueles tipos a ligação entre administração e participação no capital da sociedade leva à criação de sistema de freios e contrapesos que, na tomada de decisões administrativas arriscadas ou temerárias, faz com que o sócio-gerente se contenha, uma vez que recairá sobre ele, mesmo que subsidiariamente, a responsabilidade pelas obrigações da sociedade.

Nas companhias essa regra só se aplica quando o administrador agir de forma culposa, nos termos do art. 159 da Lei 6.404/1976 e, ainda assim, será preciso que a assembléia geral aprove a propositura de ação de responsabilidade, enquanto naquelas outras sociedades os credores têm legitimidade para intentá-la.

Este, parece-me, o fulcro da natureza jurídica do poder de controle na lei do anonimato, que é a de poder-dever ou poder-funcional, aquele poder que deve ser exercido em benefício dos demais acionistas da companhia, empregados e da comunidade em que atue. Poder funcional que não implica, entretanto, na imobilidade das políticas administrativas, tanto que é comum, quando da transferência do bloco de controle a terceiros, sócios ou não, haver mudanças das diretrizes administrativas cujos efeitos recaem, diretamente, sobre a sociedade e, indiretamente, sobre os acionistas remanescentes.

Assim, a livre circulação das ações em mercados, que é desejável, não deve servir para impor perdas aos investidores o que os desestimularia a aplicar recursos nesse mercado. Importante é equilibrar a liberdade para dispor das ações (ou debêntures), mantendo-se algumas garantias de que ações mais sensíveis dos controladores não gerem prejuízos para os demais acionistas. É que, ações, sobretudo, diversamente do que se dá com outros bens ou ativos, têm seu valor preso aos resultados da ação administrativa, da avaliação que delas se faça, seja no que diz respeito à companhia, seja quanto à sua inserção na economia.

Sempre que os investidores não exercem poder sobre a administração da sociedade investida, a garantia e facilidade de mudança de posição — investidor a não investidor —, a alteração da composição das carteiras de investimentos, é fundamental para o mercado. Dada a concorrência na captação das reservas da poupança popular, o que implica avaliar a facilidade ou dificuldade para liquidar a posição que, combinada com a propensão ou repulsa a riscos, é que se determina ou se pode determinar a decisão dos agentes superavitários em investir nesse ou outros mercados.

Por isso é que a circulação dos valores mobiliários ações deve ser eficiente, fácil, nela fundada a decisão de investir em novas emissões oferecidas por companhias que necessitem de recursos. Por isso a relevância do mercado secundário de que depende, em última análise, o bom desempenho do mercado primário que, sem aquele, ficaria estreito, limitado. A expansão do mercado primário para a captação de novos recursos para a companhia depende da confiança que os aplicadores tenham sobre a maior ou menor facilidade para a troca de posições se e quando deserem.[1]

Como qualquer outro bem, pode-se negociar valores mobiliários nos mercados apropriados ou fora deles. Porém, fazê-lo nos mercados é mais eficiente, rápido e menos oneroso do que ter que encontrar interessados fora do mercado, porque nestes é mais fácil a descoberta do preço do bem e, dessa forma, a avaliação da conve-

1. Luiz Sérgio Coelho de Sampaio, *Liquidez e Estabilidade nos Sistemas de Bolsas de Valores*, estudo apresentado na I Convenção Internacional de Bolsas de Valores, Milão, 1972, IBMEC, p. 9v.

niência de reorganização de carteiras de investimentos.

Desenvolver mercado de valores mobiliários é importante para o direcionamento da poupança diretamente para o exercício de empresa coletiva, com o que se produz mais riqueza. A criação de riqueza no mercado de valores mobiliários, entretanto, depende de liquidez, da facilidade e da rapidez de circulação, transferência dos ativos, sem o que não se atrairão interessados, investidores e especuladores, que o movimentem, que ajustem a troca entre investidores atuais e potenciais.

O mercado de valores mobiliários deve ser líquido para que a reversão de posições não tenha custos que restrinjam o número de interessados em dele participar, seja pela capitalização direta das companhias com a aquisição de ações, seja concedendo empréstimos mediante a aquisição de debêntures. Dificuldades previstas para a alienação do bem, por falta de comprador ou pela demora em encontrá-lo, tornam menos atrativos tais investimentos. Ainda mais quando se sabe que o mercado de valores mobiliários — mercado de risco — depende da possibilidade de troca rápida, de liquidez que é, aqui, fundamental, talvez mais importante do que em outros mercados. Ainda mais quando o investimento for feito em ações que, como aponta Paulo de Tarso Medeiros, não têm prazo de vencimento.[2]

Não espanta, assim, o interesse que a criação e busca de liquidez despertam nos agentes e reguladores, nem o esforço, reiterado, para fomentá-la quando presente. A cada reforma da lei do anonimato reafirma-se a importância do desenvolvimento do mercado de valores mobiliários como mecanismo impulsionador do crescimento econômico e, igualmente, insiste-se em que a segurança dos investidores, sobre não ficarem aprisionados, sem poder retirar-se da companhia investida, constitui ponto central e objeto de alguma inovação. O fato se repetiu na última alteração da lei do anonimato, com a introdução de regras que, visando dar maior proteção a minorias e a aperfeiçoar o funcionamento do mercado, envolvem, entre outras matérias, circulação de ações e liquidez.

Defini-los e extremá-los é o que se pretende, pois parece que o legislador os tenha tomado por equivalentes, sinônimos. Mais, há quem entenda que o conceito de liquidez dos arts. 4º e 4º-A difere daquele preconizado no art. 137 da Lei 6.404/1976. A confirmar-se tal entendimento, como explicar que na mesma lei o termo tenha duas acepções e como não confundi-las. Será que a disciplina das ofertas públicas considera liquidez de forma diversa daquela aplicável ao reembolso nos casos de recesso para exclui-lo quando houver outra forma de retirada? As palavras circulação e liquidez admitem o emprego de uma pela outra, são substitutas perfeitas entre si?

1. Definição de circulação

Circulação significa movimentação contínua. Indica fluxo, deslocamento, e representa o resultado ou a ação de alguma coisa passar de mão em mão como, por exemplo, a transferência de bens, mercadorias, ou valores entre pessoas: a troca. Em economia, o sentido da palavra circulação indica a transferência ou trânsito de moeda corrente ou títulos em mercados. Circulação é processo em que da troca se permite apurar a rapidez com que os bens mudam de titular ou se convertem em moeda.

2. *Mecanismos de Liquidez nas Bolsas de Valores*, estudo para o Codimec, de 1989. "Liquidez representa, ao lado da rentabilidade e do risco, uma das características básicas de um ativo e reflete a facilidade de sua conversão em moeda. Quanto mais rapidamente puder ser feita a conversão do ativo em moeda, com variação mínima do seu preço, maior o seu grau de liquidez. (...) A noção de liquidez estende-se tanto à compra quanto à venda de ativos. (...) Liquidez de um ativo pode ser conseqüência de seu prazo de vencimento, ou da existência de mercados secundários. O segundo caso é o mais relevante para a grande maioria dos ativos, e especialmente para as ações, por serem ativos de prazo indeterminado" (capítulo I do módulo I).

A circulação de qualquer bem é mais fácil quanto mais líquido for o mercado. Compor e alterar carteiras de investimento também se faz com maior segurança em mercados líquidos. Portanto, quando se pensa em liquidez, há que considerar duas ordens de investigação, a dos mercados e a dos bens. Na espécie, das ações cuja facilidade ou dificuldade para a circulação sem perda depende dessa conjugação da liquidez.

2. *Definição de liquidez*

Liquidez, em linguagem corrente, é empregada para indicar, em relação ao sujeito, a existência de disponibilidade de dinheiro de contado e, por vezes, outros ativos ou valores (duplicatas, notas promissórias, letras de câmbio) que fácil e imediatamente sejam conversíveis em dinheiro; de modo amplo, usa-se liquidez para denotar a titularidade sobre bens facilmente negociáveis e conversíveis em dinheiro, de que são exemplos comuns títulos e ações. Portanto, liquidez significa ou indica disponibilidade sobre dinheiro, moeda de contado, ou a titularidade sobre bens aptos a serem convertidos em moeda corrente, dinheiro "vivo", como dizem alguns, facilmente e sem grandes perdas de valor.

Liquidez significa a disponibilidade de moeda ou a facilidade de converter bens em moeda e, nesse sentido, é utilizada em linguagem técnico-jurídica: ligada ou associada à idéia de moeda de contado ou bens nela facilmente conversíveis. Se alguém se refere a obrigação líquida diz obrigação cujo valor é determinado em moeda, representado por cifra fixada; sentença líquida é aquela cujo valor é expresso em moeda, sem que se faça necessária qualquer operação para apuração do *quantum*.

Também na legislação falimentar — dita procedimento liquidatário-solutório — fica claro que a liquidação se refere à venda dos ativos da massa, transformados em moeda, portanto, para solver as obrigações do falido. Novamente trata-se de converter ativos não monetários em moeda.

Liquidez é, também, critério utilizado na elaboração de balanços com a mesma noção, ou seja, facilidade de conversão do ativo em moeda, tanto que a primeira rubrica do ativo é *caixa*, seguida de *bancos conta movimento* (isto é, contas correntes de livre movimentação), vindo, em ordem decrescente de liquidez, os ativos que menos rapidamente serão transformados em moeda. No passivo, o critério empregado é o da exigibilidade. As obrigações que vencem no mais curto prazo — as mais imediatamente exigíveis — aparecem no topo e são seguidas das exigíveis em prazos mais longos até que, sob a rubrica *patrimônio líquido*, em que está a conta *capital*, é lançado o conjunto de contribuições que os sócios fazem à sociedade, exigíveis apenas se, ou quando, for ela, sociedade, dissolvida e *liquidada*, com a rescisão do contrato e a extinção da sociedade após o pagamento de todos os credores. Isto porque, nesse processo são pagos, preferencialmente, todos os credores "externos", não sócios. O saldo remanescente, se houver, será dividido entre as pessoas que eram, na data da dissolução, sócios ou associados.

No mercado financeiro, são ditos líquidos aqueles instrumentos cuja titularidade se transfere rapidamente, ou seja, são líquidos porque facilmente se transformam em moeda, e no mais das vezes, sem impor perdas a quem os aliena (deixo de considerar hipóteses de deságio na emissão de títulos, uma vez que não interessam à discussão que se segue).

A facilidade de transformar ativos em moeda, rapidamente e sem perdas, é o que os caracteriza como líquidos. Rapidez na transformação acompanhada de prejuízos pode indicar (i) baixa liquidez do ativo; (ii) necessidade imediata de moeda pelo alienante; (iii) imperfeições de mercado; (iv) além da combinação de dois ou mais desses fatores.

Líquidos costumam ser os títulos de emissão dos governos, incluindo-se, entre ativos líquidos, no Brasil, títulos de emissão do Banco Central do Brasil que, a partir da Lei de Reforma Fiscal, não mais os poderá emitir. São líquidos porque de mais fácil circulação do que títulos de emissão privada. A garantia de "solvência" do emitente a que se liga, ou de que se revestem os títulos públicos, fundada na credibilidade que merecem as autoridades emissoras, os torna ativos perfeitos para investidores avessos a risco. A "dívida soberana", representada por tais instrumentos de captação de recursos, tem por base a idéia de que países não deixam de honrá-las, não vão à bancarrota, pelo que não há muito temor em aceitar-se tais títulos e financiar os países.[3] Essa certeza quanto à solvência dos países começa a ser questionada pelos investidores e aparece nos sistemas de classificação de títulos públicos que têm indicador na percepção de solvabilidade de curto prazo. Diferente é o mercado de títulos emitidos por particulares, em que o risco de insolvência de cada emissor sempre foi objeto de avaliação de eventuais credores.

Portanto, não há sinonímia entre as palavras circulação e liquidez. Circulabilidade é condição necessária, porém não suficiente para gerar liquidez. Isto é, a relação é tal que a liquidez de certos ativos está diretamente ligada à facilidade de sua circulação em mercados, mas é preciso que o volume de operações realizadas seja suficiente para que os interessados em alienar/adquirir o bem se sintam seguros de que não ficarão com o bem imobilizado por longos períodos. Aptidão para transformar ou converter em moeda ativos de natureza não monetária é o sentido usual em que a palavra liquidez aparece em textos legais e de doutrina, sem aparente discrepância entre a linguagem vulgar, ordinária, e a técnica-jurídica. Porém, quando se pensa em liquidez no mercado de valores mobiliários, é evidente que circulação e liquidez não se confundem, porque a primeira não é condição suficiente para determinar a outra. Necessária, sim, suficiente, não.

3. Liquidez no mercado de valores mobiliários

Quem diz mercado tem em mente a realização de um conjunto de operações de mesma estrutura, em que interesses opostos recaiam sobre o mesmo bem. A pluralidade de pessoas que ofertam e demandam o bem e cujos interesses se ajustam num fluxo repetido de negócios idênticos modela o mercado.

Diz-se mercado de valores mobiliários aquele em que o conjunto de operações nele contratadas têm como bens objeto, ações, debêntures ou outros títulos admitidos à negociação em bolsa ou balcão organizado[4] (esse o mercado clássico de valores mobiliários até a recente inclusão dos derivativos, qualquer que seja o ativo subjacente no mercado).

Quanto aos valores mobiliários, ao menos os "tradicionais" — ações, debêntures, opções sobre ações, cédulas representativas de direitos sobre ações ou debêntures, cupões presos a esses títulos, similares às *securities* do direito norte-americano —, as negociações se dão não apenas em dois níveis — mercado primário e secundário — mas também em dois "espaços": bolsa e balcão.

Desses, interessa especialmente o de bolsa, pois que o balcão é visto, sobretudo, como mercado de acesso, quase de ensaio para a admissão à negociação em bolsa, o que, do ponto de análise de liquidez, tende a torná-lo, em regra, menos líquido, razão pela qual todos os estudos em torno de liquidez se atêm ao mercado de bolsa. Em

3. Deixa-se de lado o caso de países que não têm possibilidade de pagar essa dívida como, no momento, a Argentina, supondo-se que a situação é transitória.

4. Veja-se que a nova redação dada ao *caput* do art. 4º da Lei 6.404/1976 classifica as companhias em abertas ou fechadas segundo os valores mobiliários por elas emitidos sejam, ou não, admitidos à negociação *no mercado de valores mobiliários*. A redação original do art. 4º da lei era "(...) admitidos à negociação *em bolsa ou no mercado de balcão*" (destaques meus).

razão da exigência de facilidade de circulação, os estudos concentram-se nas companhias abertas, por conta da baixa restrição à livre transferibilidade dos valores mobiliários por elas emitidos.[5] Portanto, há que combinar a quantidade de valores mobiliários emitidos por companhias abertas e admitidos à circulação (negociação) em bolsa com o volume de operações e de títulos negociados no mercado. Por isso, a dispersão da base acionária é importante. Alguns investidores mantêm ações em carteira por longos períodos e, com isso, dependendo da quantidade de ações tituladas, pode-se reduzir a liquidez da ação, espécie ou classe, sem participação do controlador, que não tem poder para interferir nas decisões de cada acionista/investidor.

Dizer que um valor mobiliário é líquido, eqüivale a dizer que tem boas possibilidades de, facilmente, circular no mercado. Portanto, uma das questões que está ligada à aferição de liquidez depende de se saber se o valor mobiliário é objeto de restrições à livre circulação; outra é medir-se a velocidade com que circula, se não houver restrições. Liquidez e circulação não são, também nessa análise, termos sinônimos.

Ainda quando se dê menor importância à rapidez de circulação das ações, compensando-se eventual demora na mudança de posição com a exigência de maiores retornos, o sentimento, que por vezes se manifesta nas decisões de investidores, projetado sobre a liquidez, provoca oscilações de preço típicas de períodos em que há grandes ordens de compra ou venda, o que pode afetar a liquidez do valor mobiliário.

Mercados líquidos podem estimular o investimento em risco, espaço em que ações são o foco no conjunto de valores mobiliários. Investir em ações é decisão que leva em consideração não apenas a possibilidade de ganhos decorrentes da distribuição de lucros produzidos pela ação administrativa mas, também, a facilidade que se possa entrever para alienação desse investimento, a qualquer tempo. Esse aspecto está diretamente ligado à velocidade com que se processará a operação negocial com as ações. Se liquidez é fundamental na decisão de investir o é, também, na decisão de emitir valores mobiliários para busca de recursos da poupança privada em mercados.

Há, é verdade, investidores que aceitam adquirir ações de menor liquidez, desde que tenham alguma perspectiva de obter maior retorno sobre o montante investido ao final de certo período, o que representa uma forma de equilibrar a operação. É a relação risco/retorno no cálculo do benefício exigido. Esse cálculo influi na precificação do valor mobiliário, na taxa de desconto exigida pelos investidores, e está diretamente associado à velocidade com que se processará a operação negocial de venda das ações.

Para Coelho de Sampaio, a liquidez no mercado de valores mobiliários tem duas dimensões ou grandezas: uma de estado, instantânea, e outra de fluxo. Portanto, diz Carlos Sampaio, que a liquidez no mercado de valores mobiliários pode ser definida em função de determinado instante de tempo, tomando-a como variação do preço na transformação do ativo em moeda para certa quantidade de ativo, aproximando-a da lucratividade, que, de sua parte, é grandeza de fluxo, refere-se ao período de tempo, enquanto aquela é grandeza de estado, é instantânea.[6] Essa afirmação não discrepa daquela de Paulo de Tarso Medeiros,[7] para quem o conceito de liquidez tem dimensão temporal, na medida que contempla, nas operações realizadas em bolsa, os valores mobiliários mais negociados em todos os pregões no período.

5. Conquanto a lei impeça restrições estatutárias à livre circulação de ações de companhias abertas, elas podem resultar de acordos de acionistas prevendo a preferência na compra. Com isso a quantidade de ações no mercado fica reduzida e pode afetar a liquidez.

6. Ob. cit., pp. 11 e 12.

7. Ob. cit., p. 18.

Aduz Coelho de Sampaio[8] que a noção de liquidez, quando aplicada a valores mobiliários, é sempre apresentada como característica básica, mas com diferentes conotações, segundo o ponto de vista dos autores que empregam o termo. Para alguns, é a possibilidade de vender títulos; para outros, a de convertê-los rapidamente em dinheiro, a conversão, rápida de um título em dinheiro, a qualquer tempo e sem risco de perda de valor. Entende que a falta de precisão da linguagem é causa de ambigüidades na avaliação de títulos.

Liquidez, entendida como a possibilidade de conversão de um bem não monetário em moeda, denota o fluxo de moeda entre pessoas em contrapartida a outro fluxo, o de transmissão da titularidade sobre o bem não monetário, potencial ou real. Essa idéia de fluxo de moeda é corrente nos mercados financeiros — *lato* ou *strito sensu* — e é nesse sentido que pode e deve ser empregada quando se analisa o mercado de valores mobiliários.

Segundo Ney Roberto Ottoni de Brito,[9] houve pouca preocupação, seja doutrinária, seja dos agentes do mercado, na busca da definição de liquidez, nada obstante, ao longo das discussões se notasse, de modo implícito, haver noção de fenômeno que está ligado a volume ou quantidade de ações negociadas em determinado período, e que o autor denomina medidas clássicas de liquidez. O fundamento, explica, é que as ações mais negociadas, em quantidade ou volume, são aquelas sobre as quais aparecem maior número de ordens de compra e/ou venda. A circulação de tais ações é mais fácil, como, de resto, de qualquer outro bem que, sem perdas, possa ser rapidamente transformado em moeda corrente. Essas são as ações que costumam integrar os índices das bolsas de valores.

Ney Brito propõe, em contraposição ao que denominara medida clássica de liquidez, que se incorpore àquela definição o fenômeno das oscilações de preços decorrentes das ordens de venda e/ou compra de ações pelo que, medidas de liquidez, seriam definidas pela sensibilidade dos preços em relação à quantidade e ao volume de ordens. Quantas ordens em cada sentido e qual a quantidade de ações por ordem.

Se houver mudanças estatisticamente significantes dos preços por força de grandes ordens, o mercado, ou o valor mobiliário, tendem a ser ilíquidos revelando-se que os investidores têm a percepção, sabem, que liquidez influi na formação do preço. Comparando os preços de negociação de ações de companhias abertas amplamente negociadas com outras, em que as ordens são menos freqüentes, percebe-se que há diferenças importantes, efeito da exigência de retorno maior para compensar a perda de liquidez.

Mas os mercados são dinâmicos, mudam ao longo do tempo, explica Ney Brito, e as características das companhias emissoras de ações tampouco são estáticas, também passam por alterações ao longo do tempo, alterações que derivam de mudanças macroeconômicas ou porque houve mudança na ação administrativa da companhia, mudanças essas racional ou irracionalmente consideradas importantes pelos investidores ou especuladores.

Essas duas ordens de mudanças definem liquidez. Portanto, quando se pensa em avaliar (medir) liquidez, é preciso determinar o período analisado, além de se investigar tanto a liquidez do mercado quanto a do valor mobiliário considerado. Creio que as situações referidas estão contempladas nas alterações ao art. 137 da Lei 6.404/1976, que reduz o recesso sempre que a classe ou espécie de ação integre índice de bolsa. Para integrar índice a ação deve ser bastante negociada nos pregões ao longo de certo período, mudando-se a composição da carteira que apura o índice de liquidez do mercado, sempre que operado-

8. Ob. cit., p. 10.

9. "Medidas de liquidez do mercado de ações", in *Gestão de Investimentos*, Coleção Coppead de Administração, Ed. UFRJ e Atlas, 1989, pp. 123 e ss.

res deixem de negociar uma ou outra ação, transferindo as ordens de compra/venda para outra.

Se mercados líquidos são relevantes para a análise de investimentos em valores mobiliários, entende Ney Brito que, na falta de medidas de liquidez associadas à sensibilidade[10] de preço das ações, os investidores estimam a liquidez pela quantidade ou volume negociado, os quais o autor considera maus indicadores da capacidade do mercado para absorver ordens sem expressivas oscilações de preços.[11] Dessa conclusão se conclui que os mercados de valores mobiliários brasileiros — bolsa ou balcão — têm baixa liquidez, que não há volume suficiente de ações em circulação que permita prever mudanças de curto prazo no sentido de estimular investidores a não demandar prêmios por perda de liquidez.

Nessa linha veja-se recente estudo de Malcolm Baker e Jeremy C. Stein,[12] que tentam explicar de que forma o aumento de liquidez pode ser utilizado para predizer retornos menores, que dizer, menor demanda por prêmios, que vai na mesma linha do estudo de Domowitz e Wang,[13] os quais correlacionaram liquidez de mercados com liquidez de ações e/ou de carteiras de ações.

Estudando movimentos de ações em mercados abertos, aqueles autores sublinham que a liquidez, a par de afetar o preço da ação considerada, serve, ainda, para alertar os investidores de que, ao diversificarem seus investimentos em carteiras, devem procurar reduzir, limitar, movimentos sincrônicos de liquidez de forma a não aumentar o risco da carteira,[14] noção que interessa na análise da composição de carteiras de fundos de ações.

Em suma, liquidez, no mercado acionário, depende da facilidade com que sejam cumpridas as ordens de venda/compra, das oscilações de preço, da variação positiva ou negativa, dessa variação do preço comparada com a variação de preço de outras ações ou do mercado, ou de ambos. Estratégias de composição de carteiras de investimentos levam em conta estes aspectos, mesmo porque os investidores são, regra geral, mais propensos a investir em mercados e ações líquidos.

Para Domowitz e Wang os tipos de ordens e seu fluxo determina o retorno do investimento, pelo que as estratégias de diversificação de carteiras de ações não elimina inteiramente o risco. Assim, dizem, liquidez ou *custos de transação*, são relevantes na precificação desse ativos. Por conta da dificuldade em negociar todas as ações de uma carteira ao mesmo tempo, a diversificação nem sempre pode ser a estratégia ideal para resolver problemas de liquidez de algumas ações.

Utilizando a liquidez como fator de previsão de retornos sobre investimentos em ações, a possibilidade da vendê-las em algum momento futuro, associada aos *custos de transação* e a considerações relativas a escolhas adversas ou más, a aversão a riscos, leva investidores racionais, antecipando dificuldades, demandarem retornos maiores para adquirir ações consideradas de baixa ou nenhuma liquidez.

Lembre-se que a liquidez, do mercado ou da ação, como apontou Ney Brito, muda com o passar do tempo, e, por isso, as relações permanentes entre liquidez de ações de diferentes sociedades, negociadas no mesmo mercado, podem ser associadas a diferenças esperadas nos respectivos retornos. As variáveis que podem alterar a liquidez estão associadas ao volume e fluxo de ordens de uma determinada ação, a maior ou menor liquidez do mercado, e às expectativas de retorno que podem compensar uma certa perda de liquidez.

10. A palavra é empregada para avaliar como o preço da ação é afetado pelas ordens de compra/venda.

11. Ob. cit., p. 131.

12. "Market liquidity as a sentiment indicator", in SSRN.com.

13. Ian Domowitz e Xiaoxin Wang, do Departamento de Finanças do Smeal College of Business Administration, "Liquidity, liquidity commonality and its impact on portfolio theory", in SSRN.com, jan. 2002.

14. Domowitz e Wang, *paper* citado.

Fluxo de ordens parece ter sido o elemento considerado pelo legislador de 2001, ao dispor sobre a aquisição compulsória de ações pelos controladores, sempre que tenham aumentado sua participação no capital social — por espécie ou classe de ações —, que impeça a liquidez. A idéia é que o controlador, tendo elevado sua participação, não pretenderia dela desfazer-se nunca mais. Afasta-se, de plano, a possibilidade de aquela posição majorada ter resultado de circunstâncias momentâneas e que pode ser modificada no futuro. Se necessitar de recursos, pode o controlador desfazer-se de parte das ações, seja para testar o mercado, visando futura emissão primária, seja para restabelecer a liquidez da espécie ou classe de ação.

Em face dos múltiplos fatores determinantes da decisão de adquirir/alienar ações interferindo na liquidez, é possível pensar-se em diferentes níveis ou graus de liquidez de mercados e dos ativos neles negociados. Se os investidores fossem todos racionais, no sentido com que o termo é empregado na economia clássica, talvez fosse mais fácil medir-se ou inferir-se a liquidez de ações. Porém, há investidores que agem de forma irracional, que não tomam decisões fundadas em informações adequadas, incorporando à decisão todas as informações disponíveis no mercado.

Mercados pouco ativos, em que os fluxos de ordens, em volume e quantidade, são inexpressivos, apresentam baixa liquidez. Corolário de tal fato é o desestímulo a novas emissões de ações, tanto pelas companhias cujos valores mobiliários estão listados como, ainda, por outras cujos valores mobiliários sejam negociados naquele mercado. Havendo pequena quantidade de ações em circulação, o efeito sobre a liquidez, estímulo a novas emissões ou à aquisição de ações, deverá ser igual. Portanto, é fundamental, para estimular novas emissões de ações, criar e manter mercados ativos e líquidos.

Economistas explicam que a razão do desestímulo a novas emissões está na exigência de maior retorno sobre o investimento feita por eventuais adquirentes do valor mobiliário, o que forçaria o preço a ficar baixo, causando, portanto, a emissão de quantidade maior de ações para captar o montante de recursos visado pela companhia emissora. Pior, em tais mercados, comumente denominados estreitos, oscilações significativas de preços podem ocorrer com maior freqüência dada a pouca liquidez das ações. A volatilidade/preço das ações é outro fator que inibe investidores, notadamente os que não aceitam grande risco.

A sensibilidade à oscilação do preço, derivada de mudanças macroeconômicas ou de alterações de expectativas em relação aos resultados da própria companhia, produz efeitos acentuados sobre a liquidez quando competem no mercado investidores racionais juntamente com aqueles que agem por impulso, de forma irracional, os quais tomam decisões impetuosas, pouco refletidas e amadurecidas ante fatos nem sempre devidamente fundamentados, o que se costuma denominar de "efeito manada". Estes investidores seguem na esteira da elevação ou da queda das cotações e quase sempre saem perdendo, pois compram na alta e vendem na baixa.

Esse tipo de comportamento leva, em geral, ao aumento da volatilidade que aparece na liquidez e de que resultam exigências de descontos/ágios superiores às compatíveis com o risco da operação. Isso nada tem a ver com a compensação pela perda de liquidez acima referida, que serve para equalizar a perda de agilidade na negociação das ações e que se nota quando são exigidos maiores ganhos sobre o capital investido, comparando-se com o que se demanda de mercados líquidos ou mesmo de investimentos de maior liquidez.

Outro fator ponderável na avaliação da liquidez de valores mobiliários é a volatilidade medida pela diferença de preços entre as cotações máxima e mínima diárias. As oportunidades de ganhos ou perdas nesses casos são magnificadas. Afirma-se que a liquidez das ações decorre de múltiplos fatores, entre eles a estruturação das bolsas, a companhia emissora e a dispersão das ações.[15]

Se há consenso entre economistas, no sentido de que definir liquidez é menos difícil do que mensurá-la, não faltam estudos que pretendem encontrar medidas para a liquidez. Acredito que a dificuldade maior está, exatamente, na determinação do momento, do instante em que se deve apreendê-la. A importância da liquidez, nada obstante todos as dificuldades acima apontadas, acaba por ser incorporada ao modelo normativo, visando-se ao desenvolvimento do mercado de valores mobiliários, tanto que em 1976 havia previsão que obrigava à oferta pública para compra de ações de minoritários na aquisição de controle de companhias abertas. Essa regra, suprimida em 1997 para favorecer a privatização e a apropriação do sobrepreço relativo ao controle, ao que tudo indica, foi reintroduzida na reforma da lei societária de 2001.

Visando reduzir pedidos de reembolso por dissidência ou recesso, a Lei 9.457/1997, limitou-o aos casos de ações sem liquidez, ou seja, o reembolso é feito apenas quando o dissidente de deliberação de assembléia geral de companhia aberta seja titular de ações — espécie ou classe — que não integrem índice. A redação do art. 137 se assenta no fato de que recesso é forma de saída da companhia e, se a ação é líquida, é possível consumar a retirada via mercado. Essa formulação reproduz regra de alguns estados norte-americanos e, parece-me, prende-se à dispersão da base acionária. Quanto maior for o número de acionistas, maior haverá de ser o fluxo de ordens daquela ação e, portanto, será fácil aliená-las e retirar-se o dissidente da sociedade.

Recesso é forma de alienação de ações decorrente de discordância de alteração estatutária ou estrutural, aprovada por maioria e prevista em lei. O pedido de recesso denota o desinteresse de quem é vencido, ou não vota, em manter-se associado à companhia submetido à nova regra estatutária. Portanto, trata-se de decisão que não difere muito da de alienar a participação societária a qualquer momento, desligando-se da companhia. A diferença é a forma pela qual a motivação decisória se explica: discordância de deliberação assemblear que garanta o direito ao reembolso; e opção por desfazer-se de ações para, por exemplo, alterar a composição da carteira de investimentos, para fazer caixa, ou qualquer outra. O reembolso atua como penalidade sobre a maioria que aprova matérias modificadoras das bases do negócio e que, por isso, exige cautela na decisão, uma vez que o pagamento do valor das ações pela sociedade afeta os acionistas remanescentes e credores que suportam o ônus da perda de recursos. Por seu caráter excepcional, o recesso não pode ser ajustado para contemplar outras hipóteses além das previstas em lei e, nestas, não se permite, salvo revisão da deliberação, coibir a retirada.

A decisão de venda das ações não impõe à companhia o ônus do desembolso, enquanto que o recesso implica em reembolso. É razoável, portanto, que, diante da facilidade em alienar as ações sem prejuízo para o dissidente, possa ser eliminado o reembolso na retirada por discordância de deliberação assemblear, quando previsto em lei o direito. São duas as modalidades de resilição unilateral do vínculo associativo e, nos dois casos, a solução melhor é a liquidez, que pode ser o elo de ligação entre recesso e alienação "desmotivada" de ações, enquanto aquela deriva de alteração das bases do negócio. Em mercados líquidos o acionista pode recorrer ao mesmo negócio, venda das ações em bolsa ou balcão, para efeito de retirar-se da sociedade sem prejuízo para si e para a companhia. A fungibilidade de acionistas está presente nos dois eventos.

Mais, vender as ações no mercado atende ao interesse do acionista dissidente, se o preço de mercado espelha o valor das ações. E, se o recesso não deve ser fonte de

15. Paulo de Tarso Medeiros, ob. cit., p. 22.

lucro para o retirante, não se justifica preservar o direito ao reembolso se possível a alienação das ações de maneira rápida. Daí se prender a supressão do reembolso à liquidez das ações no mercado.

Entende-se a noção de liquidez no texto do art. 137, no sentido de facilidade de transferência do ativo, sem que o preço seja afetado de modo significativo pelo fluxo de ordens de compra/venda, e sem que haja demora na finalização do negócio. Implica haver, no mercado, número suficiente de interessados naquela classe ou espécie de ação, tal como se faz em alguns estados norte-americanos quanto ao *right of appraisal.*

Há de se reconhecer que a redação do art. 137 não está fundada na concepção do recesso como se imaginava, ou seja, meio de proteção de minorias (na verdade, parece-me, era mesmo hipótese de favorecimento da maioria que poderia tomar as decisões que entendesse convenientes para as relações societárias se a companhia dispusesse de recursos). O texto, creio, mais do que garantir direito de minoritários vencidos, visa a estancar pagamentos, preservando o patrimônio líquido da companhia com o que, indiretamente, garante credores, aí incluídos os *residual claimants*, isto é, os acionistas remanescentes após a retirada dos dissidentes.

Haverá quem argumente existência de perda por conta de eventual discrepância entre o valor patrimonial e a cotação das ações em bolsa, notadamente sendo aquele superior a este,[16] questão que se afasta de plano, uma vez que, como dito acima, o reembolso não deve ser fonte de renda para o acionista, o qual poderia, em seu interesse exclusivo, impedir ou dificultar a realização dos interesses sociais aprovados pela maioria e contra a qual se opõe, por vezes, de forma egoísta.

Por isso há de se considerar a alteração do art. 137 da Lei 6.404/1976, em 1997, solução compatível com um mercado de capitais eficiente. A facilidade de alienar as ações, desde que o mercado ou a ação sejam líquidos, justifica a supressão do direito ao reembolso, o que, em certa medida, depende da dispersão no mercado.[17]

Liquidez, nesse contexto, tem o sentido de facilidade para negociar as ações de forma rápida e sem perdas, tanto que, para aferir essa hipótese, é escolhido algum índice representativo de movimentação de preço/quantidade de ações em mercados — Bovespa ou outros — com o que, rapidamente, se apura a liquidez das ações naquele mercado, justamente o que o índice mede. A variação do índice em relação ao valor anterior facilita o acompanhamento das variações de preços de carteiras teóricas de ações, carteiras essas formadas pelo conjunto daquelas ações mais negociadas em certo período, e de acordo com a proporção em que são negociadas, isto é, as ações de maior liquidez naquele mercado no período.

A correlação entre liquidez do mercado e a ação de que se trate, permite observar tanto a liquidez do mercado quanto a

16. Valor patrimonial resulta da simples divisão do montante do patrimônio líquido contábil pelo número de ações emitidas pela companhia (art. 45 da Lei 6.404/1976).

17. "Art. 137. A aprovação das matérias previstas nos incs. I a VI e IX do art. 136 dá ao acionista dissidente o direito de retirar-se da companhia, mediante o reembolso do valor de suas ações (art. 45), observadas as seguintes normas:

"I — nos casos dos incs. I e II do art. 136, somente terá direito de retirada o titular de ações de espécie ou classe prejudicadas;

"II — nos casos dos incs. IV e V do art. 136, não terá direito de retirada o titular de ação de espécie ou classe que tenha liquidez e dispersão no mercado considerando-se haver:

"a) liquidez, quando a espécie ou classe de ação, ou certificado que a represente, integre índice geral representativo de carteira de valores mobiliários admitido à negociação no mercado de valores mobiliários, no Brasil ou no exterior, definido pela Comissão de Valores Mobiliários; e

"b) dispersão, quando o acionista controlador, a sociedade controladora ou outras sociedades sob seu controle detiverem menos da metade da espécie ou classe de ação; (...)."

do valor mobiliário. Ainda quando a ação integre índice de ações, que nada mais é do que a medida de movimentos do mercado, sua liquidez pode ser diferente da liquidez do mercado. As ações líquidas são, regra geral, incluídas na carteira de ações organizada pelas bolsas em que sejam admitidas.

Oscilações do preço das ações no mercado são comuns, mas as estatisticamente relevantes resultam, em geral, de grandes volumes ou do número de ordens de operações com ações em qualquer direção. Mesmo esse efeito — a volatilidade preço das ações — deve ser suportado pelo dissidente de companhia aberta que desejar retirar-se da sociedade, nos termos do art. 137, II, porque ele tem a faculdade de esperar para desfazer-se das ações em momento que seja mais propício ou oportuno.

Talvez se possa entender a regra do art. 137 como estímulo aos controladores para a criação de liquidez das ações, como forma de reduzir o risco de reembolsos. Sob a ótica de freios e contrapesos, essa medida pode conter ímpetos da maioria na reforma estatutária. Assim, como sem liquidez das ações se acentua a possibilidade de perda de recursos com pedidos de recesso — o que pode comprometer a condução dos negócios sociais — interessa à maioria que as ações tenham liquidez, com o que se preserva o patrimônio líquido da sociedade contra pedidos de reembolso.

Entende-se liquidez da ação — espécie ou classe — como substrato da regra do art. 137, em suma, no sentido de facilidade para transformar a espécie ou classe de ação em moeda e sem perda financeira e temporal no mercado. Resta verificar se é nesse sentido — o de vender sem perdas e rapidamente — que a noção de liquidez aparece nos arts. 4º e 4º-A.

Imagina-se que, admitidos à negociação em bolsa, os valores mobiliários sejam objeto de fluxos de ordens de compra e venda de forma seguida e, portanto, serão líquidos. Entretanto, isso não é verdade em relação a todas as ações admitidas à negociação nos mercados. A baixa ou pouca negociação de qualquer espécie ou classe de ação — como se viu anteriormente; ou o reduzido número de operações, podem decorrer de discordância quanto ao valor ou preço da ação derivado de volatilidade momentânea no mercado, não significando, necessariamente, falta de interessados em adquiri-la.

Algumas razões existem que reduzem a liquidez como, por exemplo, a concentração de ações sob titularidade de poucas pessoas, fato que pode reduzir o número de negócios no mercado porque pode não haver interesse em fazê-las circular (caso de controladores, por exemplo). Alguns investidores conservam, por longos períodos, em suas carteiras, blocos de valores mobiliários, comportamento que também não gera ou favorece a liquidez, agora pensada como alto volume de operações com a ação considerada.

Fácil comprovar que revela-se fator de iliquidez o resultado de emissão, na qual grande quantidade de ações acaba concentrada em mãos de poucos acionistas, os quais mantêm a composição de suas carteiras por largos períodos. Havendo poucas ações fora desse quadro, a probabilidade é de ser pequeno o número de operações com ações daquela companhia e, dessa forma, a liquidez das ações será baixa. Isto não implica, observe-se, falta de interesse na aquisição daquelas ações. A iliquidez resulta da falta de oferta.

E como a liquidez do mercado secundário é central na decisão de adquirir valores mobiliários, sobretudo novas emissões negociadas em mercado primário, a redução ou desaparecimento da liquidez é causa de afastamento de investidores, seja naquele mercado, seja quanto a um determinado valor mobiliário nele negociado. Portanto, haver ou não liquidez influi sobre decisões de investimento em valores mobiliários.

Ou seja, a liquidez depende da quantidade de valores mobiliários postos no mercado, para o que é necessário saber-se qual o volume livre para negociação e, conseqüentemente, pode-se falar em níveis de liquidez do valor mobiliário, níveis esses nem sempre presos à ação de controladores, mas que podem resultar ações ou decisões de outros investidores. Liquidez depende de negociação reiterada, constante, do bem em mercados. Não decorre simplesmente da admissão à negociação em mercado e, no caso de valores mobiliários, aos mercados de bolsa ou balcão.

Essa concepção de liquidez se extrai do art. 137, II, da Lei 6.404/1976: ações que integrem índice e elevado número de acionistas, ao menos em relação à espécie ou classe de ações. Integrar índice indica elevada negociação do valor mobiliário no mercado secundário; dispersão da base acionária significa que o número de pessoas dispostas a negociar a ação facilita o acesso de eventual interessado àquele mercado.

O mercado de valores mobiliários, no Brasil, tem origem em renúncia fiscal do governo federal e, talvez por conta disso, a liquidez das bolsas de valores, até 1972, era artificialmente estimulada. Conseqüência é que as análises empíricas visando avaliar o impacto da falta de liquidez do mercado — quer sobre a emissão de novas ações, quer sobre os resultados de carteiras de ações — não foi envidada até a *debacle* da Bolsa naquela década. Assim, só com a reforma de legislação, em 1976, é que se buscou estruturar o mercado de valores mobiliários de forma a oferecer mais segurança aos investidores, muitos dos quais tinham experimentado, anteriormente, perdas expressivas. Ainda assim o tema não parecia vital, tanto é que não há referências claras nos textos originais das Leis 6.385 e 6.404, ambas de 1976.

A questão da liquidez só passou a atrair a atenção, em termos de direito posto, em 1997 e, ainda assim, para restringir as hipóteses de reembolso por dissidência quando da reestruturação das sociedades de economia mista privatizadas. Em seguida, o tema é retomado em 2001, visando-se, desta vez, segundo declarações das autoridades, estimular a participação de pequenos e médios investidores no mercado acionário.

Baldados foram, entretanto, os esforços das autoridades brasileiras no sentido de estimular a abertura das companhias que, recorrendo ao mercado de valores mobiliários, ficam menos dependentes de financiamentos bancários. Imputar à falta de mecanismos para garantir a liquidez do mercado de valores mobiliários ou de qualquer valor mobiliário nele negociado, parece utopia, pois os investidores parecem ser avessos a risco. Atribuir-se a falta de liquidez do mercado de valores mobiliários à sua estreiteza, ou à grande quantidade de ações sem direito de voto são, parece-me, argumentos inadequados e insatisfatórios. A comparação do retorno do investimento em ações com as taxas de juros praticadas no país pode ser o fator determinante para manter o mercado de valores mobiliários cambaleante.

Vários diagnósticos, nem sempre harmonizáveis, tornam as terapêuticas inócuas, porque as reformas da lei do anonimato não têm estimulado a aplicação em risco, salvo algumas poucas exceções, como o uso de parte do FGTS para aquisição de ações da Petrobrás, por exemplo, nem — o que é talvez mais importante — têm estimulado as companhias que necessitem recursos a tentar captá-los junto a pequenos poupadores. Se o mercado secundário não é líquido, o investidor foge das emissões primárias. Compreender a importância da liquidez do mercado secundário pode servir para analisar eventual insucesso das regras predispostas nos arts. 4º e 4º-A da lei do anonimato e da Instrução CVM 361/2002.

Há evidências no sentido de que, se as ações forem líquidas, o prêmio compensatório do risco de negociá-las sem perda financeira ou demora desaparece ou é reduzido, com o que se favorece emissões primárias, isto é, a captação de novos recursos financeiros pelas companhias fora do sistema bancário.

A redação da norma do art. 4º da Lei 6.404/1976 abrange a liquidez da ação combinada com a liquidez do mercado. É preciso que haja investidores e especuladores que, no mercado de bolsa, são os geradores de liquidez. É a presença deles, especuladores, e dos embates entre eles, que fomenta a liquidez. Quanto mais especuladores houver no mercado, maior há de ser sua liquidez. Adotar medidas para afastá-los causa iliquidez. Sem especuladores que disponham de recursos para investir (ou especular), a liquidez do mercado e das ações nele admitidas à negociação será baixa.

Depois, é preciso levar em conta, na mensuração da liquidez, a participação de investidores detentores de largas participações numa só companhia e que não agem de forma especulativa. Quanto maior a presença desse tipo de investidor, menor será a liquidez dos valores mobiliários que detenham e maior a dificuldade, de outros investidores, de negociá-las sem perda. É uma das situações em que o mercado fica estreito e o controlador nada faz para isso e pode mesmo ter dificuldade para ampliá-lo.

Empregar como critério de investigação de liquidez a especificidade do bem quando a circulação é pequena, ou quando sua negociação só se faz com perdas, demonstra a imperiosidade de separar, na avaliação da liquidez — seja do mercado ou do valor mobiliário de que se trate —, as diferentes condições subjacentes. É que liquidez é estado do mercado ou do bem, em certo momento, que depende da pluralidade de ofertas de venda e compra, e que aparece em pares ligando preços e quantidades. O fluxo de ordens de compra e venda sobre um mesmo valor mobiliário é que determina sua liquidez.

Há relação, claro, entre liquidez do mercado e facilidade de circulação das ações nele negociadas. Se as ações não pudessem circular, o fluxo de ordens de compra e venda seria inviável, ineficaz. Mas há um efeito perverso nessa relação entre liquidez e facilidade de circular das ações porque, em momentos de iliquidez do mercado, ou de risco de iliquidez sistêmica, podem ser criados constrangimentos às operações pela redução daquele fluxo de ordens. A iliquidez sistêmica gera aumento na exigência de prêmios por iliquidez das ações, em virtude do aumento do risco de imobilidade do investidor, provocando um movimento circular entre iliquidez e risco que deprime os preços e desestimula as emissões primárias.

Exemplo simples desse fenômeno aparece no aumento do risco de operações como as de venda de ações a descoberto, isto é, venda de bem que o vendedor não tem mas que se compromete a entregar em data futura. Nesse caso é evidente a correlação entre liquidez de mercado e do valor mobiliário considerado. Se o mercado for ilíquido será mais difícil adquirir as ações que devem ser entregues, pelo que a operação fica muito mais arriscada do que as realizadas em períodos de boa liquidez do mercado. Resultado da elevação do risco aparece na redução do volume de operações ou no maior prêmio exigido pelos participantes do mercado.

Não se estranha, pois, que o legislador brasileiro, dada a importância do mercado de ações para o crescimento da atividade econômica, trate de se socorrer de quaisquer elementos ou instrumentos que possam estimular os agentes a aplicar os excedentes financeiros diretamente na atividade produtiva. Para isso é necessário que o mercado de valores mobiliários seja eficiente e líquido. Caso contrário é difícil pensar em investir em risco. Como manter liquidez quando ela depende de decisão de agentes econômicos privados?

Alguns eventos constatados após as privatizações demonstraram que a transferência do controle das companhias brasileiras para investidores estrangeiros que, por não necessitarem de recursos captados no mercado interno, não tinham interesse em dar liquidez às ações no mercado bursátil nacional, de sorte que tal situação os levou a comprar ações externas ao controle mas ainda em circulação. É a operação denominada "fechamento branco da companhia", em que se usa o mercado para retirar ações de circulação, sem, entretanto, cancelar o registro de companhia aberta.

A prática assusta porque quem não consegue vender as ações, seja por falta de oferta de compra, seja por pretender especular com o preço, vê-se, repentinamente, titular de ações sem liquidez e, pior, sem opção para exigir prêmio compensatório que, como se explicou anteriormente, é cobrado na aquisição/subscrição de ações de baixa liquidez ou de liquidez duvidosa.

Daí as novas regras quanto à oferta pública obrigatória para compra de ações em função de comprometimento da liquidez da espécie ou classe de ação decorrente de aumento da participação do controlador, nos mesmos moldes das ofertas públicas obrigatórias para fechamento da companhia. A oferta pública para aquisição de ações quando, por ato do controlador, é aprovado o fechamento da companhia, não difere substancialmente do aumento expressivo da participação do controlador no capital social. Nos dois casos, a supressão ou redução da liquidez, respectivamente, é fruto da ação do controlador, que torna mais difícil encontrar, no mercado, interessados em negociar o tal valor mobiliário.

Nem sempre, entretanto, a perda de liquidez tem relação direta com o controlador. Se os mercados não forem ativos e o fluxo de ordens for desprezível, em volume e quantidade, a liquidez será baixa. Isto, na prática, compara-se à pequena ou limitada a quantidade de ações em circulação. Liquidez de ações ou do mercado de valores mobiliários é relevante para estimular tanto para a abertura das companhias, quanto para atrair novos investidores. É que a liquidez serve de medida da facilidade com que o investidor pode, a qualquer tempo, desfazer-se de suas ações no mercado, estando associada aos movimentos de mercado, aos fluxos de ordens em volume e quantidade.

Outro fato que pode reduzir a liquidez das ações corresponde aos acordos de acionistas nos quais se prevê a preferência para a compra de ações. Por imporem limitação à circulação, embora tal limitação recaia sobre os acordantes, também resulta em afetar a liquidez pois, enquanto vigente o acordo de prelação, não poderão os acionistas vinculados desfazer-se livremente das ações no mercado. Mesmo no prazo de notificação para que os demais acordantes se manifestem, antes do decurso desse termo mantêm-se as restrições que, nesse ponto, são acrescidas da incerteza quanto aos oblatos virem a exercer o direito previsto.

Haverá quem argumente que o direito de preferência implica maior certeza quanto à existirem interessados na aquisição das ações e, portanto, estar-se-á diante de esquema de compensação — perda de liquidez contra comprador certo que equilibra ou compensa a incerteza. Porém, preferência não significa obrigação, mas faculdade do titular do direito e, sujeito à sua manifestação, o que deixa a outra pessoa em posição de subordinação. A perda de liquidez não é, nesse caso, compensada por qualquer forma. Pior que isso é que, para sua ampla eficácia, os acordos de voto devem também prever restrições à circulação das ações com os óbvios reflexos sobre a liquidez. É que, sem limitar a circulação das ações, os acordos de voto perdem a eficácia se qualquer dos signatários alienar as ações a terceiros, estranhos ao pacto.

Fato é que quanto mais facilmente e sem fricções for a circulação das ações no mercado, maior tende a ser sua liquidez e menores as exigências de retorno compensatório. Usando jargão econômico, quanto mais líquido for o mercado menores serão os *custos de transação* incorridos para dele participar; maior a probabilidade de haver interessados em negociar o valor mobiliário; e mais fácil a emissão primária de ações. Nada mais seria necessário acrescentar para que liquidez no mercado de valores mobiliários seja tópico importante na discussão acadêmica.

Provavelmente, tendo o quadro acima em mente, o legislador, em 2001, se ocupou de questões em que a liquidez no mercado de valores mobiliários tem importância para aumentar sua eficiência. A nova redação dada ao art. 4º e a introdução do art. 4º-A o demonstram claramente. O primeiro, o art. 4º, mereceu vários adendos na reforma da Lei em 2001. Os §§ 1º e 2º dispõem que, sem registro perante a CVM, nenhum valor mobiliário pode ser admitido à negociação no mercado. A norma visa estabelecer controle prévio quanto a ter a companhia preenchido todos os requisitos para a emissão daquele valor mobiliário, isto é comparável a um juízo de admissibilidade e legalidade.

Entretanto, é a redação dos §§ 4º a 6º do mesmo art. 4º que tem relação estreita com a liquidez. O primeiro ocupa-se do cancelamento de registro como companhia aberta, para o que deve ser feita oferta pública objetivando a aquisição "da totalidade das ações em circulação no mercado, por preço justo (...)". Decisão do(s) controlador(es) de fechar a companhia obriga a compra das ações por preço justo, diz o texto.

Não adquirida a totalidade das ações em circulação, pelo controlador ou sociedade por ele controlada, direta ou indiretamente, caso remanesçam no mercado menos de 5% do total de ações emitidas pela companhia, elas poderão ser resgatadas pelo valor da oferta de compra. Resgate é a operação mediante a qual ações de emissão da sociedade são canceladas e o pagamento feito com recursos da companhia.

Não se ignora que a deliberação de resgatar ações pode ser tomada havendo capital exuberante mas, nesse caso, faz-se sorteio das ações, espécie ou classe, de forma a evitar que a maioria exclua alguns acionistas ou reduza, sem justificação, sua participação percentual. No caso de fechamento da companhia não se parte da existência de capital exuberante. O resgate, neste caso, procura evitar fiquem alguns acionistas, desavisados ou descuidados, presos a uma sociedade fechada, sem mercado para negociar suas ações. O que se questiona, nessa disposição, é que, quando se trata de fechamento da companhia, recai sobre o controlador o ônus da compra das ações em circulação, enquanto que aqui se altera o critério, impondo-o sobre a companhia.

Por que inserir o resgate de ações nas operações de fechamento da companhia, quando o procedimento pode prejudicar credores sociais? A deliberação da assembléia geral na operação de resgate nada mais é, e isso é óbvio, do que manifestação do interesse do(s) controlador(es) que, portanto, deveriam prover os recursos para o resgate das ações ainda em circulação, assim como fazem na oferta pública de aquisição. Trata-se do mesmo negócio — compra de ações — e, portanto, não se justifica a diferença procedimental. Se, como na OPA em que não há reflexos sobre o patrimônio líquido da companhia, o(s) controlador(es) suportassem o encargo de sua decisão, evitar-se-iam eventuais riscos de prejuízo para credores sociais com a perda de garantias. Melhor seria, caso se impusesse ao controlador o dever de provisionar com recursos seus, o pagamento das ações remanescentes.

O fechamento da companhia, tal como proposto, envolve dois mecanismos: a aquisição e o resgate compulsório das ações seqüencialmente combinados. Mas, parece-me, sobretudo, que o legislador não deveria ter garantido ao(s) controlador(es), que dominam a assembléia geral, poder para se excluir acionistas aprovando o resgate das ações. Se negócio jurídico de constituição de qualquer sociedade é o contrato plurilateral, o poder unilateral de resilição do contrato deveria caber à parte que se sentisse prejudicada com deliberação da assembléia que aprova o fechamento da companhia, com a adesão à OPA, não a quem a controla.

No cálculo desses 5% de ações deve-se adotar a regra do § 2º ao art. 4º-A, ou não? Entendo que sim, mas também entendo que esse poder que se dá ao controlador de "expropriação privada" eqüivale à expulsão de sócios de uma sociedade. Verdade que há, em outros ordenamentos jurídicos, regra semelhante, não é inovação do legislador brasileiro.

Considere-se que, se garantir o direito de sair em igualdade de condições é virtuoso, impedir de permanecerem é demasia. Criar mecanismos visando dar a acionistas minoritários facilidades para desfazerem-se de suas participações em condições de igualdade ou eqüitativas, serve ao aperfeiçoamento das relações entre controladores e minorias. Portanto, na decisão da maioria de abandonar o mercado aberto, de não mais negociar valores mobiliários livremente, não deveria lhe dar o poder para excluir os que, por razões pessoais, considerarem interessante manter o vínculo.

No caso de fechamento da companhia, feita a oferta, a decisão de vender ou não as ações é individual do titular, e não se deveria admitir substituição. Garantir o direito de sair em igualdade de condições com todos os demais, isto sim. Impedir de permanecerem, é demasia. O resgate de ações previsto no § 5º ao art. 4º não será forma de expropriação privada? Suponha-se que os titulares dessas ações não vejam motivo para retirar-se da companhia. Por que privá-los desse direito? Se todas as ações são, obrigatoriamente, nominativas, melhor seria convocá-los, dando-lhes a oportunidade para, individualmente, manifestarem seu interesse em permanecer ou retirar-se da sociedade. Intuito louvável o de tutelar o investidor, mas dar ao controlador o direito de expulsá-lo parece demasiado drástico. Se participar da sociedade depende de decisão individual, dela retirar-se deveria observar os mesmos procedimentos. Talvez conviesse dar prazo para que esses acionistas resolvessem permanecer ou não na companhia.

A outra hipótese em que se exige oferta pública é a de aumento da participação — direta ou indireta — do controlador (ou sociedade controladora), analisada em relação a espécie ou classe de ação, que *impeça a liquidez no mercado das ações remanescentes*[18] (destaque meu). Ao empregar a fórmula "que impeça a circulação no mercado", o legislador parece optar por entender que a iliquidez resulta de ato voluntário do controlador. Como se observou anteriormente, medidas de liquidez são complexas, uma vez que passam não só por ampla dispersão das ações no mercado, mas também têm a ver com a propensão a circular. Possivelmente haverá ações de baixa liquidez porque alguns acionistas serão titulares de quantidades importantes e não se desfazem delas rapidamente. Nessas hipóteses, qualquer aumento de participação do controlador pode desencadear a oferta pública de compra, quando manter a companhia aberta interessa a todos.

Finalmente, há que lembrar que foi reintroduzida a regra do antigo art. 254, revogado em 1997, piorada. Até 1997, o texto do art. 254 provocava debates doutrinários quanto a seu alcance, porque o § 1º atribuía à CVM competência para *zelar para que seja assegurado tratamento igualitário aos acionistas minoritários mediante oferta pública para aquisição de ações.* O emprego da palavra "minoritários" levou alguns juristas a sustentar que a oferta deveria ser endereçada a todos os acionistas e não apenas aos titulares de ações com direito de voto.

Prevaleceu a tese de que a oferta seria endereçada apenas a titulares de ações com direito de voto, os que, ao menos potencialmente, teriam condições de exercer o controle, uma vez que, em matéria societária, diz-se minoria o conjunto de sócios vencido nas deliberações sociais. Dessa forma também não estariam contempladas, como objeto da oferta, ações preferenciais que tivessem adquirido direito de voto por falta de pagamento de dividendos.

Tratava-se de alienação de controle mediante oferta pública garantindo-se aos "minoritários" direito à participação no pacote ofertado e, portanto, o adquirente

18. § 6º ao art. 4º conforme a nova redação dada pela Lei 10.313/2001.

poderia receber ações de controladores e não controladores, estabelecendo-se, nos termos do § 2º ao art. 254 antigo, rateio sempre que o número de ações superasse a quantidade necessária para a tomada do controle, de sorte que, eventualmente, os controladores poderiam remanescer com ações que os incluíssem entre os minoritários! Mais importante é que o preço para a aquisição das ações era idêntico, integrassem, ou não, o bloco de controle.

A redação do art. 254-A, entretanto, limita o preço a ser pago pelas ações dos não controladores a 80% do valor pago por ação de controle pelo que, em contraste com a situação anterior a 1997, impôs-se-lhes perda de 20% do valor pago aos controladores. Lembre-se que, embora a oferta pública seja obrigatória, a alienação das ações é faculdade dos acionistas que podem, ou não, aceitá-la.

Curioso é que, apesar de ter reduzido o valor a ser pago aos minoritários em 20% em relação ao pago pelo controle, o legislador de 2001 insere o § 4º ao art. 254-A e com isso cria nova polêmica. Com esse parágrafo permite-se ao adquirente do controle de companhia aberta oferecer aos minoritários o pagamento de um prêmio, equivalente à diferença entre o valor pago pelo controle e a cotação das ações no mercado, para que permaneçam associados.

Se o que se pagará, a título de prêmio de permanência, for a diferença entre valor de mercado das ações, isto é, cotação na bolsa ou balcão, e o preço pago pelo controle, o valor dessas ações pode ser superior aos 80% pagos pela aquisição, ou inferior. Em qualquer das hipóteses há desequilíbrio entre o preço a ser pago e o prêmio de permanência. Há, ainda, quem entenda que, se o adquirente oferecer o prêmio de permanência, não estará obrigado a adquirir as ações dos minoritários.

Ora bem, se a obrigação de que deriva a oferta pública é a de dar a todos os acionistas titulares de ações ordinárias com voto o mesmo tratamento, a solução acima torna desiguais os que deveriam ser iguais. Outra redação, que poderá gerar disputas na oferta pública para aquisição de ações quando do fechamento da companhia, é a que se prende, no caso do art. 4º, § 4º, ao emprego de um conceito indeterminado, o do "preço justo", notadamente quando não há mais mercado. Certo que foram estabelecidos critérios a serem indicados pelo controlador, todos passíveis de revisão a pedido de acionistas minoritários — isto é, acionistas representando no mínimo 10% das ações em circulação. O cálculo das ações em circulação no mercado exclui as de titularidade do controlador, de diretores e conselheiros de administração e aquelas em tesouraria.

Em relação às ações de propriedade do controlador e às em tesouraria, não há dúvida quanto a não estarem no mercado. Porém, incluir aí ações de diretores e membros de conselho de administração parece demasia. A leitura induz a que se veja nos membros da administração das companhias nada mais do que títeres, ou *longa manus* do controlador, subservientes a seus comandos (§ 2º ao art. 4º-A).

Possivelmente o que se visou foi impedir que administradores servissem de escudo para o controlador, meros títeres daquele que os manipularia como melhor lhes aprouvesse, ou seus *longa manus*. Melhor considerar apenas o pacote acionário de controle como fora do mercado e, havendo suspeita de que administradores têm interesses que se confundem com os do controlador, investigar, punir e, aí sim, considerar o pacote como unidade de fato.

Curiosa tal inclusão dessas ações entre aquelas fora do mercado, pois nada obstante seja comum parte da remuneração de executivos ser feita mediante o direito de adquirir ações de emissão da companhia (a preços inferiores aos praticados em mercados de sorte que a subseqüente alienação do pacote acionário representa ganho que, em alguns sistemas é isento de tributos), e ainda quando sujeitas a restrições temporais no que concerne à transferência, isso não significa que jamais estarão no mercado. Por essa razão, aumentar esse período parece rigorismo extraordinário.

A aferição da existência, ou não, de liquidez faz-se relacionando a quantidade de ações da companhia e aquelas não tituladas, direta ou indiretamente, pelo(s) controlador(es), com as que efetivamente circulam no mercado.[19] Se a perda de liquidez resulta de ato(s) do controlador(es) e dos quais decorre possível prejuízo, imediato ou mediato, criar mecanismos de salvaguarda como, por exemplo, a aquisição das ações, permitindo-se a retirada de quem não esteja satisfeito, é curial, impô-la não.

O que há de louvável na redação do art. 254-A é seu § 1º que, ao dispor sobre controle para fins de alienação, descreve diversas formas de organização desse poder em que a oferta pública de compra de ações é obrigatória. Assim, diz-se alienação direta ou indireta de ações do bloco de controle, vinculadas a acordos de acionistas, valores mobiliários conversíveis em ações com direito de voto, cessão de direitos de subscrição de ações ou outros títulos conversíveis em ações com direito de voto, de que resulte a alienação do controle.

A matéria relativa às ofertas públicas de compra de ações para fechamento da companhia aberta, por aumento de participação do controlador, ou por alienação de controle ou aquisição de controle por permuta, foi, em seguida, disciplinada pela CVM na Instrução 361, de 5.3.2002.

Se a lei incorreu em equívoco ao impor a oferta pública para fechamento da companhia apenas à aquisição de ações, a CVM corrigiu a falha e, ao regulamentar o procedimento, incluiu outros valores mobiliários emitidos e em circulação, como as debêntures, e não apenas as debêntures conversíveis, para o que se requer o resgate da totalidade da emissão em circulação, ou depósito do valor se o resgate for antecipado, concordância de todos os debenturistas com o cancelamento do registro, inclusive o de negociação das debêntures no mercado secundário (art. 17 da Instrução CVM 361/2002). A distribuição pela companhia, em mercado, de outros valores mobiliários para efeitos de fechamento, depende de serem eles retirados de circulação com uma única exceção, partes beneficiárias (art. 18 da Instrução CVM 361/2002).

Ainda uma vez, é preciso cuidado para entender o que se visa. Embora no direito brasileiro se diga companhia aberta aquela que tem valores mobiliários de sua emissão admitidos à negociação em mercado, a inclusão de derivativos no conceito de valor mobiliário pode causar danos ao ser aplicada a regra do art. 18 acima referido. Retirar de circulação aqueles valores mobiliários utilizados para captar recursos para a companhia é, de rigor, notadamente os que tenham a possibilidade de serem convertidos em ações, para que se faça o fechamento. Corresponde à antiga idéia de sociedade de capital aberto, que foi ampliada pela de sociedade aberta.

Transformar companhia aberta em fechada implica suprimir a liquidez das ações, tornar mais difícil a saída do acionista, mas isso não deveria dar ao controlador o direito de resgatar ações de alguém que ainda assim quer permanecer associado. Suponha-se, para completar o argumento, que haja elevação da participação do controlador, de forma que se provoque a redução da liquidez das ações remanescentes, para que se veja este obrigado a fazer oferta pública de compra das ações da classe ou espécie afetadas.

A lei diz "impeça a liquidez", como se apenas o aumento de participação do controlador no capital social possa impedir a liquidez das ações. Há investidores, como seguradoras e fundos de previdência privada, que, em função de estratégias de investimento de longo prazo, também podem restringir a liquidez. Imagine-se eventual movimento de compra de pequeno volume de ações pelo controlador que, quando somado à manutenção de posição desses investidores, acionará a oferta pública. Uma

19. § 2º ao art. 4º-A.

tal situação, que pode ser real, acabaria por levar a restrição à participação desses investidores, deixando-se, talvez, maior número de especuladores atuando no mercado.

Parece-me ser conveniente melhor explicação do motivo que levou a determinar o resgate de debêntures simples. Esse tipo de mútuo, disperso no mercado, poderia ser conservado até o termo final do prazo para resgate ou amortização, devendo a companhia manter o agente fiduciário dos debenturistas amplamente informado, embora sem a publicidade das companhias abertas. A disciplina de divulgação de informações é, em relação às companhias abertas mais rígida e, sem que se façam as necessárias ressalvas, manter debêntures, mesmo as simples, em circulação pode ser perigoso para os titulares.

Outro problema posto pela Instrução tem que ver com valores mobiliários derivativos — futuros, *swaps*, e opções. Devem ser igualmente liquidados todos aqueles que não tenham como bem subjacente valores mobiliários de emissão da companhia, ou não? Afinal, fórmula genérica demais pode ser motivo de tropeços. Supondo-se que todos os derivativos devam ser liquidados, e der-se posterior recontratação, como tratar as perdas que possam ser causadas pela operação? Quais os benefícios ou malefícios de manter posições em derivativos que não tenham como ativo subjacente valores mobiliários de emissão da companhia ainda que se cancele o registro de companhia aberta?

Há nessa disciplina certo exagero na Instrução que, para solucionar o esquecimento de certos valores mobiliários na redação do § 4º ao art. 4º da Lei, vai-se ao outro extremo e se peca por excesso. Naquela, o texto refere-se especificamente a ações; nesta, a redação inclui todos os valores mobiliários em circulação no mercado.[20] Considerar que devem ser "resgatados" há de decorrer de não se ter apercebido a autoridade reguladora que não são bens objeto de um mesmo mercado os valores mobiliários e os derivativos.

Quando se pensa em liquidez, é louvável aplicá-la a ações — títulos sem prazo de vencimento — e cuja circulação eficiente precisa de mercados ativos, regras claras determinando a aquisição das ações sempre que, por decisão ou ato do controlador, haja ou possa haver redução significativa ou supressão do mercado para aquele valor mobiliário.

Quanto a quaisquer outros valores mobiliários passíveis de conversão em ações, a resposta será idêntica. Suprimida a liquidez por fechamento da companhia, injusto impor aos titulares um custo de transação que deve ser suportado apenas por quem deu causa à sua criação.

Nos demais casos, entretanto, não parece razoável que se obrigue à formulação de oferta pública para retirada dos valores mobiliários do mercado. Essa determinação parece resultado de imprecisão conceitual que toma como sinônimas as palavras circulação e liquidez. Impor, nesses casos, a obrigação de comprar as ações pode comprometer estratégias de longo prazo de investidores titulares dos valores mobiliários que serão resgatados. Imagine-se ter que liquidar contratos de hedge que nada têm a ver com captação de poupança privada em mercados, para fechar a companhia!

Pondere-se que a obrigação da oferta pública quando haja aumento da participação do controlador pode comprometer outra estratégia, pois ao tornar inviável a aquisição de ações que, na opinião do controlador, estejam sendo negociadas abaixo de seu valor e por isso atrativas pelo ganho futuro que podem propiciar, leva ou à aquisição para tesouraria — e aí o risco é de todos — ou não se aproveita o mercado para fins de arbitragem. O mais sério é que até mesmo essa aquisição de ações para tesouraria poderia ser entendida como movimento que tolhe a liquidez das ações.

20. Derivativos são, nos termos da Lei 6.385/1976 com as modificações da Lei 10.313/2001, valores mobiliários.

A redução da quantidade de ações em circulação, qualquer que seja o motivo, afeta a liquidez; levar investidores, como fundos de previdência complementar, seguradoras ou outros — que mantêm grandes posições acionárias em companhias abertas — para esse mercado parece erro que compromete sua liquidez. É paradoxal que se deseje mercados líquidos e, concomitantemente, não se reconheça que a concentração de posições acionárias por alguns investidores levará à alguma iliquidez.

Os valores mobiliários têm aptidão para circularem livremente, salvo as vinculações a acordo de acionistas ou a disposição estatutária nas companhias fechadas. Mas, veja-se que a restrição à circulação só pode ser imposta a ações de companhias fechadas (art. 36 da Lei 6.404/1976), pois quanto às debêntures, a restrição à circulação está em que devam ser mantidas em contas de custódia, em nome dos titulares, em instituição que designe (art. 63, § 2º, da Lei 6.404/1976).

Se quanto às ações é possível estabelecer preferências ou limitações à sua transferência, não há como eliminar, por completo, o poder de disposição de seus titulares. Quanto as debêntures, nem mesmo limitar a livre transferência tem previsão legal. Assim, não há porque determinar-se o resgate antecipado das debêntures simples, impondo ao credor a obrigação de receber antecipadamente. Assim ocorrente, deve-se fazer o desconto de eventuais encargos anteriormente ajustados. Transfere-se aos credores perdas que deveriam ser integralmente suportadas pelo devedor.[21]

As hipóteses de oferta pública obrigatória na alienação do controle, no fechamento da companhia e na diminuição do volume de ações em circulação, são distintas, embora recebam o mesmo tratamento normativo. Isso é estranho, porque se, no fechamento da companhia desaparece a liquidez das ações, nas duas outras hipóteses não necessariamente ocorrerá o mesmo efeito. A venda do controle pode levar à redução de interessados em associar-se à companhia, o que poderá causar perda de liquidez por falta de demanda, na qualidade de efeito transitório, até que se saiba quais serão as ações administrativas do novo controlador.

A dificuldade que terão de enfrentar o regulador, o controlador e os investidores é sentida por economistas que, há mais tempo buscam explicar o mecanismo de liquidez no mercado secundário de valores mobiliários, e que ainda revelam haver incertezas quanto ao melhor conceito a ser adotado. Fixar parâmetros para estados que podem ser transitórios exigirá esforços de todos. Índices[22] representativos de movimentos de ações, ou de carteiras de ações, são calculados a partir de um conjunto teórico (carteira) de ações com boa liquidez, aquelas cuja negociação é mais freqüente, pois, sem a continuidade de ordens, é impossível medir as oscilações de preço do conjunto e/ou de cada ação individualmente. Oscilações de preço das ações no mercado são comuns, mas as estatisticamente significantes resultam, em geral, de grandes volumes ou do número de ordens em qualquer direção.

Para efeito de reembolso, ou não, de acionista dissidente, o legislador leva em conta, a par de integrar índice de carteira de ações, a dispersão da base acionária (sem ela a circulação das ações há de ser menor), para cuja medição fixa como limite de controle, direto ou indireto, a metade da espécie ou classe da ação.[23] Mas esse critério não serve para ações negociadas em mercado de balcão.

21. Antecipado o vencimento da dívida por ato do devedor, o valor do crédito deve ser ajustado, descontando-se o valor dos juros sobre o período futuro que deixarão de ser devidos. Essa redução do valor da dívida, operada sem anuência do credor, afasta a aplicação das regra dos arts. 952 e 954 o que parece excessivo.

22. Os índices são, geralmente, resultado da variação de preço de ações de maior negociação, como se disse.

23. A concentração da base acionária é fator de redução da liquidez.

A cotação das ações em bolsa, vista como medida de valor para efeito de apuração de liquidez e dispersão, incorpora expectativas de ganhos, facilidade de adquirir/alienar a ação, apreciação de mudanças do quadro econômico — nacional e setorial —, propensão/aversão a risco, tornando mais volátil o quadro em que a decisão será tomada.

Outro parâmetro a ser considerado seria a verificação de mudanças na circulação das ações, comparada com a variabilidade do preço para entender como o investidor avalia o risco da ação. Grandes oscilações de preço (isto é, a volatilidade) indicam maior risco de ganho/perda o que, também, inegavelmente, influencia decisões de investimento dos particulares e tem reflexos na liquidez. Investidores mais sensíveis à alteração de preço dos ativos, atentos à relação custo/benefício, ao decidir entre investir/poupar ou consumir, analisam a volatilidade de preço do bem.

Não se questiona a importância de manter mercados líquidos, pois isso tem reflexo direto nas decisões de investimento, servindo para diminuir demandas por reembolso, facilitando novas emissões. A quantidade de ações em circulação em determinado momento, associado ao fluxo de ordens, serve para estimar ou medir a liquidez daquele valor mobiliário no mercado.

Fator determinante das OPAs, a liquidez não pode ser confundida com circulação do valor mobiliário, tanto que é possível notar dois aspectos distintos na disciplina: a relativa ao fechamento da companhia e aquela inerente ao aumento de participação do controlador em relação a classe ou espécie de ações. Suposto naquela é a supressão da circulação em mercado dos valores mobiliários; nesta, a redução da quantidade de ações em circulação e que aparece na redução do fluxo de ordens — quantidade e volume e influi sobre a liquidez.

Conclusão

O que se ressalta é que o mercado de valores mobiliários deve ser encarado sob duas vertentes: 1) mercados de valores mobiliários líquidos e eficientes, os quais canalizam a poupança privada para a produção, fortalecendo as companhias (criam-se postos de trabalho e aumenta-se a oferta de bens); 2) companhias bem administradas geram lucros, levando ao aumento do patrimônio líquido com ganhos de capital, que podem ser convertidos em moeda com a venda das ações, ou distribuídos sob a forma de dividendos.

Dado que as normas induzem ou inibem comportamentos, é louvável o cuidado visando aumentar a segurança de investidores em valores mobiliários. Afinal, a confiabilidade em institutos ou instituições serve ao desenvolvimento socioeconômico. O mercado é uma dessas instituições sociais que precisa de disciplina jurídica para atender mais do que a função econômica, a social, ampliando o acesso de todos aos bens e, com isso, aumentar o bem-estar da sociedade.

OS CONTRATOS INOMINADOS E O NOVO CÓDIGO CIVIL*

HAROLDO MALHEIROS DUCLERC VERÇOSA

1. A disciplina dos contratos inominados na doutrina. A liberdade de contratar: 1.1 A criação de contratos atípicos; 1.2 Classificação dos contratos mistos; 1.3 Soluções para a tutela dos contratos mistos. 2. A submissão dos contratos inominados às regras gerais sobre contratos do NCC: 2.1 A função social do contrato (art. 421); 2.2 Atendimento aos princípios da probidade e da boa-fé (art. 422); 2.3 Interpretação favorável ao aderente (art. 423); 2.4 Nulidade a renúncia antecipada de direitos (art. 424); 2.5 Herança de pessoa viva (art. 425); 2.6 Regras gerais sobre a formação dos contratos (arts. 427 a 435); 2.7 Regras gerais sobre os contratos preliminares (arts. 462 a 466); 2.8 Regras gerais sobre a extinção do contrato (arts. 472 a 473); 2.9 Da cláusula resolutiva (arts. 474 e 475); 2.10 Da exceção do contrato não cumprido (arts. 476 e 477); 2.11 Da resolução por onerosidade excessiva (arts. 478 a 480).

1. A disciplina dos contratos inominados na doutrina. A liberdade de contratar

O art. 425 do Novo Código Civil (NCC) dispôs que é lícito às partes estipular contratos atípicos, observadas as normas gerais nele fixadas. Tal regra era desnecessária, uma vez que os contratos inominados ou atípicos desde muito tempo vêm sendo livremente celebrados no Brasil com fundamento nos princípios constitucionais de liberdade das convenções e de iniciativa, expressões da autonomia privada (CF, arts. 5º, II, e 170, *caput*). A utilidade da regra do NCC está na indicação do regime jurídico ao qual os contratos inominados se sujeitam, no atendimento àqueles princípios.

* Palestra proferida em 3.10.2002 para advogados da Consultoria Jurídica do Banco Itaú S/A.

Enzo Roppo (*O Contrato*, Coimbra, Almedina, 1988, p. 132) esclarece que o operador econômico do capitalismo necessita ser livre: (i) na fixação, a seu arbítrio, dos termos concretos da operação realizada; (ii) na decisão de efetuar ou não uma certa operação; (iii) na escolha de sua efetivação com uma ou outra contraparte; e (iv) no decidir realizar um determinado "gênero" de operação ao invés de outro.

O limite da liberdade de contratar é a lei, em sentido amplo, e essa liberdade de contratar aparece sob dois aspectos:

a) liberdade de estruturação do conteúdo do contrato, facultando-se aos interessados criar as mais diversas obrigações, aumentando ou diminuindo o "esquema legal" não cogente; e

b) liberdade de não prender-se às espécies contratuais reguladas em lei, facultada a criação de tipos contratuais novos.

1.1 A criação de contratos atípicos

A criação de contratos atípicos corresponde a um novo conteúdo, que é colocado pelas partes na "moldura" fixa (*cornice*), correspondente à sua estrutura geral. Francesco Messineo (*Il Contratto in Genere*) e outros autores desenvolveram importantes estudos no campo da teoria geral do contrato. A partir da identificação de uma estrutura imutável é possível alcançar qualquer objetivo econômico por meio do estabelecimento de relações jurídicas entre duas ou mais partes, regulando-as na medida de suas necessidades. Essa estrutura está presente no conceito de contrato insculpido no art. 1.321 do CC italiano de 1942: "Contrato é todo acordo de vontades entre duas ou mais partes com a finalidade de constituir, regular ou extinguir uma relação jurídica de natureza patrimonial".

Os contratos atípicos são formados: (i) pela utilização de elementos originais, não presentes em espécies anteriores; e (ii) pela fusão de elementos próprios de outros contratos, por mudança de elementos típicos ou secundários destes (contratos mistos).

Para efeito da formação de contratos atípicos podem ser combinados:

a) contratos completos;

b) prestações típicas inteiras;

c) elementos mais simples.

Dessa forma, encontramos as seguintes possibilidades de combinação:

a) um contrato completo e um elemento simples de outro contrato;

b) um contrato completo e prestação típica de outro contrato;

c) prestações típicas de dois ou mais contratos;

d) prestações típicas e elementos simples de contratos diversos;

e) etc.

Como se sabe, freqüentemente o legislador recolhe um contrato atípico e o tipifica por meio de lei especial. A tipificação, muitas vezes, é incompleta ou imperfeita do ponto de vista do tratamento jurídico do contrato. Nesses casos, caberá ao usuário utilizar-se da estrutura do contrato e preencher o restante do conteúdo com os elementos de seu interesse, dentro dos limites da lei.

De outro lado, não se deve confundir contrato misto com união de contratos (contratos coligados).

Enquanto o contrato misto é caracterizado pela unidade da causa, nos contratos coligados cada qual apresenta a sua causa própria, atingindo-se um determinado objetivo pela soma dos seus resultados.

A coligação pode dar-se por meio de uma união: (i) meramente externa (instrumental e sem interdependência); (ii) com dependência (embora mantendo a sua individualidade, não se fundindo uns com os outros, os resultados são desejados pelas partes como um todo); e (iii) alternativa, na medida em que um ou outro subsistem na dependência de uma determinada condição.

Os contratos dependentes aproximam-se dos mistos, mas destes se diferenciam porque apresentam unidade de causa, enquanto naqueles cada contrato é causa do outro, formando uma unidade econômica. O regime dos contratos coligados é o das regras próprias dos tipos a que se ajustam.

1.2 Classificação dos contratos mistos

Segundo Orlando Gomes (*Contratos*, Rio de Janeiro, Forense), os contratos mistos classificam-se em:

a) *gêmeos* — pluralidade de prestações típicas de vários contratos que se misturam — a diversas prestações de uma das partes corresponde uma contraprestação única;

b) *dúplices* — idem — a diversas prestações correspondem diversas contraprestações;

c) *mistos estrito senso* — contêm elemento que representa contrato de outro tipo (corresponderia a uma simulação).

O problema dos contratos mistos consiste, fundamentalmente, na determinação de sua tutela jurídica, para o fim da solução das questões que venham a surgir pela sua utilização.

Considerando-se que, também no direito, "na natureza nada se perde, nada se cria, tudo se transforma", pode-se dizer que a totalidade dos contratos inominados recai na categoria dos mistos.

Não apresentando regulação legal específica, é preciso saber que regras lhes são aplicáveis, a par daquelas correspondentes aos princípios gerais do direito contratual. Foi justamente nesse último sentido que o NCC baixou a norma correspondente ao art. 425.

1.3 Soluções para a tutela dos contratos mistos

O direito tem recorrido a alguns critérios para a solução dos problemas apresentados pelos contratos mistos.

a) *Combinação* — Segundo os autores que defendem essa posição, é possível determinar e isolar os elementos de qualquer contrato atípico para lhe aplicar a correspectiva parte da disciplina legal. Dessa forma, segundo essa teoria, um contrato misto é disciplinado pela aplicação direta das regras atinentes a cada parte de que se compõe, combinadas entre si. A crítica apresentada corresponderia ao fato de que suas parcelas não poderiam ser decompostas, considerando-se que os elementos de um contrato estão compenetrados e soldados uns aos outros.

b) *Absorção* — Para outros, haveria um elemento preponderante ao qual se subordinariam os demais. Ele atrairia para a sua órbita os elementos secundários que se sujeitariam às regras do primeiro. Tal orientação é contrariada alegando-se que os elementos de um contrato misto não são equivalentes entre si. A relação é de coordenação.

c) *Aplicação analógica* — Segundo os defensores dessa posição, deveria o intérprete procurar o contrato nominado mais próximo para aplicar ao contrato misto as regras deste. Não havendo contrato nominado da mesma família, aplicar-se-ia a "analogia *juris*", mediante o recurso aos princípios gerais de direito.

Analisando-se tais caminhos, Orlando Gomes entende que nenhuma das alternativas é suficientemente adequada para resolver as questões de forma satisfatória. Ele sugere a combinação de todos os critérios, conforme a espécie a ser regulada. De qualquer maneira, a disciplina dos contratos mistos segue as regras gerais do direito contratual.

2. A submissão dos contratos inominados às regras gerais sobre contratos do NCC

2.1 A função social do contrato (art. 421)

A liberdade para contratar deve ser exercida em razão e nos limites da função social do contrato. Essa função social do contrato não tem respaldo constitucional direto. Como se sabe, a Constituição Federal tutela a função social da propriedade e da empresa. A função social do contrato deve, portanto, estar vinculada ao direito de propriedade e ao exercício da empresa, sob pena de se entender extravasada a matriz constitucional.

Dessa forma, contratos que afetarem o domínio de bens e aqueles relativos ao exercício da empresa deverão atender à sua função social.

Por função social dever-se-ia entender um resultado benéfico para a sociedade em geral, ficando subordinado o interesse privado individual ao interesse coletivo da sociedade. Haverá contratos que cuidam de relações estritamente privadas, nas quais a igualdade jurídica e econômica das partes é uma realidade. Esses contratos, portanto, não ficam afetos ao atendimento de qualquer função social.

Como se sabe, a vinculação no direito moderno tem negado às partes um respeito sagrado ao contrato, fundado na superação da ideologia presente no século XIX e, em grande parte, ainda no século XX, no sentido de que as partes contratantes encontravam-se em situação de equilíbrio (Enzo Roppo, pp. 36 e ss.). Segundo esse autor, tal premissa partia da dissimulação e deturpação da realidade operada pela ideologia capitalista, a qual calava e ocultava a realidade escondida atrás da "máscara" da igualdade jurídica dos contratantes.

Na verdade, segundo aquele autor, na grande parte dos casos trata-se de uma igualdade formal e abstrata, sob a qual ocultavam-se gravíssimas desigualdades substanciais, ao lado de profundas disparidades das condições concretas de força econômico-social entre contraentes, que detêm riqueza e poder e outros, que somente dispõem de sua força de trabalho.

Nas relações de consumo, o Código de Proteção e Defesa do Consumidor veio, reconhecidamente, suprir tal desigualdade.

De outro lado, o exercício da empresa muitas vezes dirá respeito apenas ao interesse direto das partes em certos contratos. Não haverá que se falar, portanto, em função social desses contratos.

Diante de tais quadros possíveis na realidade negocial, caberá à doutrina e ao Judiciário interpretar o alcance desse dispositivo do NCC, sem abuso. A análise deverá ficar nos planos jurídico e econômico, jamais no plano ideológico.

A questão da função social do contrato poderá ser discutida, por exemplo, no pedido de despejo de locatário em contrato de locação por falta de pagamento do aluguel, em razão de ter aquele ficado desempregado. Decisões que protegessem o locatário poderiam exercer uma função social imediata no plano individual, à custa do locador mas que, a longo prazo, seriam socialmente ineficientes, pois seriam um desestímulo ao oferecimento de imóveis no mercado de locação, com elevação do nível dos aluguéis.

Ao se introduzir a análise da função social do contrato no direito brasileiro, o Judiciário deverá, necessariamente, efetuar estudos de *law and economics*, aplicando uma solução em atendimento a esse princípio que não seja imediatista, mas que vise um resultado geral duradouro, em termos de eficiência. Uma decisão que esqueça dos efeitos no plano macroeconômico poderá fazer justiça do caso concreto e injustiça no plano coletivo, por levar a uma resposta socialmente (e economicamente) ineficiente.

Sem dúvida alguma, tal como já vem acontecendo, o Código de Proteção e Defesa do Consumidor virá a ser o fundamento de decisões voltadas para a proteção da parte contratual mais fraca, com um enorme alargamento do seu campo de aplicação, mesmo em favor de parte que não possa ser considerada consumidor segundo os conceitos presentes naquele diploma legal.

Tal orientação é compreensível, na medida que as regras do CDC, exceto as concernentes à responsabilidade objetiva e à inversão do ônus da prova, fazem parte da proteção que, em qualquer microssistema jurídico, dá-se ao hipossuficiente. E, como se pode verificar, algumas das regras do CDC passaram expressamente para o NCC.

2.2 Atendimento aos princípios da probidade e da boa-fé (art. 422)

Devem estar presentes tanto na conclusão quanto na execução dos contratos.

2.3 Interpretação favorável ao aderente (art. 423)

Nos contratos de adesão, havendo cláusulas ambíguas, adotar-se-á a interpretação mais favorável ao aderente.

2.4 Nulidade a renúncia antecipada de direitos (art. 424)

Verificada nos contratos de adesão, quando se referirem a direito resultante da natureza do negócio.

2.5 Herança de pessoa viva (art. 425)

Proibido contrato que possa tê-la como objeto.

2.6 Regras gerais sobre a formação dos contratos (arts. 427 a 435)

A proposta séria obriga o proponente. Deixa de ser obrigatória:

— a proposta feita a pessoa presente, se não houver imediata aceitação;

— a proposta feita sem prazo a pessoa ausente, desde que decorrido prazo suficiente para que a resposta tenha chegado ao conhecimento do proponente;

— feita a pessoa ausente com prazo determinado, e não chegar a aceitação dentro dele.

— se antes da aceitação chegar ao proponente a retratação do aceitante.

A oferta ao público eqüivale a proposta quando apresenta os requisitos essenciais ao contrato, exceto se o contrário resultar das circunstâncias ou dos usos. Na compra e venda, por exemplo, os elementos essenciais são a descrição suficiente da coisa e o preço.

A revogação da oferta poderá ser feita pela mesma via de divulgação, desde que a oferta ressalve expressamente tal faculdade.

A aceitação tardia deve ser comunicada ao aceitante pelo ofertante, sob pena de responder por perdas e danos.

A aceitação fora do prazo com adições, restrições ou modificações importa em nova proposta (contraproposta).

Se o negócio não exige aceitação expressa (conforme costume) ou se ela for dispensada, o contrato estará concluído caso a recusa não chegue a tempo ao ofertante.

Considera-se a aceitação inexistente caso chegue antes ou junto com ela a retratação do aceitante.

Como se verifica, a aceitação está baseada na teoria da expedição, com as exceções previstas na lei.

No silêncio, o lugar da celebração do contrato é considerado aquele da proposta.

2.7 Regras gerais sobre os contratos preliminares (arts. 462 a 466)

Quanto a forma, deve apresentar todos os requisitos essenciais ao contrato definitivo.

Validamente concluído, o contrato preliminar gera o direito de se exigir a celebração do contrato definitivo, exceto cláusula expressa de arrependimento.

Pode ser judicialmente exigida a execução específica. Não sendo possível a execução específica, ou não a desejando mais a parte prejudicada, a obrigação converter-se-á em perdas e danos.

2.8 Regras gerais sobre a extinção do contrato (arts. 472 a 473)

O distrato faz-se pela mesma forma exigida para o contrato.

Nos casos em que é permitida, a resilição unilateral opera mediante denúncia notificada à outra parte. Embora permitida a resilição unilateral, ela somente terá efeito contra a parte que tiver efetuado investimentos consideráveis para sua execução após transcorrido prazo compatível com a natureza e o vulto dos investimentos.

2.9 Da cláusula resolutiva (arts. 474 e 475)

Estabelece o NCC que a cláusula resolutiva expressa opera de pleno direito. A tácita depende de interpelação judicial.

A parte lesada pelo inadimplemento pode:

a) pedir a execução específica com perdas e danos; ou

b) pedir a resolução do contrato com perdas e danos.

2.10 Da exceção do contrato não cumprido (arts. 476 e 477)

Nos contratos bilaterais quanto às prestações, nenhum dos contratantes pode exigir o cumprimento da obrigação do outro antes de cumprida a sua própria.

Trata-se de aplicação do sinalagma neles presentes, que acarreta o surgimento de prestações correspectivas, em relação às quais uma prestação é causa da outra e vice-versa.

Tanto isso é verdade que a mudança negativa no patrimônio de uma das partes, capaz de comprometer ou tornar duvidosa a sua prestação, dá à outra o direito de recusar-se a cumprir a sua prestação até que a contraprestação seja satisfeita ou a parte dê garantia bastante de satisfazê-la.

2.11 Da resolução por onerosidade excessiva (arts. 478 a 480)

Trata-se de novidade no direito comum, como norma expressa, mas já largamente aplicada no direito contratual com fundamento no reconhecimento da presença implícita da cláusula *rebus sic stantibus*. Esse favor legal tem lugar em contratos de execução continuada ou diferida. A onerosidade excessiva é reconhecida quando superveniente, nascida de acontecimentos extraordinários e imprevisíveis. A onerosidade excessiva é conceituada como o surgimento de vantagem extrema para uma parte diante da outra, ou seja, uma vantagem economicamente sensível, mas não extrema, não daria direito a aplicação do favor legal da resolução.

Os efeitos da sentença que reconhecer a presença de onerosidade excessiva retroagem apenas à data da citação e não da caracterização da situação em tela. A fórmula legal obriga a parte prejudicada a tomar imediatamente a iniciativa da resolução do contrato, sob pena de perdurar o seu prejuízo. Dessa forma, a tentativa de acordos amigáveis revela-se desaconselhável.

A resolução pode ser evitada desde que o réu ofereça-se a modificar eqüitativamente as condições do contrato. Ao invés de requerer a resolução do contrato, se as prestações couberem apenas à parte que vier a sofrer onerosidade excessiva, esta pode pleitear a redução da prestação ou a mudança do modo de executá-la.

A RETIRADA JUDICIAL DOS SÓCIOS COTISTAS E A JUSTA PRESERVAÇÃO DE SEUS DIREITOS NO CURSO DA AÇÃO

João Luiz Coelho da Rocha

A. O custo patrimonial da retirada dos sócios. B. A retirada pela dissolução parcial nas sociedades limitadas. C. A perda do minoritário com o embargo patrimonial e sua compensação.

A. O custo patrimonial da retirada dos sócios

Nas relações internas dos componentes das sociedades de capitais, seja nas tipicamente assim qualificadas, como as sociedades anônimas, seja nas "mistas", "heterodoxas", personalizadas, como as sociedades por cotas, o dissenso do sócio minoritário, seu desconforto com a agregação institucional na sua linha diretiva, sua desavença com a voz de mando, tem representado sempre um problema de delicada solução jurídica.

E a complicação surge, pois que sempre se exige, no evento, ponderar-se dois valores em confronto, duas ordens de padronagem axiológica um tanto excludentes, que se oferecem ao legislador e ao julgador: de um lado, a defesa dos interesses econômico-jurídicos do minoritário afrontado e, de outra parte, a pretendida preservação da empresa como célula produtora de riqueza e serviços.

Na mesma encruzilhada pois enfrenta-se o compreensível e justificado interesse do sócio em preservar seu patrimônio, o valor real e efetivo de sua fatia societária e, também, encara-se o desiderato igualmente razoável da sociedade, pela voz majoritária, de não sofrer uma grande descapitalização no modo satisfatório dos haveres do sócio, de uma forma que prejudique demais ou até inviabilize seu seguimento corporativo.

No campo das sociedades anônimas debita-se a essa flagrante tensão de interesses o sempre debatido problema do direito de recesso dos minoritários, aquelas hipóteses alçadas à capitulação legal, onde, se a empresa, pela força majoritária, decide de algum modo, em uma certa direção, abre ensejo à retirada dos inconformados, com o pagamento a estes de sua parcela de capital.

Na década de 90, diante da iminente venda, por vários meios técnico-jurídicos, do controle de várias empresas estatais, o governo federal proporcionou e obteve uma alteração da Lei 6.404 no tocante ao recesso, restringindo as hipóteses de seu cabimento, de meio a não permitir que minoritários naquelas empresas estatais pudessem requerer reembolso do valor de suas ações, naqueles procedimentos.

B. A retirada pela dissolução parcial nas sociedades limitadas

Quanto às sociedades limitadas o trato do assunto teve que experimentar logo uma evolução, ao longo do século XX, que acompanhou a própria e progressiva desafetação daquele tipo societário da classe das sociedades de pessoas, para aproximá-lo da espécie das empresas de capital.

Assim, foi-se abandonando, a propósito das divergências entre sócios, a regra arcaica do Código Comercial que proferia ali a dissolução total da empresa, e o trato da jurisprudência houve por substituir esse desenlace radical, ligado à idéia plena da personalidade da instituição, por uma "dissolução parcial", ou seja, a saída do sócio divergente com o recebimento por este de seus haveres sociais.

E neste seguimento o cerco jurisprudencial sinalizou logo para uma apreciação justa, atual, real, do valor econômico das cotas a serem reembolsadas, tornando-se mais segura e compatível com a realidade, assim, a compensação pecuniária daquele que se retira.

"Há possibilidade da dissolução parcial de uma sociedade por cotas de responsabilidade limitada entre duas pessoas, condicionada, é claro, com a transformação da sociedade por cotas em empresa unipessoal prevalecendo o interesse social na preservação da empresa, como entidade socioeconômica, capaz de gerar emprego e fazer circular a riqueza" (TJRJ, ac. un. do 1º Gr. de Câms., reg. 9.1.1996, embs. 157/95 na ap. cív. 6.743/94, Capital, rel. Desembargador Capanema Amorim, in *ADCOAS*).

"*Sócio. Retirada de sociedade. Pagamento de haveres. Fundo de Comércio.* Na sociedade de vários sócios é livre a retirada de qualquer deles, porque ferida a *affetatio societatis* para aquele que diverge, sendo livre é sua batida em retirada com paga justa de seus haveres, segundo o apurado pericialmente. Os valores captados devem ser atualizados, certo, ainda, que uma sociedade de ensino, embora de natureza civil, representa valor patrimonial, vez que é negócio que visa ao lucro na prestação de serviços. O nome, o conceito, a localização e tudo mais quanto o compõe se traduzem por valor, o que não deixa de constituir fundo de comércio" (TJRJ, ac. un. da 1ª Câm. Cív., reg. 5.3.1992, ap. 4.025/91, Capital).

"Em caso de dissolução parcial operada extrajudicialmente, com a renúncia da autora e, conseqüente alteração do contrato social, a apuração de haveres com reembolso da quantia correspondente ao capital do sócio retirante na proporção do último balanço aprovado é inadmissível havendo necessidade de adoção de critério que reflita a real posição econômica da empresa" (TJSP, ac. un. da 8ª Câm. de Direito Privado, j. 11.2.1998, ap. cív. 5.742-4/7-São Caetano do Sul, rel. Desembargador Debatin Cardoso, in *ADCOAS* 8160400).

Citando Rubem Requião, diz o acórdão, em seu corpo:

"Consideramos obsoleto o instituto da dissolução da sociedade comercial na extensão adotada pelo Código. O princípio preservativo da sociedade ou empresa impõe a necessidade de novas fórmulas, que o direito comercial encontrou na exclusão do sócio", sendo a sociedade celebrada por tempo indeterminado, haver a dissolução por vontade de um dos sócios, caso em que será, portanto, parcial. Aquela regra de qualquer sócio poder postular a dissolução da sociedade, caso em que, terminada a liquidação, receberia, de uma só vez, o que lhe pertence, foi amenizada pela jurisprudência que, apoiando-se no ordenamento jurídico, construiu a solução, segundo a qual, sempre que os demais sócios queiram continuar a vida social, e a sociedade tenha condições de continuar operando, a dissolução será parcial, apurando-se e pagando os haveres dos sócios que pretendem deixá-la. Isso não significa, porém, que se aplique a essas hipóteses a disposição do contrato social, mas que, cuidando-se de dissolução parcial, se há de agir como se de dissolução total se tratasse, embora apenas com relação ao sócio que sai, porque, para este, a vínculo social se extingue.

"Na apuração dos haveres para determinação daqueles do sócio que se retira devem ser considerados os seus valores reais e não aqueles do último balanço" (TJRJ, ac. un. da 2ª Câm. Cív., reg. 26.8.1993, ap. 1.485, rel. Desembargador Murillo Fábregas).

Em tantos instrumentos de contrato social, alguns de fórmula quase "tabelioa", padronizada, têm-se contemplado hipóteses de reembolso de haveres de sócio retirante, "por morte", por "interdição" e, às vezes, até por "divergência", sempre consignada a rotina compensatória por um parcelamento mensal, mais ou menos longo.

Alguns autores, como Rubens Requião, pretendem que esse tipo de disposição há de ser desprezado na retirada litigiosa (o "recesso" dos cotistas) porque na sua gênese se procurou ali outras hipóteses, como o falecimento ou a interdição, e o pagamento parcelado a sucessores ou responsável (e não a sócios divergentes). Mas parece ser o viés dominante aquele que vê na hipótese um concerto válido de vontades que, aliás, acaba por garantir a solvência da empresa, evitando descapitalizações radicais pelo modo parcelado, prolongado em meses, de saldar os compromissos de compra.

O que percebe é que de tempos inflacionários, onde a disposição pelo parcelamento teria o efeito de acarretar perdas ao retirante, aos tempos de equilíbrio monetário, desde 1994, onde a satisfação integral imediata dos haveres deve pesar sofridamente na continuação do negócio, a jurisprudência terá evoluído.

"*Sociedade. Dissolução parcial. Sócio retirante. Critério.* Em pedido de dissolução de sociedade por retirada de um sócio dentre três, sendo esta parcial, com pagamento dos haveres do sócio retirante na forma do contrato social em parcelamento mensal no prazo de 2 anos, e tratando-se de sociedade cujo patrimônio é somente constituído de imóveis e hoje se restringe à administração desses bens, ao contrário de sua finalidade de origem, não se torna razoável tal forma de pagamento, diante da inflação acelerada dos tempos atuais, mas sim o pagamento ao sócio retirante imediatamente após a apuração de haveres através de aludido balanço de determinação" (TJRJ, ac. da 6ª Câm. Cív., reg. 2.9.1991, ap. 388, rel. Desembargador João Carlos Pestana de Aguiar Silva).

Foi vencido o Desembargador Mello Serra, tendo o voto a seguinte ementa: "Dissolução e liquidação de sociedade de responsabilidade limitada não são declaradas se o contrato estabelece, em caso de retirada do sócio, como será ele reembolsado do capital, lucro e demais haveres na sociedade, incluindo a forma de pagamento. A sentença que defere a dissolução parcial e a apuração de haveres, em balanço específico, com o pagamento consoante a cláusula contratual é incensurável.

"Não havendo ofensa a lei de ordem pública nem se vislumbrando hipótese de enriquecimento sem causa, não há razão para negar eficácia a cláusula contratual que estabelece devam os haveres do sócio que se retira ser pagos em parcelas. Aplicação do princípio da força obrigatória dos contratados e incidência, ademais, do disposto no art. 302, 6 e 7 do Código Comercial — Decreto 3.708/1919 — art. 2º — e no art. 668 do CPC de 1939, em vigor por força do art. 1.218 da vigente lei processual. Cláusula contratual que se justifica por interessar à continuação da empresa que se pode inviabilizar caso o pagamento do sócio que se retira deva fazer-se integralmente, de uma só vez" (STJ, ac. un. da 3ª T., *DJ* 22.8.1994, pp. 21-261, REsp 33.458-9-SP, Rel. Eduardo Ribeiro).

C. A perda do minoritário com o embargo patrimonial e sua compensação

A pura expressão dos princípios legais, porém, e mesmo suas primeiras depurações judiciais, não conseguem acompanhar o ritmo sempre mais intenso, vivaz, palpável, da existência diária.

E vemos questões sobre retiradas litigiosas de sócios minoritários se estendendo por tantos anos, em um quadro factual onde o(s) majoritário(s) permanecem no controle, no uso, e no desfrute da empresa e de seu aparato patrimonial, enquanto o retirante espera pela final apreciação de valor e início de pagamento (muita vez em prestações alongadas em dezenas de meses) de seus haveres na sociedade.

A iniqüidade, o desbalanço — econômico e até moral — da situação criada, tal como acima se desenhou, parece estar incomodando aos atores mais sérios da cena jurídica, pois que começamos a ver expressado em doutrina e na jurisprudência a construção, supletiva da ordem legal, de se conceder ao sócio retirante, enquanto passam os meses e anos de sua perlenga judicial, uma prestação mensal, paga pela empresa — vale dizer, desembolsada, enfim, pelos majoritários, controladores — que corresponda a um certo ressarcimento, enquanto a dissolução não se encerra.

"Diante da notória e injustificada resistência de sociedade por cotas e sócios permanecentes em cumprir execução de sentenças que mandam apurar os haveres do sócio que se retira do quadro social (art. 15 do Decreto 3.708/1919), é juridicamente ponderável antecipar tutela para garantir a rentabilidade do capital explorado durante o período de litigiosidade da liquidação. Incidência do art. 273 do CPC em ação de arbitramento de remuneração de capital" (TJSP, 3ª Câm. de Direito Privado, agr. inst. 095.6561-418, j. 3.11.1998).

O Professor Hernani Estrella, na obra *Apuração de Haveres de Sócio* (Forense, 1992, p. 357) já percorria este caminho: "não raro, o desligamento se deu com o resultado de continuados atritos e divergências entre sócios. Então, tudo se processou num clima de obstinada repulsa e acusações mútuas, excludentes de qualquer entendimento. Nessa emergência, a conclusão judicial da apuração de haveres, embora torne líquido o direito do ex-sócio, não é por si só bastante para levar a entidade devedora, ou os sócios remanescentes, à pronta e direta satisfação".

E o juiz Carlos David Abrão, da 8ª Vara Cível de São Paulo, em sentença lançado em março de 2001, também abre as portas a essa compensação ao sócio retirante:

"Bastante cômoda e confortável a situação do requerido que controla a empresa, não faz pagamento e aguarda o decorrer do tempo, haja vista o pagamento da participação do autor, mas não disponibiliza em tesouraria suas ações, ou suspende sua efetividade, mas usufruindo desse capital recebe maiores ganhos sem retorno ao dados dessa riqueza.

"Enfatiza Sérgio Sahione Fadel (*Antecipação da Tutela no Processo Civil*, SP, Dialética, 1998, p. 26) que a dose de discrição do julgador é mínima, vez que o juiz deve e pode antecipar a tutela sempre que os requisitos ali expressos se entremostrem presentes, a fim de não gerar inocuidade ou dano de difícil reparação.

"Descortina singelamente plausível a antecipação da tutela na demanda remuneratória do capital, como bem enfatizado no Acórdão colacionado pelos autores, do Tribunal de Justiça de São Paulo, porquanto sujeitar o retirante às delongas do procedimento e reduzir dia a dia sua capacidade econômica sem a justa remuneração do valor aplicado, significa excluí-lo do direito subjetivo inelutável."

Tem-se aí considerado um ressarcimento sobre o patrimônio do retirante que está ali bloqueado, uma espécie de taxa de rendimento mínimo que se defere àquele minoritário, para que, durante a longa tramitação judicial, enquanto seus haveres estão bloqueados, indisponíveis, seja ele compensado com alguma renda dali derivada.

Pois a verdade é que enquanto tem curso — longo curso, como sabem todos — a ação de dissolução formal e a apuração de haveres do sócio minoritário a se retirar, fica este, como é natural, fora do controle e da gestão da empresa (muita vez excluído do acesso a lucros) ao passo que seu acerto, sua recuperação patrimonial fica protraída para o fim do processo.

Enquanto isto os majoritários, no desfrute e controle da sociedade, têm em suas mãos também a fração de patrimônio líquido do retirante, embutida nos bens da empresa, e há de se conceber como razoável, justo e coerente com o equilíbrio do direito em jogo, que tal minoritário tenha algum ressarcimento que lhe conceda uma contrapartida durante o curso processual e até que seus haveres lhe sejam ao fim entregues.

O MERCADO DE CAPITAIS COMO IMPERATIVO DESENVOLVIMENTISTA

RAPHAEL VELLY DE CASTRO

"Ora, se entendermos esse processo" — o desenvolvimento — *"como elevação constante do nível de vida e a melhoria permanente da qualidade de vida de toda uma população, é preciso reconhecer que se trata de uma exigência universal, não limitada a alguns países apenas, ou restrita a uma só fase histórica da vida de uma nação. De modo geral, todos os países, ricos ou pobres, antigos e recentes, devem desenvolver-se, visando à humanização integral das condições de vida"* (Fábio Konder Comparato, "A organização constitucional da função planejadora", texto publicado no livro *Desenvolvimento Econômico e Intervenção do Estado na Ordem Constitucional — Estudos Jurídicos em Homenagem ao Prof. Washington Peluso Albino de Souza*, org. por Ricardo Antônio Lucas Camargo, Sergio Antonio Fabris Editor)

Introdução. Breve exposição sobre o mercado de capitais norte-americano: o papel da SEC. Mercado de capitais: o cenário brasileiro. O engano do "valor mobiliário". Justificação constitucional de uma política de mercado no Brasil. A recente alteração estrutural do mercado e a nova "autonomia" da CVM. Conclusão.

Introdução

O debate sobre as formas de financiar o desenvolvimento das chamadas "nações emergentes" é tema trivial nos círculos político-econômicos há pelo menos meio século. Pode-se dizer mesmo que sua pedra fundamental foi lançada em 1944,[1] perdurando até os dias de hoje com novo e maior vigor, mais em função dos fracassos do que dos êxitos experimentados por tais países ao longo da década passada.

É verdade que a recente experiência argentina (assim como a mexicana, a russa e a brasileira), apresenta seus traços peculiares, mas, a exemplo de outros países em vias de desenvolvimento, também deixa transparecer um problema aparentemente invencível, comum à maioria dessas nações: a crônica falta de poupança interna e de seu direcionamento eficiente, o que termina por causar dependência de recursos externos para financiamento de seus déficits em conta corrente, projetos de industrialização e planos de desenvolvimento, condenando-os assim à exportação de *commodities*, sobre cujos preços os produtores nacionais praticamente não têm voz ativa, ao contrário, resignam-se diante de decisões vindas

1. Trata-se aqui do Acordo decorrente da Conferência de Bretton Woods, New Hampshire, em 1944, a qual acarretou a criação do Banco Mundial — BIRD e do Fundo Monetário Internacional — FMI.

de muito longe, como as Bolsas de Chicago, Paris ou Cingapura, por exemplo.

Não obstante, outro fator comum a essas nações é que a maior parte de seu progresso é financiado via instituições bancárias, o que, aliado às circunstâncias acima enumeradas, conduz o observador atento a sombrias conclusões: dependendo basicamente da exportação de produtos primários, tais países são mais propensos a choques de câmbio, crédito e juros, na hipótese de depressão dos preços desses produtos nos mercados externos. Nesse caso, poderia mesmo existir uma tendência inflacionária residual, seja no caso de emissão de moeda para alívio do crédito, seja mediante o repasse do custo tributário e dos insumos ao consumidor. Assim, a opção tradicional é geralmente pelo corte de empregos, ou seja, choque no escoamento da (pouca) produção ainda restante, o que mais cedo ou mais tarde leva inevitavelmente à total paralisação da economia do país.

Num tal contexto, a opção pelo financiamento de empresas e projetos via mercado de capitais traria consigo pelo menos três grandes vantagens: (i) possibilitaria uma menor dependência do endividamento bancário, e, por conseguinte, de possíveis choques cambiais, de crédito e de juros na economia nacional; (ii) possibilitaria às empresas que dela fizessem uso um maior apoio em participação (capital) do que em dívidas, o que lhes concede fôlego extra em épocas de desaquecimento econômico, e até mesmo a redução substancial de percalços de caixa nesses períodos; e (iii) possibilitaria, se julgado conveniente, que as empresas recorressem mais ao mercado externo do que ao interno na busca por recursos necessários aos seus negócios, o que, em algumas oportunidades, poderia capitalizá-las mais rapidamente do que suas similares nacionais que assim não procedessem (como, aliás, ocorre agora no Brasil). Mesmo assim, a implementação de um mercado de capitais eficiente pode se revelar uma tarefa bastante trabalhosa e, não raras vezes, virtualmente inatingível: num ambiente onde os investidores pagam consideráveis somas em dinheiro para adquirirem prerrogativas totalmente intangíveis, cujo valor depende inteiramente da qualidade das informações recebidas e da honestidade de terceiros, a respeito dos quais os investidores pouco (ou quase nada) sabem, somente por milagre se daria o seu implemento espontâneo. Logo, trata-se aqui de um segmento que absolutamente deve ser estimulado para que se chegue a resultados práticos.

É exatamente aqui que começa a se delinear o objetivo desse trabalho: a julgar pela importância do tema e da possibilidade real de se atingir benefícios para todos no médio e no longo prazo, parece-nos urgente a colaboração imediata do Estado no estabelecimento de bases institucionais e legais nesse sentido, bem assim da criação de uma cultura de versão de recursos para tais mercados, a fim de possibilitar a perseguição efetiva de um desenvolvimento nacional independente e sustentável.

Breve exposição sobre o mercado de capitais norte-americano: o papel da SEC

A experiência de maior sucesso na estruturação e institucionalização do mercado de capitais com vistas à desintermediação financeira nos parece ser a norte-americana. Revelando pioneirismo também nessa área, os EUA promulgaram, já em 1933, o *Securities Act* (SA/33), e, logo depois, em 1934, o *Securities Exchange Act* (SEA/34).[2]

O SA/33 lida basicamente com questões afeitas à distribuição de valores mobiliários no mercado primário, e, nesse aspecto, seu escopo é menos abrangente do que o do SEA/34. Por sinal, foi justamente o SEA/34 o diploma a regular (i) a distri-

2. Essas nos parecem ser as leis mais representativas, embora também fossem dignos de nota o *Public Utility Holding Company Act* (1935); o *Trust Indenture Act* (1939); o *Investment Company Act* (1940); e o *Investment Advisors Act* (1940).

buição no mercado secundário (e, portanto, um espectro mais amplo do mercado de capitais)[3] e, mais importante, (ii) a criar a agência incumbida de fiscalizar e regular o mercado (a *Securities Exchange Commission* — SEC).[4] Ao dotar a SEC de poder

3. Dizemos que o mercado secundário é mais amplo em relação ao primário, pois são virtualmente infinitas as possibilidades de negociação de um título entre participantes do mercado após a sua emissão pela companhia; daí a maior abrangência, conforme afirmamos, desse tipo de negociação, e, como tal, a razão da sua importância para a liquidez e viabilidade do mercado de capitais, enquanto instituição. Deveria apenas ficar registrado, não obstante, que, para a companhia emissora, o mercado se "limitaria" — por assim dizer — ao mercado primário, uma vez que não há novo ingresso de recursos para esta, quando das negociações sucessivas de seus títulos por terceiros outros que não os subscritores dos mesmos; por outro lado, a noção de mercado secundário é fundamental para a liquidez do sistema, visto ser este a sede (por definição) onde se verifica a negociabilidade do título, e a sua capacidade de se "transformar em dinheiro", mediante a sua aquisição por outro investidor.

4. Note-se que referimo-nos aqui à SEC como *agência* reguladora, o que, de fato e de direito, ela efetivamente é. Tal conceito tem origem no direito norte-americano, sendo que as *agencies* têm por principal característica a sua *independência* do Poder Executivo e a sua *autonomia reguladora*, não se submetendo, portanto, a controles externos (inclusive do Executivo) nesses aspectos — tudo isso devidamente estabelecido em *lei*, esclareça-se. Não obstante, a situação nos parece um pouco diversa no Brasil, a despeito dos importantes avanços havidos por ocasião da última reforma da Lei das S/A — a CVM foi erigida à categoria de *entidade autárquica em regime especial*, o que lhe conferiu uma certa autonomia em relação à sua situação anterior (v. MP 8, cuja primeira edição se deu em 31.10.2001, portanto, já sob o regime da EC 32, de setembro de 2001). Isto significa que durante o tempo pelo qual ficou pendente a votação definitiva da MP 8/2001, a dita *autonomia* da CVM embasou-se, a nosso ver, em bases bastante frágeis, afastando-se em muito, portanto, do ideal de solidez institucional para uma pretensa ferramenta de desenvolvimento, vez que os atos praticados sob sua égide correram efetivamente o risco de perder a sua eficácia desde a data de sua edição. Ademais, a própria conversão da MP em lei não afastou uma certa confusão legislativa, pois a CF determina que assuntos afeitos ao sistema financeiro sejam regulados por Lei Complementar (voltaremos a esse ponto posteriormente). Logo, trata-se de evidente emaranhado jurídico, que só divulga a instabilidade do mercado no Brasil, em vez de promovê-lo.

regulatório, o SEA/34 inaugurou, para o segmento financeiro, um modelo estrutural absolutamente adaptado à brusca realidade do mercado e de suas súbitas mudanças. Ela passou a ser, então, um nítido instrumento estatal de organização mercadológica, que perdura até hoje, atuando energicamente para manter os mercados sob controle.

Viu-se acima, então, que os EUA criaram todo um arcabouço legal para embasar institucionalmente aquilo que parecia ser uma mera abstração econômico-financeira,[5] mas que, com o passar dos anos, revelou-se poderoso expediente de fomento, ao possibilitar condições mais vantajosas para o financiamento da produção: buscando recursos diretamente do público, e servindo-se das taxas menores praticadas nesses mercados, as companhias lograram se organizar e se desenvolver de forma mais condizente com os seus objetivos, alcançando melhores resultados e maiores lucros. À medida que os seus resultados agradavam aos acionistas (e eram acompanhados pelos demais investidores), e com a possibilidade sempre presente de negociação *ad infinitum* de suas ações, o mercado de capitais foi continuamente atraindo mais e mais pessoas interessadas em dele participar, até que esse círculo virtuoso o impulsionasse de maneira definitiva e virtualmente irreversível.

Mas é justamente aqui que se faria necessário um contraponto: o mercado existiria (porque de fato, como tal, *existe*) inclusive *sem* o Direito (no caso, representado pelas leis federais que desenharam institucionalmente o mercado, e pelas regras da SEC). Note-se que as estruturas de ne-

5. Ressalte-se que a criação de marcos institucionais no direito norte-americano sobre mercado de capitais não se limitaria apenas a dotar o sistema de solidez e credibilidade, ou seja, ao exercício puro e simples do poder de polícia pelo Estado nesses segmentos: a estrutura regulatória do mercado (mediante o recurso ao sistema de *administrative agencies*) foi igual e indubitavelmente importante. V. nesse sentido o *Federal Administrative Procedure Act*, de 1946.

gociação aqui expostas não decorrem — ao menos não necessariamente — de regra *jurídica* que as tenha *criado*. Nesse segmento, o dever incumbente ao Estado — aqui consubstanciado no Direito — é, principalmente, zelar pelo correto e equânime *funcionamento* do sistema, mediante a implementação de regras (jurídicas) que resguardem os interesses daquele que talvez seja o principal combustível de todo esse mecanismo: o investidor. De fato, a experiência americana serve mais do que qualquer outra para evidenciar que o principal valor a ser perseguido em termos de mercado de capitais é a ***credibilidade*** *do* e *no* sistema. Assim, é correta a conclusão segundo a qual o mercado seria também largamente impulsionado pela possibilidade de negociação contínua desses títulos (via mercado secundário), uma vez que a procura pelos mesmos, por parte de investidores que não tivessem subscrito a sua emissão primária, serviria, dentre outras coisas, para a aferição da *negociabilidade* dos títulos dessas companhias (logo, da sua liquidez), e da *receptividade do mercado* aos seus resultados e práticas administrativas, portanto, da medida de seu sucesso em recorrer à poupança popular para financiamento de suas atividades, quando e se o fizessem. Mas tudo isso sem nunca esquecer o papel decisivo do Estado na regulação, controle e, principalmente, fiscalização desses mercados, é dizer, sem uma presença atuante que garantisse a eqüidade entre investidores e a credibilidade das instituições, a implementação do mercado de capitais (bem assim o seu papel de ferramenta de desenvolvimento) estaria virtualmente anulada.

Mercado de capitais: o cenário brasileiro

Verificamos acima, em rápidas passagens, a revitalização do mercado de capitais norte-americano, por muitos considerado como o mais avançado e importante do mundo. A experiência norte-americana chama a atenção, entretanto, para um dado que pode passar despercebido ao observador menos cuidadoso: em aproximadamente sete décadas, o mercado norte-americano passou de um terrível colapso para o mais avassalador triunfo, e isto se tratando de um segmento no qual a confiança e a credibilidade *do* e *no* sistema desempenham papel absolutamente fundamental para o sucesso das instituições. De fato, talvez não se tenha notícia de recuperação similar em toda a história da humanidade, em relativamente tão pouco tempo. A verdade é que a faceta financeira do *New Deal* de Roosevelt talvez não houvesse logrado o mesmo êxito se não fosse pelo fomento estatal decisivo e firme nesse sentido.

Talvez por herança de uma conjuntura histórica diversa, jamais houve no Brasil movimento semelhante, dada a nossa função colonial eminentemente extrativista pelo menos até a primeira metade do século XIX: o Brasil nunca se destacou exatamente por seu comércio ou sua indústria, ao contrário, sempre se viu às voltas com um modelo agro-exportador que não favorecia o aparecimento de uma mentalidade industrial ou capitalista. Tudo isto se traduziu na perda irrecuperável de tempo valioso para a aculturação do público em geral no que diz respeito ao mercado de capitais.

A concepção mais séria de mercado de capitais no Brasil só veio mesmo a se consolidar pela edição da Lei 6.385, de 7.12.1976. Esta foi promulgada principalmente com vistas à regulação do mercado, e à troca do modelo regulatório outrora preconizado pela Lei 4.728, de 14.7.1965, abrangendo, de modo geral e algo rudimentar, num só texto, as previsões básicas do SA/33 e do SEA/34, bem assim criando um órgão regulador específico para esse segmento, constituído sob a forma de autarquia (a Comissão de Valores Mobiliários — CVM).[6] Com efeito, não seria totalmente incorreto dizer que a CVM é uma autoridade de mercado aos moldes da SEC norte-

6. Já vimos acima que, tecnicamente, a CVM não seria uma *agência*, no sentido dado ao conceito pelo direito norte-americano.

americana, ainda que lhe faltem, em nossa opinião, os contornos principais de uma *agency*.

A grande maioria dos estudiosos desse segmento justifica a sua criação em razão da imperfeição ínsita a todos e quaisquer mercados — inclusive àqueles que nada têm a ver com títulos e valores mobiliários —, bem como da falta de contato direto, no mercado de capitais, entre compradores e vendedores (ou emissores) desses títulos. E exatamente por isso é que a criação de uma entidade reguladora ágil e eficiente encontraria a sua razão de ser, pois, "(...) qualquer imperfeição desse mercado não se esgota, apenas, entre aquelas pessoas que diretamente estiverem envolvidas naquela relação jurídica, ao contrário, qualquer imperfeição que surja no mercado de capitais afeta a credibilidade e a confiabilidade do mercado. Ela tem uma abrangência, portanto, muito maior, que pode levar o próprio mercado a ser depreciado e, portanto, a não cumprir adequadamente a sua função".[7]

Portanto, parece-nos aqui plenamente evidenciada (i) a nossa principal preocupação no que tange ao definitivo impulso do mercado de capitais num país sem tradição financeira ou mercadológica como o Brasil; e (ii) o que seria a principal função do Estado — além do zelo das práticas eqüitativas pelos participantes do mercado — nesse segmento, ou seja, o dever de efetivamente implementar uma política de desenvolvimento institucional do mercado em nosso País.

O engano do "valor mobiliário"

Dos escritos acima, depreende-se que incumbe à CVM a regulação e fiscalização do mercado, inclusive com a possibilidade de instaurar procedimentos administrativos disciplinares, sempre que forem constatadas práticas em desconformidade com a regulamentação por ela editada.[8] Aduziu-se também que o cerne do mercado seria a busca da poupança popular pelas companhias que dele participassem na qualidade de emissoras de títulos e valores mobiliários, com vistas ao financiamento de seus projetos e futuros investimentos. Caberiam aqui, portanto, algumas indagações: o que viriam a ser então tais "valores mobiliários"?[9] Existiria relação entre estes e a atuação da CVM (por outras palavras, poderia existir uma tal emissão que não necessitasse estar sob os auspícios da autarquia)? Quando estaria caracterizada a possibilidade de ingerência (ou não) da CVM numa captação de recursos por uma companhia?

Os valores mobiliários são justamente os instrumentos de que fazem uso as companhias abertas, no âmbito do mercado, para a coleta de capitais junto ao público. Não obstante, é facilmente perceptível que títulos geralmente mencionados como pertencentes a essa modalidade (as ações e as debêntures, por exemplo) podem ser emitidos sem que a atuação da CVM seja provocada, e sem que absolutamente haja necessidade de prévio registro da sua emis-

7. V. Luiz Leonardo Cantidiano, "A CVM e o mercado de capitais", texto publicado em *Sociedade Anônima — I Ciclo de Conferências para Magistrados*, p. 209, EMERJ — Escola da Magistratura do Estado do Rio de Janeiro e IBCB — Instituto Brasileiro de Ciência Bancária, Rio de Janeiro, 1993.

8. Note-se que as próprias Bolsas de Valores podem emitir normas vinculantes para os agentes e partícipes do mercado, fenômeno este que foi denominado pela doutrina como "auto-regulação". A auto-regulação tem sido descrita como autêntica exclusão da atuação do Estado no mercado de capitais, freqüentemente sendo mostrada como contraponto à "regulação" estatal. Não concordamos inteiramente com essa linha, visto que a auto-regulação, em primeiro lugar, só existe em decorrência de permissão legal expressa, ou seja, somente porque o Estado (Poder Legislativo) assim quis, portanto, não havendo negação de espécie alguma de sua ingerência, ao contrário, aí afirmando-a "por omissão".

9. Sobre o conceito de valor mobiliário, é altamente recomendável a leitura dos já clássicos textos de Luiz Gastão Paes de Barros Leães ("O conceito de *security* no direito norte-americano e o conceito análogo no direito brasileiro", *RDM* 14/41 e ss.), e de Ary Oswaldo Mattos Filho ("O conceito de valor mobiliário", *RDM* 59/30 e ss.).

são junto à autarquia, de forma que, até aqui, como se vê, o conceito exposto é inservível para a explicação da atuação estatal no mercado de capitais.

Por outras palavras, se podem tais títulos também ser emitidos sem que haja qualquer ingerência da CVM no processo, o que individualizaria os valores mobiliários em relação a quaisquer outros títulos de participação ou representativos de dívida? Em suma, quando e como saberia o intérprete estar diante de valor mobiliário ou não? Para a resposta de tais perguntas, deveria restar clara a seguinte premissa: os valores mobiliários são instrumentos na medida exata para uma emissão *em massa* (imagine-se, por exemplo, a hipótese de celebrar milhares de contratos de mútuo quando uma simples emissão de debêntures teria conseqüências econômicas idênticas). Assim, é fora de dúvida que expedientes como uma emissão de ações ou de debêntures, em termos econômicos, podem atingir mais rápida e eficientemente os fins almejados pelos administradores da companhia emissora. Portanto, a primeira característica básica dos valores mobiliários é a sua *possibilidade* de emissão *em massa*: são instrumentos *tendentes a granjear elevadas quantias de recursos de uma só vez, ainda que não sejam utilizados sempre com essa finalidade*. Para que assim possam ser classificados, devem *sempre* ser ao menos *passíveis de* colocação em grandes quantidades.

Aqui, parece-nos interessante abrir um novo ponto: vários (e renomados) autores que se debruçaram sobre o tema no Brasil costumam dar feição *instrumental* à noção de valor mobiliário, inclusive para fins de registro das emissões perante os órgãos regulatórios competentes, já que, desta maneira, estaria sendo observado o princípio do chamado *full disclosure* ("divulgação total"), objetivando-se assim disponibilizar ao público investidor as informações fundamentais relativas à emissão: a noção de valor mobiliário seria importante justamente porque delimitaria a atuação fiscalizatória (e reguladora) do Estado; logo, sempre que se estivesse diante de um tal *valor mobiliário*, deveria ser perquirido também se a sua emissão teria sido precedida de registro, de sorte a fornecer aos investidores todas as informações relevantes acerca de sua colocação.

Porém, note-se que até bem pouco tempo atrás o Brasil seguia a corrente de *numerus clausus* para os valores mobiliários, ou seja, seriam considerados como tais somente aqueles assim previamente definidos em textos normativos (fossem estes legais ou regulamentares). Em outras palavras, e pelo raciocínio exposto no parágrafo anterior, a ação do Estado estaria cingida (i) a esses títulos (e somente esses), (ii) quando ofertados em mercado, (iii) devendo tais emissões, nessas circunstâncias, serem precedidas de registro junto à CVM, visando à proteção do público investidor contra emissões fraudulentas ou irregulares. A crença algo dogmática nessas fórmulas terminou por levar, em última análise, ao escândalo dos chamados "contratos de boi gordo", pelos quais numerosos investidores foram lesados, e que em realidade se tratavam de esquemas de investimento que não se encaixavam exatamente nos termos da legislação e regulamentação vigentes à época.[10] Ocorre que, em vista da verificação posterior da total insuficiência da estruturação jurídico-institucional então em vigor, não houve mais como sustentar o modelo regulatório da época, desembocando tal conjuntura na edição da

10. Nelson Eizirik, *Reforma das S/A e do Mercado de Capitais*, pp. 152 e 153, a esse respeito, asseverava que "a Comissão de Valores Mobiliários e o próprio Banco Central do Brasil já vinham, desde o início da década de 90, preocupando-se com os novos negócios que eram ofertados ao público em geral, uma vez que *tais oportunidades não se encontravam previstas em nossa legislação, não havendo qualquer dispositivo legal específico que garantisse uma efetiva proteção ao investidor*" (os destaques não constam do original). Assim, resta nítido que o "elemento de conexão", por assim dizer, tendente a causar a necessidade da presença estatal no mercado de capitais, conforme a doutrina dominante, era o "valor mobiliário" em si considerado. Voltaremos a esse ponto mais abaixo.

Medida Provisória 1.637, inicialmente datada de 8.1.1998 e, posteriormente, na promulgação da Lei 10.198, de 14.2.2001 e da Lei 10.303, de 31.10.2001.

Essas três normas, em nosso ver, efetivamente alteraram o conceito de "valor mobiliário" relativamente ao cenário anterior, pois, em vez da enunciação caso a caso, passaram a consagrar também uma definição mais genérica, qual seja, "constituem valores mobiliários, sujeitos ao regime da Lei 6.385, de 7 de dezembro de 1976, quando ofertados publicamente, os títulos ou contratos de investimento coletivo, que gerem direito de participação, de parceria de remuneração, inclusive resultante de prestação de serviços, cujos rendimentos advêm do esforço do empreendedor ou de terceiros" (v. respectivos teores dos arts. 1º da MP 1.637 e da Lei 10.198/2001, e do art. 4º da Lei 10.303/2001).

Essa "nova definição" apresenta contornos muito interessantes. Com efeito, ela praticamente transcreve o conceito em vigor nos EUA, o qual, aliás, é oriundo de construção *jurisprudencial*, e não *legal*:[11] ou seja, mesmo nos EUA, com toda a cultura de mercado já existente (no mínimo, como a conhecemos hoje, desde 1933) e instituições jurídicas adequadas à implementação e solidez do mercado, foi constatado um total fracasso na tentativa de definir *a priori* o que viria a ser a espécie "valor mobiliário", *como forma de delimitação da atuação estatal*. Em outras palavras: até mesmo no país que praticamente *inventou*, por assim dizer, o modelo de mercado de capitais moderno, sempre que se tentou limitar a ação do Estado mediante a enunciação de um conceito *jurídico* (que, como tal, é geralmente estático, mas, no caso americano, apresenta-se até demasiadamente aberto) para os valores mobiliários, constatou-se, ao final, a necessidade de se cotejar a lei com os fatos, às vezes via Poder Judiciário.

A definição legal de *security* (presente e virtualmente idêntica no SA/33, no SEA/34, no *Public Utility Holding Company Act*, no *Investment Company Act* e no *Investment Advisors Act*) é realmente muito ruim, pois não individualiza ontologicamente o valor mobiliário como instituto delimitador, e, assim, o seu fracasso decorre de uma enumeração demasiado extensa do objeto da definição (mesmo que meramente exemplificativa), sem contudo se ater aos seus contornos mais importantes. Enquanto isso, nos países seguidores do direito continental europeu — entre os quais se inclui o Brasil — a definição dos instrumentos negociados nas Bolsas de Valores e mercados de balcão organizado seguia uma conceituação rígida e enumerativa, que devia ser previamente cominada em leis e regulamentações, como já se viu acima. No Brasil, o colapso desse modelo resultou nas sucessivas edições da Medida Provisória 1.637, e das Leis 10.198/2001 e 10.303/2001, conforme também já exposto.

Com efeito, o referido caráter *instrumental* da conceituação de valor mobiliário, tão preconizado pela nossa doutrina, geralmente parte da análise das características do instrumento, ao escopo de individualizá-lo em relação a outros, para então estabelecer uma "fronteira demarcatória da abrangência e atuação do direito inerente ao 'valor mobiliário'", além de "definir o campo de atuação governamental na regulamentação do uso de tal instrumental (...)",[12] como a dizer que "em se tratando de valor mobiliário, se lhe aplicam *as regras de valores mobiliários* e a atuação da CVM". Ou seja, parte-se de uma tentativa de definição apriorística do instituto para, daí sim, indagar-se da legitimidade de atuação do Estado nesse segmento (ou de sua falta). Parece-nos que esse raciocínio peca

11. Estamos aqui a tratar do "Caso Howey", que terminou por originar a chamada *Howey definition* (que é virtualmente repetida pelo art. 1º da Lei 10.198/2001 acima citado) e o *Howey test* — submissão de uma dada hipótese a um "teste", pelo qual seria possível qualificar o instrumento como *security* ou não.

12. Ary Oswaldo Mattos Filho, cit., p. 31.

pela falta de dimensão temporal do fenômeno de mercado; por outras palavras, ele parte do que *deveria ser* um tal "valor mobiliário", com vistas à delimitação da intervenção estatal no mercado de capitais. Ora, o que "deveria ser", por vezes, pode "já ter ocorrido" (como no caso do "boi gordo"), e portanto, por ocasião da conclusão dos intérpretes acerca da efetiva natureza de "valor mobiliário" de um dado título, tendente a, então sim, permitir a ingerência do Estado a seu respeito, pode muito bem ser tarde demais, com prejuízos insanáveis para a credibilidade e segurança do mercado-instituição. Por outras palavras, "o que *deveria ser*", às vezes, irremediavelmente, "já *foi*"; o Estado, aqui, fica a esperar a abertura das portinholas, qual cavalo de dérbi, para, uma vez dada a largada, esperar cruzar o "disco final" antes de outros tantos "bois gordos" que, como tais, obviamente saem em disparada bem antes do tiro inicial.

É nessa medida que reputamos algo *inócua* a discussão acerca do *conceito* de valor mobiliário (mormente após a convolação em lei da MP 1.637), pois numa e noutra motivação dada pela doutrina sobre o tema — isto é, para delimitar o campo do "Direito dos valores mobiliários",[13] bem assim, a esfera de atuação da CVM — parece-nos que os aspectos que realmente devem ser resguardados pelo Estado são, novamente, a ***credibilidade*** e a ***higidez*** do sistema. A idéia é que, independente do que venha a ser ofertado ao público (com ou sem registro prévio na CVM), havendo efetiva solicitação à poupança popular, a emissão de que esta se origina incondicionalmente *possa e deva* ser objeto de ação e fiscalização estatal; em outras palavras, o que efetivamente deve ser fator de provocação incondicional da atuação (e, se for o caso, repressão) estatal no mercado é a *oferta* (solicitação) *ao público*, pouco importando que nome se dê aos instrumentos que individualmente compõem tal oferta, ou quais sejam as suas características. Assim, toda vez que houvesse solicitação à poupança popular, em se tratando de mercado de capitais, deveria também haver a contrapartida da vigilância incondicional e irrestrita da CVM.

Portanto, o que se nos assevera muito mais importante do que o *conceito de valor mobiliário* em si seria o conceito de *oferta* (ou emissão, colocação) *pública*. É justamente por essa razão que iniciamos acima dizendo que os chamados "valores mobiliários" devem ser ao menos *passíveis de* negociação em massa, devendo então ser este (e não o objeto individual da oferta) o "gatilho" para a ingerência da CVM. Estariam aí, destarte, os confins da *intervenção* da CVM, que os analistas e estudiosos nacionais, ao menos aparentemente, sempre se esmeraram em buscar, como que a temer uma ingerência estatal demasiada ou uma intervenção desmedida, dada como um "cheque em branco" ao Estado pela legislação em vigor (talvez temendo aí o aparecimento de um "segundo Banco Central", em matéria de mercado de capitais). Nesse ponto, ao contrário do que ocorria na perquirição do "conceito de valor mobiliário", pensamos ser absolutamente correta a identificação das razões e necessidades do registro prévio para a colocação de títulos junto aos investidores (talvez seja preferível utilizar a expressão "solicitação ao público", por motivos de coerência), em atendimento ao princípio do *full disclosure*, como forma de delimitação da esfera de competência da CVM. Note-se que, ao assim concluirmos, conseguimos posicionar o Estado onde o mesmo realmente é necessário e, talvez ainda mais importante, no *momento certo* para o mercado-instituição, ou seja, justamente na ocasião do apelo aos

13. Especificamente nesse aspecto, parece-nos que o ponto levantado pela doutrina identifica-se intimamente com a proposta que pretendemos aqui apresentar: o "Direito dos valores mobiliários", em termos práticos, se confundiria com a consagração jurídica de determinados valores reputados (pelo Estado) como convenientes ao incremento do mercado, e, portanto, com uma *política pública* para o desenvolvimento do mercado de capitais.

recursos do público. Nossa exposição, parece-nos, se diferenciaria assim da doutrina tradicional por se situar no pólo diametralmente oposto, ou seja: *primeiro*, o Estado agiria; e *depois* se indagaria do veículo utilizado para solicitação aos investidores, quando e se fosse o caso. Não é, aliás, de forma alguma mau que assim ocorra, pois, insistimos nesse ponto, tendo em vista os valores que fariam o mercado "pegar" enquanto instituição (credibilidade *e* segurança), parece-nos mesmo que a CVM deva ter poderes de atuação condizentes com a finalidade que ora expomos: se em função da mera definição do instrumento utilizado pelas companhias como pertencente a esta ou àquela classe fosse possível fechar as portas à vigilância da CVM, pois que seria este o elemento a lhe dotar a atuação de legitimidade ou não, bastaria que um emissor mais ardiloso escapasse de tais contornos para que qualquer iniciativa sua fosse obstruída (coincidência ou não, foi exatamente isso que ocorreu no episódio do "boi gordo").

De fato, toda a polêmica acerca do *conceito de valor mobiliário* tinha muito mais razão de ser (i) nos EUA, onde a definição de *security*, por ser demasiadamente aberta (e exemplificativa), acarretou inúmeros problemas, dada a profusão de produtos ofertados ao público, tais como empreendimentos civis, títulos de clube, glebas de terra, entre muitos outros, e onde, portanto, era real e premente a necessidade de saber se efetivamente se estava diante de *security* ou não, uma vez que lhe tinha sido cominado em várias leis (cujos exemplos mais representativos seriam o SA/33 e o SEA/34) um regime específico e individualizado;[14] e (ii) relativamente ao Brasil, que seguia orientação de *numerus clausus* para os valores mobiliários, nunca houve a variedade de produtos e ofertas que ocorria nos EUA, e, logo, nunca houve a necessidade de se elaborar um conceito para os valores mobiliários, pois que os mesmos já vinham previamente qualificados como tais em textos de natureza normativa; fora dali, simplesmente não se admitia a atuação da CVM.

Na verdade, durante muito tempo, o "conceito de valor mobiliário" serviu apenas, e quando muito, de corda a atar as mãos do Estado nesse segmento. Com a convolação em lei da MP 1.637, parece-nos que a perda da razão de ser do referido conceito apenas se intensificou, pois as próprias definições contidas nas três normas aqui citadas expressamente fazem a ressalva "quando ofertados publicamente", a qual de resto, inclusive, já estava presente (ou ao menos implícita) quando da promulgação da Lei 6.385/1976 (consoante se conclui da leitura de seu art. 1º, I e II). Portanto, parece-nos fora de dúvida que embora enumere uma série de características (que o identificam intimamente com a chamada *Howey definition*), o conceito constante da legislação vigente teria seus objetivos práticos plenamente atendidos pela simples enunciação da solicitação de recursos junto ao público, ou ainda, mediante a enunciação de *expedientes outros que pudessem ser considerados como tal*. Perceba-se que toda a nossa construção teórica tem por base a *publicidade da oferta*, e não os contornos individuais dos títulos em oferta ao público; e, assim sendo, aqui sim, parece-nos que seria conveniente impor um limite à atuação do Estado, para que circunstâncias não

14. O SA/33 e o SEA/34 foram promulgados com vistas a suprir lacuna deixada pelas chamadas *Blue Sky Laws*, consistentes estas em legislação de nível estritamente *estadual*, e que se mostraram absolutamente inadequadas a qualquer tipo de eficiência na regulação de um segmento econômico em franca evolução, como o mercado de capitais à época. De notar também que a própria Depressão teve a sua origem no colapso do mercado de capitais (Bolsa de Nova York), e que tanto o SA/33 quanto o SEA/34 configuram resposta (estatal) à crise gerada e instalada no mercado, que muito teve a ver com a inépcia das *Blue Sky Laws*, consubstanciada tal resposta na apresentação de um conceito que suscitasse a ação *em âmbito nacional* das autoridades competentes: a definição de *security*. O restante da história, conforme visto acima, já se sabe.

configuradoras de solicitação ao mercado não pudessem mesmo, de fato e de direito, rigorosamente, "vir a sê-la"; o limite para a atuação do Estado, assim, seria dado em função do apelo ao público, ou de expediente que lhe pudesse ser razoavelmente equiparado, até porque seria muito mais fácil assim proceder, ou seja, em virtude de um fato objetivo (como a *efetiva* oferta ao público, independente de seu prévio registro, pois que a falta deste apenas acarretaria de maneira ainda mais imediata e explícita a incidência do poder de polícia da CVM), do que tentar imaginar uma definição que abarcasse todo e qualquer valor mobiliário (ou título negociável em Bolsa de Valores ou mercado de balcão), iniciativa esta que, como já vimos, é ineficiente.

Na verdade, pensamos que tais títulos ganhariam tal qualificação apenas e tão-somente em função de seu *placement* junto ao público. Daí vai que, sem o componente da solicitação ao público investidor, a utilidade do "conceito de valor mobiliário" seria praticamente nenhuma: se, para ser qualificado como tal, este (valor mobiliário) dependeria prévia e necessariamente daquela (solicitação pública), e se o bem jurídico protegido pelas normas aplicáveis em vigor é a ***credibilidade*** do sistema, pouco importaria, para legitimar a ação da CVM, o que está sendo ofertado, bastando para tanto que um grande número de pessoas pudesse simultaneamente ter acesso a tais títulos. Assim, e novamente o frisamos em função do objetivo maior do mercado, se para que haja uma coisa da espécie "valor mobiliário" é necessário que esta já tenha sido anteriormente objeto de solicitação ao público (por outras palavras, algo somente seria "valor mobiliário" porque houve um anterior apelo a recursos populares quando de sua emissão), parece-nos mesmo pouco útil que se investigue se aquilo seria ou não da classe "x" ou "y". Mais prática e correta seria a linha "solicitação/ fiscalização". Portanto, os valores mobiliários seriam apenas e tão-somente os instrumentos de que se servem as companhias para realizar o apelo à poupança popular, e que, em nossa opinião, não poderiam de maneira alguma ser ***o*** fator de delimitação da atuação estatal nesse segmento econômico.

Por outro lado, levando-se em consideração a finalidade primeira do mercado, que é a de possibilitar uma alocação eficiente dos recursos entre poupadores e emissores, para isso sendo necessário que o mesmo seja dotado de instituições sólidas de credibilidade e segurança, deveria ser o *efetivo apelo aos recursos do público*, independente da maneira com que o mesmo seja feito e de seu prévio registro, o fator a suscitar a necessidade de atuação estatal no mercado de capitais — atuação, portanto, *a priori* em relação à investigação do *quê* tenha sido realmente ofertado aos investidores. Assim, sempre que houvesse assédio à poupança popular, mediante a utilização de quaisquer instrumentos, desde que "não individualizados os destinatários da oferta", e sendo esta dirigida a "pessoas indeterminadas", passível assim de ser aceita por qualquer indivíduo ou entidade "sem sofisticação mercadológica suficiente para se colocar em pé de igualdade com a companhia emissora",[15] estar-se-ia diante de autêntica oferta pública, sujeita aos ditames e fiscalização da CVM, consoante dispõe a respeito a Lei 6.385/1976.

Justificação constitucional de uma política de mercado no Brasil

Portanto, temos por exposto, ao menos em termos gerais, o atual panorama institucional do mercado brasileiro. Não obstante, não haveria sentido em se investigar as condições de versão do patrimônio "excedente" da população — ou, no Brasil, ao menos de *parte* da população — num contexto em que o titular de tais disponibilidades não se sentisse minimamente seguro

15. V. Nelson Eizirik, *Aspectos Modernos do Direito Societário*, pp. 17, 19 e 20, Rio de Janeiro, Renovar, 1992.

para dele se desfazer imediatamente (ainda que por tempo limitado). Assim, para tanto, é preciso que haja uma ação efetiva do Estado nesse sentido, que não se confunde com a *regulação* pura e simples do segmento.

Nesse sentido, parece-nos que a maior justificativa da ação do Estado para divulgar, ensinar e desenvolver o mercado nacional já se encontraria presente na própria Constituição Federal de 1988: atualmente, o art. 192 da CF/1988 determina que o sistema financeiro nacional deva ser "estruturado de forma a promover o desenvolvimento equilibrado do País e a servir aos interesses da coletividade (...)".

É cediço se afirmar em Direito que "não existe letra inútil na lei", donde se conclui que, evidentemente, não estão aí o "desenvolvimento equilibrado do País" e os "interesses da coletividade" a fazer simples figuração. De fato, parece-nos mesmo serem exatamente estes os critérios constitucionalmente definidos como guias e delimitadores para a ação estatal no que diz respeito ao sistema financeiro, sobretudo (i) na efetiva *ação* legislativa e regulamentar nesse segmento, e (ii) no condicionamento e vinculação do Estado quando, por qualquer razão, houver *omissão* em fazer o que a CF/1988 lhe comina. Ademais, por essas razões, é também possível aqui concluir que não somente deveria o Estado se abster de práticas inibidoras ao desenvolvimento do mercado de capitais (sobretudo, a nosso ver, as fiscais), como deveria efetivamente contribuir de maneira ativa para que os fins dali constantes sejam de fato atingidos. Por outras palavras: em nossa opinião, seriam totalmente *inconstitucionais*, aqui, a *obstrução* e a *omissão*, ou mesmo o que quer que viesse a se revelar posteriormente como uma ou outra. Ora, se os dispositivos constitucionais permitem, dentre outros aspectos, justamente vislumbrar a materialização de princípios, não haveria porque se lhes negar o atributo da *obrigatoriedade*: se não estão, como efetivamente não poderiam estar, os critérios do "desenvolvimento equilibrado" e dos "interesses da coletividade" a desempenhar papel inútil para interpretação do comando constitucional, simples e obviamente não haveria porque erigi-los a essa condição (isto é, de texto constitucional). Prevaleceria aqui, a nosso ver, o que os juristas estudiosos do tema denominam "princípio da economicidade", ou seja, "a técnica econômica aplicada no tratamento do (...) dado econômico, o qual se insere, por sua vez, na técnica legislativa, tendo como objetivo a realização do justo socioeconômico".[16] E é evidente que, nessa condição, tem, e não poderia mesmo ser diferente, sentido *vinculante*, *determinante*, no que concerne à atuação legislativa e regulamentar do Estado nesse segmento.

Logo, seriam então o "desenvolvimento equilibrado do País" e os "interesses da coletividade" os evidentes parâmetros a serem seguidos na elaboração de uma ação estatal, com vistas ao desenvolvimento do mercado, transparecendo assim a ideologia constitucionalmente adotada para o seu incremento, sua estruturação e a de atuações a ele direcionadas — por exemplo, na forma de políticas econômicas para si específicas: "a própria noção de política econômica implica a existência de fins a cuja perseguição deverá se adaptar todo o sistema, mediante distorções conscientemente impostas ao seu funcionamento, devendo entender-se aqui a palavra *distorções* como querendo significar uma forma de operação diversa daquela normalmente ditada pelos padrões de mercado".[17]

O intérprete atento já teria percebido o problema que então exsurgiria dessa conclusão: as leis *recepcionadas como complementares* ao art. 192 da CF/1988 (pela atual redação constitucional, a nosso ver, as Leis 4.595/1964, 4.728/1965 e 6.385/1976) atenderiam então ao desiderato de-

16. V. Modesto Carvalhosa, *Considerações sobre o Direito Econômico*, pp. 318 e 319, São Paulo, Ed. RT, 1972.

17. V. Fabio Nusdeo, *Curso de Economia — Introdução ao Direito Econômico*, p. 196, São Paulo, Ed. RT, 1997.

senvolvimentista que vem exposto no texto constitucional? Pelo menos em matéria de mercado de capitais, tememos responder negativamente. De fato, o motivo para tal, parece-nos, também estaria ligado à evolução histórica do mercado de capitais em nosso País, a qual se deu *sem* uma preocupação de autonomia e independência em relação ao mercado financeiro *stricto sensu* — sob jurisdição do Banco Central — (o que, em termos institucionais, seria absolutamente necessário, principalmente para desenvolver a premente *cultura* de mercado); o mercado de capitais no Brasil surgiu atabalhoada e repentinamente, como uma espécie de "subproduto" do mercado financeiro "tradicional", e a CVM seguiu igual sorte relativamente às competências do CMN e do Banco Central, conforme descritas estas na já mencionada Lei 4.728/1965.

Portanto, pensamos mesmo que os princípios governadores da atividade legiferante em matéria de mercado de capitais seriam, antes de mais nada, o "desenvolvimento equilibrado do País" e a busca do "interesse da coletividade". Repita-se, para que este ponto fique bem vincado: *o "desenvolvimento equilibrado do País" e os "interesses da coletividade" são **imperativos constitucionais** em matéria de sistema financeiro e mercado de capitais.* Não se trata aqui de mera figura de linguagem, letra morta, ou adereço decorativo no texto do citado art. 192; e, portanto, estes, como parcelas da *ideologia constitucionalmente adotada, **têm que ser buscados***, perseguidos, caçados. Não há outra postura a ser adotada, consoante os termos constitucionais, em matéria de sistema financeiro (e, por conseguinte, de mercado de capitais), de forma que a ação do Estado está irremediavelmente *circunscrita e adstrita* à busca do desenvolvimento nacional e dos interesses da coletividade,[18] pois que estes configuram imperativos constitucionais.

A recente alteração estrutural do mercado e a nova "autonomia" da CVM

Recentemente, por ocasião da última reforma sofrida pela Lei das S/A, preconizou-se também uma mudança na estrutura da CVM, de forma a lhe conferir maior independência de atuação, o que foi imediatamente saudada por alguns entusiastas do mercado como a outorga da condição de *agency* à entidade, vez que a CVM passaria a ser uma "autarquia em regime especial" (consoante dispõe o art. 1º da Lei 10.411, de 26.2.2002). O referido texto legal é resultado da conversão em lei da já mencionada MP 8/2001, a qual, conforme também já visto, foi primeiramente editada já sob a égide da EC 32. Esse fato traz à discussão aspectos absolutamente fundamentais para um mercado-instituição.

Inicialmente, numa inequívoca demonstração de uma certa imaturidade mercadológica, houve enérgicos protestos de vários dos participantes do segmento, sob a alegação de que a CVM passaria a "acusar, legislar, julgar e executar". E, além disso, ainda houve a impetração de uma Ação

18. Nesse sentido, v. também o excelente artigo de Roberto Quiroga Mosquera, "Os princípios informadores do Direito do Mercado Financeiro e de Capitais", constante do livro *Aspectos Atuais do Direito do Mercado Financeiro e de Capitais*, pp. 257 e ss., São Paulo, Dialética, 1999. Não obstante, ousamos discordar do insigne Professor, para concluir que nossa exposição tem caráter diverso, principalmente no que tange ao "Princípio da Proteção da Mobilização da Poupança Nacional", na medida em que, ao enunciar tal princípio como de "proteção" (no sentido de "resguardo"), o autor parece ter tanto a poupança quanto a sua mobilização como *já existentes* (pois só o que *já existe* pode ser objeto de proteção, por lógico), com o que não concordamos inteiramente. Por esta razão, ao enunciar o desenvolvimento como princípio informador da atividade legiferante do Estado no sistema financeiro (ainda que cônscios de ser o mesmo mais genérico), temos que a ação do Estado seria a de *causador* (*fomentador*) da referida mobilização — com vistas ao desenvolvimento do País — e não apenas seu *protetor*; em nossa exposição, a ação estatal, portanto, seria *anterior* à existência de uma poupança nacional, bem como de sua mobilização, já que a mera proteção não serve, enquanto tal, para desenvolver um mercado incipiente como o nosso.

Direta e Inconstitucionalidade (ADIn) pela Ordem dos Advogados do Brasil (OAB), contestando principalmente o fato de que a matéria já havia previamente sido objeto do projeto de lei que redundou na promulgação da Lei 10.303/2001, e, sendo assim, não poderia ter sofrido veto para ser disciplinada em sede de medida provisória (como ocorreu com a MP 8/2001).

A situação requer uma análise cuidadosa. Em primeiro lugar, o levante contra as previsões da Lei 10.411/2002 denota uma nítida ambigüidade no que diz respeito ao entendimento do papel de uma autoridade reguladora no mercado de capitais. Num tal contexto, deveria ser natural que a autoridade pudesse agir de maneira (ao menos um pouco mais) independente, justamente para assegurar a eficiência dos mercados e sua função desenvolvimentista, pois é evidente que ninguém verteria recursos num segmento econômico onde grassassem a insegurança e as práticas não eqüitativas. Ademais, dada a complexidade intrínseca do mercado, uma tal autoridade deveria contar com profissionais aptos e competentes para tanto, não sendo conveniente, portanto, que pudessem estes ser demissíveis ao sabor de humores meramente políticos, e não por motivação técnica. Logo, não nos parece de resto justificável a revolta contra a "autonomia" da CVM, pois, além de a CVM sempre ter regulado o mercado, instaurado inquéritos administrativos e julgado os eventuais processos em primeira instância (de forma que se nos assevera absolutamente normal e saudável que assim *continue*), parece-nos mesmo que ou todos se beneficiam da maior solidez e credibilidade de que uma tal autoridade dotaria o mercado no Brasil, ou continua-se no atual estado de coisas, que, convenha-se, não consiste em exemplo institucional para mercado algum que se pretenda sério enquanto desiderato desenvolvimentista.

Ainda sob esse aspecto, a ADIn impetrada pela OAB só veio a pôr a nu a fragilidade institucional do sistema e o aparente pouco caso com a questão jurídica do mercado de capitais em nosso País. De fato, andou mesmo mal o Governo quando vetou a matéria no projeto de lei de reforma das S/A, transferindo-a então a para o bojo da MP 8/2001, regulamentada pelo Decreto 3.995, também de 31.10.2001.

Vários, os motivos dessa crítica: pela data tanto da MP como do Decreto, torna-se patentemente óbvio que já se encontrava em pleno vigor o sistema preconizado pela EC 32, a qual, aliás, dispõe expressamente que "é vedada a edição de medidas provisórias sobre matéria já disciplinada em projeto de lei aprovado pelo Congresso Nacional e pendente de sanção ou veto pelo Presidente da República" (v. redação dada pela EC 32 ao art. 62, § 1º, IV, da CF/1988). Como se não bastasse, o art. 61, § 1º, II, *e*, do texto constitucional, determina ainda que são "de iniciativa privativa do Presidente da República as leis que disponham sobre criação estruturação e atribuições dos Ministérios e órgãos da Administração Pública". Desnecessário dizer, a edição de MP sobre um tal tema não atenderia a tais requisitos, uma vez que o trâmite para apreciação das ***leis*** mencionadas no art. 61 é completamente diverso daquele reservada a essa outra espécie normativa, qual seja, as MPs.

Assim, porque inconstitucional a MP 8/2001, também igualmente irregular o Decreto 3.995/2001, que a regulamentou, ao estender ainda mais algumas competências da CVM. Aparentemente, tratou-se de velada tentativa de regular apenas por atos administrativos matéria já aprovada na sede adequada, provavelmente por não concordar o Governo com a configuração dada na época à CVM pelo competente projeto de lei. Logo, como tal, seria mesmo exigir demais que passasse assim despercebida pelos juristas mais versados na matéria, os quais prontamente reagiram contra um tal estado de coisas — e nos parece mesmo louvável que assim tenha sido, pois de nada adianta um arcabouço maculado, que, assim, de nenhuma segurança poderia dotar o sistema, mormente quando elaborado de maneira viciada, inclusive com riscos de desrespeito a direitos absolutamente legítimos, quando de sua eventual aplicação (como certamente seria o caso com o Decreto 3.995/2001).

Mesmo assim, essa seria apenas a tese mais ventilada sobre o tema até agora. Tal foi o desserviço do Governo para as instituições do mercado de capitais, mediante a adoção dessa desastrada tentativa de driblar a virtual resistência do Congresso Nacional a uma "super CVM", que talvez não escape de questionamento nem mesmo a transformação em lei da MP 8/2001. Explique-se: o mercado nacional historicamente dispôs de um marco institucional de tão má qualidade jurídica, que bastaria o questionamento da natureza da Lei 6.385/1976 para deitar por terra mesmo um possível saneamento de vício constitucional da Lei 10.303/2001 pelo STF.

A razão para tanto repousa no teor do já lembrado art. 192 da CF/1988. Talvez por um erro conceitual, ou mesmo simples desconhecimento, os incisos do art. 192 mencionam temas mais afeitos a outros mercados, principalmente o financeiro *stricto sensu*, o securitário e o previdenciário. Não obstante, é fora de dúvida que *o mercado de capitais integra, sim, o sistema financeiro nacional ali mencionado* (!), tanto que alguma de suas instituições e agentes são até mesmo equiparados a entidades componentes do Sistema Financeiro Nacional, as quais ficam sob a égide do Banco Central (isso sem mencionar que elas até mesmo dependem de prévia autorização deste para funcionar). O mercado de capitais possui nítido viés financeiro — não nos termos do famigerado art. 17 da Lei 4.595/1964 (que dá o conceito de instituições financeiras) — mas certamente no aspecto de financiar investimentos e projetos daqueles que vão a público recorrer a fundos populares, sendo justamente esta a diferença dos mercados financeiros "tradicionais", ou seja, a desintermediação financeira. Ademais, bastaria acompanhar a evolução do Sistema Financeiro Nacional, ao menos desde a edição do Decreto-lei 7.293, de 2.2.1945, que criou a Superintendência da Moeda e do Crédito — SUMOC, para facilmente se chegar à conclusão de que a CVM estaria em linhagem direta de "parentesco" com as autoridades incumbidas inicialmente do mercado financeiro *stricto sensu*, e que, portanto, a sua área de atuação (o mercado de capitais) é decorrência natural do sistema financeiro então afeito às autoridades puramente, por assim dizer, monetárias.

De fato, nesse aspecto, o *caput* do art. 192 da CF/1988 diz "(...) regulado em lei complementar, que disporá, *inclusive*, sobre (...)" (destacamos). Esta, aliás, a justificativa para a propalada recepção da Lei 4.595/1964 como Lei Complementar pela atual ordem constitucional, enquanto não sobrevier nova Lei Complementar sobre o tema. Daí viria o questionamento: se a Lei Bancária foi recepcionada (e é, inclusive, *aplicada*) como Lei Complementar, porque não considerar também assim outras leis afeitas ao sistema financeiro? Note-se a enorme problemática que poderia advir de uma tal tese, tendo em vista a fragilidade institucional do mercado de capitais pátrio: seria válida a última reforma? Teriam sido válidas, então, quaisquer das reformas anteriores?

Relativamente ao atual contexto, seria forçoso admitir que a mais recente alteração institucional do mercado tombaria mediante um argumento parecido com o usado atualmente para lhe contestar a constitucionalidade: mais uma vez em virtude da EC 32, é vedada a edição de medidas provisórias em matéria privativa de Lei Complementar (v. a redação dada ao art. 62, § 1º, III, da CF/1988), e o art. 192 da CF/1988, já vimos, reserva a esta espécie normativa a disciplina jurídica de assuntos relacionados ao sistema financeiro. De fato, nada impediria que assim fosse, pois o art. 61, *caput*, comina também ao Presidente da República a iniciativa de propositura de Leis Complementares, de forma que estaria assim atendida a exigência presente no *caput* do art. 192. Não haveria portanto, ao menos hipoteticamente, obstáculos à consideração da Lei 6.385/1976 como Lei Complementar e, logo, à conclusão de que a última reforma havida na estrutura e nas atribuições da CVM ter-se-ia dado por meios indevidos. Dessa forma, poderia haver aqui mais uma chuva de questionamentos à reforma entabulada pelo Governo, a qual, como se vê, ainda que livre de contestação por eventual saneamento de vício constitucional pelo STF, já teria a lhe esperar logo atrás da porta uma nova bateria de medidas judiciais, desta maneira, portanto, divulgando, em alto e bom som, para quem se desse ao trabalho de ouvir, a fantástica fragilidade institucional do mercado brasileiro.

Já a título de conclusão, em meio a tudo isso, destaque-se que não houve qualquer menção ao art. 3º, III, da Lei 6.385/1976, o qual dispõe que competiria ao CMN a fixação de orientações gerais à CVM no exercício de suas atribuições. Ainda que se dissesse ser regular a redação dada ao art. 5º da lei (alterado pela Lei 10.411/2002, cuja origem, já vimos, poderia, em tese, ser contestada por mais de uma maneira), como coadunar o novo teor do art. 5º ao art. 3º *da mesma lei* (o qual, ao menos aparentemente, lhe contraria de maneira frontal)? Teria havido aí revogação tácita do mencionado inciso? Poderia ter ocorrido mudança nas atribuições do CMN desta maneira (e já vimos que estas são dadas pela Lei 4.595/1964, que foi recepcionada como Lei Complementar à CF/1988 com a bênção pacífica de praticamente toda a doutrina nacional)? Poderia ser contestada uma tal revogação tácita?

O fundamento usado seria a violação à limitação das MPs, ou o desrespeito à competência privativa da Lei Complementar?

Pensamos ser tal discussão de suma importância, uma vez que o CMN, desde a mudança havida por ocasião da Lei 9.069, de 29.6.1995, passou a ser composto do Ministro da Fazenda, do Ministro do Planejamento e Orçamento e do Presidente do Banco Central do Brasil (aliás, seria de se perguntar se até mesmo essa mudança teria sido válida, já que a Lei 4.595/1964, para todos os efeitos, é aplicada como Lei Complementar). Ora, não tendo havido (como de fato não houve) qualquer mudança, ou mesmo menção a mudanças ao art. 3º da Lei 6.385/1976, como admitir mesmo uma *pretensa* independência da CVM se esta continuaria sob os auspícios do CMN, que é composto de três portadores de cargos em comissão, e, nessa qualidade, livremente demissíveis pelo Presidente da República?

Conservando-se em mente que o Governo na verdade procurou evitar a provável oposição do Congresso Nacional a uma "super autarquia" mediante o recurso a subterfúgios legislativos, não seria mesmo de se estranhar a conclusão pela qual a festejada nova "autonomia" da CVM, erigindo-lhe à categoria de uma "quase-*agency*" americana, teria sido, na verdade, apenas uma "jogada de *marketing*" do Governo, dotando assim, a CVM, de uma autonomia "para inglês ver", enquanto lhe mantinha firme sob os auspícios do CMN, o que contraria totalmente, dada a natureza da composição do referido Conselho, a função que uma autoridade regulatória isenta e atuante deveria ter, isto é, o zelo pela credibilidade do mercado e suas instituições. Mas uma tal iniciativa liberadora até os próprios participantes do mercado parecem temer, ao criticar medidas que, em si consideradas, são salutares e necessárias, com possibilidades de ganhos e benefícios para todos, tanto no médio quanto no longo prazo. A aparente ambigüidade na postura dos próprios interessados, desta maneira, também é aqui digna de crítica.

Mas, enquanto isso, parecem ainda distantes os sinais de entendimento entre os envolvidos, pois o marco regulatório do sistema é frágil e confuso: poucos parecem concordar, na prática, a respeito do papel da CVM, enquanto tempo precioso é perdido...

Conclusão

Após toda a exposição feita supra, pensamos ter demonstrado que o atual arcabouço jurídico existente no País para estruturação do mercado é *insuficiente* sem a contrapartida da criação de instituições sólidas que permitam que este se desenvolva, ainda que num estágio inicial básico. Com efeito, a evolução algo *distorcida* do mercado de capitais nacional provavelmente não logrará ter sucesso como ferramenta desenvolvimentista, justamente porque não tem o alcance para tanto; não estamos ainda institucionalmente preparados para a *cultura* de mercado, haja visto não existir "clima" normativo, nem conhecimento suficiente do mercado para tanto. Nos EUA, por outro lado, o mercado de capitais local foi fundamentalmente impulsionado pelo Estado, tornando-se evidente, assim, que (i) em primeiro lugar, se não houvesse um cenário institucional sólido, o mercado de capitais americano nunca teria se recuperado do *crack* de 1929 (não se deve perder de vista o fato de o SA/33 e o SEA/34 serem justamente a faceta de mercado de capitais do *New Deal*, isto é de todo um "pacote" de medidas governamentais, tendente a recuperar a economia americana depois da Grande Depressão); (ii) o mercado de capitais foi nítida ferramenta do desenvolvimento dos EUA a partir da prática das medidas do *New Deal*; e (iii) caso a população não se sentisse suficientemente *segura* na aquisição de tais títulos — mormente após o *crack* de 1929 — ainda que não o fizesse diretamente (como no caso de aquisição de *securities* pelos chamados *mutual* — ou ainda dos *pension-funds*), não haveria administrador de fundo de investimento que, em virtude de seu *hipotético* domínio sobre as práticas mercadológicas, conseguisse reverter tal situação, ou seja, sem uma *crença* sólida no correto e eficiente funcionamento do sistema, não haveria ente privado que suprisse tal desconfiança dos investidores. De tudo isto se depreende que a ação do Estado no desenvolvimento dos alicerces institucionais do sistema é curial, por óbvio: no Brasil, ou bem se melhora o atual cenário, ou normas há que, a nosso ver, correrão os riscos da inconstitucionalidade, e, por conseguinte, do *nulla et non facta*, com evidente prejuízo para as instituições mercadológicas. É fundamental, repita-se, uma atuação melhor planejada do Governo nesse sentido, isto é, de divulgar, disseminar e ensinar o mercado, para que todos dele possam participar.

Por último, começamos, e também finalizaremos, citando novamente o insigne Professor Fábio Konder Comparato:[19]

"(...) percebe-se que a grande dicotomia da organização estatal, neste final de século, *já não é a de legislar e aplicar as leis, mas sim a de programar e executar as grandes políticas nacionais*. A legislação aparece, nessa perspectiva como quadro condicionante da ação estatal, *mas não de sua finalidade última*. E assim como a separação tradicional entre o legislador e o aplicador da lei funda-se no princípio na submissão da vontade particular — em especial a dos governantes — à vontade geral expressa na lei, assim também *a nova dicotomia encontra seu fundamento no princípio das grandes decisões programáticas sobre a vontade particular dos governantes, na necessidade de se não confundirem os objetivos cardeais da ação estatal com os seus meios de execução*" (destacou-se).

Uma vez aplicados tais termos à estruturação do mercado de capitais como imperativo desenvolvimentista, parecem mesmo tais palavras se revestir de um teor ainda mais verdadeiro...

19. "A organização constitucional da função planejadora", texto publicado no livro *Desenvolvimento Econômico e Intervenção do Estado na Ordem Constitucional — Estudos Jurídicos em Homenagem ao Prof. Washington Peluso Albino de Souza*, org. Ricardo Antônio Lucas Camargo, pp. 82 e 83, Porto Alegre, Sergio Antonio Fabris Editor, 1995.

A ARBITRAGEM NAS SOCIEDADES DE RESPONSABILIDADE LIMITADA

PEDRO A. BATISTA MARTINS

1. Introdução. 2. As recentes propostas de Reforma das Leis das Sociedades de Responsabilidade Limitada. 3. Arbitragem necessária: ainda um tabu. 4. A eficácia da cláusula compromissória no contrato social de sociedade por quotas de responsabilidade limitada. 5. A eficácia da cláusula compromissória no estatuto da sociedade anônima. 6. Conclusão.

1. Introdução

A disposição sobre juízo arbitral em sede societária é quase tão antiga quanto o registro do instituto em nosso direito positivo.

Conquanto permitida a arbitragem por previsão expressa na Constituição Política do Império, de 1824, essa via de solução alternativa foi introduzida no seio das sociedades através das edições, em 1850, dos Códigos Comercial (Lei 556, de 25 de junho) e de Processo Comercial (Decreto 737, de 25 de novembro).

Tínhamos, então, dois tipos de arbitragem: a *obrigatória* ou *necessária* e a *voluntária.*

Por força do contido no art. 294 do Código Comercial,[1] o item 5 do seu art. 302 impunha aos sócios o dever de constar da escritura de constituição da sociedade a forma da nomeação dos árbitros para juízes das dúvidas sociais.

Era, assim, *necessária* a solução por arbitragem nas questões sociais existentes entre os sócios e nas relativas à liquidação da sociedade e à partilha de seu acervo.

Para disputas envolvendo essas matérias, impunha-se forçosamente decisão por juízo arbitral. Era o que também determinava o Decreto 737, em seu Título VIII (art. 411, § 2º e ss.) ao dispor sobre as regras processuais do juízo arbitral.

Todos os demais conflitos sociais, inclusive os resultantes da relação sócio/empresa, *poderiam* ser resolvidos por arbitragem, se assim dispusesse o contrato. Tratava-se de *condição contratual facultativa* a depender da manifestação da vontade legítima das partes.

Enquanto algumas questões sociais revertiam, compulsoriamente, para a solução arbitral, outras tantas poderiam ser resolvidas nessa instância se assim acordassem livremente as partes.

A autonomia era o divisor de águas. A plenitude desse preceito imperava no juízo arbitral voluntário, mas encontrava-se absolutamente renegado nas causas de *competência necessária* do juízo arbitral.

1. "Art. 294. Todas as questões sociais que suscitarem entre os sócios durante a existência da sociedade ou companhia, sua liquidação ou partilha, serão decididas em juízo arbitral."

Enquanto este encerrava a vontade isolada do legislador, aquele se prendia ao interesse exclusivo das partes.

Mas esse sistema duplo de submissão de jurisdição, sabe-se lá o porquê, não prosperou. Menos de duas décadas após a vigência do Código Comercial, foi abolido o juízo arbitral obrigatório, por obra do então Ministro da Justiça, integrante do Gabinete de Olinda, José Thomaz Nabuco de Araújo.

Em 1866, a Lei 1.350, de autoria do pai de Joaquim Nabuco, retira do sistema legal brasileiro o juízo arbitral necessário e, no ano seguinte — 1867 — o Decreto 3.900, também de iniciativa de José Thomaz, disciplina o juízo arbitral facultativo (Waldecy Lucena, p. 95).

Por certo o mais pernicioso para o instituto da arbitragem foi o Decreto 3.900, cujo art. 9º acabou por impor à cláusula arbitral o viés meramente compromissório, restando sua obrigatoriedade e eficácia, singelamente, no plano da moral das partes.

Foi esse malfadado artigo o estopim da cultura da invalidade da cláusula compromissória que se arraigou por décadas na doutrina e na jurisprudência nacional e que baniu a via arbitral para a solução de qualquer controvérsia, inclusive das causas fundadas no direito societário.

2. *As recentes propostas de Reforma das Leis das Sociedades de Responsabilidade Limitada*

É justamente pela valia na adoção desse sistema de resolução de conflitos que os recentes estudos elaborados em forma de anteprojeto e projeto de lei de modificação do sistema legal que congrega as sociedades de responsabilidade limitada (sociedades por quotas e anônimas) buscam reintroduzir a arbitragem como saída célere e especializada às demandas surgidas entre sócios e entre estes e a sociedade.[2]

O dinamismo empresarial e a amplitude dos mercados aliados à criatividade e à agilidade de seus agentes — afora a alta competitividade — impõem solução rápida a questões que possam afetar, direta ou indiretamente, a sociedade empresarial.

A desavença sem reposta, ou a solução tardiamente posta, pode impiedosamente alijar a empresa da concorrência.

Ademais, por força da sofisticação das relações societárias, a tecnologia jurídica que as cerca reclama grau aprimorado de especialização geralmente encontrado nos profissionais que usualmente convivem e se aprofundam no exame do tema.

Razoável, nesses casos, a escolha de árbitros com o perfil e a experiência que a matéria requer.

2. O anteprojeto de Lei de Sociedades por Quotas de Responsabilidade Limitada, elaborado pela Comissão nomeada pela Portaria 145, de 30.3.1999, do Ministério da Justiça, constituída pelos Drs. Arnoldo Wald, Jorge Lobo, César Asfor Rocha, Alfredo Lamy Filho, Egberto Lacerda Teixeira e Waldirio Bulgarelli, prevê: "(...) Art. 4º. O contrato social poderá: (...) II — prever: (...) 'g' a solução por arbitragem dos conflitos entre a sociedade e os sócios ou entre estes, com indicação da forma pela qual deverá ser realizada".

"Art. 46. O contrato social poderá submeter à arbitragem as divergências entre a sociedade e os sócios ou entre esses, especificando as regras aplicáveis."

O Projeto de Lei 3.115, de 1997, que altera e acrescenta dispositivos na Lei do Anonimato, já aprovado na Câmara dos Deputados, estabelece: "Art. 109. (...) § 3º. O estatuto da sociedade pode estabelecer que as divergências entre os acionistas e a companhia, ou entre os acionistas controladores e os acionistas minoritários, poderão ser solucionadas mediante arbitramento, nos termos em que especificar. (...) Art. 115. (...) § 10. A assembléia especificada no parágrafo anterior poderá delegar, com a concordância das partes, à arbitragem a solução do conflito [de interesses]. (...) Art. 118. Os acordos de acionistas, sobre a compra e venda de suas ações, preferência para adquiri-las, exercício do direito a voto, ou do poder de controle deverão ser observados pela companhia quando arquivados na sua sede. (...) § 3º. Nas condições previstas no acordo, os acionistas podem promover a execução específica das obrigações assumidas e a sentença judicial, uma vez transitada em julgado, ou a decisão proferida por juízo arbitral, que condenarem o acionista a proferir voto nos termos de acordo de acionistas, produzirá todos os efeitos do voto não proferido".

Alie a esse dado a confidencialidade e teremos elemento catalisador da vitalidade da arbitragem em sede societária.

Mas, talvez, a *vantagem das vantagens* na adoção do juízo arbitral nas questões internas que envolvem as pessoas empresariais e seus sócios seja a rapidez na solução dos problemas.

Sabe-se que um *sem número* de conflitos societários resultam do descumprimento de obrigações de fazer ou não-fazer.

Como todas as outras de natureza não societária, ditas obrigações (não raro voltadas à prestação de declaração de vontade) dependem, para sua efetividade, de uma sentença que lhe assegure, após o transcurso do processo de conhecimento, a chamada execução específica.

É o que impõe a sistemática processual, nos termos do art. 461 do CPC, direcionado ao processo de conhecimento, e dos arts. 632 e 642 do CPC, voltados à concretização de sentenças condenatórias emanadas de processos originados de descumprimento de obrigações de fazer ou não-fazer.

"Conceder tutela específica em sentença significa constituir ou desconstituir uma situação jurídica, segundo os desígnios do direito material, ou condenar o demandado ao fazer ou ao não-fazer a que estava obrigado (segundo os critérios acima: violação a proibições ou a comandos positivos)" (Dinamarco, p. 155).

Dado que a tutela de urgência, nesses casos, depende da relevância do fundamento da demanda e (cumulativamente) de receio justificado da ineficácia do provimento final, é mais comum a substituição da tutela pretendida — que normalmente é aquela objeto do pedido a ser confirmado em sentença — por outra de cunho instrumental que garanta, transversamente, a prestação jurisdicional ao final pretendida.

Destarte, excetuadas as oportunidades em que a obrigação contratada comporte, *ab initio*, execução específica, à solução do litígio societário antecederá um processo de conhecimento cuja efetividade do provimento final estará na capacidade de se obter tutela de urgência adequada à proteção do resultado prático almejado e que, regra geral, recai em medidas preventivas e laterais ao pleito principal, muitas delas envolvendo, aliás, a própria sociedade.

Mutatis mutandis, a mesma prática processual acaba por se impor à arbitragem; mas dela o juízo arbitral não é de todo refém. A autonomia da vontade na escolha de regulamento de Câmara arbitral ou a própria manufatura de regras procedimentais *ad hoc* — cláusula compromissória auto-regulada — proporcionam a oportunidade de mitigar a rigidez às vezes imposta pelo rito estatal. Não só isso: é a celeridade no julgamento arbitral, implicitamente impulsionada pela especialização dos árbitros, a *mais valia* na utilização desse mecanismo legal para a solução dos conflitos atinentes às relações societárias.

É esse *plus* que salta aos olhos daqueles que militam nessa área do direito a ponto de se introduzir nas propostas de modificação legislativa a opção pela solução arbitral.

A bem da verdade, esses dispositivos constantes do Anteprojeto de Sociedades por Quotas e do Projeto de Modificação da Lei das Companhias (cf. nota 2) funcionam como um *indutor* na manifestação da vontade e não como uma norma autorizadora a validar a eficácia da convenção de arbitragem nos contratos de sociedade e instrumentos conexos.

Encerrando a matéria direitos de cunho patrimonial e disponível, regra geral, nada há que impeça os interessados de reverter à jurisdição arbitral os atuais ou os futuros conflitos societários.

3. Arbitragem necessária: ainda um tabu

Se a arbitragem facultativa ainda hoje é contestada por alguns (poucos, com certeza), dada a estreita interpretação que buscam conferir ao art. 5º, XXXV, da Constituição Federal, o que se falar da arbitragem necessária? No mínimo, um absoluto tabu!

Nos termos literais da Constituição, *a lei não excluirá da apreciação do Poder Judiciário lesão ou ameaça a direito.*

Essa regra foi suficiente *per se* a que oponentes da arbitragem *voluntária* encarassem a cláusula compromissória como de pouca valia legal. Continha a arbitragem, conquanto fundada na cláusula compromissória, vício irremediável de inconstitucionalidade. Modifique-se a Constituição ou enterrem de vez o juízo arbitral, vaticinaram, por décadas perdidas, os pretensos escudeiros de nossa Carta Maior.

Nenhum dos dois presságios aconteceu. Destronadas e destruídas tais pretensões, restaram os argumentos ideológicos de oposição ao instituto.

Mas e a arbitragem necessária que sequer é debatida pelos arbitralistas ou, quando abordada, é enfrentada com surpresa como se tratasse de matéria exótica e de nenhuma possibilidade de penetração em nosso sistema legal? É com base naqueles mesmos argumentos, já mitigados, que novamente reagem, e com maior ênfase, aqueles que a renegam.

Essa rejeição *a priori* à arbitragem obrigatória sob certo aspecto é reflexo de uma reação autômata de um processo subliminar desencadeado na cultura jurídica e que nela se aloja há muito tempo sem que a massa formadora dessa rejeição tenha tido a oportunidade de refletir e repensar a questão, confrontando-a com o cenário passado e o atual.

Sinteticamente, a inserção constitucional do contido no art. 5º, XXXV, sucedeu ao período ditatorial de Vargas, onde tribunais à margem do Estado eram autorizados a proferir decisões sobre determinadas questões de direito.

Além de autorizados, eram esses tribunais os únicos que tinham competência para examinar os casos discriminados nos atos baixados pela ditadura.

Não só isso: suas decisões eram irrecorríveis. Irrecorríveis sob qualquer hipótese, pois sequer existiam situações jurídicas passíveis de revisão pelo Poder Judiciário.

Pior ainda: os tribunais de exceção da época, com certa constância, faziam letra morta do princípio universal do devido processo legal.

Foram esses, sucintamente, os pressupostos que impulsionaram os constituintes de 1946 a introduzir, pela primeira vez, norma assecuratória da intervenção judicial que restou por deixar claro algo implícito no inconsciente coletivo de qualquer nação que propugna pelo Estado de Direito.

No momento em que o Estado retorna às suas atividades e obrigações básicas e, assim, libera um espaço para a atuação dos indivíduos; no momento em que estes reclamam da inatividade do Estado e de maior efetividade em suas ações; e no momento em que o Estado, em contrapartida, autoriza e conclama a comunidade a cooperar nas ações administrativas, políticas e legais do Estado, a mim parece oportuno o debate sobre o tema da arbitragem necessária.

Nesse diapasão, qualquer reflexão que se proponha há de traçar contatos com os princípios que cercam o instituto e que reforçam a legitimidade desse tipo de arbitragem.

Assim, o direito à ampla defesa, os casos de revisão da sentença arbitral e os preceitos de imparcialidade e independência dos árbitros, basicamente, são elementos a considerar no debate sobre o assunto, cientes os estudiosos, ainda, que o acesso à justiça é direito que se concretiza com o garantismo aplicado a uma tutela jurisdicional célere. Juntamente com as hipóteses de intervenção do Judiciário, esse arcabouço jurídico há de conferir maior tranqüilidade à tese da validade da arbitragem *necessária.*

"Essa expressiva aproximação entre o processo arbitral e o estatal é suficiente para abrigá-lo sob o manto do *direito processual constitucional*, o que importa considerar seus institutos à luz dos superiores princípios e garantias endereçadas pela Constituição da República aos institutos processuais. (...).

"O primeiro pilar do presente estudo é portanto representado pela afirmação da plena incidência, sobre o processo arbitral, dos princípios e garantias constitucionais inerentes à *tutela constitucional do processo*. Quando se pensa no *acesso à justiça*, que é a magna condensação de todas as garantias constitucionais do processo, hoje é imperioso incluir nesse pensamento as aberturas para a tutela jurisdicional pela via da arbitragem, como alternativa às vias estatais. Quando se pensa no contraditório e na ampla defesa, deve-se pensar na participação dos sujeitos processuais no processo estatal e no arbitral também. Quando enfim se pensa no *due process of law* como princípio tutelar da observância de todos os demais princípios, não se pode excluir o devido processo legal *arbitral*, como fonte de tutelas jurisdicionais justas e instrumento institucionalizado de pacificação social."[3]

É o que ocorre em Portugal, cuja Lei 31/1986 admite a arbitragem *necessária e*, ao que parece, também na Inglaterra e nos Estados Unidos (Batista Martins, p. 24).

Percebam, contudo, que o Brasil não teme essa novidade. De manso, o tabu da arbitragem necessária caminha para o amplo debate dado que a Medida Provisória 2.221, de 4.9.2001, que altera a Lei 4.591/1964 para instituir o patrimônio de afetação nas incorporações imobiliárias, determina a solução por arbitragem obrigatória dos conflitos relativos à vinculação de obrigações decorrentes de contratos de incorporação imobiliária (art. 30-F).

3. Cândido Rangel Dinamarco, "Limites da sentença arbitral e de seu controle jurisdicional", artigo que consta da presente coletânea em Homenagem ao Des. Claudio Vianna de Lima.

4. A eficácia da cláusula compromissória no contrato social de sociedade por quotas de responsabilidade limitada

Tanto o Código Civil quanto o Comercial são uníssonos em afirmar o pressuposto contratual das sociedades.

Reza o art. 1.363 do Código Civil que "celebram *contrato* de sociedade as pessoas, que mutuamente se obrigam a combinar seus esforços ou recursos para lograr fins comuns".

Por sua vez o Código Comercial, em várias passagens, registra essa natureza própria da sociedade mercantil. Assim, "o *contrato* de qualquer sociedade comercial (...)" (art. 300); "o teor do *contrato* deve ser lançado no Registro do Comércio (...)" (art. 301); "a *escritura*, seja pública ou particular, deve conter (...)" (art. 302).

Por seu turno, o Decreto 3.708/1919, que dispõe sobre as sociedades por quotas de responsabilidade limitada ("Limitada") remete aos arts. 300, 301 e 302 do Código Comercial a regulação do título constitutivo desse tipo de sociedade.

Seja qual o caminho por onde trafegue o intérprete, todos eles o levam a concluir pela natureza eminentemente contratual da Limitada.

Não importa que a prova da existência da sociedade independa de contrato escrito,[4] sua natureza não se altera: será e permanecerá sendo contratual, posto que os contratos não se desnaturam pela ausência da forma escrita, podendo ser comprovados por outros meios permitidos em lei.

4. "Art. 304. São, porém, admissíveis, sem dependência da apresentação do dito instrumento, as ações que terceiros possam intentar contra a sociedade em comum ou contra qualquer dos sócios em particular. A existência da sociedade, quando por parte dos sócios se não apresenta instrumento, pode provar-se por todos os gêneros de prova admitidos em comércio (art. 122), e até por presunções fundadas em fatos de que existe ou existiu sociedade."

"Art. 1.366. Nas questões entre os sócios, a sociedade só se provará por escrito; mas os estranhos poderão prová-la de qualquer modo."

Tal assertiva trasladada para a seara arbitral me conduz a duas conclusões categóricas. A essência contratual (convencional em alguns casos) que identifica a natureza da Limitada encontra-se refletida, *mutatis mutandis*, na própria cláusula compromissória que é convenção e, por isso, deve vir estipulada em contrato. Mas, ao contrário do que ocorre nas sociedades, a existência da cláusula compromissória provar-se-á, unicamente, se estampada *por escrito* no contrato ou em documento apartado que a ele se refira, por força do art. 4º, § 1º, da Lei Marco Maciel.[5] Precisa constar, *preto no branco*, para que seus efeitos positivo e negativo possam produzir-se em benefício da segurança das relações refletidas no contrato social.

Assim como não se admite nas chamadas sociedades de fato a limitação de responsabilidade própria das Limitadas, o mesmo se pode dizer da cláusula compromissória, vez que ambas as estipulações devem ser pactuadas por escrito para que produzam os efeitos de direito almejados.

Mas esse não é um empecilho que comprometa a disseminação da arbitragem como solução para os conflitos inerentes aos contratos de Limitada.

Regra geral as Limitadas têm suas condições e termos constitutivos acordados por escrito pela totalidade dos sócios e arquivados no Registro de Comércio, daí que na grande maioria dos casos não se discute a existência da sociedade.

Essa realidade também conduz o intérprete a desconsiderar, *ab initio*, possíveis reações quanto à validade do pacto arbitral lançado no contrato social.

E é nesse cenário positivo que se quer inserir a arbitragem, como se vê da proposta contida no Anteprojeto (cf. nota 2), em glamuroso e eficiente *revival* da legislação pretérita esnobada ao longo de décadas.

5. "Art. 4º. (...). § 1º. A cláusula compromissória deve ser estipulada por escrito, podendo estar inserta no próprio contrato ou em documento apartado que a ele se refira."

Mas esse *revival* não precisaria vir contido em proposta legislativa, haja visto a roupagem jurídica dada ao instituto pela Lei 9.307/1996. Mas tampouco há de ser desprezada essa iniciativa, pois funciona como mola propulsora, e mesmo indutora, da arbitragem em sede societária. Demonstra, sobretudo, o apoio e o interesse do Estado na difusão do instituto em campo relevante da economia nacional.

E essa manifestação explícita do legislador há de repercutir na interpretação dos tribunais judiciais ao se defrontarem com as questões relativas ao conteúdo, extensão e efeito da cláusula compromissória e à arbitrabilidade das controvérsias de origem societária.

A vontade expressa do legislador é corolário do favor arbitral. Dele não deverá afastar-se o Judiciário sob pena de indesejável desprezo ao espírito norteador da lei.

Mas, na verdade, me parece que esse princípio arbitral será abordado em situações extraordinárias, dada a condição genuinamente contratual e o caráter essencialmente pessoal que geralmente se extrai das Limitadas. A autonomia da vontade aliada ao conhecimento e à qualificação pessoal da figura dos sócios são as fontes geradoras dessas sociedades.

Por força desses elementos constitutivos, a estipulação do pacto arbitral não deverá, no mais das vezes, enfrentar maiores percalços.

Os atos constitutivos, certamente, e suas alterações, normalmente, refletem a manifestação individual de todos os quotistas, dada a expressa confirmação pela aposição da assinatura no instrumento correspondente. O mesmo se afirma quanto aos acordos de quotistas.

Destarte, a par das controvérsias existentes entre a sociedade e os quotistas, até mesmo aquelas que afetem a relação entre os sócios (com ou sem impacto na empresa) deverão perseguir, sem delongas, a solução arbitral.

Nesses casos, não se discutirá a validade da cláusula compromissória dada a manifestação expressa da vontade dos sócios, por si e pela sociedade.

A problemática despontará no momento em que a maioria, valendo-se do controle e de permissivo contratual, decidir introduzir no contrato social a convenção de arbitragem.

A repercussão dos efeitos desse ato jurídico poderá ser objeto de contestação pelo quotista que nele não interveio. A validade da convenção estará posta à prova.

Várias questões extravasarão dessa relação jurídica que se pretenderá concretizar. Conquanto ciente, a meu conhecimento, da inexistência de qualquer estudo entre nós a esse respeito, buscarei expor em benefício do debate algumas considerações sobre a questão levantada.

De antemão, parece-me que a estipulação da cláusula compromissória em alteração do contrato social de Limitada, por votação majoritária, para se fixar a via arbitral para a solução de disputas sócio/sócio, poderá, em princípio, não vincular aqueles sócios que não assentiram com a modificação, porque, nesse particular, a relação jurídica pode reduzir-se a uma essência estritamente pessoal onde a repercussão patrimonial afete única e exclusivamente os bens, direitos e obrigações individuais do quotista sem qualquer reflexo na organização social. A causa subjacente será sempre social, mas a relação controversa atingiria, diretamente, o patrimônio individual do sócio, sem efeitos sociais perniciosos.[6]

6. Esse posicionamento, contudo, não se aplicaria aos conflitos sócio/sócio que produzam efeito negativo ou tenham qualquer tipo de reflexo na estrutura da organização social. Nesses casos, a solução arbitral célere e técnica aliviaria os impactos negativos causados à sociedade pelos efeitos da tensão entre os sócios. A estipulação da cláusula compromissória estaria, assim, em linha com o interesse social e com o próprio desejo do legislador e o sentido da lei.

A vinculação a uma estipulação do gênero pressupõe, forçosamente, sinalagma. A situação jurídica em jogo (repercussão exclusiva no patrimônio do sócio) reclama uma contraposição objetiva e direta de interesses, substrato natural dos acordos bilaterais. A unilateralidade da decisão majoritária, nesse caso, não compõe qualquer outro interesse que não aquele estritamente pessoal. O que está em jogo é o interesse patrimonial exclusivo do sócio sem qualquer reflexo na sociedade. Não importa se é ele o majoritário; a polarização é a tônica.

O mesmo já não se configura nas situações em que a cláusula compromissória é fixada com o desejo de resolver as pendências porventura existentes entre sócios e sociedade.

Mesmo acordada por voto e firma da maioria, parece-me que o argumento da validade desse pacto merece reflexão.

A repercussão jurídica que jaz é de outra natureza. Seus efeitos, conseqüentemente, trafegam em outro ambiente onde os interesses são mais abrangentes. Permeiam, sobremaneira, o campo dos interesses da sociedade. O bem jurídico a proteger é a coletividade.

"Como observa Vivante, o contrato de sociedade transforma os interesses individuais e divididos dos sócios em interesse coletivo" (Cunha Peixoto, p. 63).

Daí por que a convenção de arbitragem inserida em alteração de contrato social aprovada por maioria comporta nuances jurídicas.

A deliberação social pressupõe atender a finalidade da pessoa jurídica. A pluralidade da vontade, que enfrenta provável contraposição no momento da constituição da empresa e em outras ocasiões específicas (*v.g.*, aporte de bens ao capital social), determina que a conveniência da deliberação espelhe escopo comum.

O fim social é o desiderato a perseguir. A sociedade e a comunidade de sócios dele não podem afastar-se, devendo as decisões deliberativas convergir nesse propósito.

Destarte, não vejo, *a priori*, violação ao princípio do interesse comum a deliberação que importe em fixação, por maioria, de cláusula compromissória para afastar o Poder Judiciário das controvérsias que surjam entre os sócios e a Limitada.

Não há nessa alteração societária ato que comporte dano patrimonial ou político aos envolvidos. Ao contrário, o que se quer é dar velocidade e segurança à solução das questões controversas, para o próprio bem da organização social.

Do mesmo modo, essa deliberação, sob seus ângulos intrínsecos e extrínsecos, se alinha, à primeira vista, com os elementos essenciais do ato jurídico: trata-se de uma prestação passível de realização, lícita e determinada ou determinável; não viola os bons costumes; segue a forma contratual prevista em lei; os agentes são capazes.

A questão, contudo, torna-se complexa quando defrontamos essa deliberação social majoritária com o contido no art. 4º, § 2º, da Lei Marco Maciel[7] e no art. 5º, XXXV, da Constituição Federal.[8] Afinal, será nulo o ato jurídico quando a lei taxativamente o declarar ou lhe negar efeito (art. 145, V, do Código Civil).

Dentre essas duas regras legais, quero crer que a eficácia da cláusula arbitral sofrerá maior oposição por força da norma constitucional e não do preceito infraconstitucional gerado no âmbito da própria Lei de Arbitragem.

Esse dispositivo da Lei Marco Maciel merece ser lapidado frente à realidade societária. Trata-se de regra de exceção e por esse prisma genuíno deve ser encarada.

Nos termos do dispositivo legal, a eficácia da cláusula compromissória depende da vontade manifestada, *a posteriori*, pelo aderente. A cláusula é válida de antemão, restando suspensos seus efeitos. A eficácia somente se produzirá caso o oblato tome a iniciativa de instituir a arbitragem ou concorde com sua instituição.

Ressalte-se, pois, que a validade da cláusula não se discute. Em jogo, seus efeitos de direito. A eficácia do pacto arbitral fica a depender da manifestação unilateral de vontade, pelo aderente, após a existência do conflito.

No âmbito da convenção de arbitragem, é regra única de exceção, pois, com a Lei 9.307/1996, a questão da eficácia da cláusula compromissória virou de ponta-cabeça. Se antes nada valia, era *caput mortum*, com a introdução da lei o ajuste arbitral transforma-se, revitaliza-se, restando-lhe, somente, uma única exceção à regra da vitalidade e da plenitude de sua eficácia legal: quando inserida nos contratos de massa.

Foi esse, justamente, o modelo que a reforma do instituto buscou implementar através da Lei Marco Maciel: fortalecer a cláusula compromissória já que fonte direta da arbitragem. Uma vez estipulada, dela não podem mais afastar-se os convenentes. O instrumental jurídico que a cerca proporciona a concretização de seus efeitos. Seja de caráter positivo ou negativo. Esse fortalecimento legal de sua eficácia não encontra precedente no direito positivo nacional e contempla uma exceção. E essa excepcionalidade deve ser aplicada restritivamente aos específicos casos que a eles a norma se dirige.

E esses casos dizem respeito aos típicos contratos de adesão atinentes, basicamente, às relações de consumo onde figure o hipossuficiente ou a parte fraca.

Essa foi a inclinação do legislador em nítido alinhamento com o ordenamento do Código do Consumidor.

É nas relações de consumo onde se aperfeiçoam os contratos de adesão. Con-

7. "Art. 4º. (...). § 2º. Nos contratos de adesão, a cláusula compromissória só terá eficácia se o aderente tomar a iniciativa de instituir a arbitragem ou concordar, expressamente, com a sua instituição, desde que por escrito em documento anexo ou em negrito, com a assinatura ou visto especialmente para essa cláusula."

8. "Art. 5º. (...). XXXV — a lei não excluirá da apreciação do Poder Judiciário lesão ou ameaça a direito."

tratos estes que divergem conceitual e instrumentalmente dos contratos de sociedade.

O contrato de adesão, longe de ser um tipo contratual, exterioriza um *estado de espírito* frente à nova realidade dos negócios comerciais e dos avanços técnicos e econômicos que colocam as sociedades industriais em um patamar superior frente ao adquirente de produto ou serviço. Diz respeito à relação fornecedor/adquirente.

Esse *estado de espírito* gerou os formulários-padrão e as cláusulas uniformes. Gerou a predeterminação do conteúdo dos contratos firmados em abundância. Elaborado para contratação em massa, inviável, conseqüentemente, qualquer negociação. Daí a unilateralidade e a indiscutibilidade desses instrumentos legais, sejam eles *de* adesão ou *por* adesão.[9]

Tais contratos têm por objeto a prestação de serviço ou o fornecimento de produto. Bens tipicamente existentes no comércio cotidiano, onde as características de contratação são a impessoalidade e a inferioridade de uma das partes, dada a massificação e, conseqüentemente, à unilateralidade na predeterminação de suas cláusulas e condições. O escopo é individual. Prepondera o egoísmo na relação.

Diferentemente se posta o contrato de sociedade. Por obra do clássico estudo de Tullio Ascarelli, a relação jurídico-societária não se explica pelos preceitos tradicionais do direito comercial contratual. Neles se inspira, mas deles se distingue.

O contrato de sociedade não é de índole comum, onde são próprios o antagonismo e a repartição de bens e onde se encaixa a comercialização de produtos e serviços. O contrato social não se forma pela bilateralidade ou pela oposição de interesses. Não é sinalagmático o contrato de organização conquanto não há reciprocidade de obrigações.

Ao reverso, no contrato de sociedade cada parte tem obrigação não para com "uma" outra, mas para com "todas" as outras; adquire direitos não para com "uma" outra, mas para com "todas" as outras (Ascarelli, p. 287). É típico contrato plurilateral onde o objeto é comum a todas as partes e, por isso, sobreleva a cooperação.

Verdadeiros contratos de organização apresentam sempre uma função instrumental, não terminando com o cumprimento das obrigações básicas das partes (Tavares Borba, p. 37).

Buscam ajustar o uso e gozo dos bens detidos pela sociedade. Visam "organizar" a relação de interesses e a administração desses bens jungidos sempre ao interesse social e ao pleno exercício do seu objeto.

Por essa razão, a função do contrato plurilateral não termina quando executadas as obrigações das partes (como acontece, ao contrário, nos demais contratos); a execução das obrigações das partes constitui a premissa para uma atividade ulterior; a realização desta constitui a finalidade do contrato; este consiste, em substância, na organização de várias partes em relação ao desenvolvimento de uma atividade ulterior (Ascarelli, p. 291).

A verificação da natureza jurídica do contrato de sociedade leva o intérprete a

9. A doutrina faz distinção entre os contratos *de* adesão e *por* adesão. Aqueles seriam forma de contratar onde o aderente não pode rejeitar as cláusulas uniformes estabelecidas de antemão, o que se dá, geralmente, com as estipulações unilaterais do poder público (*v.g.*, cláusulas gerais para o fortalecimento de energia elétrica). Seriam contratos por adesão aqueles fundados em cláusulas estabelecidas unilateralmente pelo estipulante, mas que não seriam irrecusáveis pelo aderente: aceita-as, em bloco, ou não as aceita.

O Código de Defesa do Consumidor fundiu essas duas situações estabelecendo um conceito único de contrato de adesão. Assim, tanto as estipulações unilaterais do poder público ("aprovadas pela autoridade competente", art. 54, *caput*, CDC), como as cláusulas redigidas prévia e unilateralmente por uma das partes, estão incluídas no conceito legal de contrato de adesão (*Código Brasileiro de Defesa do Consumidor: Comentado pelos Autores do Anteprojeto*, Ada Pellegrini Grinover *et al.*, Rio de Janeiro, Forense Universitária, 1991, p. 383).

Parece-me que a diferença apontada pelo autor centra-se, em verdade, na imprescindibilidade ou não dos serviços ou produtos.

cogitar das nuances que distinguem o chamado contrato de adesão, onde se insere a exceção à regra de eficácia da cláusula compromissória, do contrato — plurilateral — em que se moldam às relações societárias.

A adesão, por seu turno, apesar de não ser tipo contratual, também não se deveria prestar a explicar a formação do contrato social e suas alterações, ao menos no que toca, em princípio, ao art. 4º, § 2º, da Lei de Arbitragem.

Isso porque, como dito, as sociedades de responsabilidade limitada são movidas pela comunhão de interesses. O fim comum prende-se ao fim social.

A forma de organização da Limitada dirá sobre os princípios das deliberações. Regra geral, prevalecerá o critério da maioria das quotas. É esse o modelo que informa as sociedades comerciais. É princípio aceito universalmente.

Salvo estipulação em contrário, o detentor de 50% das quotas, mais uma, tem autonomia no manejo do contrato social. Detendo o controle, dita ele as regras sociais.

A manifestação da vontade majoritária sobrepõe-se à opinião minoritária, pois, *por suposto legal*, se confunde com o próprio interesse social, ressalvada violação dos deveres e obrigações no exercício do poder de controle.

Ao sócio dissidente resta o direito de se retirar da sociedade: a qualquer tempo por mera discordância de deliberação social, se indeterminado o prazo da sociedade; se determinado, caso a alteração do contrato social gere dano patrimonial ou violação a direito político do minoritário ou conflite com os legítimos interesses sociais.[10]

Salvo essas hipóteses, em todos os demais casos a minoria deve respeito e se sujeita à vontade majoritária. Em outras palavras, a oposição de caráter pontual e passageira conforma-se com a vontade majoritária, e com ela integra-se em verdadeiro amálgama do superior interesse social. É o controlador, regra geral, titular do direito de condução da sociedade e da solução dos interesses e questões a ela vinculadas.

Mas o controlador não deve, e não pode, usar de seu poder decisório para fins outros que não aqueles estabelecidos no contrato social ou na legislação aplicável. No exercício desse poder lhe é defesa conduta abusiva ou com desvio de finalidade. Vedado lhe é exercê-lo em causa própria. Em outras palavras, o exercício do poder de controle não se pode descolar da finalidade e do interesse social.

O exercício desse poder — legítimo e ao qual a minoria deve sujeição — com o fim de introduzir a arbitragem no cenário dos conflitos sociais alinha-se com a finalidade e o interesse social.

Por certo, a dinâmica dos negócios implica na condução ágil e otimizada dos interesses sociais. E a solução dos conflitos sociais, internos e externos, traduz-se, por isso, em regra de boa governança, em linha com o próprio fim da sociedade: a realização lucrativa do objeto social.

Nesse diapasão, ao que parece, pode-se concluir pela licitude de uma deliberação majoritária que introduz no contrato social a estipulação da arbitragem como meio de solução dos conflitos entre a sociedade e os sócios, seja pelos fins que justificam a arbitragem, seja pela inaplicabilidade, ao caso, do contido no art. 4º, § 2º, da Lei Marco Maciel. Mesmo porque, neste último caso se conceituado o contrato social como tipicamente de adesão, nos moldes do que a regra da Lei de Arbitragem tenciona atingir, a mesma proteção deveria ser aplicada às demais cláusulas e condições plurilaterais, o que me parece em franco descompasso com o sistema legal societário.

Como se vê, a validade e a eficácia da cláusula compromissória inserta em contra-

10. Outrossim, afora tais circunstâncias também pode o quotista desligar-se da sociedade pela pura intenção de não mais se manter associado, caso em que a predeterminação do prazo societário merecerá ponderação quanto às perdas e danos.

to social por deliberação majoritária não têm seus pilares abalados pelo confronto com o contido no art. 4º, § 2º, da Lei Marco Maciel, dado que com ele não é a convenção incompatível.

O calcanhar de Aquiles está na eficácia dessa previsão face à indagação da conformação da vontade do sócio vencido ou ausente da deliberação que aprovou a introdução da cláusula compromissória como condição para o aperfeiçoamento da convenção de arbitragem. Encontra-se o estudioso frente à indagação de como se legitimará esse aperfeiçoamento diante da questão da concordância dos demais sócios à luz do preceito de direito natural estampado no art. 5º, XXXV, da Constituição Federal.

A esse respeito algumas considerações merecem ser ponderadas.

O singelo fato de o sistema contratual societário distinguir-se dos demais por sua especificidade, por força de sua natureza plurilateral e do poder legal conferido à maioria para o discernimento quanto às modificações de suas cláusulas e condições parece suficiente a introduzir, logo de início, o alerta de que o tema deverá ser enfrentado à luz das particularidades que norteiam o direito societário.

Como dito e repetido, o sistema deliberatório é o da maioria; maioria essa que se transforma, com o voto decisório, em manifestação do interesse comum social.

Conflitante ou não com o ponto-de-vista de algum minoritário, é aquela decisão que prevalecerá. E prevalecerá porque advém de poder legítimo e porque exercido em proveito e na conveniência da sociedade.

Tal como tantas outras deliberações majoritárias de maior ou menor impacto societário, o mesmo princípio se impõe àquela deliberação que redunda na inclusão de cláusula arbitral em contrato social.

A concordância do minoritário depreende-se da exteriorização do seu comportamento, pois sabe-se que a "vontade também pode exteriorizar-se através de sinais mímicos ou atitudes e comportamentos voluntários externos, ativos ou omissivos, de modo tácito e, mesmo, através do silêncio cercado de determinadas circunstâncias, bem assim de modo implícito quando uma declaração de outra resulta" (Ráo, p. 147).

No caso, o desejo da sociedade é a solução dos conflitos pela via arbitral. Mesmo insatisfeito, com ela há de aceder o minoritário, sob pena de subversão dos princípios societários e do próprio interesse maior social.

Na verdade, detendo o quotista insatisfeito o direito de se desligar da sociedade, depreende-se de sua imobilidade, aliada à publicidade do ato decisório resultante do arquivamento da alteração contratual no Registro de Comércio, uma atitude que indica assimilação e concordância com a introdução da arbitragem no contexto societário.

Esse fato, *per se*, assume no mundo jurídico efeitos práticos tutelados pelo direito. É esse, inclusive, o entendimento da doutrina citada e compartilhada por Vicente Ráo.

Cariota Ferrara adota, com acerto, a opinião dos que se satisfazem com a exigência de uma vontade que possua *de modo geral* o valor de uma declaração negociável... Outros, ainda, como Enneccerus, por *declaração* entendem, tão-somente, a exteriorização da *vontade negocial*, esclarecendo, porém, que a declaração não se compõe, tão-só, de palavras, ou outros sinais comuns e convencionais, senão, também, com estes sinais ou sem eles, de uma *conduta total* apta a servir, em certas circunstâncias, como meio de declaração (Raó, p. 115).

Nada mais natural e justo que a fixação da arbitragem por modificação contratual legitimamente aprovada pela maioria, de boa-fé e no interesse social gere a expectativa na sociedade e nos demais sócios, diante da conduta do minoritário, da validade e eficácia da condição contratada. Ainda mais quando notamos que a Lei de Arbitragem, em momento algum, determina expressamente a assinatura da parte como requisito formal de validade da estipulação; ao contrário, o que exige é a forma escrita.

A confiança e a segurança que devem guardar as relações jurídicas, notadamente as de cunho societário, são preceitos por demais importantes a emprestar guarida a esse entendimento que, a seu turno, se encontra nitidamente em linha com a sistemática e a dinâmica do direito societário.

5. A eficácia da cláusula compromissória no estatuto da sociedade anônima

Conquanto as sociedades anônimas tenham sofrido ataques de representantes da teoria institucional que teimam em negar campo livre para a evolução da autonomia da vontade nesse tipo de sociedade, a verdade é que se verifica uma larga vantagem da corrente que reconhece a natureza contratual das S/A.

"Não se conhece até hoje a formulação de regime jurídico, a partir da análise sociológica, econômica e política das grandes empresas, que substitua a conceituação da companhia como contrato" (Bulhões Pedreira, p. 113).

Prepondera na doutrina, pois, a classificação introduzida por Tullio Ascarelli quanto à natureza de contrato plurilateral da companhia, assentada em critério formal, em contraponto ao aspecto meramente econômico da sociedade.

"Nesse particular, inobstante a 'correspondência e o significado' que ambos os critérios encontram e a natural influência do aspecto econômico sobre o formal, são porém os critérios 'estruturais' que devem prevalecer na classificação jurídica [dada a segurança jurídica que assegura]" (Ascarelli, p. 275).

Dessa conclusão pode-se inferir pela validade do ajuste arbitral fixado no estatuto das Anônimas e instrumentos correlatos (*v.g.*, ata de constituição; acordo de acionista), nos moldes das observações expendidas no item 4 acima.

Por sinal, parece-me que os comentários e reflexões formuladas às Limitadas se aplicam, regra geral, às Anônimas e, em especial, às companhias fechadas.

Esses dois tipos societários — Limitada e Anônima Fechada — a meu ver, por suas próprias peculiaridades e pontos de contacto, devem servir-se com maior intensidade do sistema arbitral de solução de conflitos e por ele trafegar com menos turbulência do que as Anônimas Abertas.

Após as Limitadas, são as Anônimas Fechadas o tipo societário da preferência dos empresários. Sua atividade social volta-se a negócios mais restritos em ordem de grandeza. Seus ativos contam-se em menor monta. Registram número reduzido de sócios que, normalmente, compõem a administração da empresa. Não raro estabelecem restrições quanto à transferência da participação acionária e acordam regras quanto ao exercício de voto. Muitas são empresas familiares onde o sócio, indiretamente, abre mão da limitação de responsabilidade dadas as exigências de crédito. Enfim, a relação sócio/sociedade é direta, visceral e cotidiana, ao contrário do que tende a ocorrer nas Anônimas Abertas, onde o investidor busca retorno ao investimento, sem maiores inter-relações com a administração, dada a existência do mercado de capitais, que age como termômetro de seus interesses.

O pacto arbitral para esse tipo societário é perfeitamente válido. Se assinado por todos os acionistas, então nenhum questionamento advirá e seus efeitos acabarão por produzir-se na plenitude.

A eficácia da cláusula compromissória também atinge aquele investidor que adquire o *status socii* por força da transferência de ações. Mesmo não havendo manifestação expressa, o pacto arbitral lhe é vinculante, pois os efeitos da cláusula compromissória atingem os sucessores a título universal e singular. É essa a rigorosa inclinação da doutrina arbitral, que se alinha, por sinal, com o instituto da circulabilidade das ações.

Como demonstra Bulhões Pedreira (pp. 110-111), "A companhia é hoje classificada como contrato tipo associativo, plurilateral (...) e como todo negócio associativo, é contrato aberto, no sentido de que permite, mesmo após conclusão pelos contratantes originais, a agregação de novas partes sem dissolução das relações jurídicas preexistentes sem necessidade de novo contrato entre antigos e novos associados. A agregação de novos sócios dá-se mediante aquisição de ações em circulação ou criadas em aumento do capital social, e o adquirente da ação assume posição jurídica da parte contratual do negócio original".

Nesse sentido, forçoso admitir que ao adquirente de participação societária impõem-se, naturalmente, o conteúdo e os efeitos da cláusula compromissória já contida no estatuto social.

Em seqüência, parece-me também correto afirmar que as mesmas ponderações que fiz para as Limitadas quanto à inserção, por maioria, da cláusula compromissória, visando a solução dos conflitos sócio/sócio e sócio/sociedade, aplicam-se, *in totum*, às Anônimas Fechadas.

Por certo muitas das reações a essa proposição trarão argumentos jurídicos não sustentáveis por mascararem puro misoneísmo.[11]

E o mesmo podemos dizer da arbitragem em sede de Anônimas Abertas, guardadas, com certeza, as diferenças estruturais que refletirão nuances jurídicas a serem sopesadas pelos estudiosos e arbitralistas.

Mas nessas companhias também há de prosperar o instituto da arbitragem.

Por sinal, tal já se faz sentir em suas relações exógenas, onde se registra enorme incremento. Disputas envolvendo competidores e parceiros comerciais têm sido objeto de solução pela via arbitral.

Registra-se, também, a adoção desse mecanismo nos dissídios individuais trabalhistas e nas controvérsias vinculadas a acordos de acionistas.

Com certeza, tornar-se-á costume a inserção de cláusula compromissória nos contratos firmados com os altos executivos da administração empresarial.

No mesmo sentido, veremos frutificar, proximamente, a estipulação do pacto arbitral para a resolução dos conflitos sócio/sócio e sócio/companhia.

Aliás, é esse o desejo e a intenção esboçada pelo legislador das Anônimas. Referentemente ao Projeto de Reforma da Lei do Anonimato (PL 3.115/1997), mencionado no item 2 deste trabalho, propugna-se, claramente, pelo caminho da via arbitral nas controvérsias objeto de conflito de interesses e oriundas de acordos de acionistas. E, ainda, sugestivamente, o Projeto insere o dispositivo legal relativo à arbitragem na seção dos direitos essenciais do acionista, em nítida demonstração da inclinação do legislador.

Essa posição legislativa não é novidade. Traduz, em verdade, certa tradição do legislador das Anônimas. A Lei 6.404, de

11. "In summary, after nearly seventy years of legal evolution, arbitration is now utilized in New York as a close corporation remedy for virtually every kind of corporate dispute. Indeed, deitailed case administration statistics compiled by the American Arbitration Association reveal that between 1984 and August 1988 the AAA received over one thousand claims and counterclaims worth over $ 118,000,000 under its case administration category dealing with close corporation disputes. These claims include disputes regarding stock valuation and appraisal, allegations of breach of contract mismanagement, misrepresentation, wrongful discharge, and breach of fiduciary duty. (...) Legal developments over the past four decades have transformed arbitration of close corporation disputes from a hotly contested issue into a matter of everyday practice. With the Supreme Court's decisions in Southland, Perry, and McMahon, shareholders in public corporations stand at the threshold of a similar legal revolution" (Richard Shell, ob. cit., p. 9).

1976, em seu § 2º, art. 129, já prevê o procedimento de arbitragem para os casos de empate de deliberação assemblear.[12] Mais ainda: o referido dispositivo, como redigido, estimula em primeiro plano a solução convencional, deixando a via judicial como última opção para a quebra do impasse.

Note-se que essa flagrante e reiterada disposição legislativa não se traduz em autorização legal. Em hipótese alguma. Não estamos trafegando na seara do direito administrativo, onde, aliás, ao que parece, a discussão quanto à prévia autorização para a validade da convenção da arbitragem já consta ultrapassada.

A expressa manifestação do legislador quanto à utilização da arbitragem, ao revés, *consolida o favorecimento* dessa via alternativa para a resolução de conflitos societários.

Como um *norte*, dessa vontade declarada não deverão descolar-se o intérprete e o julgador ao se depararem com as diversas questões que lhes serão postas. Do *favor arbitral* não poderão afastar-se, pois na concretização do direito devem ser aplicados os princípios informativos das regras positivas. Na dúvida, pró-arbitragem.

É também por esse prisma que deverão ser encaradas as questões que se originarão da inserção de cláusula compromissória deliberada por maioria assemblear. A vontade legislativa há de refrear os argumentos que lhe serão opostos.

Os demais consectários dessa deliberação assemblear deverão ser enfrentados pelo operador com base nos princípios que cercam e conduzem o direito societário.

Consta assentado nesse ramo do direito o critério objetivo do poder majoritário. As ações sem direito a voto são exemplo da magnitude desse pressuposto jurídico. Salvo exceção legal ou contratual, as regras sociais e o rumo da companhia são ditados pelo interesse da maioria, quando em harmonia com o interesse social.

O direito das companhias permite, regra geral, mudanças estatutárias por decisão majoritária sem que desse ato resulte quebra contratual ou direito a perdas e danos.

Ao ingressar na companhia, o acionista conhece e reconhece o princípio legal majoritário que dita curso às relações societárias. Contra ele nada há a fazer, exceto nos casos de prática ilícita no exercício do direito de voto.

Atingindo a modificação estatutária direito essencial do acionista tal como elencado taxativamente na Lei das Anônimas, deterá o interessado, *quando muito*, a oportunidade de se retirar da companhia mediante reembolso do valor de sua participação.

Destarte, falece o acionista do direito de vetar ou obstaculizar dita modificação, mesmo quando a aprovação redunde em alteração de direito consagrado legalmente como de cunho fundamental.

Em verdade, o que se tem visto aqui e em outras jurisdições é a diminuição das matérias passíveis de exercício do direito de retirada e a necessidade de fundamentação para algumas dessas hipóteses.

"Uma conclusão primeira parece autorizada do quanto se expôs: é a de que o direito de recesso, recebido com encômios universais, quando introduzido no direito italiano, está sendo repensado, e é objeto de críticas e restrições, que resultaram na redução das hipóteses em que é admitido, mas não levaram à sua abolição, nas várias legislações" (Lamy, p. 347).

Na esteira dessa política jurídico-societária, conclui-se, pois, que o princípio majoritário, mesmo quando confrontado com os direitos essenciais, há de pre-

12. "Art. 129. (...). § 2º. No caso de empate, se o estatuto não estabelecer procedimento de arbitragem e não estabelecer procedimento de arbitragem e não contiver norma diversa, a assembléia será convocada, com intervalo mínimo de 2 (dois) meses, para votar a deliberação; se permanecer o empate e os acionistas não concordarem em cometer a decisão a um terceiro, caberá ao Poder Judiciário decidir, no interesse da companhia."

ponderar e, assim, guiar os rumos sociais, temperado em momentos pontuais por um *quorum* qualificado.

Repita-se, então: é com base nessa premissa maior que devem ser analisadas a validade e a eficácia da cláusula compromissória inserida em estatuto social por força da vontade legítima da maioria.

Voltada tal decisão para o interesse da companhia, será difícil o combate minoritário à eficácia dessa deliberação. Reação haverá e, por certo, trafegará com intensidade na *seara do misoneísmo*. Mas o acionista não poderá alegar o desconhecimento das regras societárias. O estatuto não é imutável; ao contrário, o princípio é o da alteração a qualquer tempo.

Casos de reorganização societária podem levar à divisão de ativos, à modificação do objeto social e à frustração na expectativa dos acionistas da consumação em dividendos das reservas de lucro a realizar. O próprio direito ao dividendo, eminentemente patrimonial e extensão do direito constitucional de propriedade, pode sofrer reveses e ser, até mesmo, reduzido por manifestação da vontade majoritária.

O que falar de mera alteração que vise a introduzir no cenário da companhia instrumento da boa governança que busca solução mais ágil e especializada aos conflitos sócio/sócio e sócio/sociedade!?

Não será o caráter de adesão empecilho para a validade e a eficácia da introdução majoritária da arbitragem, pois o contido no art. 4º, § 2º, da Lei Marco Maciel não se estende a tais situações.

"In addition, disparities in bargaining power are not favored as grounds for refusing to enforce contracts, and shareholders do not present the most sympathetic case for an exception to this rule. Unconscionability is most often found in the consumer context and operates to relieve unwary, disadvantaged consumers from onerous contract terms imposed by more powerful business parties. People who have sufficient funds and sophistication to invest in the equity securities of individual corporations do not fit this mold comfortably and may, in many cases, be quite wealthy. Thus, although such investors may not have bargaining power equal to their corporations', they are probably sophisticated enough to bear the risk of being bound by otherwise legal provisions in a corporate charter.

"Finally, a ruling that a corporate charter arbitration clause is unenforceable as an adhesive provision would set an alarming precedent in the area of corporate governance. (...).

"Although shareholders may not see or inquire about an arbitration provision in the corporation's charter prior or subsequent to purchasing their shares, they are likely to be equally ignorant of every other provision in the charter. Unless a court is willing to strike down an arbitration clause on the broad ground that all charter provisions are 'adhesive' and subject to claims by shareholders for special exemptions, no part of the charter should be subject to challenge on this basis. The Supreme Court has made clear that 'special' rules discriminating against arbitration clauses are preempted by the FAA" (Shell, pp. 16 e 17).

Em concreto, o estatuto social transcende as raias dos chamadas contratos de (por) adesão, pois situado em outra latitude jurídica, a dos vínculos plurilaterais.

Dita ele as relações entre sócios e entre estes e a companhia, onde não se eleva a unilateralidade, a fraqueza e a hipossuficiência registradas nos contratos típicos de adesão.

Nas sociedades verificam-se relações complexas, multipartes onde o investidor tem o poder prévio de escolha da posição jurídica que pretende ocupar: *rendeiro*, *especulador* ou *controlador*.

Introduzida a cláusula compromissória por modificação estatutária, aos acionistas descontentes cabe alienar suas participações acionárias.[13]

Afinal, é essa a conclusão que se extrai do sistema legal, inclusive nas hipóteses de modificações que causam maior impacto para o acionista. É esse o funcionamento da engrenagem do ordenamento societário.

E esse entendimento está em linha com a reforma das Anônimas referidas no item 2 supra, pois a introdução de arbitragem não pressupõe *quorum* extravagante da unanimidade como no caso de transformação da sociedade. Tampouco há exigência de condição prévia ou qualquer contrapartida. Basta a manifestação da vontade expressa em assembléia geral.

Aprovada a deliberação introdutória da arbitragem, arquivada e publicada a ata, a decisão assemblear deverá produzir os efeitos de direito e atingir a comunidade dos acionistas.

Com certeza, a regra contida no *Corporate Act* inglês, de 1985, encontra eco no nosso sistema do anonimato: "The (...) articles shall, when registered, bind the Company and the members thereof to the same extent as if they respectively had been signed and sealed by each member, and contained covenants on the part of each members to observe all the provisions of the (...) articles".[14] Afinal o estatuto traduz-se na carta magna da sociedade, por isso, é lei entres as partes.

Importante é a transparência da deliberação. Deve constar com clareza da ordem do dia. Deve ser dada publicidade. Preferencialmente, a existência da cláusula compromissória deveria, também, ser informada nas demonstrações financeiras e nos certificados de ações e publicizada junto à CVM e às Bolsas de Valores.

A publicidade, aliada à manutenção pelos investidores do *status socii*, conduz à assertiva da convolação da ciência em anuência, no benefício da segurança jurídica.

6. Conclusão

Até onde tenho conhecimento, o presente estudo exercita o pensamento sobre tema inédito em nossa jurisdição. Daí por que contém observações e deduções jurídicas preliminares e não contempla a intenção de esgotar os argumentos e os complexos aspectos que o envolvem.

Entretanto, não poderiam passar *in albis* certas ilações que por sua contundência, com certeza, confrontarão reações de alguns estudiosos.

Mas, ao caminhar por esses trilhos, pretendo, sim, acelerar o debate que a matéria há de merecer de modo a encurtar o longo e indesejável tempo enfrentado pela questão em outros países.

Não obstante, um dado é certo: o rigor com que tratarão o instituto da arbitragem nas sociedades de responsabilidade limitada será tanto ameno quanto mais arraigar-se entre nós a cultura arbitral.

Quanto menor aversão conceitual-ideológica tanto mais se afirmará a jurisdicidade do instituto no seio das Limitadas e das Anônimas.

Sem dúvida, algumas observações conterão implícita reação ao próprio sistema extrajudicial de solução. Foi assim em vários países[15] e não me parece será muito diferente em nossa jurisdição.

No fundo a impressão é a de que a arbitragem conduz a algo arbitrário e pernicio-

13. "A party who agrees to abide by the rules of an organization [The New York Stock Exchange] is bound by its subsequently adapted rule calling for arbitration (Fox *vs.* Merrill Lynch & Co)" (cf. Richard Shell, ob. cit., nota 188, p. 55).

14. Chapter 6, Section 14, Richard Shell, ob. cit., nota 215, p. 58.

15. "The unstated premise behind such claims, after all, is that there is something unfair or inferior about arbitration as a means of resolving commercial disputes. The Supreme Court has stated in the strongest possible terms that it believes this premise to be false" (cf. Richard Shell, ob. cit., p. 16 e decisões da Suprema Corte Americana na nota 208).

so. A algo injusto e violador dos direitos e garantias fundamentais do cidadão. Quando, na verdade, é exatamente o oposto. Calca-se no consenso e preserva o garantismo e o direito de ação. Outrossim, concretiza o direito ao amplo acesso à justiça.

Acredito que na discussão que a matéria imporá a questão da pretensa exclusão do Poder Judiciário será outra vez abordada, com grande ênfase, quando nos Estados Unidos esse tópico restou superado na década de 1920.[16]

O debate será acirrado, também, no campo da arbitrabilidade das controvérsias societárias que não mereceram nenhuma abordagem neste artigo. Aquelas disputas de cunho eminentemente patrimonial não deverão enfrentar questionamentos. Mas, ao contrário, aquelas ligadas à administração e à gestão social carecerão de harmonia na interpretação dos operadores do direito.

Será arbitrável a questão que implique na expulsão de sócio da sociedade? E aquela que conclui pela dissolução da empresa?

Enfim, que o debate prospere no proveito das sociedades de responsabilidade limitada.

16. Cf. Richard Shell, ob. cit., p. 7.

Atualidades

GOVERNANÇA CORPORATIVA E AÇÕES PREFERENCIAIS — DILEMA DO LEGISLADOR BRASILEIRO

FERNANDO SHAYER

1. Nexo de causalidade entre leis e desenvolvimento financeiro. 2. A Teoria de Lei e Finanças no Brasil — O caso das ações preferenciais: A) Extinção das ações preferenciais.

O governo federal realizou recentemente alguns esforços no sentido de modernizar e desenvolver o mercado de capitais brasileiro. No início deste ano, entrou em vigor a Lei 10.303, que alterou, em alguns pontos significativamente, as leis das sociedades por ações e de mercado de capitais. A Comissão de Valores Mobiliários (CVM) expediu as Instruções 358 e 361, que contêm regras mais rigorosas sobre a divulgação de fatos relevantes e ofertas públicas para a aquisição de ações. O Conselho Monetário Nacional, por meio das Resoluções 2.829 e 2.850, autorizou que os fundos de pensão aumentassem a proporção de suas carteiras investida em ações listadas em segmentos da Bolsa de Valores de São Paulo (Bovespa) que sujeitam as companhias a regras mais rígidas de "governança corporativa", entendida, pela CVM, como "o conjunto de práticas que tem por finalidade otimizar o desempenho de uma companhia ao proteger todas as partes interessadas".[1] O Conselho de Gestão da Previdência Complementar, por meio da Resolução 1, exigiu que as entidades de previdência complementar prestassem contas aos seus participantes sobre sua atuação nas assembléias das companhias abertas em que investem. O Banco Nacional de Desenvolvimento Econômico e Social (BNDES) tem pressionado empresas brasileiras a aderirem ao "Novo Mercado" da Bovespa, segmento com regras rígidas de governança corporativa, que proíbe a emissão de ações sem direito a voto.[2] A CVM publicou uma cartilha contendo determinadas "recomendações sobre governança corporativa", em que pressionou as companhias a adotarem práticas de governança corporativa mais rígidas, incluindo-se a concessão de direito de voto a ações preferenciais em determinadas matérias importantes, tais como alteração do objeto social, redução do dividendo obrigatório, fusão, incorporação, cisão, e operações com partes relacionadas.[3]

Em linhas gerais, todos esses esforços visam dar mais proteção e garantias aos in-

1. "Recomendações da CVM sobre governança corporativa", jun. 2002, p. 1.

2. Artigo "BNDES vincula ajuda a adesão ao Novo Mercado", jornal *O Estado de São Paulo*, 5.5.2002, p. B-5.

3. "Recomendações da CVM sobre governança corporativa", jun. 2002, p. 6.

vestidores minoritários, dotando-lhes de um maior número de mecanismos para fiscalizarem e monitorarem as ações dos controladores, e receberem mais informações sobre as companhias.

A idéia é a de que ao se restringir os benefícios que os controladores podem auferir às custas dos minoritários e a diferença entre o nível de informação detida pelos controladores, de um lado, e os minoritários, de outro, aumentará a quantidade de investidores, e diminuirão os descontos feitos por tais investidores na aquisição das ações. Na literatura do mercado de capitais, menos benefícios privados de controle[4] e assimetria informacional aumentam o número de investidores e a liquidez do mercado.[5]

Por trás desses esforços governamentais está a noção de que um governo consegue desenvolver um mercado de capitais por meio de leis e regulamentos (e em particular, por aqueles que ofereçam maior tutela aos investidores). Segundo Antônio Kandyr, um dos deputados responsáveis pela condução do processo legislativo que levou à promulgação da Lei 10.303: "como condição necessária para se atingir um mercado de capitais pleno, a experiência, no âmbito internacional, tem demonstrado ser *imprescindível que o poder legislativo cumpra a função de instituir mecanismos legais adequados para a proteção dos interesses daquele que investe sua poupança em atividade produtiva, tornando-se acionista de uma sociedade anônima*. Aquele que atende a um apelo público para a capitalização de um empreendimento, confiando seus recursos a terceiros, de quem dependerá o sucesso de seu investimento, faz jus a que seus interesses tenham uma proteção minimamente adequada"[6] (destaques nossos).

Como se verá na primeira seção deste trabalho, ainda que intuitiva, particularmente para aqueles que, como nós, residem num país de direito codificado, esta proposição teórica de causalidade entre leis e desenvolvimento financeiro é de difícil comprovação empírica.

Num passo adiante, o governo brasileiro também pressupõe que está fazendo as mudanças legais e regulamentares necessárias. Não basta mudar, é preciso mudar corretamente. A dificuldade aqui, logicamente, é maior, já que o sucesso ou fracasso das modificações depende, em larga medida, de se atingir um ponto de equilí-

4. Pode-se aventar inúmeras hipóteses de ganhos pelo controlador às custas dos minoritários. Luiz Leonardo Cantidiano cita as seguintes hipóteses: venda de ativos da empresa abaixo do valor de mercado para uma outra empresa de propriedade do controlador, emprego de familiares não qualificados, implementação de projetos ineficientes, mas que atendam a interesses particulares dos administradores e/ou controladores, salários excessivamente altos para diretores e contratos desvantajosos com empresas fornecedoras controladas pelos diretores (in *Reforma da Lei das Sociedades Anônimas*, coord. Jorge Lobo, Forense, 2002, p. 65). Ainda que, em tese, seja fácil vislumbrar a existência de tais benefícios, é muito difícil mensurá-los. Barclay e Holderness (1989) examinaram o prêmio pago por blocos de ações como uma medida indireta da magnitude dos benefícios privados de controle dentro dos Estados Unidos. A amostra consistia de 36 operações de vendas de blocos de ações que ocorreram entre 1978 e 1982 em que os blocos correspondiam a pelo menos 5% das ações da companhia listada. Medindo o prêmio relativamente ao preço de fechamento no mercado secundário no dia do anúncio da operação, eles encontraram um prêmio médio de 20,4% pelos blocos. Eles argumentam que o prêmio representava o valor que o acionista detentor do bloco recebia a mais que os demais acionistas, correspondendo aos benefícios privados de controle (in "Private benefits of control of public corporations", 25 *Journal of Financial Economics* 371, 1989). Zingales (1994) analisou o prêmio de controle na Itália. Ele usou como amostra todas as companhias listadas na Bolsa de Milão que tinham duas espécies de ações, uma votante, a outra não, de 1987 a 1990, correspondendo a 301 empresas. Zingales concluiu que os benefícios privados de controle representavam uma parcela significativa do valor das companhias na Itália (in "the value of voting right: a study of the Milan Stock Exchange experience", 7 *Rev. Fin. Stud.* 125).

5. Cf. Stephen Choi, "Law, finance and path dependence: developing strong securities markets", 2002.

6. Cf. Modesto Carvalhosa e Nelson Eizirik, *A Nova Lei das S/A*, Saraiva, 2002, p. 14.

brio que, de um lado, estimule o controlador a manter a sua companhia aberta, no mercado, e, de outro, atraia o minoritário, coibindo eventuais oportunidades de apropriação indevida por parte do controlador.

Ao buscar esse ponto de equilíbrio, o governo deve levar em conta o contexto econômico, social e político em que se insere, presentemente, o nosso mercado de capitais. A segunda seção deste trabalho aponta para os riscos desses contextos serem deixados de lado, e de se formular políticas governamentais baseadas num "ideal" de realidade, distante daquela que se verifica atualmente no Brasil. Ou seja, os riscos de se implementar políticas governamentais que funcionam, em outros mercados de capitais mais desenvolvidos, justamente porque tais contextos são muito diferentes dos nossos, especialmente no que diz respeito à política de juros e tributária.

Assim, o que se busca compreender é, até que medida, num país com altas taxas de juros e sistema tributário caótico como o Brasil, políticas rígidas de governança corporativa, tais como aquelas trazidas pelas leis e regulamentos mencionados anteriormente (as quais, ressalte-se, em muitos casos funcionam nos Estados Unidos e no Reino Unido, onde as taxas de juros são baixas e a política fiscal incentiva a produção e o crescimento) ajudarão o crescimento do nosso mercado.

Em particular, destaca-se, no curso desta análise, o caso das ações sem direito a voto, que se tornaram, recentemente, as grandes vilãs do mercado brasileiro. Nesse ponto, são apresentadas e discutidas algumas das diversas razões pelas quais, no momento econômico e societário atual do Brasil, faz pouco sentido ao governo pressionar para que as companhias brasileiras deixem de emitir ações sem direito a voto.

Iniciemos, assim, essas discussões, investigando, de pronto, até que ponto um governo consegue desenvolver um mercado de capitais por meio de leis e regulamentos que ofereçam maior tutela legal aos minoritários, algo que tem sido denominado na literatura acadêmica de "Teoria de Lei e Finanças".

1. Nexo de causalidade entre leis e desenvolvimento financeiro

A proposição teórica de que existe uma relação de causalidade entre leis (aqui referidas genericamente, para incluir outros tipos de regras obrigatórias emanadas do Estado) e desenvolvimento financeiro tem sido alvo de inúmeros testes empíricos e tem originado debates interessantes.

Uma primeira linha de trabalhos, conduzidos por Stigler (1964), Jarrell (1981) e Simon (1989),[7] comparou dados específicos dos Estados Unidos, buscando determinar se as ações lançadas no mercado norte-americano após a promulgação da lei de mercado de capitais de 1933 (que proporcionou mais proteção aos acionistas minoritários) tiveram um desempenho melhor do que aquelas lançadas anteriormente a tal lei (descontado o desempenho global do mercado), e conclui que essa melhora não se verificou empiricamente.[8] Bentson

7. Cf. George J. Stigler, "Public regulation of the securities market", 37 *Journal of Business* 117, 1964; Greg. A. Jarrell, "The economic effects of Federal Regulation of the market for New Security Issues", 24 *Journal of Law and Economics* 613, 1981; e Carol Simon, "The effect of the 1933 Securities Act on investor information and the performance of New Issues", 79 *Am. Econ. Rev.* 295, 1989.

8. Stigler usou uma amostra composta por 53 lançamentos de ações ocorridos após 1920 e por 26 lançamentos ocorridos após 1950. Ele calculou o desempenho das ações, descontado o desempenho do mercado, por um período de 5 anos após o respectivo lançamento. Continuando o trabalho de Stigler, Jarrell usou um método mais sofisticado para descontar o efeito do desempenho do mercado. Ele utilizou, como amostra, todos os lançamentos de ações ocorridos entre 1926 e 1939 das indústrias de manufaturas e ferrovias e também adotou um período de 5 anos após o respectivo lançamento para a sua análise. Já Simon fez uma divisão entre ofertas de companhias com ações listadas, de um lado, e companhias sem ações listadas na bolsa, de outro. Para as companhias que já tinham as suas ações listadas, ela conclui que a promulgação da lei não teve nenhum impacto no seu desempenho (cf. Choi, ob. cit., pp. 9, 10 e 11).

(1964)[9] expandiu a análise para a lei de mercado de capitais de 1934, que trouxe exigências mais rígidas com relação à divulgação de informações pelas companhias abertas, concluindo que a lei de 1934 também não teve um impacto positivo mensurável no desempenho das ações negociadas na Bolsa de Valores de Nova Iorque.[10]

Uma segunda linha de trabalhos, mais recentes, utilizou, como amostra, dados comparativos de diferentes países. Diferentemente daqueles autores, La Porta, Lopes-de-Silanes, Shleifer e Vishny (1998)[11] concluíram que pode ser comprovada empiricamente a existência de uma alta correlação entre maior tutela legal aos minoritários e diversas medidas de desenvolvimento financeiro. Pela conclusão, não é de se surpreender que os trabalhos tiveram grande repercussão no mundo acadêmico e também junto às autoridades de diversos países, inclusive o Brasil. Antônio Kandyr, por exemplo, os citou na seguinte passagem: "estudos recentes demonstram que o nível de proteção legal dos investidores é um *fator decisivo* para que as empresas tenham maior aptidão de captar recursos públicos, pois a ausência de instrumentos aptos a repelir a expropriação de acionistas minoritários e credores traz como conseqüência o desestímulo e o desinteresse do investidor (Raphael La Porta *et alii*, in *Investor Protection and Corporate Governance*)"[12] (destaques nossos).

Menos pela conclusão atingida, mas mais pelo método empregado pelos autores, esses trabalhos foram alvo de inúmeras críticas (como se verá a seguir, não sem uma grande dose de razão). Em linhas gerais, os autores compararam dados atinentes às tutelas legais oferecidas aos minoritários em 49 diferentes países, agrupando-os de acordo com a origem do respectivo ordenamento jurídico, isto é, os de origem francesa, alemã, escandinava e de direito consuetudinário (Estados Unidos, Reino Unido e Comunidade Britânica). Em seguida, os autores estabeleceram critérios para medir o nível de proteção aos minoritários em cada país. Os critérios escolhidos (aos quais denominaram "direitos anti-conselheiros", numa alusão ao conflito de interesse verificado entre administradores e acionistas) eram os seguintes:

a) a possibilidade de o investidor enviar, pelo correio, uma procuração de voto para que alguém exercesse, em seu lugar, tal direito nas assembléias;

b) a ausência de uma exigência legal para que as ações fossem depositadas antes de proferido o voto por meio de procuração;

c) a existência do mecanismo de voto múltiplo;

d) a presença de mecanismos legais coibindo a opressão dos minoritários pelos conselheiros;

e) a existência de um direito de preferência; e

f) a verificação do direito de acionistas detendo 10% ou menos das ações de uma companhia de convocar assembléias.

Aplicando esses critérios a cada um dos países e comparando os resultados obtidos com diversas medidas de desenvolvimento financeiro, os autores concluíram fa-

9. Cf. George Bentson, "Required disclosure and the stock market: an evaluation of the Securities Exchange Act of 1934", 63 *Am. Econ. Rev.* 132, 1973.

10. Bentson examinou, num primeiro trabalho, todas as 508 companhias abertas com ações listadas na Bolsa de Valores de Nova Iorque a partir de junho de 1935 (período imediatamente anterior ao início de tais exigências legais mais rígidas quanto à divulgação de informações), analisando as demonstrações financeiras de cada uma delas de 1926 a 1934. Num segundo trabalho, Bentson analisou 466 companhias abertas com ações listadas na Bolsa de Nova Iorque (cf. Choi, ob. cit., p. 14).

11. Cf. Rafael La Porta, Florêncio Lopez-de-Silanes, Andrei Shleifer e Robert Vishny, "Law and finance", 106 *J. Pol. Econ.*, p. 1.113, 1998.

12. Cf. Jorge Lobo, ob. cit., 2002, p. 3.

voravelmente à tese da causalidade, isto é, que quanto maior o nível de proteção aos minoritários, maior o desenvolvimento financeiro de um determinado país. Além disso, eles concluíram que os países de direito consuetudinário, tais como os Estados Unidos e o Reino Unido, têm um ordenamento jurídico que oferece maiores proteções aos minoritários e, por isso, têm um mercado de capitais mais desenvolvido. Em estudos posteriores, eles concluíram também que existe uma correlação significativa entre proteções legais mais efetivas e:

a) o tamanho do mercado de capitais,

b) a ausência de acionistas controladores majoritários,

c) maiores quantidades de dividendos distribuídos,

d) maior valor das companhias, e

e) menores benefícios privados de controle.[13]

Por conta dessas conclusões, não restariam outras alternativas às autoridades dos países menos desenvolvidos que não alterar os seus respectivos ordenamentos, de forma a fornecer maiores proteções aos minoritários. Se, na prática, verificam-se empiricamente todas essas vantagens nos mercados de capitais dos países mais desenvolvidos justamente porque há mais proteções aos minoritários, por que não adotálas?

Uma análise um pouco mais aprofundada desses trabalhos, no entanto, revela as suas fraquezas. Em primeiro lugar, as pesquisas inverteram a relação de causa e efeito. Pode ser, por exemplo, que um nível mais alto de desenvolvimento financeiro (e o correspondente maior número de investidores) tenha ocasionado leis que protegessem mais os minoritários, e não o contrário. Haveria, assim, em países com mercados mais ativos, uma demanda por maiores tutelas legais, o que melhoraria o ordenamento. Assim, desenvolvimento financeiro levaria a melhores leis, e não vice-versa.

Além disso, o elenco de "direitos anticonselheiros" escolhido pelos autores provavelmente não é uma boa medida de proteção aos minoritários. Isto é particularmente verdadeiro em países como o Brasil, a Itália, a Alemanha, a França, a Espanha, e os países do Leste Europeu, Ásia e América do Sul, em que o conflito de interesse reside muito mais no relacionamento controlador/minoritário, do que no relacionamento investidor/administrador. Por exemplo, não faz parte de tal elenco a proteção aos minoritários na hipótese de alienação do controle ou fechamento de capital, os quais, como se sabe, em países como o Brasil, apresentam oportunidades muito significativas de apropriação indevida do minoritário.

Note-se, também, que a história da evolução dos mercados norte-americano e inglês demonstra que, ainda que não se verifique uma adequada proteção aos minoritários (como era o caso de tais países no fim do século XIX), outros mecanismos extralegais, tais como a preocupação das instituições distribuidoras de ações no mercado com a sua reputação e os regulamentos das bolsas de valores podem, mais do que a lei, levar ao desenvolvimento do mercado de capitais.[14]

Reforçando essas críticas, Coffee (2001) explica o desenvolvimento dos mercados norte-americano e inglês (em contraposição ao subdesenvolvimento dos mercados de capitais alemão e francês), a partir da separação clara que existia naqueles lugares entre o setor privado e o setor público. Nos Estados Unidos e Reino Unido, na ausência de um controle governamental direto, desenvolveram-se sistemas fortes de auto-regulação, administrados por órgãos

13. Cf. Rafael La Porta, Florêncio Lopez-de-Silanes, Andrei Shleifer e Robert Vishny, "Investor protection and corporate governance", 58 *J. Fin. Econ.* 3, 2000.

14. Cf. Coffee, ob. cit., p. 4 e Brian Cheffins, "Does law matter? The separation of ownership and control in the United Kingdom", 30 *Journal of Legal Studies* 459, 2001.

privados (notadamente, bolsas de valores privadas), que regularam a conduta dos agentes no interesse, e para o benefício, de todos os participantes do mercado. Na Alemanha e na França (e certamente nos demais países de tradição latina), por outro lado, a interferência constante do Estado retardou a evolução de seus mercados.[15] A questão do sucesso do mercado de capitais, assim, teria tido muito mais um fundamento político-econômico do que propriamente jurídico. Nessa mesma linha, Tullio Ascarelli mostrou como a evolução do direito codificado francês foi resultado da formação do Estado centralizado, em que o organismo legislativo queria reservar apenas para si toda e qualquer função na evolução do direito, em contrapartida ao sistema inglês, em que a atenção voltou-se para os limites da intervenção governamental, transformando a lei em apenas uma das manifestações do direito, que não podia ser reduzido ao mandado pelo soberano.[16] O direito, para esses fins, decorreria da economia e da política, e não o contrário.

Um corolário das críticas apresentadas por Coffee é o de que, em certas circunstâncias, intervenção estatal pode atrapalhar mais do que ajudar. Olhados por este ângulo, os recentes esforços de auto-regulação da Associação Nacional dos Bancos de Investimento (ANBID), que criou regras aplicáveis à divulgação de informações em prospectos de lançamento de valores mobiliários, podem representar um mecanismo extralegal importante para o desenvolvimento do nosso mercado de capitais. Similarmente, os esforços da Bovespa para criar novos segmentos de listagem com regras mais rígidas de proteção aos investidores também podem contribuir para o desenvolvimento do mercado, desde que, conforme discutido mais adiante neste texto, não haja uma intervenção estatal para tornar a adesão a tais segmentos uma *obrigação* (tal como a que tem sido feita pela CVM e o BNDES).

A despeito dos inúmeros questionamentos e das críticas quanto à comprovação empírica da proposição teórica de que leis que tutelem minoritários causam a evolução do mercado, parece lógico que o direito positivo tenha influência no comportamento oportunista dos agentes.

Isso é particularmente verdadeiro no caso de investimentos em ações, que, diferentemente de operações de empréstimos e financiamentos bancários, não contam com um instrumento formal delineando os direitos específicos dos investidores. Por outras palavras, para esses investimentos, é o sistema de regras postas pelo Estado que estabelece os parâmetros a serem observados pelas partes.[17]

Assim, em suma, ainda que de difícil comprovação empírica, é razoável admitir que haja um certo nível de tutela legal que gere o desenvolvimento do mercado. Logicamente, a missão mais difícil diante do legislador, incluindo-se o brasileiro, é a de encontrar esse ponto de equilíbrio. É do que se trata na próxima seção.

2. A Teoria de Lei e Finanças no Brasil — O caso das ações preferenciais

Um mercado de capitais desenvolvido pressupõe um número significativo de investidores. Ao fazer um determinado investimento, um investidor racional espera ser remunerado adequadamente à luz do risco que irá correr. Se um investimento associado a menos risco, tal como um título emitido pelo governo, proporciona uma taxa de retorno adequada, não faz sentido ao investidor racional adquirir ações. Taxas de juros elevadas impedem o crescimento do mercado de capitais.[18]

15. Cf. Coffee, ob. cit., p. 5.

16. Cf. Tullio Ascarelli, *Problemas das Sociedades Anônimas e Direito Comparado*, Campinas, Bookseller, 1999, p. 102.

17. Cf. Ronald Gilson, "Transparency, corporate governance and capital markets", 2000, p. 3.

18. Além disso, no cálculo do retorno de um investimento, o investidor também leva em conta a

É fato notório que o Brasil tem presentemente uma das maiores taxas de juros do mundo. Assim, uma primeira conclusão, quase óbvia, é a de que, no estágio atual da economia brasileira, ainda que houvesse uma profunda reforma das leis do mercado de capitais que reduzisse significativamente os riscos de apropriação indevida associados com investimentos em ações, seria difícil de se imaginar que elas conseguissem atrair um número significativamente maior de investidores para o nosso mercado de capitais. Realisticamente, o subdesenvolvimento do nosso mercado tem muito mais razões macroeconômicas do que propriamente jurídicas ou mesmo institucionais.[19]

Um segundo ponto de análise, menos evidente, é o seguinte. Num modelo em que a variável alta taxa de juro seja dada, e que

tributação. Logicamente, quanto maior a tributação de um investimento em ações *vis-à-vis* outros investimentos menos arriscados, menor a atratividade daquele tipo de aplicação. No Brasil, a alíquota para ganhos advindos de investimentos em renda variável é igual àquela aplicável a aplicações de renda fixa (Lei 9.959/2000).

19. Uma parte da doutrina estrangeira tem discutido a existência de pré-condições institucionais, que deveriam estar sempre presentes, para que um mercado de capitais pudesse se desenvolver. Black (2001) sugeriu que um mercado desenvolvido necessariamente conta com: (a) um órgão regulador que seja honesto e que tenha funcionários, conhecimento, e orçamento capazes de resolver casos complicados; (b) um sistema judiciário que seja honesto e suficientemente sofisticado para resolver casos complicados e que possa intervir rapidamente quando necessário para coibir práticas abusivas; (c) regras procedimentais que alberguem investigações razoavelmente amplas e contemplam a possibilidade de ações públicas ou outras formas de se combinar as ações de investidores pequenos; (d) regras que exijam a ampla divulgação de demonstrações financeiras, incluindo-se a realização de auditorias nas demonstrações das companhias abertas; (e) regras contábeis e de auditoria que proporcionem informação confiável aos investidores; (f) um órgão contábil com competência, independência e incentivos suficientes para elaborar regras contábeis adequadas e para mantê-las sempre atualizadas; (g) contadores, advogados, profissionais de bancos de investimento e administradores sofisticados com capacidade e experiência para impedir a ocorrência de casos de divulgação de informações falsas ou enganosas; (h) regras que imponham um grau adequado de responsabilidade civil aos contadores, advogados, profissionais de bancos de investimento e administradores, perante os investidores, se eles endossarem ou emitirem informações falsas ou enganosas e regras que imponham responsabilidade criminal aos detentores de informações privilegiadas que enganarem os investidores; (i) uma bolsa de valores com exigências significativas para a listagem de ações, e vontade de fazer valer tais exigências, seja por meio de multas, seja proibindo que as ações das companhias que descumprirem tais exigências sejam negociadas; (j) regras que exijam a transparência do mercado, isto é, que a hora, o preço e a quantidade de negociações sejam divulgadas imediatamente aos investidores e proíbam a manipulação de preços de mercado (e o cumprimento de tais leis); (l) profissionais ativos de imprensa e de análise financeira de companhias que possam descobrir e publicar informações enganosas e criticar os detentores de informação privilegiada, os profissionais de bancos de investimento, os contadores e os advogados; (m) uma cultura favorável à divulgação de informações entre contadores, profissionais de bancos de investimento, advogados e administradores, que tenham em mente que a divulgação de informações enganosas possa trazer-lhes problemas; (n) regras que exijam o licenciamento dos agentes que participarem do mercado; e (o) organizações auto-regulamentadoras, conselheiros independentes, fundos de investimentos, fundos de pensão, um mercado líquido de *venture capital*, agências de *rating* e agências de avaliação de administradores de recursos (cf. Bernard Black, "Strenghtening Brazil's Securities Markets", *RDM* 120/41). O primeiro ponto que chama a atenção é o de que a maior parte dessas pré-condições diz respeito a regras para coibir a atuação oportunista dos participantes do mercado (itens *c*, *d*, *e*, *h*, *j* e *n*). O ordenamento jurídico brasileiro já contém, se não a totalidade, ao menos uma grande parcela dessas regras, tanto no nível legislativo, quanto regulamentar. Adicionalmente à lei societária, à lei do mercado de capitais e ao Código Civil, há um número significativo de instruções e deliberações da CVM e demais autoridades governamentais que, por exemplo, imputam responsabilidade civil aos contadores, advogados, profissionais de bancos de investimento e administradores, perante os investidores, se eles endossarem ou emitirem informações falsas ou enganosas e regras que imponham responsabilidade criminal aos detentores de informações privilegiadas, ou exigem a ampla divulgação de demonstrações financeiras, incluindo-se a realização de auditorias nas demonstrações das companhias abertas. O que falta, isso sim, é a existência de mecanismos de cumprimento dessas regras. Caberia, portanto, como política governamental, concentrar esforços para a existência de tais mecanismos. No entanto, o esforço deveria advir mais dos Poderes Executivo e Judiciário do que

ela não esteja, como de fato provavelmente não está, sujeita a reduções significativas no curto e médio prazos, a partir de qual ponto novas leis societárias e de mercado de capitais mais rígidas com relação à governança corporativa estimulariam o crescimento do mercado de capitais? A questão é importante, porque traz consigo uma noção da linha tênue sobre a qual caminha o nosso legislador. Se, por um lado, ele deixar de tutelar o minoritário, não conseguirá atraí-lo para o mercado. Se, por outro, impuser restrições excessivas ao controlador, criará um incentivo ainda maior (quando somado às altas taxas de juros) para que ele feche o seu negócio, demita os seus funcionários, e procure uma aplicação mais segura e rentável.

O mercado de capitais representa um meio, um instrumento, para propiciar o desenvolvimento econômico e social do país. Naturalmente, não se quer um mercado de capitais desenvolvido simplesmente para tê-lo, mas para que ele possa estimular o crescimento da produção, do emprego e da renda. Ao produzir normas, portanto, o legislador deve evitar o erro de "exagerar na mão", eliminando por completo o incentivo de se investir em atividades produtivas, e diminuindo, por via de conseqüência, ao invés de aumentar, a produção, o emprego e a renda.

A verificação da "qualidade" das novas regras societárias e do mercado de capitais no contexto atual da economia brasileira dependeria de uma análise dos benefícios aos minoritários, de um lado, e dos custos aos controladores, de outro, de cada uma de tais regras, para o fim de se determinar, no fim das contas, os benefícios e custos envolvidos para o mercado de capitais como um todo. Para os fins deste trabalho, iremos nos ater especificamente à discussão relativa à extinção das ações preferenciais, que dá uma boa noção do dilema que cerca o nosso legislador.

A) Extinção das ações preferenciais

No Brasil, é muito difundido o investimento em ações preferenciais. A quase totalidade das companhias com ações negociadas publicamente emitiram ações preferenciais. Na Bovespa, ações preferenciais representam a maior parte do volume de negociações. As ações preferenciais foram introduzidas no ordenamento jurídico brasileiro por meio do Decreto 21.536, de 15.6.1932, que restringiu o limite máximo de ações preferenciais a metade do capital social da companhia. O legislador de 1976 aumentou esse limite para dois terços. O Projeto de Lei 3.519/1997, apresentado no Plenário da Câmara dos Deputados pelo Deputado Luiz Carlos Hauly, que depois de longo período de tramitação no Congresso Nacional e diversas modificações, transformou-se na Lei 10.303, retirava por completo a possibilidade de emissão de ações preferenciais sem direito a voto, para "eliminar a permissão de dupla estrutura de capital social, que permite o controle de companhia por quem detenha apenas 16,67% do capital social".

A Lei 10.303, por fim, limitou a emissão de ações preferenciais à metade do total das ações emitidas para as companhias constituídas a partir da entrada em vigência da lei, as companhias fechadas preexistentes, quando abrirem o seu capital e as companhias abertas preexistentes que vierem a emitir ações preferenciais publicamente pela primeira vez, permitindo que as

Legislativo. Além disso, o surgimento das demais pré-condições institucionais depende da existência de um mercado significativo que venha a gerar a demanda por tais elementos, e não o contrário. A especialização do sistema judiciário e dos órgãos regulador e contábil não poderá surgir sem que exista uma demanda para tanto por um número significativo de investidores especializados e ativos. Além disso, uma cultura favorável à divulgação de informações entre contadores, profissionais de bancos de investimento, advogados e administradores, que tenham em mente os riscos advindos de divulgações errôneas, poderá perfeitamente surgir a partir de mecanismos extralegais, tais como a auto-regulação e os efeitos do mercado de reputações de tais agentes, tal como tem ocorrido com o Novo Mercado, a ANBID e a ANDIMA.

demais permaneçam sob o regime anterior indefinidamente, incluindo-se com relação a novos aumentos de capital.

Acionistas minoritários não determinam os rumos das companhias, delegando o poder decisório (salvo em raros casos, inteiramente) para os controladores. Se o controlador for racional, nem sempre irá agir de forma a maximizar os ganhos dos minoritários. As partes envolvidas incorrem custos para reduzir os efeitos dessa divergência. Esses custos (conhecidos como custos de agenciamento) são definidos como a soma dos custos incorridos pelos minoritários para monitorarem as ações do controlador, dos custos incorridos pelo controlador para garantir a sua credibilidade perante os minoritários, e das perdas decorrentes do fato de o controlador e os minoritários terem interesses diversos.[20] Ações preferenciais potencializam os custos de agenciamento, porque os seus detentores em nada participam da gestão das companhias.

Além disso, situações em que os controladores detenham a maior parte dos direitos políticos de uma companhia, mas apenas uma pequena parcela dos seus direitos patrimoniais, têm o potencial de aumentar os custos de agenciamento, tornando-os maiores do que aqueles associados a situações em que os controladores detenham a maior parte dos direitos políticos e também dos patrimoniais. O aumento nos custos de agenciamento aparece com maior ênfase em três momentos distintos de atuação do controlador: na escolha de projetos para investir, na decisão de distribuir os lucros (*vis-à-vis* retê-los na companhia) e na transferência de controle. Nessas três circunstâncias, a probabilidade de o controlador agir em benefício próprio (em detrimento da companhia, e, por via de conseqüência, dos demais acionistas) aumenta na medida em que ele detenha menos direitos patrimoniais.[21]

Seguindo-se, portanto, nessa linha de raciocínio, a decisão do legislador de permitir que o controlador emita uma parcela significativa de ações preferenciais (que alberguem exclusivamente direitos patrimoniais), retendo para si a maior parte das ações ordinárias (direitos políticos), aumentaria os custos de agenciamento, tornando-se indesejável para o desenvolvimento do mercado.

Há também argumentos de justiça e eqüidade. Os acionistas, ao investirem, devem ter o direito de participar, para que possa ser exercida uma espécie de democracia corporativa, limitando-se a eventual incompetência ou ação apropriatória dos controladores. Norma Parente, diretora da CVM, ao comentar a redução do limite de ações preferenciais para a metade das ações emitidas, afirmou que: "na realidade, o ideal seria que todas as ações passassem a ter o direito de voto. Aliás, o projeto inicial do Deputado Luiz Carlos Hauly objetivava exatamente eliminar as ações preferenciais. Isso seria o mais *justo* e conforme os princípios de boa governança corporativa. Na verdade, *não é razoável* que acionistas minoritários, que muitas vezes detêm a maioria das ações do capital da sociedade, não possam manifestar sua vontade nas assembléias gerais"[22] (destaques nossos).

Emerson Kapaz, um dos deputados responsáveis pela condução do processo legislativo que levou à promulgação da Lei 10.303, argumentou que: "depois de análise detida da questão, inclusive em face da experiência internacional, chegamos à conclusão de que há um verdadeiro e *injustificável* exagero na permissão de ação de tal classe de ações até 2/3 do capital. Acreditamos — e o direito comparado assim aponta — que o percentual de 50% seria mais do que *suficiente* para permitir a capitalização da empresa, sem, contudo, manter a distorção atual em que se pode exercer o controle de uma empresa com a proprieda-

20. Cf. Jensen e Meckling, "Theory of the firm: managerial behavior, agency costs and ownership structure", 3 *J. Financial Economics 305*, 1976.

21. Cf. Lucian Bebchuk, Reinier Kraakman e George Triantis, "Stock pyramids, cross-ownership and dual class equity: the creation and agency costs of separating control from cash flow rights", 1998.

22. Cf. Jorge Lobo, ob. cit., p. 25.

de de pouco mais de 15% do capital"[23] (destaques nossos).

Abram Szajman, presidente da Federação e do Centro de Comércio do Estado de São Paulo e vice-presidente da Confederação Nacional do Comércio, expôs que: "mesmo quando essa proporção aumentar para 50%, como prevê a lei para as empresas que vierem a ser constituídas após a sua promulgação, o acionista minoritário continuará *discriminado*, pois *faltou coragem aos legisladores* para instituir como único título de participação societária a ação ordinária nominativa, garantia de voto a todos os acionistas"[24] (destaques nossos).

Nessa mesma linha, mas do ponto de vista quantitativo, Nenova (2000) apresentou resultados segundo os quais em doze operações de mudança de controle ocorridas no Brasil entre janeiro de 1995 e junho de 2000, enquanto as ações ordinárias perceberam uma parcela dos ganhos decorrentes de tais operações, as ações preferenciais não obtiveram nenhum ganho. Além disso, nesse mesmo período, em operações de fechamento de capital, as ações preferenciais perderam mais valor do que ações ordinárias.[25]

Seja por conta dos incentivos à apropriação indevida de benefícios privados de controle, seja por justiça e eqüidade, os argumentos contrários às ações preferenciais convergem, numa instância, para o mesmo ponto, qual seja, o de *ineficiência*. Numa companhia sem ações preferenciais, isto é, em que todas as ações tenham direitos políticos, pode ser possível aos investidores adquirir o seu controle no mercado, quando as ações apropriatórias ou a incompetência dos controladores levem a uma redução significativa do preço das ações.

Haveria, assim, uma importante limitação aos incentivos negativos dos controladores, trazida pelo próprio mercado (o mercado de controle das companhias abertas, *market for corporate control*).[26] Desde que não pudessem emitir ações sem direito a voto, os controladores deveriam tornar-se mais preocupados com o preço das ações, porque, a qualquer momento, poderiam vir a perder o controle, no mercado, caso ele se tornasse muito baixo. A administração dos negócios das companhias e também do relacionamento com os minoritários seria, assim, mais eficiente.

Há, na realidade do nosso mercado de capitais, muito espaço para apropriação indevida dos controladores. Regras mais participativas, mais democráticas, e que trazem incentivos distributivos, são difíceis de ser rejeitadas. Particularmente quando levada em conta a tendência mundial de se fortalecerem os direitos dos minoritários, e de se estimular as boas práticas dos controladores em relação aos demais acionistas, dar crédito a instrumentos como as ações sem direito a voto, que expulsam os acionistas do processo decisório das companhias, tornando-os meros objetos das atitudes (nem sempre criadoras de valor) dos controladores, é uma decisão controvertida.

Mas, é tênue a linha em que caminha o governo. É tênue, porque, assim como em virtualmente todas as demais decisões de política governamental dos países de terceiro mundo, não necessariamente se busca a melhor solução, mas, sim, a "menos ruim". Ou seja, nem sempre se pode simplesmente "transplantar" soluções que em outros países, têm resultados positivos expressivos, e esperar que, aqui, os efeitos sejam iguais. É preciso uma dose adicional de "realismo", e de contato com o nosso contexto econômico, político e social.

São altas as taxas de juros domésticas. A taxa de câmbio entre reais e dólares,

23. Cf. Jorge Lobo, ob. cit., p. 66.
24. Artigo "Um golpe no acionista minoritário", jornal *Folha de S. Paulo*, 4.7.2001, p. A-3.
25. Cf. Tatiana Nenova, "Control values and changes in corporate law in Brazil", 2000, p. 5.
26. Cf. Henry Manne, "Mergers and the market for corporate control", 73 *J. Pol. Econ.* 110, 1965; e Ronald Gilson, "A structural approach to corporations: the case against defensive tactics in tender offers", 33 *Stan. L. Rev.*, 819, 933, 1981.

volátil e alta, e o alto risco de crédito do país, dificultam, quando não inviabilizam, captações no exterior. A tributação sobre a produção é uma das maiores do mundo, e os encargos trabalhistas e previdenciários são significativos. Quando somados a um cenário recessivo, com baixa demanda agregada, não é difícil de se perceber que os resultados a serem reinvestidos não podem ser muito expressivos. Há, assim, em suma, poucas alternativas disponíveis para uma companhia brasileira para fundear o seu crescimento. Sobram as ações.

Ações preferenciais não afetam a estabilidade do controle. Há, pela falta de participação dos preferencialistas, em tese, mais espaço para apropriação indevida. Contudo, no caso presente do Brasil, pela falta de outras opções viáveis, é razoável pressupor que o controlador queira preservar a sua habilidade de voltar ao mercado no futuro, para emitir mais ações preferenciais. Há, assim, um incentivo real, no mercado de reputações, para que não haja benefícios privados e ações oportunistas significativas.[27]

Sem as ações preferenciais, restariam apenas as ordinárias, e a conseqüente possibilidade de se perder o controle no mercado. Como se viu anteriormente, caso o preço das ações estivesse muito baixo, denotando-se a incompetência ou apropriação por parte do controlador, seria possível ao minoritário substituí-lo. Mas, de novo, olhando-se a nossa realidade atual, até que ponto o preço das ações no Brasil reflete com precisão a incompetência ou ganância do controlador?

O nosso mercado de capitais é um dos mais voláteis do mundo, havendo uma alta correlação entre a percepção dos investidores quanto ao desempenho macroeconômico do país e o resultados das ações (salvo raras exceções). Assim, mesmo que muito competente ou responsável, o controlador pode ser punido olhando-se exclusivamente para esta métrica. Além disso, e mais importante, dadas a diferença entre a taxa de juros domésticas e as internacionais, e a taxa de câmbio depreciada, é natural que seja muito mais barato para um investidor internacional, do que para um investidor brasileiro, captar recursos junto a terceiros para adquirir o controle das companhias brasileiras.

Não por um argumento nacionalista, mas por uma constatação fática, deixar que investidores estrangeiros adquiram atualmente o controle das companhias brasileiras no mercado faz pouco sentido do ponto de vista de estímulo ao nosso mercado de capitais. Uma parcela significativa dos investidores estrangeiros é formada por companhias abertas, no exterior. A elas, do ponto de vista econômico, não faz sentido manter as suas subsidiárias abertas, no Brasil. Além disso, depois de adquirir o controle, os investidores estrangeiros, mesmo que fechados no exterior, terão poucos incentivos para manter as subsidiárias abertas no Brasil, dada a diferença de tributação e de liquidez entre as bolsas daqui e as internacionais.[28] Vale notar, também, que na hipótese de aquisição de controle no mercado, diferentemente da aquisição por meio de uma negociação privada com o controlador, não haverá razões de mérito que justifiquem se exigir que o prêmio de controle seja compartilhado com os acionistas minoritários.

E, nesse sentido, é de se criticar a pressão que tem sido exercida pelo BNDES para forçar a migração das empresas brasileiras ao Novo Mercado, em que se veda a emissão de ações sem direito a voto, e da CVM para que as companhias concedam o direito de voto aos preferencialistas em matérias importantes.

27. Cf. o excelente trabalho, nesse sentido, de Armando Gomez, *Going Public with Assimetric Information, Agency Costs and Dynamic Trading*, Wharton School Finance Department, 1997.

28. Cf. John Coffee, *Competition Among Securities Markets*, Columbia University Law School (2002).

A existência de um segmento que permita a uma companhia, de acordo com a convicção do seu controlador, abrir mão do direito a emitir ações sem direito a voto é louvável.[29] A existência de regras mais rígidas de boas práticas de governança corporativa, particularmente aquelas relacionadas com o fortalecimento dos conselhos de administração e fiscal, seja com mais representantes dos minoritários, seja com mais conselheiros independentes, e com a divulgação de mais informações, que têm sido incentivadas, dentre outros, por institutos privados de governança corporativa, também aumentam a transparência e democracia do mercado. Por isso, é razoável crer que os investidores computem esses direitos na precificação das ações, dando um prêmio ao controlador. Contudo, no contexto atual, pressionar para que companhias que não estejam necessariamente prontas para tanto adiram, de maneira obrigatória, ao Novo Mercado ou dêem direito de voto aos preferencialistas em matérias vitais, parece distante da realidade do nosso mercado, e, principalmente, do que o próprio governo, por outros órgãos, tem feito em termos de política macroeconômica e fiscal.

29. Cf. Jorge Lobo, ob. cit., p. 68. Assim como aponta Luiz Leonardo Cantidiano, a decisão de converter ou não as ações preferenciais passa também, do ponto de vista do controlador, por determinar o custo que ele teria para manter o controle após a conversão.

ELEIÇÃO DE MEMBROS DO CONSELHO DE ADMINISTRAÇÃO PELOS ACIONISTAS MINORITÁRIOS (EXEGESE DO INCISO I DO § 4º DO ART. 141 DA LEI 6.404/1976)

Pedro Oliva Marcilio de Sousa

1. Introdução. 2. Objetivos e algumas críticas à Lei 10.303/2001. 3. O novo art. 141 da Lei 6.404/1976. 4. O conselho de administração. 5. O voto múltiplo. 6. A prerrogativa prevista no inc. I do § 4º do art. 141 da Lei 6.404/1976. 7. Diferenciação legal entre o membro do conselho de administração eleito com base na prerrogativa e os demais membros do conselho de administração. 8. Voto plural. 9. O fundamento da decisão da Comissão de Valores Mobiliários. 10. Da participação dos titulares de ações com direito a voto, que tenham eleito membro do conselho de administração com base na prerrogativa prevista no inc. I do § 4º do art. 141 da Lei 6.404/1976, no processo de voto múltiplo.

1. Introdução

A Lei 10.303/2001 trouxe nova disciplina para a eleição de membros do conselho de administração em companhias abertas. Foram modificadas algumas normas relativas ao processo de voto múltiplo e foi criada a prerrogativa de acionistas não controladores titulares de ações com direito a voto e dos titulares de ações preferenciais sem direito a voto ou com direito a voto restrito[1] elegerem membros do conselho de administração em votação em separado.

De acordo com a nova redação estabelecida para o § 4º do art. 141 da Lei 6.404/1976, os acionistas minoritários[2] de companhias abertas passaram a ter direito de eleger um membro do conselho de administração, desde que suas ações representem 15% do total de ações com direito a voto. Igual direito foi conferido aos titulares de ações preferenciais, desde que suas ações representem 10% do capital social.

Está também previsto na nova redação do art. 141 que, caso os acionistas não controladores não consigam eleger seus respectivos representantes, é a eles autorizado cumular os votos para indicar um representante conjunto, desde que esses acio-

1. Neste texto, "ações preferenciais" são apenas as ações preferenciais sem direito de voto ou com direito de voto restrito, não incluindo, portanto, as ações preferenciais com direito de voto.

2. Neste texto, "acionistas minoritários" são apenas os acionistas não controladores titulares de ações com direito a voto. Os acionistas minoritários e os não controladores titulares de ações preferenciais são designados conjuntamente por "acionistas não controladores".

nistas representem, ao combinar suas ações, 10% do capital social[3] da companhia aberta.

Além dessa prerrogativa, os acionistas minoritários de companhias abertas continuaram a ter o direito de utilizar o processo de voto múltiplo para eleição de membros do conselho de administração.

Neste texto, são analisadas as novas regras de eleição de membros do conselho de administração pelos acionistas minoritários. O objetivo principal será a análise da possibilidade de participação, na votação pelo processo de voto múltiplo, dos acionistas minoritários que fizeram uso da prerrogativa prevista no inc. I do § 4º do art. 141 da Lei 6.404/1976.

Essa questão já foi decidida pelo Colegiado da Comissão de Valores Mobiliários, de forma unânime, em reunião realizada em 16.4.2002 (a "Decisão da CVM"), quando foi apreciada consulta formulada pela Ultrapar Participações S/A.

Na Decisão da CVM, o Colegiado reconheceu que o acionista minoritário que fizer uso da prerrogativa prevista no inc. I do § 4º do art. 141 da Lei 6.404/1976, não poderá votar na eleição por voto múltiplo com as mesmas ações utilizadas para a eleição em separado realizada com base naquele dispositivo legal.

Neste trabalho, como se verá, é apresentada conclusão diversa.

2. *Objetivos e algumas críticas introdutórias à Lei 10.303/2001*

Segundo o Deputado Antonio Kandir, a reforma da legislação societária, que se tentou fazer com Lei 10.303/2001, "teve por escopo introduzir na Lei das S/A um conjunto de disposições que se traduzem em maior proteção aos acionistas minoritários, sob a inspiração das modernas concepções de governança corporativa, em especial no que se refere ao aumento de proteção de interesses patrimoniais desses acionistas, bem como incremento da transparência e do dever de prestação de contas da administração das companhias".[4]

Entendia-se que o aumento da proteção aos acionistas não controladores permitiria aumentar a liquidez do mercado acionário e, conseqüentemente, facilitar o acesso de companhias aos recursos captados nesse mercado.[5]

Diversos trabalhos doutrinários produzidos, nos Estados Unidos da América, por estudiosos de finanças[6] e, também, por juristas,[7] têm afirmado que a proteção legal dos acionistas não controladores é condição essencial para o desenvolvimento do mercado acionário.

A despeito da dificuldade de essa tese ser comprovada empiricamente, há quase um consenso doutrinário sobre a importân-

3. Em termos concretos, a efetividade das regras que permitem aos acionistas titulares de ações preferenciais indicarem membros do conselho de administração, de forma isolada ou em conjunto com os acionistas minoritários, foi postergada para a assembléia geral ordinária de 2006, em razão do § 4º do art. 8º da Lei 10.303/2001, que tem a seguinte redação: "Até a assembléia geral ordinária que se reunir para aprovar as demonstrações financeiras do exercício de 2004, inclusive, o conselheiro eleito na forma do § 4º, II [representante dos titulares de ações preferenciais], ou do § 5º do art. 141 [eleição conjunta de um representante dos acionistas minoritários titulares de ações com direito a voto e titulares de ações preferenciais] da Lei 6.404, de 15 de dezembro de 1976, será escolhido em lista tríplice, elaborada pelo acionista controlador; e, a partir da assembléia geral ordinária de 2006, o referido conselheiro será eleito nos termos desta Lei, independentemente do mandato do conselheiro a ser substituído".

4. "A nova CVM e a modernização da Lei das S/A", in *A Reforma da Lei das Sociedades Anônimas*, 1ª ed., Rio de Janeiro, Forense, 2002, p. 7.

5. Emerson Kapaz, "Lei das S/A: uma contribuição decisiva", in *A Reforma da Lei das Sociedades Anônimas*, 1ª ed., Rio de Janeiro, Forense, 2002, p. 1.

6. Dentre esses, deve-se citar o trabalho seminal de Rafael la Porta, Florêncio Lopez-de-Silanes, Andrei Shleifer, Robert Vishny, *Investor Protection and Corporate Governance*, http://papers.ssrn.com/sol3/papers.cfm?abstract_id=183908, 1999.

7. Cite-se, principalmente, os trabalhos de Bernard Black e John Coffee Jr. que estão disponíveis no site www.ssrn.com.

cia da lei (variando apenas o grau de importância a ela conferida) para o desenvolvimento do mercado de valores mobiliários.[8] Não há muitas dúvidas, também, de que embora a lei seja condição necessária para tanto, não é um condição suficiente.[9]

Soa, portanto, um tanto inocente a observação do Deputado Emerson Kapaz de que o aumento da proteção aos acionistas não controladores, na forma original do projeto de lei que veio a resultar na Lei 10.303/2001, "deveria trazer mais liquidez ao mercado, o que por sua vez estimularia as empresas a lançarem ações, o que de sua parte atrairia mais investidores e assim por diante".[10]

No que se refere à Lei 10.303/2001 em particular, é imperioso reconhecer que o objetivo de aumento da proteção dos acionistas não controladores não foi, necessariamente, logrado. Tal insucesso não decorre apenas do fato de que ao lado de novos institutos protetivos outros, em sentido contrário, foram criados,[11] mas, principalmente, em razão de a redação imposta pela Lei 10.303/2001 à Lei 6.404/1976 ser assistemática, lacunosa e contraditória, gerando insegurança jurídica desnecessária e indesejada.[12]

A insegurança jurídica, deve-se sempre frisar, é indesejosa não apenas aos que são diretamente atingidos pela norma, mas para toda a coletividade.

Como se verá a seguir, a dificuldade interpretativa (e conseqüente insegurança jurídica) de determinados dispositivos estabelecidos pela Lei 10.303/2001 se faz presente de maneira ostensiva no art. 141 da Lei 6.404/1976, que trata do voto múltiplo e da prerrogativa de eleição de membros do conselho de administração pelos acionistas não controladores.

3. *O novo art. 141 da Lei 6.404/1976*

Em relação à redação anterior do art. 141, a Lei 10.303/2001 deu nova redação ao § 4º[13] e foram inseridos os §§ 5º a 8º.

8. Dentre outros: Bernard Black, *Legal and Institutional Preconditions for a Strong Securities Market*, http://papers.ssrn.com/sol3/paper.cfm?abstract_id=182169, 2001; Stephen Choi, *Law, Finance and Path Dependence: Developing Strong Securities Markets*, http://papers.ssrn.com/sol3/paper.cfm?abstract_id=299386, 2002.

9. Ver, por exemplo, Stephen Choi, ob. cit.

10. Kapaz, ob. cit., p. 1.

11. Não há melhor exemplo das desvantagens criadas pela Lei 10.303/2001 do que a permissão para realização de aumento de capital em sociedades já existentes mediante a emissão de ações ordinárias sem concessão de direito de preferência para os detentores de ações preferenciais, desde que haja o intuito de adequar a relação entre ações ordinárias e preferenciais à razão de 1:1 (art. 8º, § 2º da Lei 10.303/2001).

12. Exemplos de regras com essas características podem ser buscados no próprio art. 8º, mencionado na nota de rodapé anterior. Por exemplo: qual seria o significado do inc. III do § 1º do paradigmático art. 8º (as companhias existentes poderão manter proporção de até 2/3 de ações preferências, em relação ao total de ações emitidas, inclusive em relação às novas emissões)? Poderia a nova proporção deixar de ser aplicada a toda e qualquer companhia existente ou apenas as que já contassem com essa proporção ou, ao menos, tivessem autorização estatutária para alcançá-la? O que significa o § 3º ("As companhias abertas somente poderão emitir novas ações preferenciais com observância do disposto no art. 17, § 1º, da Lei 6.404, de 1976, com a redação dada por esta Lei, devendo os respectivos estatutos ser adaptados ao referido dispositivo legal no prazo de 1 (um) ano, após a data de entrada em vigor desta Lei")? Neste dispositivo, queria o legislador que a adaptação abrangesse todas as ações preferenciais ou apenas as novas? Se esta última for a opção correta, é possível emitir ações sem que os direitos instituídos pela Lei 10.303/2001 ainda não estejam incorporados ao estatuto social, uma vez que é dado um ano para adaptá-lo?

13. O § 4º anterior garantia aos acionistas titulares de, ao menos, 20% das ações com direito a voto, o direito de eleger ao menos um representante no conselho de administração da companhia, desde que o processo de voto múltiplo tivesse sido solicitado. *Verbis*: "Se o número de membros do Conselho de Administração for inferior a 5 (cinco), é facultado aos acionistas que representem 20% (vinte por cento), no mínimo, do capital com direito a voto, a eleição de um dos membros do Conselho, observado o disposto no § 1º" (observação: caso o número fosse igual ou superior a cinco, o processo de voto múltiplo seria suficiente para a eleição de pelo menos um membro do conselho de administração pelo acionista que detivesse ao menos 20% das ações com direito a voto).

De forma resumida, pode-se dizer que a nova redação do art. 141 da Lei 6.404/1976 acarretou as seguintes modificações em relação ao regime até então vigente:[14]

(i) o *quorum* mínimo em que se garantia a eleição de um membro do conselho de administração pelos acionistas minoritários, que antes era de 20% do capital votante, foi reduzido para 15% desse capital;

(ii) atribuiu-se o direito de eleição de um membro do conselho de administração aos titulares de ações preferenciais sem a vantagem a que se refere o art. 18 da Lei 6.404/1976, desde que eles representem, pelo menos, 10% do capital social (ver nota de rodapé 2);

(iii) permitiu-se a cumulação das ações com direito a voto e preferenciais para apuração do *quorum* de 10% do capital total, caso nem as ações preferenciais nem as ações com direito a voto tenham eleito um conselheiro na forma dos itens (i) e (ii) acima (ver nota de rodapé 2);

(iv) determinou-se que o exercício dos direitos descritos nos itens anteriores seja feito em votação em separado, da qual não participa o acionista controlador;

(v) o exercício dos direitos de eleger um membro do conselho de administração mediante votação em separado, pelos acionistas com direito a voto e pelos titulares de ações preferenciais, é restrito aos acio-

14. A redação do art. 141, da Lei 6.404/1976, após as modificações introduzidas pela Lei 10.303/2001, é a seguinte:

"Voto Múltiplo

"Art. 141. Na eleição dos conselheiros é facultado aos acionistas que representem, no mínimo, 0,1 (um décimo) do capital social com direito a voto, esteja ou não previsto no estatuto, requerer a adoção do processo de voto múltiplo, atribuindo-se a cada ação tantos votos quantos sejam os membros do conselho, e reconhecido ao acionista o direito de cumular os votos num só candidato ou distribuí-los entre vários.

"§ 1º. A faculdade prevista neste artigo deverá ser exercida pelos acionistas até 48 (quarenta e oito) horas antes da assembléia geral, cabendo à mesa que dirigir os trabalhos da assembléia informar previamente aos acionistas, à vista do 'Livro de Presença', o número de votos necessários para a eleição de cada membro do conselho.

"§ 2º. Os cargos que, em virtude de empate, não forem preenchidos, serão objeto de nova votação, pelo mesmo processo, observado o disposto no § 1º, *in fine*.

"§ 3º. Sempre que a eleição tiver sido realizada por esse processo, a destituição de qualquer membro do conselho de administração pela assembléia geral importará destituição dos demais membros, procedendo-se a nova eleição; nos demais casos de vaga, não havendo suplente, a primeira assembléia geral procederá à nova eleição de todo o conselho.

"§ 4º. Terão direito de eleger e destituir um membro e seu suplente do conselho de administração, em votação em separado na assembléia geral, excluído o acionista controlador, a maioria dos titulares, respectivamente:

"I — de ações de emissão de companhia aberta com direito a voto, que representem, pelo menos, 15% (quinze por cento) do total das ações com direito a voto; e

"II — de ações preferenciais sem direito a voto ou com voto restrito de emissão de companhia aberta, que representem, no mínimo, 10% (dez por cento) do capital social, que não houverem exercido o direito previsto no estatuto, em conformidade com o art. 18.

"§ 5º. Verificando-se que nem os titulares de ações com direito a voto e nem os titulares de ações preferenciais sem direito a voto ou com voto restrito perfizeram, respectivamente, o *quorum* exigido nos incs. I e II do § 4º, ser-lhes-á facultado agregar suas ações para elegerem em conjunto um membro e seu suplente para o conselho de administração, observando-se, nessa hipótese, o *quorum* exigido pelo inc. II do § 4º.

"§ 6º. Somente poderão exercer o direito previsto no § 4º os acionistas que comprovarem a titularidade ininterrupta da participação acionária ali exigida durante o período de 3 (três) meses, no mínimo, imediatamente anterior à realização da assembléia geral.

"§ 7º. Sempre que, cumulativamente, a eleição do conselho de administração se der pelo sistema do voto múltiplo e os titulares de ações ordinárias ou preferenciais exercerem a prerrogativa de eleger conselheiro, será assegurado a acionista ou grupo de acionistas vinculados por acordo de votos que detenham mais do que 50% (cinqüenta por cento) das ações com direito de voto o direito de eleger conselheiros em número igual ao dos eleitos pelos demais acionistas, mais um, independentemente do número de conselheiros que, segundo o estatuto, componha o órgão.

"§ 8º. A companhia deverá manter registro com a identificação dos acionistas que exercerem a prerrogativa a que se refere o § 4º.

"§ 9º. (*vetado*)."

nistas que detenham as ações ao menos durante os três meses anteriores à assembléia na qual essa prerrogativa venha a ser exercida; e

(vii) o acionista controlador, ou grupo de acionista vinculado por acordo de voto, que detenha 50% ou mais das ações com direito a voto, tem o direito de eleger a maioria do conselho, independentemente da quantidade de cargos prevista no estatuto social, sempre que ocorrer eleição do conselho de administração (a) por voto múltiplo e, também, (b) mediante votação em separado (conforme descrito nos itens (i), (ii) e (iii), acima).

4. O conselho de administração

O conselho de administração é um dos órgãos de administração das sociedades anônimas,[15] sendo competente para orientação geral dos negócios sociais, além de outras matérias específicas previstas no art. 142, da Lei 6.404/1976, ou no estatuto social da companhia.

O conselho de administração é um órgão de deliberação colegiada,[16] que funciona por maioria de votos,[17] sendo atribuído a cada membro do conselho de administração um voto.

Tradicionalmente, todos os conselheiros têm os mesmos poderes e funções, exceto pelo presidente do conselho, que sempre foi dotado de alguns outros poderes de natureza procedimental (tais como convocação e condução das reuniões do conselho) estabelecidos pelo estatuto social.

Em sua forma ordinária, a eleição do conselho de administração se dá por chapa para preenchimento de todos os cargos em disputa.

A eleição do presidente do conselho de administração se dá na forma determinada no estatuto social,[18] devendo ser escolhido um dentre os membros eleitos para o conselho de administração.

Além do procedimento ordinário de eleição, a Lei 6.404/1976 previu a eleição pelo processo de voto múltiplo (explicado no item 5, abaixo).

A estrutura tradicional do conselho de administração sofreu profundas alterações com a entrada em vigor da Lei 10.303/2001, a exemplo das seguintes:

(i) *processo de escolha*: foi estabelecida a prerrogativa para eleição de um membro do conselho de administração tanto pelos acionistas minoritários, quanto pelos acionistas não controladores titulares de ações preferenciais (art. 141, § 4º);

(ii) *especificidade de funções de diferentes conselheiros*: apesar de tradicionalmente todos os conselheiros terem substancialmente as mesmas funções, a Lei 10.303/2001 estabeleceu novo regime, criando cargos dentro do conselho de administração com competências específicas. Agora, os membros eleitos pelos acionistas minoritários e pelos acionistas preferenciais, na forma do art. 141, § 4º, possuem a competência específica para vetar a contratação e a destituição de auditores independentes. Ao presidente do conselho de administração, que antes se diferenciava dos demais apenas por certos poderes procedimentais, foi conferida competência específica para a administração de acordos de acionistas (art. 118, § 8º). Não se pode mais afirmar, portanto, a igualdade entre as funções e responsabilidades dos membros do conselho de administração. Têm-se agora, claramente, três tipos distintos de membros: o presidente, os membros eleitos com base na prerrogativa do art. 141, § 4º, e os demais;

15. O conselho de administração só é obrigatório em sociedades de capital aberto e nas com capital autorizado ou de economia mista. Nessas duas últimas, mesmo que sejam de capital fechado (arts. 138, *caput*, § 2º e 239). A instalação de conselho de administração nas sociedades de capital fechado que não tenham essas características é facultativa.

16. Art. 138, § 1º.

17. Art. 140, IV.

18. Art. 140, I.

(iii) *representação dos empregados*: o estatuto pode reservar um ou mais cargos do conselho de administração para a representação dos empregados (art. 140, parágrafo único).

As outras modificações perpetradas pela Lei 10.303/2001 (novas redações dos incs. I e IV do art. 140) foram realizadas com o intuito de esclarecer situações em que não havia consenso doutrinário com relação à interpretação da redação original estabelecida pela Lei 6.404/1976.

5. *O voto múltiplo*

O processo de voto múltiplo foi introduzido em nosso ordenamento jurídico pela Lei 6.404/1976, com o objetivo de facilitar a eleição de representantes dos acionistas minoritários no órgão colegiado da administração da companhia.[19]

Essa facilitação se dá mediante (i) eleição individualizada e simultânea de todos os membros do conselho de administração e não por chapa, (ii) a atribuição de maior número de votos por ação para todos os acionistas votantes e (iii) possibilidade de cumular os votos em um ou mais candidatos.[20]

19. É isso que se depreende da leitura da Mensagem 204 — exposição de motivos do projeto de lei que deu origem à Lei 6.404/1976: "O art. 141 assegura — através do processo de voto múltiplo — a representação das minorias no órgão deliberativo da administração. Essa solução não pode ser adotada na eleição dos Diretores cuja escolha por diferentes grupos de acionistas colocaria em risco a imprescindível unidade administrativa: deliberar pode ser função exercida por órgão colegiado, pelo voto da maioria, mas a execução exige unidade de comando".

20. Como ensina José Edwaldo Tavares Borba: "O voto múltiplo é uma espécie de voto repartido, uma vez que cada ação, por esse processo, passa a dispor de tantos votos quantos sejam os cargos a preencher, correspondendo, porém, cada voto a um só cargo e não a uma chapa (todos os cargos), como no processo normal. Faculta-se, então, ao acionista a prerrogativa de concentrar todos os votos em um só candidato ou de dispersá-los entre vários", in *Direito Societário*, 5ª ed., Rio de Janeiro, Renovar, 1999, p. 363.

Sem o processo de voto múltiplo, a totalidade do conselho de administração seria eleita pelo acionista controlador.

Duas características do processo de voto múltiplo são essenciais para as conclusões a serem tiradas neste texto. São elas:

(i) o procedimento de voto múltiplo depende de requisição prévia de acionistas interessados que sejam titulares de um percentual mínimo de participação no capital votante da companhia (art. 141, *caput*, e § 1º);[21] e

(ii) a destituição de um membro do conselho de administração, eleito por meio de voto múltiplo, pela assembléia de acionistas, implica a destituição dos demais e a vacância por qualquer outro motivo de um cargo de membro do conselho, obriga a eleição de novo conselho de administração inteiro (art. 141, § 3º).

6. *A prerrogativa prevista no inc. I do § 4º do art. 141 da Lei 6.404/1976*

O inc. I do § 4º do art. 141 da Lei 6.404/1976 confere à maioria dos acionistas minoritários a prerrogativa de eleger e destituir um membro do conselho de administração, desde que os acionistas que o elejam ou destituam sejam titulares de ações com direito a voto representativas de 15% do capital votante.

A leitura atenta desse § 4º e de seu inc. I permite que sejam identificadas cinco características básicas da eleição com base na prerrogativa, que a diferencia da eleição pelo processo de voto múltiplo:

(i) apenas um representante pode ser eleito com base na prerrogativa, independentemente de quantos sejam os acionistas agrupados ou quantos grupos de acionistas

21. O percentual previsto em lei é de 10%, mas, conforme faculta o art. 291 da Lei 6.404/1976, a Comissão de Valores Mobiliários pode reduzir esse percentual para as companhias abertas. A Comissão de Valores Mobiliários exerce essa faculdade, atualmente, por meio da Instrução CVM 282.

minoritários possuam mais de 15% das ações com direito a voto;

(ii) a deliberação ocorre em votação em separado pelos acionistas minoritários (ou seja, exclui-se a participação do acionista controlador desse colegiado);

(iii) o *quorum* para a aprovação do nome proposto é 15% do capital votante total da companhia (não há *quorum* mínimo no processo de voto múltiplo); e

(iv) ao contrário do processo de voto múltiplo, a eleição com base na prerrogativa independe de solicitação prévia, nos termos do § 1º do art. 141 da Lei 6.404/1976.

Uma outra característica da regulação do exercício dessa prerrogativa a diferencia do processo de voto múltiplo: somente poderão exercer a prerrogativa, os acionistas que comprovarem a titularidade ininterrupta da participação acionária ali exigida durante, ao menos, os 3 (três) meses imediatamente anteriores à realização da assembléia de acionistas (art. 141, § 6º). Essa exigência não é feita para a participação na eleição pelo processo de voto múltiplo.

Essas diferenças foram reconhecidas, de forma explícita ou implícita, na Decisão da CVM, conforme se depreende dos trechos abaixo transcritos:

"39. *Esclareço, ainda, que os conselheiros que tiverem sido eleitos pela votação em separado estarão fora do regime da destituição vigente quando a eleição é feita pelo regime de voto múltiplo, hipótese em que a destituição de um conselheiro representa a queda do conselho inteiro e, bem assim, a vacância de um membro do conselho (art. 141, § 3º).* Como diz o novo § 4º, a sua destituição somente poderá ocorrer por votação igualmente em separado, criando um liame — muitas vezes criticado pelos minoritários quando se trata do acionista controlador — entre os acionistas minoritários e o conselheiro por eles eleito, pois que o poder de vida e morte de seu mandato dependerá da assembléia destes acionistas" (destaques inexistentes no original).

"23. Principie-se pelo fato de que, numa seção relativa a voto múltiplo, insere-se dispositivo que trata de votação em separado. Não é ocioso aqui recordar que voto múltiplo, conforme já se disse, não se confunde com votação em separado. *No voto múltiplo, para se utilizar a expressão política, o colégio eleitoral é o mesmo, onde votam todos os acionistas com direito a voto, sem qualquer distinção. Na votação em separado, há colégio eleitoral específico, onde apenas determinados acionistas são admitidos.* A rigor, na adoção do voto múltiplo não há motivos para distinção no que toca ao titular das ações, pois o sistema é feito para que as ações, independentemente de quem as possua, votem, de tal forma que a maioria, se existente, não possa eleger todos os conselheiros, como ocorreria na votação por 'chapa' ou 'lista'" (destaques inexistentes no original).

"24. A votação de que trata o novo § 4º não se dá pelo voto múltiplo; há apenas uma assembléia onde o controlador não vota, mas somente os acionistas minoritários, *sendo a votação simples, exigido um 'quorum' mínimo de aprovação, isto é, 15% do capital respectivo para as ações que têm direito de voto* e 10% do capital total para as ações preferenciais sem direito de voto" (destaques inexistentes no original).

"26. *Deixa de se exigir, ao menos expressamente, a notificação prévia à companhia nos termos do § 1º do art. 141, o que significa dizer que a realização da votação em separado deverá ocorrer bastando que à assembléia compareçam acionistas que preencham os requisitos de quorum e titularidade temporal específicos*" (destaques inexistentes no original).

"25. *Ainda na assembléia dos minoritários, por assim dizer, traz-se um requisito que não existe no voto múltiplo, que é o da titularidade das ações pelo período mínimo e ininterrupto de 3 meses que anteceder à assembléia*" (destaques inexistentes no original).

Deve-se notar, ainda, que uma eleição pode ocorrer sem que a outra se realize,[22] comprovando, portanto, a independência de ambas.

Frise-se, ainda, que a eleição de um membro do conselho de administração com base na prerrogativa é uma eleição majoritária, entre todos os acionistas minoritários, para a eleição de *um e apenas um* membro específico do conselho de administração.[23] Isso não acontece na eleição pelo processo de voto múltiplo, em que mais de um grupo de acionistas minoritários podem eleger candidatos.

7. *Diferenciação legal entre o membro do conselho de administração eleito com base na prerrogativa e os demais membros do conselho de administração*

Além das peculiaridades relativas ao processo de eleição com base na prerrogativa prevista no inc. I do § 4º do art. 141 da Lei 6.404/1976, mencionadas no item anterior, é de extrema importância ressaltar que o representante eleito com base nessa prerrogativa tem competência diferente da competência dos membros do conselho de administração, inclusive dos eleitos pelo processo de voto múltiplo.

Apenas o membro do conselho de administração eleito com base na prerrogativa[24] tem poderes para vetar o auditor independente escolhido pelo conselho de administração, conforme estabelece o § 2º do art. 142 da Lei 6.404/1976.[25] Esse diferenciação de competências é reconhecida de forma explícita na Decisão da CVM:

"40. Finalmente, cabe destacar, porém, a relevância do uso da prerrogativa de que trata o novo § 4º do art. 141 da Lei 6.404/1976, pois, de acordo com a redação do novo § 2º do art. 142, *somente estes conselheiros terão o direito de veto na contratação ou destituição dos auditores independentes, veto este que deve ser fundamentado*" (destaques inexistentes no original).

Ademais, diferenciam-se, também, por estarem seus mandatos sujeitos a regras distintas (a destituição de um se faz por assembléia distinta da dos outros membros).

Adicionalmente, a destituição do membro do conselho de administração eleito pelo processo de voto múltiplo implica a destituição dos demais membros (exceto os eleitos com base na prerrogativa comentada), o que não ocorre quando da destituição de membro eleito com base na prerrogativa prevista no inc. I do § 4º do art. 141 da Lei 6.404/1976.

É imperioso concluir, portanto, que o membro do conselho de administração eleito com base na prerrogativa do inc. I do § 4º do art. 141 da Lei 6.404/1976 não exerce o exato mesmo cargo que o membro do conselho de administração eleito com base no processo de voto múltiplo.

8. *Voto plural*

O § 2º do art. 110, da Lei 6.404/1976,[26] veda a atribuição de voto plural nas sociedades anônimas brasileiras.

22. Isso acontece, por exemplo, se os acionistas não solicitarem previamente à assembléia a instalação do processo de voto múltiplo, mas exigirem, na própria assembléia, a eleição com base na prerrogativa. Ou, caso os acionistas minoritários tenham ações representativas de menos de 15% do capital votante, mas em número suficiente para eleição de um membro do conselho de administração pelo processo de voto múltiplo.

23. Sendo necessário, para eleição, que o candidato mais votado tenha, ao menos, votos equivalentes a 15% do capital com direito a voto.

24. O direito de vetar a contratação e destituição do auditor independente é dada não só ao membro do conselho de administração eleito com base na prerrogativa pelos acionistas minoritários, mas, também, ao eleito pelos acionistas não controladores titulares de ações preferenciais, com base na prerrogativa prevista no inc. II do § 4º do art. 141 da Lei 6.404/1976.

25. *Verbis:* "§ 2º. A escolha e destituição do auditor independente ficará sujeita a veto, devidamente fundamentado, dos conselheiros eleitos na forma do art. 141, § 4º, se houver".

26. *Verbis*: "É vedado atribuir voto plural a qualquer classe de ações".

A interpretação e a aplicação desse dispositivo não podem ser feitas sem que se atente para o tratamento geral que essa lei dá aos direitos políticos dos acionistas de uma maneira geral.

A Lei 6.404/1976 não considera o direito de voto como um direito essencial dos acionistas (art. 109), chegando a autorizar, de forma expressa, a diferenciação dos direitos políticos dos acionistas da companhia. Por exemplo, é permitido a emissão de ações sem direito de voto (art. 111). Ainda, pode-se atribuir direitos de veto sobre alterações estatutárias determinadas aos acionistas titulares de ações preferenciais (parágrafo único do art. 18) e, também, garantir o direito à eleição de administrador em votação em separado para classe de ações preferenciais (art. 18, *caput*).

Não se pode dizer, portanto, que a igualdade dos direitos políticos seja um princípio geral da legislação societária brasileira. Assim, não se pode dizer que a vedação ao voto plural seja um princípio geral da legislação societária brasileira. Pelo contrário, ela só existe em razão do § 2º, do art. 110, e está confinada à sua abrangência, validade e eficácia.

Em razão do exposto nos parágrafos anteriores, tendo em vista as sucessivas alterações impostas à Lei 6.404/1976, quando a vedação ao voto plural for aplicada, deve-se atentar para o princípio de que a lei posterior revoga a anterior e a lei especial revoga a geral.

No que se refere à caracterização do voto plural, pode-se dizer que ele é a atribuição de diferente número de votos por ação, independentemente de essas ações serem da mesma classe ou espécie, *em uma mesma deliberação*.[27] É intrínseco à natureza do voto plural que (i) haja atribuição de diferentes direitos políticos às ações que formam o colégio eleitoral da deliberação[28] e (ii) essa diferenciação ocorra na votação de uma mesma deliberação.

É essencial que atribuição diferenciada de números de votos entre as ações se dê na mesma assembléia. Do contrário, não há voto plural. Por exemplo, não é voto plural o voto que os acionistas titulares de ações preferenciais declaram na assembléia geral extraordinária sobre uma matéria em que lhe é atribuído direito de voto pelo estatuto social e o voto dado por esse mesmo acionista em razão da titularidade dessas mesmas ações em assembléia especial de titulares de ações preferenciais, caso a matéria esteja sujeita a assembléia especial, nos termos do § 1º do art. 136 da Lei 6.404/1976. Em ambas as assembléias, embora se trate de deliberação sobre a mesma matéria, esse acionista titular de ações preferenciais tem direito de voto igual aos demais participantes de cada um dos colégios eleitorais (sendo o primeiro colégio composto de ações ordinárias e preferenciais e o segundo apenas de ações preferenciais).

9. A fundamentação da decisão da Comissão de Valores Mobiliários

A fundamentação da Decisão da CVM para determinar a impossibilidade de utili-

27. O voto plural difere do voto múltiplo, pois, neste último, é atribuído a todas as ações número de votos igual ao número de assentos do conselho de administração em disputa. No voto plural seria necessária a atribuição de número diferente de votos às diversas ações participantes da deliberações. Igual conclusão é obtida com a leitura do seguinte texto: "Não se deve confundir voto múltiplo, com voto plural, que a lei veda no art. 110, § 2º. Em algumas legislações, para assegurar maior facilidade e garantia de controle da sociedade, através de certa classe de ações, concedem-se vários votos a cada uma delas; é o voto plural. No voto múltiplo, geralmente instituído no caso da eleição para membro de órgãos da sociedade, cada ação terá o mesmo número de votos quantos forem os cargos a serem preenchidos" (Rubens Requião, *Curso de Direito Comercial*, v. 2, 18ª ed., São Paulo, Saraiva, 1994, p. 157).

28. Conforme Frans Martins: "Já o voto plural é atribuído a certa espécie ou classe de ações, sendo que todas as ações que pertencerem a essas espécie ou classe terão direito a um número de votos superior ao normal, atribuído aos que não fazem parte de tais espécies ou classes", in *Comentários à Lei das Sociedades Anônimas*, v. 2, t. 1, 2ª ed., Rio de Janeiro, Forense, 1994, p. 282.

zação, na eleição pelo processo de voto múltiplo, do direito de voto das ações que participaram da votação com base na prerrogativa é *a vedação ao voto plural contida no art. 110 da Lei 6.404/1976*, comentada no item 8, acima.

Como reforço a esse fundamento, a Decisão da CVM faz menção à expressa *exclusão do voto dos acionistas titulares de ações preferenciais com a vantagem estatutária facultada pelo art. 18 da Lei 6.404/1976, quando da eleição com base na prerrogativa prevista no inc. II do mesmo § 4º*.

Transcreve-se abaixo o trecho da Decisão da CVM que explicita esses fundamentos:

"31. E, a meu ver, para se fazer isso, deve-se ter em conta o sistema da Lei 6.404/1976, especialmente o sistema e a finalidade do voto múltiplo e a disposição do art. 110 da Lei 6.404/1976, que veda o voto plural para qualquer classe ou espécie de ações.

"32. Nesse sentido, *qualquer interpretação que permita que uma ação vote em quantidade de vezes diferentes das demais ações da mesma espécie e classe na mesma deliberação não pode ser aceita.* Esclareço, desde logo, que, no voto múltiplo, muito embora a quantidade de votos detidos por uma ação seja multiplicado, em termos percentuais e relativos não há diferença, pois cada ação, independentemente de seu titular, é multiplicada pelo número de vagas no conselho de administração, de forma que cada ação atribui ao seu titular o mesmo número de votos, o que difere muito do duplo voto ou do voto plural, em que, dito de forma simples, algumas ações têm mais votos do que outras.

"33. Portanto, parece-me inadmissível que determinadas ações votem no processo de voto múltiplo e no processo de eleição em separado previsto no novo § 4º do art. 141 da Lei 6.404/1976, de forma que entendo que, uma vez utilizadas as ações em um processo, não poderão as mesmas ser utilizadas no outro processo.

"34. *Nessa linha, a própria redação do inc. II do novo § 4º do art. 141 da Lei 6.404/1976, no que toca às ações preferenciais sem direito de voto, faz ressalva expressa de que as ações preferenciais que detiverem a vantagem política de que trata o 'caput' do art. 18 da Lei 6.404/1976 não participam da votação referida no inc. II*" (destaques inexistentes no original).

Em suporte da exclusão do direito de voto no processo de voto múltiplo, a Decisão da CVM cita o procedimento de representação proporcional da legislação societária espanhola, no qual, de forma expressa, é excluída a participação das ações agrupadas para a designação de membros segundo o procedimento de representação proporcional na eleição dos outros membros do conselho de administração, durante o prazo pelo qual aqueles membros tivessem sido nomeados.

Aqui cabe, no entanto, um reparo: o procedimento de representação proporcional espanhol funciona como uma reserva de cargos do conselho de administração para aquele número de ações que represente uma fração do capital votante igual ou superior ao número de cargos "reservados" face ao total de membros do conselho de administração. Tem, portanto, o mesmo efeito que o voto múltiplo, mas é um procedimento mais estável, pois essa "reserva" permite ao acionista eleger, renomear, substituir e destituir o membro por ele eleito, sem alterar o mandato dos demais.[29]

29. Essa é a única similitude do procedimento de representação proporcional com a prerrogativa objeto do inc. I, § 4º, do art. 141 da Lei 6.404/1976. Embora similar, essa característica não é igual nos dois institutos, uma vez que, no processo de representação proporcional, é o titular das ações agrupadas que pode destituir o membro do conselho de administração por ele eleito, enquanto na eleição com base na referida prerrogativa são os acionistas minoritários que têm esse direito. Entre a eleição e a destituição, a "maioria" dentre os acionistas minoritários pode ser alterada.

Os membros do conselho de administração eleitos pelo processo de representação proporcional têm a mesma competência, direitos, deveres e atribuições que quaisquer outros membros do conselho de administração, seja qual for o sistema de eleição. Justifica-se, portanto, a vedação legal à utilização das ações que fundamentam o procedimento de votação proporcional, na eleição, em assembléia de acionistas, dos membros remanescentes do conselho de administração.[30]

Note-se, ainda, que o procedimento de voto múltiplo ou a eleição com base em prerrogativa similar à estabelecida pelo inc. I do § 4º do art. 141 da Lei 6.404/1976 são desconhecidos no direito societário espanhol.

10. Da participação dos titulares de ações com direito a voto, que tenham eleito membro do conselho de administração com base na prerrogativa prevista no inc. I do § 4º do art. 141 da Lei 6.404/1976, no processo de voto múltiplo

São cinco os argumentos fundamentais deste trabalho, que justificam a discordância para com a Decisão da CVM: (i) não se pode falar em voto plural, no caso da eleição com base na prerrogativa e na eleição com base no processo de voto múltiplo; (ii) mesmo se se tratasse de voto plural, as regras para superação de antinomias fazem as disposições mais recentes e específicas do discutido § 4º prevalecerem sobre a vedação ao voto plural; (iii) o legislador, de forma deliberada, não excluiu os minoritários que façam uso da prerrogativa prevista no inc. I do § 4º do art. 141 da Lei 6.404/1976 da eleição pelo processo por voto múltiplo; (iv) a interpretação dada pela Decisão da CVM aos dispositivos da Lei 6.404/1976 que regulam a eleição de membros do conselho de administração pelos acionistas minoritários tem efeitos negativos não regulados pela lei, o que não ocorre pela interpretação defendida neste texto; e (v) a interpretação dada à questão pela Decisão da CVM gera situações inconsistentes e resultados não desejados pelo legislador.[31]

Primeiro argumento: embora a lei societária brasileira vede a atribuição de voto plural, a votação, com base nas mesmas ações, na eleição por voto múltiplo e na com base na prerrogativa prevista no inc. I do § 4º do art. 141 da Lei 6.404/1976 não pode ser considerada como voto plural tendo em vista as conclusões manifestadas nos itens 6 a 8 acima.[32]

Segundo argumento: mesmo que se trate de voto plural, o § 2º do art. 110 da Lei 6.404/1976 não seria aplicável. No caso, haveria um conflito aparente de normas (antinomia), solucionável com base em dois critérios: (i) a lei posterior derroga a anterior e a (ii) lei especial se sobrepõe à geral.[33] Esses dois critérios fariam com que a regra do § 2º do art. 110 da Lei 6.404/

30. A rigor, o procedimento espanhol pode ser utilizado não só pelos acionistas minoritários, mas também, pelo acionista controlador ou pelo majoritário, se controlador não existir.

31. A esse respeito, não se pode deixar de lembrar lição precisa de Carlos Maximiliano: "Deve o direito ser interpretado inteligentemente: não de modo que a ordem legal envolva um absurdo, prescreva inconveniências, vá ter a conclusões inconsistentes ou impossíveis" (*Hermenêutica e Aplicação do Direito*, 15ª ed., Rio de Janeiro, Forense, 1995, item 179, p. 166).

32. No item 6, concluiu-se que o processo de eleição com base na prerrogativa estabelecida pelo inc. I § 4º do art. 141 da Lei 6.404/1976 está sujeito a regras próprias, diferenciadas da eleição pelo processo por voto múltiplo, não podendo ser considerada a mesma deliberação. No item 7, conclui-se que o membro do conselho de administração eleito com base na prerrogativa tem competência diferente do membro eleito pelo processo de voto múltiplo, não podendo, portanto, ser considerada a mesma deliberação que a eleição dos membros do conselho de administração por voto múltiplo. No item 8, concluiu-se que o voto plural existe quando há pluralidade de votos, a favor de determinadas ações, *em uma mesma deliberação*.

33. Norberto Bobbio, *Ordenamento Jurídico*, 4ª ed., Brasília, Ed. UnB, 1994, pp. 81 e ss.

1976, por se tratar de regra geral e mais antiga, não fosse aplicável à questão.[34]

Terceiro argumento: quando o legislador regulou a prerrogativa de eleição de membro do conselho de administração por votação em separado, o acionista controlador foi expressamente excluído do *quorum* deliberativo. Quando regulou o voto múltiplo, no entanto, a exclusão pretendida pela Decisão da CVM não foi feita. Mais ainda, quando regulou essa mesma prerrogativa para os acionistas titulares de ações preferenciais,[35] excluiu de forma expressa determinados acionistas titulares de ações preferenciais, que poderiam eleger membros do conselho de administração em outra deliberação. Ainda, foram excluídos das votações previstas no § 4º do art. 141 todos os acionistas que não detivessem as ações durante os três meses antecedendo a eleição. Ou seja, ao regular o art. 141, o legislador, de forma detalhada, incluiu e excluiu os diversos tipos de acionistas, em cada uma das eleições ali previstas. E, não tendo excluído os acionistas que votaram no processo de voto múltiplo da eleição com base no inc. I do seu § 4º (ou vice-versa), não pode o intérprete excluí-lo.

Para reforçar o argumento de que o legislador não se omitiu na questão e não desejava a solução adotada na Decisão da CVM, deve-se notar que o § 7º do art. 141 da Lei 6.404/1976 exige, de forma expressa, a cumulação de dois requisitos para sua aplicação (i) eleição do conselho de administração por voto múltiplo e (ii) o exercício da prerrogativa prevista no § 4º do mesmo artigo, por acionistas titulares de ações ordinárias ou preferenciais. Mais uma vez, quando achou conveniente, a lei diferenciou a eleição com base na prerrogativa instituída pelo inc. I, § 4º, do art. 141 da eleição por voto múltiplo.[36]

Quarto argumento: em razão da mecânica do processo de voto múltiplo, nas sociedades com, ao menos, sete membros do conselho de administração,[37] é mais fácil ao acionista minoritário eleger um membro do conselho de administração pelo processo de voto múltiplo do que exercendo a prerrogativa prevista no inc. I do § 4º do art. 141 da Lei 6.404/1976. Em alguns casos, dependendo do número de ações detidas pelos acionistas minoritários, da coesão dos votos desses acionistas, do número de membros do conselho de administração e da presença dos acionistas na assembléia de eleição do conselho de administração, pode ser que os acionistas minoritários te-

34. Tecnicamente, no caso concreto, não há que se falar em antinomia, mas em integração de disposições legais. Nada obstante, o ponto é válido: o § 2º do art. 110 da Lei 6.404/1976 só pode ser utilizado na interpretação das novas disposições legais caso com elas não seja incompatível (ou seja, caso ocorra um integração perfeita, um preenchimento de lacuna, um aperfeiçoamento da função do dispositivo legal etc.), o que não é o caso.

35. Inc. II, § 4º, do art. 141 da Lei 6.404/1976, que tem a seguinte redação: "§ 4º. Terão direito de eleger e destituir um membro e seu suplente do conselho de administração, em votação em separado na assembléia-geral, excluído o acionista controlador, a maioria dos titulares, respectivamente: I — *omissis*; e II — de ações preferenciais sem direito a voto ou com voto restrito de emissão de companhia aberta, que representem, no mínimo, 10% (dez por cento) do capital social, *que não houverem exercido o direito previsto no estatuto, em conformidade com o art. 18*" (destaques inexistentes no original).

36. Aqui não se pode esquecer as lições de Carlos Maximiliano: "Dá-se valor a todos os vocábulos e, principalmente, a todas as frases, para achar o verdadeiro sentido de um texto; porque este deve ser entendido de modo que tenham efeito todas as suas provisões, nenhuma parte resulte inoperativa ou supérflua, nula ou sem significação alguma". Deve-se notar que, como o próprio Carlos Maximiliano ressalta: "Entretanto o preceito não é absoluto. Se de um trecho se não colige sentido apreciável para o caso, ou transparece a evidência de que as palavras foram insertas por inadvertência ou engano, não se apega o julgador à letra morta, inclina-se para o que decorre do emprego de outros recursos aptos a dar o verdadeiro alcance da norma" (ob. cit., pp. 250 e 251). No caso concreto, faz-se necessário dar sentido a todos os vocábulos utilizados, uma vez que a intelecção completa desses vocábulos não leva a interpretação inconsistente nem frustra os fins para a qual as disposições legais foram criadas.

37. Excluídos o membro do conselho de administração eleito pelos titulares de ações preferenciais e o representante dos empregados, se for o caso.

nham direito de eleger um maior número de membros do conselho de administração caso não elejam um representante com base na prerrogativa comentada. Dessa forma, estariam os acionistas minoritários obrigados a tomar uma decisão ingrata: renunciar (i) ao direito de eleger um membro do conselho de administração com competência para vetar a contratação e a destituição de auditor independente ou (ii) à eleição de um membro a mais do conselho de administração, para eleger esse membro do conselho de administração com poderes especiais. Teria sido esse o intuito da lei?

Note-se, por fim, que o eventual efeito negativo da interpretação dada neste trabalho ao dispositivo que se comenta[38] é neutralizado pela possibilidade de o acionista controlador eleger membros adicionais do conselho de administração (§ 7º do art. 141 da Lei 6.404/1976).[39] Os efeitos negativos da Decisão da CVM mencionados no parágrafo anterior, no entanto, não encontram neutralização em lei.

Quinto argumento: a interpretação do dispositivo legal, consoante a Decisão da CVM, leva o aplicador da lei a situações contraditórias e de difícil solução, por exemplo:

(i) se se entender que há voto plural no caso em questão e que o voto plural é vedado em nosso ordenamento jurídico, como tratar a possibilidade de o acionista controlador com mais de 50% das ações com direito a voto eleger tantos conselheiros quantos se façam necessários para garantir a maioria do conselho de administração, caso o número de membros do conselho eleito pelos não controladores com base nas prerrogativas do § 4º do art. 141 da Lei 6.404/1976, e do processo de voto múltiplo seja superior ao número de membros eleitos pelo acionista controlador (§ 7º do art. 141 da Lei 6.404/1976)? Pelo mesmo raciocínio da Decisão da CVM, não seria esse também um voto plural e, portanto, vedado pela legislação vigente?

(ii) como ficam na votação por voto múltiplo os acionistas minoritários que tenham participado da eleição majoritária em separado para a eleição do membro do conselho de administração com base na prerrogativa, mas não tenham eleito o representante? Para ser coerente, não deveria ser a eles facultado participar do processo de voto múltiplo. É isso que o legislador quis? Pode-se inferir isso de algum trecho da atual redação da Lei 6.404/1976?

Em razão dos cinco argumentos acima mencionados, não há como se vedar a participação dos acionistas minoritários que se utilizarem da prerrogativa prevista no inc. I do § 4º do art. 141 da Lei 6.404/1976, da votação dos demais membros do conselho de administração pelo processo de voto múltiplo.

38. Esse efeito negativo é a possibilidade de acionistas não controladores titulares de menos de 50% das ações com direito a voto indicarem a maioria do conselho de administração.

39. Isso reforça o terceiro argumento acima exposto, segundo o legislador, de forma deliberada, não excluiu o direito de voto do acionista minoritário que participe da eleição com base na prerrogativa.

APRESENTAÇÃO DO PROJETO "DIÁLOGOS FEA & LARGO DE SÃO FRANCISCO"

RELEVÂNCIA PARA TRANSFORMAÇÃO DAS INSTITUIÇÕES NO BRASIL CONTEMPORÂNEO

DECIO ZYLBERSZTAJN
RACHEL SZTAJN
ÉRICA CRISTINA ROCHA GORGA
e ROBERTO FAVA SCARE

1. Introdução. 2. Metodologia: 2.1 Etapas do projeto; 2.2 Cronograma e orçamento. 3. A título de revisão: 3.1 A contribuição de Coase; 3.2 A contribuição de Williamson; 3.3 A crítica de Posner e a crítica da crítica; 3.4 "Law, Economics and Organizations"; 3.5 Macroinstituições. 4. Questões para o diálogo.

1. Introdução

O presente projeto parte dos resultados constatados em evento pioneiro, realizado em outubro de 2001, quando se reuniram, na Sala da Congregação da Faculdade de Economia, Administração e Contabilidade da Universidade de São Paulo, docentes e discentes daquela Faculdade e da Faculdade de Direito do Largo de São Francisco (FADUSP) Universidade de São Paulo, para discutirem a integração de Direito, Economia e Organizações (*Law, Economics and Organizations*).

O evento, intitulado de "Diálogos FEA & Largo São Francisco", foi concebido para oferecer alternativa à necessidade da adoção de abordagem interdisciplinar entre Direito, Economia e Organizações visando à análise mais completa e acurada das instituições e organizações nacionais que moldam as possibilidades de desenvolvimento socioeconômico aproximando o Brasil dos países mais avançados.

A relação entre Direito e Economia, em processo de contínua interação, é vital para explicar a evolução de uma dada sociedade, fomentar o desenvolvimento econômico e social, reduzindo desigualdades e aumentando o bem-estar geral, buscando privilegiar os aspectos sociais bem como a eficiência econômica.

A interação vem sendo estudada em diferentes países, encontrando-se farta literatura internacional sobre o escopo do projeto. Ressalta-se que, nada obstante a abordagem multidisciplinar ter surgido há cerca de 50 anos, o Brasil está afastado desse processo de desenvolvimento científico no campo das ciências sociais. A produção científica nacional interdisciplinar, nessa área de Direito, Economia e Organizações, é escassa e inadequada. Daí salientar-se que o objetivo primordial do presente projeto temático é despertar a discussão das questões inter-relacionadas às diferentes áreas do conhecimento a partir da elaboração de trabalhos que sistematizem o estado da arte no exterior e o apliquem, ajustando-o, à realidade nacional, sem, por óbvio, perder de vista a necessidade do desenvolvimento de análise crítica fundada nas peculiaridades institucionais e organizacionais do país.

O interesse na área interdisciplinar da Economia, Direito e Organizações tem origem no isolamento que caracteriza as tradições dos três campos do conhecimento e das respectivas instituições acadêmicas no Brasil. A sentida necessidade de promover mudanças institucionais de fundo nos leva a repensar o isolamento buscando estabelecer pontes conceituais e criar, por conseqüência, mecanismo de comunicação entre as áreas de especialidade, de certa forma, retomar a concepção de universidade como universalidade de produção de conhecimento.

O projeto buscará, portanto, analisar os fundamentos doutrinários aplicáveis a esses temas, discutindo tais aplicações conforme as situações e condições encontradas no ambiente interno a fim de que as sugestões de mudanças institucionais no Brasil, que venham a gerar efeitos socioeconômicos que sejam congruentes com a nossa realidade. Os temas privilegiados foram divididos em duas categorias: temas fundamentais e aplicados. Os primeiros, temas fundamentais, são: direito de propriedade, análise institucional, tradições do direito e estudo dos contratos. Os temas aplicados são; a propriedade da terra — notadamente a destinada à produção agropecuária —, concorrência, tributação, trabalho, educação, crime e corrupção, meio ambiente, organizações e governança corporativa. Os temas serão detalhados no próximo capítulo, de cunho metodológico.

2. *Metodologia*

O projeto focalizará os temas fundamentais e temas aplicados definidos como:

• Fundamentais: Direitos de Propriedade, Tradições do Direito, Instituições, Organizações, Contratos, Responsabilidade Civil.

• Aplicados: Propriedade (ênfase em terra), Concorrência, Tributação, Trabalho, Educação, Crime e Corrupção, Meio Ambiente, Governança Corporativa.

Espera-se que essa análise multidisciplinar — Direito, Economia e Organizações — traga *insights* sobre a compreensão de problemas nacionais, tornando possível a proposição de medidas normativas que venham a criar incentivos para que as reclamadas mudanças institucionais tenham lugar no Brasil.

Destaca-se o caráter pioneiro da proposta e, sobretudo, sua ambição de fomentar o debate do Direito e Economia no Brasil, com vistas à promoção de desenvolvimento socioeconômico. Por isso, o projeto temático delimitou seu campo de análise a tópicos considerados essenciais, sendo certo que outros, não menos importantes, foram deixados para etapa posterior.

É importante, finalmente, lembrar, no que se refere ao Direito, que as discussões que têm origem em países de direito consuetudinário (*common law*) receberão tratamento diferenciado condizente com o sistema jurídico nacional de direito codificado (*civil law*), tal como se faz na Itália e Alemanha.

A definição metodológica considerará relevantes os seguintes objetivos do projeto:

1. definição de um modelo de comunicação e construção de um jargão próprio, que facilite o diálogo entre pessoas com formações distintas;

2. oferecimento de propostas consistentes de apoio ao processo de mudanças institucionais em curso no País. Um novo Código Civil foi aprovado e entrará em vigor em 2003 e afetará as relações entre particulares, devendo ser objeto de tratamento jurídico e econômico.

Para dar suporte à consecução dos objetivos, o projeto será desenvolvido com base em métodos de análise comparativa de temáticas comuns, relevando os pressupostos que as ciências jurídicas, econômicas e organizacionais definem. Cada tema será tratado por um especialista e validado em reuniões específicas, que permitirá a geração de um novo documento.

2.1 Etapas do projeto

O projeto está dividido em duas etapas descritas a seguir:

Etapa 1: Terá como objetivo a geração de documentos em cada um dos tópicos, sempre cobrindo as perspectivas jurídica, econômica e organizacional. Em cada tema e baseado nos documentos será realizado um encontro específico cujo objetivo será discutir os conteúdos, definir conceitos comuns e gerar sugestões para pesquisas conjuntas que levem a sugestões de mudanças institucionais.

Etapa 2: Montagem de equipes e geração de propostas para os projetos de pesquisa temáticos. As propostas serão discutidas pelo grupo de trabalho montado para o propósito.

Outro projeto será elaborado visando à execução dos projetos elaborados.

2.2 Cronograma e orçamento

O projeto será realizado em 18 meses, considerando os itens 1 e 2. O orçamento proposto é detalhado no anexo 1.

3. A título de revisão

A origem da discussão contemporânea de *Law and Economics* é encontrada nos trabalhos pioneiros de Ronald Coase, Guido Calabresi, Trimarcchi, que apontaram novos aspectos e questões para o tratamento da relação entre Direito e Economia. O primeiro, ganhador do Nobel de Economia, demonstrou como a introdução de custos de transação na análise econômica chama a atenção para as formas organizacionais e as instituições do ambiente social.[1] Coase explicou que a inserção dos custos de transação na Economia demonstra a importância do Direito na determinação de resultados econômicos.

Segundo o denominado *Teorema de Coase*, num mundo de custos de transação igual a zero (pressuposto da economia neoclássica), os agentes negociarão os direitos, independentemente da posição inicial, de modo a chegar à alocação mais eficiente dos bens escassos. Nesse mundo ideal o Direito não exerce influência na *performance* econômica. Ocorre que, como asseverou Coase, esse é o mundo da *blackboard economics*. Ao criticar a análise econômica ortodoxa, Coase enfatizou que os custos de transação são positivos e, ao contrário do que inferem os neoclássicos tradicionais, as instituições legais se refletem, significativamente, sobre o comportamento dos agentes econômicos.[2]

Calabresi, jurista da Universidade de Yale, por sua vez, demonstrou a importância da análise de impactos econômicos da alocação de recursos para a regulação da responsabilidade civil seja em âmbito legislativo ou judicial. Sua obra inseriu explicitamente a análise econômica em questões jurídicas, apontando que uma análise jurídica adequada não prescinde do tratamento econômico das questões.[3]

Trimarcchi tratou de ajustar ao direito continental europeu, especificamente ao italiano, as regras desenvolvidas para o sistema do Direito Consuetudinário demonstrando a possibilidade de, igualmente, no que

1. Ronald Coase, "The nature of the firm", *Economica*, n. 4, 1937.

2. Ronald Coase, "The problem of social cost", *Journal of Law and Economics*, n. 3, 1960.

3. Guido Calabresi, "Some thougths on risk distribution and the Law of torts", *Yale Law Journal*, n. 70, 1961. V. tb. Guido Calabresi, *The Cost of Accidents. A Legal and Economic Analysis*, New Haven, London, Yale University Press, 1970.

concerne ao direito codificado, adotarem-se critérios que induzam as pessoas a buscar eficiência alocativas.

Tais autores deram o passo inicial para a fundação do movimento de *Law and Economics* que foi desenvolvido, posteriormente, com a contribuição de Richard Posner,[4] Gary Becker[5] e Henry Manne.[6] A análise de *Law and Economics* (ou seja, Direito e Economia) vem evoluindo em ritmo acelerado criando-se núcleos em diferentes universidades, sejam elas norte-americanas ou européias. Verifica-se, por isso, existirem diversas correntes de *Law and Economics* que adotam postulados metodológicos diversos para a explicação do nexo entre Direito e Economia.[7] Destacam-se, entre estas, a *New Institutional Law and Economics*, ou Direito, Economia e Organizações (*Law, Economics and Organizations*), como aqui a denominados, que inclui a análise do papel desempenhado pelas instituições e organizações sociais, propondo a interação contínua entre normas, direito positivado ou não, isto é, regras formais e informais, partindo da base teórica fornecida pelo trabalhos de Douglas North[8] e de Oliver Williamson,[9] os quais serão adiante abordados.

É importante mencionar que essa análise — Direito, Economia e Organizações — se baseia no instrumental da Nova Economia Institucional, que rejeita a premissa neoclássica de escolhas racionais e comportamento maximizador, adotando o conceito de racionalidade limitada desenvolvido por Herbert Simon.[10] Essa abordagem metodológica, juntamente com a inserção dos custos de transação, permite flexibilizar a hipótese neoclássica de que as instituições evoluem de modo eficiente, e explicar por que surgem direitos de propriedade e formas de alocação de recursos econômicos que, nada obstante serem ineficientes, persistem em determinado contexto social.[11]

O Direito, por sua vez, ao estabelecer regras de conduta (dever-ser) que modelam relações entre pessoas, deverá levar em conta os impactos econômicos que delas derivarão, os efeitos sobre a distribuição ou alocação dos recursos, os incentivos que influenciam o comportamento dos agentes econômicos privados. Assim, o Direito influencia e é influenciado pela Economia e as Organizações influenciam e são influenciadas pelo ambiente institucional.

A análise econômica deve, então, considerar o ambiente normativo no qual os agentes atuam para não correr o risco de, por desconsiderar os constrangimentos que o Direito impõe ao comportamento dos agentes econômicos, chegar a conclusões equivocadas ou imprecisas.

Porém, essa análise seria incompleta se não fossem levadas em conta as instituições, entendidas como conjunto de regras na acepção de Douglas North, e as organi-

4. Richard A. Posner, *Economic Analisys of Law*, Little, Brown and Company, 1995.

5. Gary S. Becker, "Crime and Punishment: an economic approach", *Journal of Political Economy*, n. 169, 1968.

6. Henry Manne, Economic Police and the Regulation of Corporate Securities, Washington, American Enterprise Institute, 1969. Henry Manne, The Economics of Legal Relationships: Readings in the Theory of Property Rights, St. Paul, West Publishing Company, 1977.

7. V., a respeito, Nicholas Mercuro e Steven G. Medema, *Economics and the Law from Posner to Post-Modernism*, Princeton, Princeton University Press, 1997.

8. C. Douglas North, Institutions, Institutional Change and Economic Performance, Cambridge University Press, 1990.

9. O. Williamson, *Transaction Cost Economics and Organization Theory.* Industrial and Corporate Change 2, Oxford University Press, 1993.

10. H. Simon (1976), "From substantive to procedural racionality", in S. Latsis, *Method and Appraisal in Economics*, Cambridge, Cambridge University Press.

11. Cf. Douglas North, *Institutions, Institutional Change and Economic Performance*, Cambridge University Press, 1990, p. 8: "(...) Transaction cost in political and economic markets make for imperfect property rights, but the imperfect subjective models of the players as they attempt to understand the complexities of the problems they confront can lead to the persistence of property rights".

zações que regulam as relações sociais. É verdade que tanto Direito como Economia exercem papel primordial na formação de instituições e organizações, todavia mister ressaltar que estas, por sua vez, influenciam a transformação do sistema jurídico e a consecução de resultados econômicos. As instituições, por seus efeitos sobre os custos de troca e produção, afetam decisivamente a *performance* econômica e, juntamente com a tecnologia empregada, elas, as instituições, determinam os custos de transação e transformação que formam os custos totais da atividade econômica em determinado ambiente.

Em contraste com a lógica do paradigma neoclássico, mecanismo de coordenação econômica, dados por instituições políticas e legais, restringem as necessidades, preferências e escolhas dos atores econômicos: a ação individual não é soberana tal como querem os neoclássicos, mas ela é influenciada pelas instituições.

Em suma, podemos dizer que esses três elementos influenciam e são influenciados uns pelos outros, tal como nos mostra o esquema abaixo:

Figura 1: Interdependência das áreas

Assim sendo, a análise conjunta do Direito, da Economia e das Organizações passa a ter relevância por possibilitar entendimento mais acurado da complexidade da realidade, possibilitando o emprego de aparato metodológico profícuo para a discussão crítica de temas de relevante interesse social. A importância do presente projeto temático pode ser encontrada na busca de analisar temas da realidade brasileira a partir de ferramenta interdisciplinar, de modo a conjugar conhecimentos científicos obtidos por esses ramos do saber.

O reconhecimento da contribuição de três autores contemporâneos — Ronald Coase, Oliver Williamson e Douglas North — é o ponto de partida, com o que se visa a evitar as armadilhas de debates entre escolas de pensamento já ultrapassado ou não pertinentes ao nosso objetivo. Esses três autores influenciaram a maneira pela qual se desenvolve a teoria (por alguns considerada movimento) denominada como *Law and Economics*, que passaremos a designar por Análise Econômica do Direito, seguindo sugestão do próprio Williamson e de Posner.

Em tempo recente Williamson ampliou o debate introduzindo as Organizações como o terceiro pilar a dar suporte ao debate interdisciplinar, o que ainda causa certo desconforto no meio acadêmico, de vez que o significado da Economia das Organizações (como preferimos denominar, em vez de Economia de Empresas), embora os departamentos de Economia Aplicada e de Administração devessem ter familiaridade com o conceito. Certo é que o estudo das organizações é parte fundamental do desenvolvimento teórico atual na área de análise das combinações estratégicas de produtores privados.

Talvez a mais importante contribuição para essa análise tenha sido a de Harold Demsetz, professor da Universidade da Califórnia — Los Angeles, ao afirmar que o objeto do estudo da Economia Neoclássica é a compreensão do funcionamento dos mercados e não das organizações, e isso deve ser devidamente compreendido, tanto em termo de objeto como de método analítico. Ora, se a teoria econômica dominante não foi desenhada para a compreensão das organizações, há que se buscar as alternativas que supram as lacunas existentes.

No presente projeto procuraremos destacar alguns dos aspectos que mais impressionam na interface entre Economia, Direito e Organizações, em especial explorando aspectos da contribuição de Coase, do debate entre Williamson e Posner, a contribuição do trabalho de Douglas North, finalizando com questões que, na nossa opinião, são fundamentais para que o Diálogo se estabeleça e progrida no Brasil.

3.1 A contribuição de Coase

Ronald Coase ganhou o Prêmio Nobel em Economia no ano de 1992. No seu memorável discurso reiterou alguns dos aspectos fundamentais do seu trabalho desde 1937. O funcionamento dos mercados tem custo e, por isso, os economistas deveriam se preocupar com o mundo como ele é e não como, para alguns teóricos, deveria ser: a economia, tal como vista pelos neoclássicos, é uma caixa-preta, irreal, o que implica que o conceito de "firma" como função de produção deveria ser revisitada sob a ótica da firma contratual. Organizações e mercados são duas faces da mesma moeda e ambas têm custos para funcionar. E, talvez, o fundamental, as instituições, sejam mais importantes para a compreensão do funcionamento da economia do que o papel que lhe tem sido atribuído.

Os dois memoráveis trabalhos de Coase, "The nature of the firm" (1937) e "The problem of social cost" (1960), representam dois pontos focais para o desenvolvimento da Economia dos custos de Transação e da moderna Análise Econômica do Direito.

A preocupação de Coase com o realismo e a aplicação dos conceitos da Economia ao mundo real foram forjados em diferentes moldes. Primeiro trata-se de um economista, Prêmio Nobel, que sempre atuou em Faculdade de Direito. Segundo, nunca foi formado em Economia, como explica em um dos seus livros, mas sim em Comércio na *London School*. Ao formarse, vai para os Estados Unidos, sendo sua primeira preocupação visitar as grandes corporações e buscar compreender os seus problemas internos. Tal atitude levou ao debate entre Coase e Benjamim Klein sobre o caso Fisher Body-Chevrolet, que perdurou até publicação recente em 2000.[12]

Em seu artigo, "The lighthouse in economics", faz crítica a Samuelson sobre a impossibilidade de os faróis de sinalização pudessem ser administrados privadamente. (Para Samuelson, um caso clássico de falha de mercado pela ausência de mecanismo de exclusão. Para Coase, um caso típico no qual instituições podem ser construídas de modo a permitir a sua operação privada como ocorre na Inglaterra, onde por séculos os faróis de sinalização são geridos pelo setor privado, ainda que não se possa chamar a armada britânica para cobrar pedágio.)

Mais do que uma crítica a Samuelson, Coase percebe o fenômeno a ser estudado em todas as suas dimensões. Avançado em idade, Coase publica, em 2000, mais um artigo fomentando o debate travado há décadas com Benjamin Klein, sobre o caso GM–Fisher Body, considerado um marco para a análise dos arranjos eficientes contratuais. Teria ou não havido uma quebra contratual oportunista?

Para os Cientistas das Organizações e da óptica da interface com o Direito, o que mais importa no trabalho de Coase é a identificação da "firma contratual", a substituição da função de produção pelo nexo de contratos. As organizações são relações contratuais coordenadas (governadas) por mecanismos idealizados pelos agentes produtivos. Eis uma pista para a busca da resposta do que vem a ser a Economia das Organizações e sua relação com o Direito. Se a "firma" pode ser entendida como um nexo de contratos, então problemas de quebras contratuais, de salvaguardas, de mecanismos criados para manter os contratos e, especialmente, mecanismos que permitam

12. R. H. Coase (2000), "The acquisition of fisher body by General Motors", *Journal of Law & Economics*, v. 43, n. 1, abr. 2000, University of Chicago Press.

resolver problemas de inadimplemento, total ou parcial, dos contratos, sejam tribunais ou mecanismos privados, passam a ter lugar de destaque na Economia e fazem a ponte para as Organizações, através do Direito.

Se Coase apontou para o tema, não chegou a operacionalizá-lo, o que foi feito por Oliver Williamson. No tocante ao Teorema de Coase, assim denominado não por Coase mas por George Stigler, Coase afirma que em regime de custos de transação zero a alocação inicial dos direitos de propriedade não importa. Portanto, diz *let us study the world of positive transaction costs.*

3.2 A contribuição de Williamson

Partindo da crítica coasiana da "firma" como função de produção, Williamson elabora a teoria dos Custos de Transação, um componente da Nova Economia Institucional. O autor ressalta que as instituições importam (tal como os velhos institucionalistas), como, ainda, destaca que são suscetíveis de análise (diferente dos velhos institucionalistas).

Com base na decodificação das características das transações (especificidade dos ativos, freqüência e risco), somado aos pressupostos comportamentais de racionalidade limitada e oportunismo, Williamson apresenta o construtor teórico que busca explicar o alinhamento entre as características das transações e as formas de governança, sob a égide do comportamento eficiente de minimização de custo de produção e de transação. Não ignora a economia neoclássica, mas adiciona realismo a ela.

O conceito básico é que existem potenciais problemas futuros nos contratos, problemas esses que devem ser considerados no desenho organizacional no presente. Os agentes podem descumprir promessas, motivados pelo oportunismo e pela possibilidade de apropriação de valor dos investimentos de ativos específicos. Na impossibilidade de desenhar contratos completos (decorrência da racionalidade limitada), as lacunas são inevitáveis. Os agentes, potencialmente oportunistas, sentir-se-ão estimulados a romper ou adimplir mal os contratos, sendo necessário que haja um corpo legal, formal, de normas, mas regras informais poderão surgir para disciplinar o preenchimento das lacunas.

Aqui uma primeira aproximação com a análise Econômica do Direito. Os agentes abster-se-ão de quebrar os contratos se os custos de rompimento forem maiores do que os benefícios de fazê-lo, de acordo com tese sugerida por Benjamin Klein, que discute a existência de uma *self enforcing range*, dentro da qual os contratos são automaticamente honrados.

Cabe destacar que os custos de romper os contratos de modo oportunístico estão associados a mecanismos privados (perda de reputação) ou públicos (penalização pela justiça). Uma terceira possibilidade seriam razões éticas, essas trabalhadas em recente estudo de Posner, sobre o papel das normas informais.

A contribuição de Williamson baseia-se no fato de que as formas de governança serão arquitetadas buscando lidar com possibilidades futuras de rompimento contratual. O seu trabalho ressalta o papel das organizações como forma de coordenar e minimizar os custos de transação, definidos com os custos de desenhar, monitorar e exigir o cumprimento de (*to enforce*) contratos. O alinhamento eficiente deriva da relação entre as características das transações, as características dos agentes, as características das leis e a busca de economia em custos de transação. O ambiente institucional tem papel relevante, podendo afetar a arquitetura das organizações. Formas para lidar com oportunismo pós-contratual (salvaguardas) surgirão como resposta dos agentes.

Assim emerge mais uma parte da resposta à indagação a respeito das relações entre o Direito e a Teoria das Organizações. A maior aplicação do trabalho de Williamson deu-se na análise da coordenação vertical, na área da análise da concorrência, na área de finanças (*debt or equity*), relações de trabalho, formas organizacionais, governança corporativa, estudo da burocracia, entre outros. A base teórica desenvolvida por Williamson utiliza fortemente a teoria jurídica dos contratos desenvolvida por Ian Macneil em obra pioneira de 1974.

3.3. A crítica de Posner e a crítica da crítica

Talvez já superado em alguns pontos, o famoso debate travado entre Williamson e Posner em artigos publicados no *Journal of Institutional and Theoretical Economics*, em 1993, foi ácido em muitos momentos, mas sempre elucidativo em torno das principais dissonâncias entre duas escolas de pensamento.

Posner compara as teorias da Nova Economia Institucional e da Análise Econômica do Direito. Critica aquilo que considera o caráter antiteórico da Nova Economia Institucional, por ele reconhecida como um conjunto de estudos de casos. Afirma que ambos enfoques têm valor e que há entre as duas escolas muitas sobreposições com diferenças de jargão e ênfase. Ressalta que o conceito de oportunismo é importante adição à literatura, a única por ele reconhecida.

O autor lembra que as duas escolas (ou movimentos, como ele as denomina), têm origem em Coase. Destaca que Williamson constrói sobre a base neoclássica, com o que concordamos e que torna fundamental o conhecimento da teoria econômica ortodoxa, para uma boa compreensão tanto da Análise Econômica do Direito como da Nova Economia Institucional. Critica a Economia dos Custos de Transação por considerar que ela nada adiciona ao trabalho de Stigler sobre custos de informação. Reitera o debate utilitarista da escola de Chicago (Friedman) para responder a Coase a respeito do caráter irrealista dos pressupostos neoclássicos que dão base à *Law and Economics*. O que importa é o poder preditivo da teoria, afirma, não os seus pressupostos. Não concorda com Williamson ao afirmar que a escola de Chicago ignora instituições e destaca a contribuição desta escola ao estudo da economia da criminalidade (Gary Becker), direito e economia da família. Destaca que, diferentemente da Nova Economia Institucional, a *Law and Economics* não quer mudar a economia, seja em método, seja em objeto de análise. Conclui que os temas da integração vertical (ou desintegração) e contratos de longo prazo são tratados pela teoria e os autores como Benjamim Klein, Victor Goldberg, Paulo Joskow, Douglas North e T. Eggertsson, todos são considerados autores da área de Economia do Direito. As distinções devem situar-se mais em ênfase do que em substância. Finaliza a crítica dizendo que organizações nada acrescentam ao estudo que não tenha sido tratado anteriormente e critica o principal apoio de Williamson na teoria dos contratos, que é Macneil. Sem dúvida, uma leitura arrasadora ao afirmar que a *New Institutional Economics* é mais um monte de estudos de caso do que uma teoria.

A resposta de Williamson foi tão forte quanto foi o ataque. Tal como Posner, Williamson parte de Coase (que parece o ponto de convergência) e afirma ter sido o artigo "The nature of the firm" que deu origem à Economia dos Custos de Transação, bem como afirma ter sido o artigo "The problem of social cost" a origem da Análise Econômica do Direito. Lembro que Coase, no seu discurso de recebimento do Nobel, afirma que o segundo artigo não foi ainda entendido pelos economistas, acreditando que o impacto sobre a microeconomia ainda está por vir. Ambos concordam em deixar antitruste à parte, ou seja, consideram que existe um debate pós-antitruste.

Williamson responde à crítica de Posner a respeito da Teoria das Organizações. Clama que Posner, tal qual a maioria dos economistas, não está interessado na análise das organizações, mas sim dos mercados. ("Posner não está interessado nos profundos desafios representados pela compreensão das organizações"), e remete o debate ao argumento já travado entre a Nova Economia Institucional e a Economia Neoclássica, que serve de base à Análise Econômica do Direito. Considera que a economia omite o papel das Instituições e ressalta a contribuição de Macneil (com quem não concorda em tudo), bem como o papel importante de Herbert Simon (1957), que introduz o conceito de racionalidade limitada, segundo Williamson, não comparável ao conceito e informação assimétrica ou teoria da economia da informação. Simon apresenta a mente como um recurso escasso e Williamson acha que Stigler não deveria tê-lo ignorado.

Sua resposta no tocante à metodologia é contundente quando afirma que métodos econométricos são utilizados pela ECT, não cabendo a afirmação de que a NEI é um conjunto de estudos de caso. Coase afirma, no final do seu discurso, ser inverdade a interpretação de que ele é hostil à quantificação. Tanto Coase quanto Williamson destacam a importância do estudo de casos para o conhecimento da realidade (*what is going on here?*), mas, ambos, motivam a análise empírica quantitativa, característica marcante tanto da Análise Econômica do Direito como da Nova Economia Institucional.

3.4 "Law, Economics and Organizations"

Williamson introduz fortemente a necessidade de mais uma dimensão ao debate envolvendo organizações, o de sua dimensão. A sugestão de combinar Direito, Economia e Organizações, para o estudo da lei, tal como ela provém daí. A proposta de uma teoria positiva é completada pela idéia de que existem várias maneiras de fazê-lo, sendo a ECT uma delas, que se preocupa com o papel das instituições. Estas importam e são suscetíveis de análise (figura 2).

Figura 2: Comparando Análise Econômica do Direito com Direito, Economia e Organizações

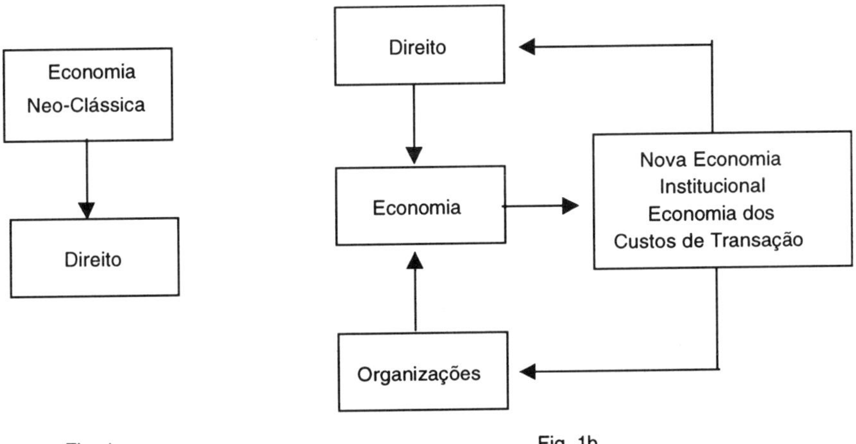

Fig. 1a
Direito e Economia

Fig. 1b
Direito, Economia e Organizações

Fonte: Williamson, O. E. "Revisiting Legal Realism: The Law, Economics, and Organization Perspective", in *Coasean Economics: Law and Economics and the New Institutional Economics*, edited by S. Medena.

O autor propõe (mais recentemente) esquema para explicar as relações interdisciplinares, segundo o qual o Direito e as Organizações municiam a Economia para o estudo das instituições e organizações. Economia tem o papel central, segundo Williamson, que neste ponto concorda com Posner. Busca, portanto, ampliar a aplicação da teoria neoclássica ao direito, que é como ele define a Análise Econômica do Direito.

Objetivo da área de Direito, Economia e Organizações seria o de redefinir o modo pelo qual economistas e outros cientistas sociais pensam e investigam a economia, as organizações e as instituições. Afasta-se do conceito da "firma" como mera função de produção e caminha para a firma como um modo de governança, o que dá às organizações papel antes ignorado. Aqui encontramos mais uma parte da resposta à pergunta a respeito da natureza de uma Ciência das Organizações e da sua relação com a Economia e o Direito.

Um dos aspectos centrais do pensamento de Williamson é o papel do ordenamento privado em contraste com o ordenamento público. O segundo é mais afeto ao estudo da L&E tradicional, enquanto a ênfase no ordenamento privado, ou seja, na capacidade de as organizações funcionarem como instâncias para a solução de conflitos pós-contratuais tem papel central na LE&Orgs.

3.5 Macroinstituições

Quase ausente do debate, a não ser por uma citação de Posner, sobre o trabalho de North parece fundamental para o estudo da Economia, Direito e Organizações investigar se, dado que as organizações são arquitetadas de modo a buscar eficiência, quanto tal arquitetura é pautada pelo ambiente institucional.

É North que investiga as instituições, tanto em termos da sua origem, como também a sua evolução (*institutions through time*). Historiador econômico, North está preocupado com as forças que dão forma às instituições por ele definidas como mecanismos criados pelo homem, para pautar e controlar as suas ações, o aparecimento de normas e regras sociais, fundamentais para o estudo do Direito como das Organizações. A interação das normas informais com as formais tem aberto importante veio de pesquisa no campo das organizações.

North faz a ligação com a economia política ao debate e discute as imperfeições do funcionamento do judiciário. Há custos para determinar sentenças, estas não são isentas de viéses e pressões, há custos para se implementar as decisões judiciais. Ressaltando que os custos de transação, nas sociedades, estão associados ao seu grau de desenvolvimento e derivam da capacidade delas, sociedades, de desenhar instituições sólidas, North demonstra a importância de diálogo entre o estudo das macro e microinstituições, o que indica haver mais um elemento de resposta à indagação inicial que motiva o presente projeto.

4. Questões para o diálogo

Ao ler parte do debate travado no campo da Análise Econômica do Direito e Organizações, muitos aspectos ainda são obscuros e serão tratados no presente projeto.

Diferentes tradições jurídicas: toda a literatura que dá fundamento ao debate, tem a sua raiz no direito consuetudinário. Até que ponto o tema do contraste com a tradição do direito positivo é relevante para o estudo?

O objeto do estudo amplia-se quando são introduzidas as organizações. Parece que a academia dá pouca consideração a estudo sério da Economia das Organizações. Seria a teoria econômica menos enfatizada do que deveria pelas escolas de Administração e Direito? E o estudo de direitos de propriedade deveria ser mais aprofundado, incluindo-se sua interface com a questão de falhas de mercado? Coase é pouco aprofundado pelos economistas e desconhecido dos juristas?

Os métodos da Economia tradicional enfatizam a análise quantitativa que é, de certo modo, pouco apreciada pelos operadores do Direito. Entretanto, ao ler as Revistas Acadêmicas nas áreas de *Law and Economics* e de Organizações, fica patente a necessidade do tratamento estatístico, ou de alguma habilidade para sua compreensão. Por outro lado, o estudo de casos parece um primo pobre entre os economistas quando tratam de metodologia. Coase nos convida a reconsiderar essa posição ao afirmar, no seu discurso de Nobel, que o processo contratual deve ser estudado *in a real world setting*.

Unidade de análise: existe clara ruptura entre L&E tradicional e LE&Orgs. A nova economia das instituições, na vertente da ECT, considera a transação como unidade de análise. A vertente macroinstitucional considera (menos enfaticamente) as instituições como unidades de análise. A L&E tradicional utiliza os mercados como unidade de análise, à moda da escola neoclássica. Quais os impactos e importância desta questão?

Ensino: Mais teoria econômica nos parece necessária, tanto nas escolas de Direito como de Administração. No esquema de Williamson (que leciona nos departamentos de Economia, Direito e *Business* em Berkeley, Califórnia, EUA), a teoria econômica ocupa papel central para compreender as organizações. Ressalta-se a importância e o potencial para a exploração dos benefícios do trânsito de alunos, além de docentes, entre as áreas de Economia, Organizações e Direito.

Percebe-se que há enorme espaço não trilhado na interface das três áreas do conhecimento. Há farto alimento disponível nas áreas de:

Análise do comportamento das cortes e juízes.

Estudo dos custos do Judiciário sobre decisões das pessoas.

Estudos de quebras contratuais e forma de governança.

Desenhos eficientes de contratos e organizações.

Associações estratégicas.

Mudanças institucionais e adequação das organizações.

Direito de propriedade e sua função social.

Tributação e instituições.

Governança Corporativa, entre outras.

São tais temas e oportunidades que movem o presente projeto.

A ECONOMIA E O DIREITO DE PROPRIEDADE

DECIO ZYLBERSZTAJN E RACHEL SZTAJN

Apresentação. A Economia e o Direito de Propriedade. Conceito de Direito de Propriedade em Economia. Surgimento dos Direitos de Propriedade. Propriedade das "Firmas". Bibliografia.

Apresentação

O presente texto foi gerado para o segundo encontro do Centro de Estudos de Organizações e Instituições da Universidade de São Paulo, cujo objetivo é pautar as discussões sobre o Direito e Economia, com vistas ao avanço institucional no Brasil.

A Economia e o Direito de Propriedade

A análise econômica do direito de propriedade representa a linha de sustentação fundamental das diferentes vertentes que estudam a Economia do Direito, entre as quais Mercuro e Medema (1997) citam a escola de Chicago, a teoria da Escolha Pública, a escola Institucionalista e a Nova Economia Institucional, esta última sendo uma área do conhecimento que releva a importância das instituições como promotoras do desenvolvimento econômico e as considera passíveis de análise.

No Direito se diz que o direito de propriedade é tido como um feixe que engloba os direitos de uso, usufruto e abuso, e que confere o exercício da exclusão sobre a coisa, que permite afastar terceiros que dela pretendam se apropriar, usar ou gozar. Em economia, os trabalhos seminais de Ronald Coase, de modo especial "The nature of the firm" (1937) e "The problem of social cost" (1954), abordaram de forma inovadora o tema da propriedade levando o que Stigler posteriormente denominou como Teorema de Coase.

Partindo do conceito de que o que se negocia não são os bens objeto de direito, mas sim direitos de propriedade sobre dimensões de bens, Coase propõe que, na ausência de "custos de transação" a alocação ou distribuição inicial dos direitos de propriedade sobre as dimensões dos bens não terá importância, pois os agentes negociarão a transferência dos bens a custo zero, podendo realocar de modo eficiente tais direitos. Assim construiu-se boa parte da Economia do Direito e da Nova Economia Institucional, que está voltada, primordialmente, para a lógica econômica dos arranjos contratuais relacionados à criação dos direitos.

A proposta de Coase, talvez melhor explicitada no seu discurso ao receber o Prêmio Nobel em 1972, pode ser desdobrada da seguinte forma: "O mundo real apresenta fricções que denominamos 'custos de transação', fricções estas causadas por assimetrias de informação que dificultam ou impedem que os direitos de propriedade sejam negociados a custo zero".

Os "custos de transação" são afetados pelo sistema legal e por normas não positivadas, que recaem sobre a alocação dos direitos de propriedade.

Outros autores, partindo dos estudos de Coase, ampliaram o trabalho tendo como foco a importância das instituições para o desenvolvimento socioeconômico do impacto no controle dos "custos de transação" e, portanto, na alocação do direito de propriedade. Esta foi a dimensão explorada por Douglas North (1990) na área macroinstitucional.

Outra vertente importante é a que considera os impactos da alocação do direito de propriedade sobre a eficiência e desempenho das organizações. Esta vertente, que podemos chamar de microinstitucional, parte da importância do direito de propriedade para o estudo das organizações e vem sendo desenvolvida por Oliver Williamson (1985).

Este texto considera apenas algumas dimensões introdutórias do estudo da economia do direito de propriedade, limitando-se a levantar conceitos básicos mais do que a aprofundá-los. Assim, trata do conceito de *direito de propriedade*, a economia dos direitos exclusivos, o efeito das formas de propriedade sobre os resultados econômicos e o surgimento e importância do direito de propriedade. O texto baseia-se fortemente no trabalho de T. Eggertsson (1990) e de Yoram Barzel (1997).

Conceito de Direito de Propriedade em Economia

Há na literatura econômica várias categorias de direito de propriedade. Ricketts (1987) define as categorias de direitos privados, direitos comunais e direitos coletivos e Eggertsson (1990) inclui o direito do Estado.

Para o Direito os bens se classificam em:

Bens móveis ou imóveis, divisíveis ou indivisíveis, singulares ou coletivos, públicos e particulares, corpóreos e incorpóreos, fungíveis ou infungíveis, disponíveis e indisponíveis e coisas fora do comércio (arts. 43 e ss. do Código Civil). Demais disso bens podem ser consumíveis, ou não.

Considere-se os direitos de uso e de transferência dos recursos, sendo que o primeiro pode, ou não, abranger o direito à destruição do recurso. A possibilidade de transferir os direitos de propriedade afeta, diretamente, seu valor econômico. Entretanto tal valor será afetado também pela existência de sistema de garantia (coerção — *enforcement*) quanto ao exercício dos direitos.

A garantia de exercício dos direitos pode ser oferecida pelo Estado ou, em certos casos, de forma privada, quando normas sociais, não positivadas, atuam muitas vezes como mecanismo redutor de "custos de transação", advindo daí a lógica da sua emergência. Quando a coerção privada, que decorre das normas informais, coincide com os incentivos providos pelo sistema legal, o custo de coerção é baixo; quando não, elevados custos de coerção podem emergir na sociedade. Inexistindo essa definição dos direitos, seja por normas sociais seja pelo Estado, as pessoas tenderão a defini-los em benefício próprio ou de seu grupo.

Dado que os direitos de propriedade são, muitas vezes, compartilhados, a possibilidade da sua realocação e transferência dependerá da existência de "custos de transação". O já citado paradigma básico de Coase é o pressuposto da irrelevância da alocação inicial dos direitos de propriedade na ausência de "custos transacionais". A dificuldade real é que eles existem.

A realocação dos direitos de propriedade é regulada por contratos que definem os termos da troca tanto nas condições do uso do recurso como na divisão dos resultados. Sua eficiência depende da existência de mecanismos institucionais legais, que garantam o cumprimento das promessas sempre que a contratação e a execução da operação forem defasadas no tempo, como no caso dos contratos de execução diferida, por exemplo.

Tanto os contratos baseados em disciplina positiva, como os acordos informais, suportados em outros mecanismos, surgem a partir da necessidade de dar eficácia a uma relação de troca de direitos de propriedade em ambiente no qual os agentes podem tomar decisões oportunísticas, em que as informações podem ser assimétricas e em que a racionalidade limitada impede a redação de contratos completos no sentido que à palavra cabe na literatura de Economia e Direito.

Para a nova economia das instituições as "firmas" (organizações) são consideradas como um "nexo" de contratos, sendo que na firma clássica de um empresário controlador, ele representa o agente que estrutura o conjunto de contratos bilaterais, entre indivíduos e entre "firmas".

Surgimento dos Direitos de Propriedade

O conceito básico de que as instituições emergem de modo a proteger direitos de propriedade, afetando os "custos de transação", leva a indagar por que existem instituições não ótimas. Segundo Eggertsson (1990) ainda que a definição e garantias de direitos de propriedade estejam associadas ao desenvolvimento econômico, em um mundo de "custos de transação" positivos, toda a sorte de interferências políticas na alocação dos direitos de propriedade acaba por afetar a sua definição.

Alguns modelos explicativos do surgimento dos direitos de propriedade coexistem na literatura. O primeiro é o modelo desenvolvido por Demsetz (1967), que se desenvolve a partir de bases quase antropológicas e se abstém de modelar as instituições políticas. No seu artigo seminal denominado "Towards a Theory of Property Rights", Demsetz apresenta um modelo que analisa a ação dos índios em duas regiões no Canadá, apresentando um problema típico do que a literatura veio denominar como "tragédias dos comuns". Em um caso de caça, o autor revela o problema da exaustão, com o desaparecimento das espécies na primeira região, enquanto na segunda isto não ocorre. O autor relaciona os dois fatos com a natureza física das duas regiões, uma de floresta fechada e outra de planície. Emergem duas diferentes estruturas que disciplinam o direito de propriedade sobre a terra nas áreas. Onde, por razões naturais, não existe problema de desaparecimento das espécies (exaustão), predomina a propriedade comum, e onde o problema ocorre, emerge o direito de propriedade privado como forma de controlar o uso dos recursos.

Ou seja, existe incentivo econômico para as diferentes sociedades investirem recursos para definir e preservar os direitos de propriedade. Eggertsson (1990) chama o modelo de "ingênuo" no sentido de que ignora o processo político, mas que tem utilidade para o estudo histórico do desenvolvimento das instituições.

Uma variante do modelo considera os custos de exclusão e os custos de governança interna do sistema de oferta de direitos de propriedade, tendo sido utilizados por Alston, Libecap e Mueller (1999) em estudo sobre a formação de direitos de propriedade da terra na região da Amazônia.

Modelos alternativos estudam situações nas quais os direitos de propriedade não emergem, seja devido aos custos políticos ou por razões de intervenção pública com base em critérios de eqüidade, ou ainda devido a custos de exclusão proibitivos. Aponta-se o caso do sistema comunista que não reconhece direitos de propriedade que pertencem à coletividade (Estado) e são insuscetíveis de apropriação pelos particulares.

O terceiro modelo importante baseia-se na ação dos grupos de interesse da sociedade que procuram interferir no processo normativo. Variáveis importantes são os "custos de transação", a possibilidade do efeito carona (*free-riding*) e a existência de informação assimétrica.

O modelo considera ser dada a estrutura institucional e que os agentes formarão grupos de interesse que otimizarão os seus interesses particulares e comuns. Este modelo se aproxima do modelo do *rent-seeking* apresentado por Krueger (1974) e Buchanan (1980).

Importante série de estudos com base no modelo de oferta e demanda de direitos de propriedade no Brasil foi desenvolvido por Bernardo Mueller, Gary Libecap e Lee Alston, podendo servir de exemplo para o enfoque que utiliza elementos quantitativos para testar o modelo, para o que utiliza o exemplo da titulação de terras no norte do Brasil.

Propriedade das "Firmas"

Esta vertente estuda os efeitos das formas de propriedade das "firmas" sobre os resultados econômicos.

Importante na origem dos estudos de governança corporativa, os modelos partem do pressuposto de que os resultados das empresas dependerão tanto da estrutura externa de direitos de propriedade (empresas estatais, empresas cooperativas, empresas abertas, sociedades limitadas), como, também, da estrutura de direitos de propriedade interna à organização caracterizada pelas regras internas e pela estrutura organizacional.

Toda a literatura gerada a partir do estudo das relações contratuais de propriedade das "firmas" na forma de responsabilidade limitada, conflitos de agência e regulação do mercado acionário cabem nesta vertente que redunda na análise da governança corporativa.

Ampla literatura, derivada da tese de Berle e Means (1932), com base nos elevados custos de monitoramento dos agentes no caso de propriedade dispersa das ações, leva à formulação da hipótese do surgimento de mecanismos alternativos para o controle da agência, no caso o risco de *take over*, ou seja, a competição no mercado de capitais restringe o oportunismo dos agentes e controla problemas de agência, como preferem Jensen e Mekling (1976).

Os estudos das formas de propriedade como as corporações abertas, sociedades limitadas, fundos mútuos, cooperativas e organizações sem fins lucrativos consideram o papel dos incentivos associados aos direitos de propriedade sobre os resíduos e pela responsabilidade existente sobre as iniciativas estratégicas dos que tomam decisões. O problema aqui apresentado se refere ao fato de que, nem sempre, a totalidade dos efeitos das decisões é sentida pelos que decidem, gerando potencial distorção na alocação dos recursos. Fama e Jensen (1985) consideram que na ausência de mercados por direitos residuais existe uma tendência de subinvestimento.

Finalmente, um conjunto de contribuições contrasta as empresas estatais em contraposição às de propriedade privada, em especial no recente período caracterizado pelo processo de retirada do Estado da produção, seja com a pura privatização, seja com a criação de mecanismos mistos de contratos de concessão de serviços públicos.

Esse o pano de fundo em que se pretende iniciar a discussão sobre as mudanças legais e institucionais que se relacionam à propriedade dos bens de produção, à apropriação dos resultados e a sua projeção sobre o desenvolvimento econômico e reflexos no aperfeiçoamento do bem-estar geral, ou seja, de que forma é possível, partindo do direito positivo, melhorar a distribuição de renda e aumentar o grau de satisfação da sociedade.

Bibliografia

BARZEL, Y. *Economic Analysis of Property Rights*, Cambridge University Press, 1997.

BERLE, A. e MEANS, G. *The Modern Corporation and Private Property*, Nova York, MacMillan, 1932.

BUCHANAN, J.; TOLLINSON, R.; TULLOK, G. *Toward a Theory of the Rent-Seeking Society*, College Station, Texas, A&M University Press, 1980.

COASE, R. "The nature of the firm" (1937), in *The Firm, the Market and the Law* (1988), Chicago, The University of Chicago Press, 217 p.

_____. "The problem of social cost" (1954), in *The Firm, the Market and the Law* (1988), Chicago, The University of Chicago Press, 217 p.

DEMSETZ, H. "Towards a Theory of Property Rights", *American Economic Review* 57, n. 2/347-359, 1967.

EGGERTSSON, T. "Economic behavior and institutions", *Cambridge Surveys of Economic Literature*, 1990.

FAMA, E. F. e JENSEN, M. C. "Separation of ownership and control", *Journal of Law and Economics* 26, jun. 1983/301-25.

JENSEN, M. C. e MECKLING, W. H. "Theory of the firm: managerial behavior, agency costs and ownership structure", *Journal of Financial Economics* 3, out. 1976/305-60.

KRUEGER, A. O. "The Political Economy of the Rent Seeking Society". *American Economic Review* 64, 3 jun. 1974/291-303.

NORTH, D. C. *Institutions, Institutional Change and Economic Performance*, Cambridge University Press, 1990.

RICKETTS, M. *The Economics of Business Enterprise: New Approaches to the Firm*. The Harvester Press, 1987.

WILLIAMSON, O. E. *The Economic Institutions of Capitalism*, The Free Press, 1985.

DIREITOS DE PROPRIEDADE NA NOVA ECONOMIA DAS INSTITUIÇÕES E EM DIREITO E ECONOMIA

BERNARDO MUELLER

Na economia neoclássica os direitos da propriedade são perfeitamente definidos e completamente seguros. Nenhum custo é incorrido na obtenção e defesa dos direitos de propriedade e eles são sempre respeitados. Dado esta hipótese não é necessário considerá-los explicitamente na análise, pois os bens acabam automaticamente alocados da maneira que maximiza o bem-estar social. Para muitos bens os direitos de propriedade são suficientemente seguros para que esta hipótese seja razoável. Para muitos outros bens, porém, direitos de propriedade são custosos e não são totalmente seguros. Nestes casos a não inclusão explícita dos direitos de propriedade na análise pode comprometer seriamente as conclusões. Este problema tem motivado o surgimento de diversos ramos da literatura econômica que tentam tomar a análise mais próxima das condições efetivamente observadas no mundo real e muitas vezes têm como objeto central estudar como os padrões de direitos de propriedade afetam o comportamento dos agentes econômicos. Nesta nota irei focar em particular duas destas literaturas: a Nova Economia das Instituições (NEI) e a literatura de Direito e Economia (D&E).

A definição dominante de direitos de propriedade, tanto em Economia como em Direito, é de propriedade como sendo um conjunto de direitos (*bundle of rights*) sobre um recurso, que o dono está livre para exercer e cujo exercício é protegido contra interferência por outros agentes (Cooter e Ulen, 1988/91). Nesta definição propriedade consiste em uma série de relações entre pessoas e só incidentalmente envolve uma "coisa" ou um bem (Merrill e Smith, 2001/357).[1] Assim o dono de um pedaço de terra não tem necessariamente o direito absoluto sobre todos aspectos daquele lote, mas sim um conjunto ou uma lista de direitos. Este conjunto pode, por exemplo, incluir o direito de vender a terra, deixá-la de herança, subdividi-la, cercá-la, impedir que outros a atravessem, e o direito de construir uma casa. Ao mesmo tempo o conjunto de direitos pode não incluir o direito de impedir que outros atirem por cima da terra, de se apropriar de petróleo sob a terra, de plantar maconha, de deixar a terra improdutiva e de construir edificações acima de três andares.

Note que os direitos que constam do conjunto não são absolutos e dependem dos esforços que o proprietário coloca em defender cada direito, das tentativas de captura por outros indivíduos, e da proteção provida pelo governo. Como nota Barzel (1989/2), é razoável supor que os custos de proteger cada direito é crescente no nível de segurança desejado, de modo que nunca compensará tentar obter um direito

1. Ver Merrill e Smith (2001) para uma crítica à dominância desta definição e a defesa do conceito *in rem* de direitos de propriedade, pelo qual propriedade é uma relação particular entre uma pessoa e uma "coisa".

perfeitamente seguro. Sendo assim, alguns atributos do bem permanecerão no domínio público, o que gera incentivos para que outros agentes despendam recursos para tentar capturá-los. Esta perspectiva afeta a forma como o proprietário usará e investirá o recurso. Direitos de propriedade que não são perfeitamente seguros desincentivam o investimento e têm portanto importantes conseqüências sobre a performance econômica, que é a questão central de interesse dos economistas. Alston, Libecap e Mueller (1999), por exemplo, apresentavam evidência que na Amazônia proprietários de terras com títulos mais seguros adotavam mais investimentos específicos à terra do que aqueles com títulos menos seguros, e mostram como direitos de propriedade contribuem para afetar o comportamento econômico dos agentes e o desenvolvimento de mercados. Uma análise que abstraia dos direitos de propriedade quando eles não foram bem definidos irá prever comportamentos bem diversos do que efetivamente se observará.

O objetivo da literatura sobre direitos de propriedade, tanto na NEI como em D&E, é, portanto, analisar como a especificação dos direitos em cada caso específico afeta o comportamento dos agentes econômicos. A idéia central é que direitos de propriedade seguros e bem definidos, incluindo o direito de vender ou transferir a propriedade, irá fazer com que o recurso venha a ser alocado ao uso que gere mais bem-estar. No entanto, embora o objetivo geral seja igual na NEI e em D&E, o objeto de estudo e o enfoque é diferente. Em D&E o objetivo de estudo são leis formais e o propósito é usar teoria econômica para recomendar como as leis devem ser criadas e impostas para que induzam os agentes a agir de forma eficiente. Note que esta literatura usa o critério de eficiência de Pareto junto com todas as outras premissas da economia neoclássica, a diferença estando no objeto do estudo, as leis, que não são consideradas naquela literatura. Desta forma a literatura de D&E geralmente tem um enfoque normativo, isto é, visa recomendar como a economia e a sociedade *deveriam* ser organizadas.

Já a NEI, embora também tenha interesse no efeito das leis sobre o comportamento dos agentes econômicos, leva em conta também outras instituições além das leis, desde instituições informais e não escritas a costumes e normas. Outra diferença é que a NEI geralmente, embora nem sempre, tem um enfoque positivo. Ou seja, ela visa *explicar* o que causa o comportamento que efetivamente se observa na economia. Grande parte desta literatura busca explicar a realização e persistência de resultados ineficientes como conseqüência da existência de instituições que não induzem os agentes a mover para pontos mais eficientes, como acontece no caso de direitos de propriedade maldefinidos. O instrumental usado para isto varia de acordo com o praticante, dado que a literatura da NEI não é monolítica, sendo composta de diversos ramos e tendências diferentes. Pode portanto se embasar mais ou menos no instrumental neoclássico, dependendo de quais premissas (maximização de utilidades, racionalidade, equilíbrio) forem relaxadas.

Como forma de organizar a apresentação de diversos aspectos sobre o conceito de direitos de propriedade e como são tratados pela duas literaturas em foco, a figura 1 mostra um modelo simples que ilustra o processo de surgimento de direitos de propriedade.[2] O modelo será explicado para o caso de direitos sobre terra e depois será generalizado.

Figura 1 — Surgimento de Direitos de Propriedade

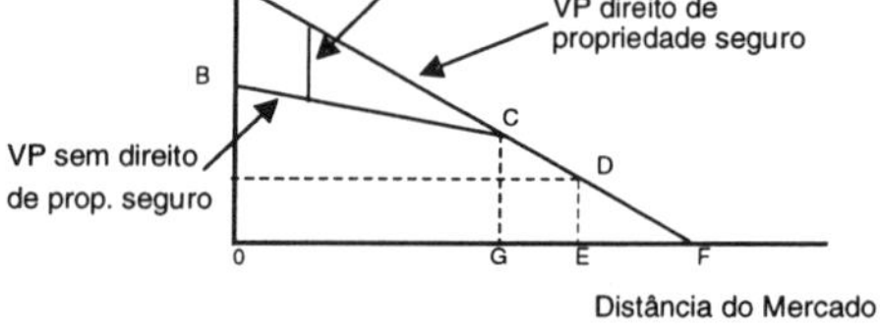

2. Este modelo está baseado em Alston, Libecap e Mueller (1999).

O eixo horizontal mede o quão longe um pedaço de terra está do mercado mais próximo, onde o ponto 0 é o mercado. O eixo vertical mede o valor presente do fluxo de renda que uma pessoa pode derivar por possuir aquela terra. A linha AF é o gradiente de renda que mostra o valor presente a cada distância do centro. Note que terra no ponto F está tão longe que não se pode derivar renda alguma por possuí-la. Espera-se portanto que nesta área a terra não seja ocupada ou usada. Suponha que o custo de oportunidade dos indivíduos com menos opções de emprego na sociedade seja igual ao valor DE. Neste caso, mesmo nas terras nas áreas entre E e F não esperamos ver ocupação ou uso, já que o retorno por fazer isto é muito baixo. Porém, a partir do ponto E e movendo na direção do mercado, o valor presente da terra começa a cobrir o custo de oportunidade de alguns indivíduos, de modo que nesta terra começaríamos a ver ocupação e uso. Pode-se portanto definir o ponto E como sendo a fronteira agrícola. Nesta terra, em geral, direitos de propriedade não serão bem definidos. Como existe uma abundância de terra com relação à demanda, dado que o valor presente é baixo, a ausência de direitos de propriedade seguros não deverá levar a conflitos, gastos em defesa e outras dissipações de renda. Porém, à medida que a terra se aproxima do mercado o valor presente vai aumentando e eventualmente chegará um ponto G, onde a ausência de direitos de propriedade começará a afetar o retorno que se pode obter da posse da terra devido a competição pela terra e seus atributos. A linha BC mostra o retorno que se obtém caso não se tenha direitos de propriedade bem seguros e seja preciso despender esforços e recursos para policiar sua posse e os investimentos na terra sejam de curto prazo. Já a linha AC mostra o retorno que se obtém caso os direitos de propriedade sejam seguros e tais custos não precisem ser incorridos. Note que a distância entre as linha AC e BC pode ser interpretada como o *rent* pelo direito de propriedade seguro. Este *rent* representa o quanto o indivíduo estaria disposto a pagar para ter o direito de propriedade seguro. A existência deste *rent* significa que o dono da terra terá um incentivo a dissipar este valor incorrendo em gastos defensivos e *lobby* pelo direito de propriedade. A distância entre as duas linhas pode ser interpretada também como sendo a demanda por direitos de propriedade. Já a oferta dos direitos de propriedade é determinada pelo processo político e não está representada no modelo. Seria de se esperar que em algum ponto entre G e 0 o processo político estabeleça direitos de propriedade sobre a terra.

O propósito central do modelo acima é responder à pergunta: como surgem os direitos de propriedade? Embora se tenha usado como exemplo a propriedade sobre a terra, o modelo pode ser generalizado para outros recursos. O ponto é que quando um recurso não é escasso não haverá uma demanda por direitos de propriedade. Porém à medida que a economia muda ou cresce os recursos vão se tornando escassos e eventualmente a ausência de direitos de propriedade seguros leve à dissipação de rendas através da competição entre os agentes econômicos para se apropriar dos diversos retornos ao recurso. Esta situação gera incentivos para que surja uma demanda por direitos de propriedade seguros que eliminem esta dissipação. Esta dinâmica pode acontecer com qualquer recurso que esteja passando por um processo de se tornar mais escasso, por exemplo, recursos naturais como cardumes de peixes, direitos de propriedade intelectuais sobre marcas e obras artísticas, nome de domínio na *internet*, espectro magnético etc. Para adaptar o modelo basta mudar a unidade do eixo horizontal de distância da terra para alguma outra medida da escassez do recurso.

Na literatura de direitos de propriedade na NEI existem dois pontos de interesse. O primeiro é o processo de mudança institucional, onde as instituições são endógenas e deve-se explicar por que tomam a forma que se observa. A dinâmica de como surgem direitos de propriedade é um exemplo de mudança institucional. O outro ponto de interesse é tomar as instituições como dadas e ver que efeito têm sobre o comportamento dos agentes. Neste caso parte-se de uma situação como aquela representada entre os pontos G e 0 na figura 1, ou seja, onde os direitos de propriedade são mal delineados e busca-se mostrar como esta situação leva à dissipação de recursos. Uma questão de interesse associada a este ponto é analisar que forma tomam os direitos de propriedade que são ofertados em resposta à demanda que surge. Tais estudos analisam o processo político pelo qual os direitos de propriedade são estabelecidos, sendo que o enfoque freqüentemente é mostrar que tais direitos não geram incentivos à alocação eficiente dos recursos.

Já a literatura de D&E também está interessada no processo pelo qual a oferta de direitos de propriedade responde à demanda por eles. No entanto o enfoque aqui é diferente. Em vez de se analisar o processo político que efetivamente estabelece os direitos de propriedade, em D&E supõe-se que o objetivo dos criadores de leis é maximizar o bem-estar social e então busca responder como as leis devem ser escritas e implementadas para que este objetivo seja alcançado.

Para entender como a literatura de D&E responde à pergunta de como os direitos de propriedade devem ser estabelecidos para que se atinja a eficiência econômica, é útil usar o arcabouço do Teorema de Coase (Coase, 1960). O artigo "The problem of social cost", onde Coase colocou a discussão que será brevemente descrita abaixo, é atualmente o texto mais citado em Direito e possivelmente o mais citado em Economia (Merrill and Smith, 2001/366), o que se deve tanto aos *insights* que gerou como à controvérsia que suscitou.

O Teorema de Coase pode ser melhor explicado através de um exemplo hipotético. Suponha uma fábrica que jogue dejetos em um rio do qual um fazendeiro retira água para irrigar sua plantação. A poluição no rio reduz a renda do fazendeiro em $500. O fazendeiro pode evitar este custo construindo uma planta de purificação de água que custa $300. Já a fábrica pode eliminar a poluição colocando um filtro que custa $100. Se a fábrica ou o fazendeiro fecharem ou se mudarem o custo individual é superior a $1000. A questão é determinar como a lei deve lidar com este caso. A quem ela deve dar o direito de propriedade sobre o uso de água de modo a levar à alocação eficiente de recursos?

O argumento de Coase é que se não houver custos de transação, então basta que os direitos de propriedade sejam bem definidos, que ambos os agentes irão voluntariamente negociar de modo a levar os recursos ao seu uso mais eficiente. Em outras palavras, contanto que os direitos de propriedade sejam bem definidos e não haja custos de transação, o uso eficiente dos recursos será automaticamente atingido independente de quem tem direito à água do rio. Note que o uso eficiente de recursos no exemplo é que a fábrica instale o filtro, o que custa $100. Qualquer outro resultado levaria a um custo maior do que $100, quer seja a cessação de produção pela fábrica ou pela fazenda ($1000), a instalação da planta de purificação ($300) ou o fazendeiro continuar usando água poluída ($500). Sendo assim, qualquer destes resultados representaria uma alocação ineficiente dos recursos. Quando o fazendeiro tem direito a água limpa ele estaria disposto a abrir mão daquele direito e deixar a fábrica poluir se esta lhe compensasse em $300 ou mais, pois então poderia construir a planta de purificação. Porém a fábrica prefere colocar um filtro, que lhe custa $100, e continuar produzindo. Neste caso não há barganha, porém o resultado final é o eficiente. Já se a fábrica tem o direito de propriedade de poluir o rio, o melhor que o fazendeiro pode fazer é lhe oferecer $100 ou mais para que instale o filtro. Em ambos os casos, independente de quem detinha o direito de propriedade, o resultado foi eficiente, ou seja, a instalação do filtro. A distribuição de renda entre os agentes após a barganha é afetada pelo direito de propriedade. Aquele que detém o direito sempre sai ganhando. Porém a distribuição de renda não é o que está sendo discutido no Teorema de Coase e sim a eficiência econômica.

Não irei entrar nas diversas controvérsias e interpretações que o artigo de Coase suscitou.[3] O objetivo aqui é analisar como as literaturas da NEI e de D&E interpretam o Teorema de Coase. Para a NEI, como enfatizado pelo próprio Coase, este resultado pode ser interpretado notando que na vida real direitos de propriedade freqüentemente não são bem definidos e custos de transação raramente são baixos. A princípio isto significaria que os agentes econômicos teriam dificuldades em barganhar para mover a uma alocação mais eficiente dos recursos, de modo que os ganhos de troca potenciais não seriam realizados, o que representa uma perda de bem-estar. O que a NEI propõe é que em vez de simplesmente abrir mão destes ganhos de troca, que podem ser expressivos, os agentes econômicos têm incentivos para organizar suas relações criando instituições que mitiguem os problemas que impedem a negociação, permitindo assim que os ganhos de bem-estar sejam realizados. Um exemplo disto é a própria firma que é uma instituição que suspende o mercado em suas fronteiras e permite que a produção de um bem possa ocorrer a despeito de todos os custos de transação e problemas de direitos de propriedade envolvidos em tal processo (Coase, 1937). Outro exemplo é a imposição de procedimentos burocráticos e demorados em uma agência regulatória pelo governo que lhe delegou a função de regular. Estes procedimentos impedem que a agência aja de maneira oportunista e fira os interesses do governo antes que este perceba, e reduz assim o perigo que o governo incorre ao delegar estas tarefas na presença de assimetrias de informação (McCubbins, Noll e Weingast, 1987). Desta forma os ganhos de delegação podem ser realizados, pois instituições foram criadas (ou seja os procedimentos específicos que a agência tem que seguir para tomar qualquer medida) que salvaguardam o interesse do governo. Este último exemplo ilustra o fato de que as instituições não necessariamente levam à eficiência social, mesmo quando ajudam a realização de ganhos de troca privados.

Para a literatura de D&E a interpretação do Teorema de Coase depende do nível de custos de transação que permeiam o caso específico. Quando os custos de transação são baixos, a recomendação desta literatura é que a lei deve ser estruturada de forma a remover os obstáculos à negociação privada. A lei pode facilitar a negociação voluntária entre as partes reduzindo custos informacionais, de monitoração e de comportamento estratégico. Neste caso não é importante à qual das partes a lei dê o direito de propriedade, contanto que este esteja claro. A estratégia de análise na literatura de direitos de propriedade em D&E é portanto perguntar "como e de que maneira a regra ou instituição de propriedade lubrifica as transferências de recursos ao facilitar as barganhas individuais" (Cooter e Ulen, 1988).

Já quando os custos de transação forem altos os ganhos de trocas decorrentes da negociação direta entre as partes podem não ocorrer. Neste caso o resultado da invariância da alocação final à dotação dos direitos de propriedade tenderá a não se realizar. Este é o mundo que Coase analisa na segunda metade de "The problem of social cost". Para estas situações a literatura de D&E recomenda que a lei deve dar incentivos para que os agentes ajam de forma que resulte na mesma alocação de recursos que resultaria caso os custos de transação fossem baixos. Nas palavras de Coase, "os tribunais devem compreender

3. Ver por exemplo o seguinte artigo de título sugestivo: D. Usher, 1998, "The Coase Theorem is tautological, incoherent or wrong", *Economic Letter* 61/3-11.

as conseqüências econômicas de suas decisões e devem, até o ponto que isto for possível e sem criar muitas incertezas a respeito da posição legal propriamente dita, levar em consideração estas conseqüências ao tomar suas decisões" (Coase, 1960/19). Ou, como colocam Cooter e Ulen (1988) ao concluir o capítulo sobre a teoria econômica de direitos de propriedade em seu livro texto de D&E: "A lei de propriedade (*property law*) portanto estabelece no sistema legal uma estrutura de mercado para a alocação de recursos. Criar, proteger e melhorar esta estrutura transacional é uma de suas funções centrais".

Segundo Merrill e Smith (2001/369), apesar das muitas críticas feitas por Coase em "The problem of social cost" aos critérios usados pelos juízes nos EUA, na segunda metade do artigo ele mostra mais otimismo com relação à capacidade dos tribunais de fazer uma alocação sensata dos direitos. A este respeito existe em D&E toda uma literatura que argumenta que a *Common Law* tem forças dentro de si que fazem com que as decisões tendam à eficiência econômica.[4] Talvez um ponto de partida para a adaptação da teoria de D&E para o caso da lei brasileira seria analisar como casos específicos de disputas por direitos de propriedade são de fato resolvidos e comparar então com a resolução que é recomendada pela teoria econômica normativa. Caso estas soluções divirjam, a tarefa seria sugerir como a lei poderia ser mudada para levar à solução economicamente eficiente.

Referências

ALSTON, L. J., LIBECAP, G. D. e Mueller, B. *Titles, Conflict and Land Use*, Michigan University Press, 1999.

BARZEL, Yoram. *Economic Analysis of Property Rights*, Cambridge University Press, 1989.

COASE, R. "The nature of the firm", *Economica* 4, n. 3/386-405, 1937.

_______. "The problem of social cost", *Journal of Law and Economics* 3, n. 1/1-44, 1960.

COOTER, R. e ULEN, T. *Law and Economics*, Glenview, Scott, Foresman and Company, 1988.

MERRILL, T. W. e SMITH, H. E. "What happend to property in Law and Economics", *The Yale Law Review*, v. 111/357-398, 2001.

McCUBBINS, R. Noll e WEINGAST, B. R. "Administrative procedures as instruments of political control", *Journal of Law Economics and Organization* 3, 234-277, 1987.

4. Ver trabalhos citados em Cooter and Ulen (1988/492-499).

A "PROPRIEDADE PRIVADA" ENTRE O DIREITO CIVIL E A CONSTITUIÇÃO

ALCIDES TOMASETTI JR.

Parágrafo 1º

Entre as funções do Direito encontra-se a *atribuição de titularidades* relativamente aos *bens*. Essa atribuição ocorre mediante várias e diversificadas técnicas, as quais podem resumir-se na dualidade representada pela concessão de um *direito* e a correlativa imposição de um *dever*.

Muitas das técnicas jurídicas de atribuição de bens supõem o *princípio da escassez* de recursos, em face das infinitas necessidades humanas. Implicam, também, a comprovada ocorrência de *conflitos* entre as várias pessoas que pretendem para si a atribuição de um mesmo bem, o qual, entretanto, somente poderá atender aos *interesses* de uma só destas pessoas, ou ao interesse de algumas dessas pessoas, com o conseqüente sacrifício do interesse das demais.

Perante tais *conflitos de interesses*, atuais ou potenciais, há uma técnica jurídica particularmente importante. Dentre os vários interesses conflituosos, o órgão legitimado para editar as normas jurídicas correspondentes escolhe um desses interesses concorrentes, tratando-o como *interesse subordinante*, e aos outros como *interesses subordinados*.

A escolha de um dentre os vários interesses conflitantes obedeceria a decisivos *critérios de justiça* adaptados a resolver, *eqüitativamente*, os conflitos entre os grupos interessados na utilização ou apropriação das coisas. Este trâmite importa, às vezes, a sobreposição da "*justidade*" por contraposição à *eficiência*. Aos juristas mais atualizados, entretanto, é notório que têm de ser encontradas e estabelecidas relações de equilíbrio entre os aspectos econômicos e sociais correspondentes, tanto mais que a ineficiência econômica implica o gasto de atividades e de recursos. Assim, a eventual desconsideração da eficiência na atribuição de bens torna-se causa de empobrecimento da sociedade.

Ao titular do interesse subordinante, e para o fim de defender esse interesse, a norma jurídica editada para regular a espécie confere *um direito*, impondo, correlativamente, *um dever*, ao titular do interesse subordinado.

O titular do *poder jurídico* denominado "*direito*" pode *exigir* [pretender] e pode *agir* [acionar] para que o interesse dele — definido como subordinante — efetivamente venha a prevalecer sobre os titulares dos interesses subordinados, aos quais foi imposto o *dever jurídico* consistente em *omitir-se* ou em *colaborar* para a realização do interesse subordinante.

A relação, que a norma jurídica estabelece, em termos de pessoa titular de um "direito", e de pessoa destinatária de um "dever", recebe o nome de *relação jurídica*.

Parágrafo 2º

O titular do direito é o *sujeito ativo* da relação jurídica; ao destinatário do dever jurídico correspondente chama-se *sujeito passivo* da relação jurídica.

A propriedade privada é um "direito"; o respectivo titular é o sujeito ativo da relação jurídica. Afora o proprietário, *todas* as demais pessoas constituem o sujeito passivo da relação jurídica.

Isso não acontece com o "direito" chamado "*crédito*". O sujeito ativo da relação jurídica é o *credor*; o sujeito passivo é o *devedor*. O devedor, para desobrigar-se, tem de pagar ao credor e somente se desobriga se pagar ao credor. O credor, por sua vez, só ao devedor, e a ninguém mais, pode exigir o cumprimento do *direito de crédito*.

A *relação jurídica de crédito* tem sujeito ativo e sujeito passivo determinados ou determináveis; sabe-se, com certa facilidade, *quem é ou será o credor* (isto é, o sujeito ativo da relação jurídica de crédito) e *quem é ou será o devedor*.

O mesmo não se passa com a *relação jurídica de propriedade*. Sabe-se, normalmente, quem é o *proprietário* (isto é, o sujeito ativo da relação jurídica de propriedade). Mas o sujeito passivo da relação jurídica de *propriedade privada* são todas as demais pessoas não proprietárias do *objeto* sobre o qual incide o poder jurídico do proprietário.

Por isso se diz que o poder jurídico, o "direito" do proprietário, afeta *imediatamente* o objeto do direito do proprietário, e afeta *mediatamente*, por *exclusão*, todas as demais pessoas não titulares do direito. Daí a expressão "*sujeito passivo universal*" para designar a totalidade de pessoas que ocupam o pólo passivo da relação de propriedade.

As *relações jurídicas creditícias* têm sujeitos passivos determinados ou determináveis. As *relações jurídicas de propriedade têm sujeito passivo universal*. Nas relações jurídicas creditórias o sujeito passivo — o devedor — encontra-se na posição de ter de cumprir uma *obrigação*. Nas *relações jurídicas de propriedade* o sujeito passivo — todas as demais pessoas — encontra-se em posição de *exclusão*.

No jargão político a palavra "*excluído*" significa as mais das vezes a posição dos não titulares de propriedade privada, ou seja, o sujeito passivo universal das relações de propriedade.

Parágrafo 3º

O direito de propriedade privada e o direito de crédito são *direitos patrimoniais*, ou seja, encontram-se no patrimônio das pessoas.

Sob a ótica do direito chama-se *patrimônio* o conjunto complexo de posições jurídicas de sujeito ativo e de sujeito passivo, das quais uma pessoa é titular, sendo que estão reunidas no patrimônio apenas aquelas posições jurídicas ativas e passivas suscetíveis de *valoração econômica* e de conseqüente *expressão monetária*.

Como se vê, na terminologia dos juristas, *os bens econômicos eqüivalem aos bens patrimoniais*.

Os direitos de crédito e os direitos de propriedade são *direitos patrimoniais* pela razão de que — insista-se — manifestam valor econômico e podem ser expressos mediante quantificações em dinheiro.

Os direitos patrimoniais são *transmissíveis*; circulam do patrimônio de um sujeito para o patrimônio de outro sujeito. São *bens patrimoniais* aqueles que entram no *processo de circulação de riqueza*.

Os juristas vêem o processo de circulação de riqueza a partir do conceito jurídico de *operação econômica*.

Verifica-se uma operação econômica, muito simplesmente, quando sucede *circulação de riqueza*, isto é, transferência atual ou potencial de riqueza do patrimônio de um sujeito para o patrimônio de outro sujeito, *independentemente* de que sejam buscadas vantagens especulativas, ou de que haja contraprestação.

A circulação patrimonial incide sobre utilidades econômicas, isto é, sobre prestações de produtos ou de serviços, *normalmente oferecidas e procuradas no mercado*, e, por conseqüência, dotadas de um *valor objetivo de mercado*.

Parágrafo 4º

O direito de propriedade pode ter como objeto *bens de produção* e *bens de consumo*. O pensamento jurídico não é coincidente com o pensamento econômico a respeito dessa distinção.

O *Código de Defesa do Consumidor* enuncia em seu art. 2º: "Consumidor é toda pessoa física ou jurídica que adquire ou utiliza produto ou serviço como *destinatário final*".

Esse critério — "*destinação final*" — carece de esclarecimentos.

Aceitando-se que o *circuito econômico* compõe-se de três etapas (produção, circulação e consumo), supõe-se que o consumidor seja o sujeito principal da relação de consumo. Pelo *consumo não produtivo*, encerra-se o circuito dos produtos e serviços, na medida em que a destinação dos bens para o *consumo final* encerra a participação desses mesmos bens no circuito econômico.

Conforme a *destinação* que lhes for aplicada, dois bens idênticos podem ser tratados como *matéria de consumo* em sentido estrito, em vista da destinação final, ou como *matéria de insumo*, conforme sejam empregados para a produção de outros serviços ou produtos finais.

A distinção entre a *garantia da propriedade privada* sobre bens de consumo e a *garantia da propriedade privada* sobre bens de produção, num plano talvez inconsciente, encontrou correspondência no campo constitucional.

No art. 5º, *caput*, da Constituição Federal de 1988, lê-se:

"Todos são iguais perante a lei, sem distinção de qualquer natureza, garantindo-se aos brasileiros e aos estrangeiros residentes no País a inviolabilidade do *direito à vida, à liberdade, à segurança e à propriedade* (...):

"XXII — é garantido o direito de propriedade;

"XXIII — a propriedade atenderá a sua função social."

No citado *caput* do art. 5º da Constituição do Brasil encontra-se assegurada, sob a forma de *direitos*, a pertinência subjetiva da *vida*, da *liberdade*, da *segurança* e da *propriedade*.

A propriedade, nesse contexto, assume um particular significado, que não se repete nos incisos XXII e XXIII do mesmo art. 5º.

Uma coisa é o direito à propriedade; outra o direito *de* propriedade. *O direito de propriedade* exercita-se de modo particularizado sobre os *bens de produção*. E somente quanto à *propriedade privada dos bens de produção* está ordenado que se atenda à "*função social da propriedade*" (Constituição Federal, art. 170, *caput* e inciso III).

Parágrafo 5º

Os bens de consumo, na articulação constitucional, integram o objeto de um outro direito, o *direito à personalidade*, ou *direito geral de personalidade*.

Há um significado *técnico* e um significado *ético-jurídico* para a expressão "*direito à personalidade*".

Na esfera jurídica nuclear da personalidade congregam os *bens jurídicos irredutíveis que correspondem a uma pessoa pelo simples fato de ser pessoa*.

São bens que correspondem ao *ser* e não ao *ter*.

A asseguração jurídica dessa *totalidade existencial irredutível*, tanto individual como socialmente necessária, importa, para o seu titular, a garantia de autopreservação, de auto-afirmação e da própria autodeterminação enquanto *pessoa*, isto é, enquanto ser que implica um *fim em si mesmo*, e que, portanto, não pode meramente instrumentalizar-se a *fins alheios*.

Disso tudo se extrai o *sentido* da inserção do *direito à propriedade* no *caput* do art. 5º da Lei Maior.

Na cabeça do art. 5º da Constituição Federal o *direito à propriedade garante-se num plano superior ao do direito patrimonial de propriedade*. O direito à propriedade, não por acaso, garante-se juntamente ao direito à vida, ao direito à liberdade, ao direito à segurança.

Imantado à significação existencial ínsita à dignidade da pessoa, o sentido primeiro e originário da *propriedade em sentido ético-jurídico* certamente não está em legitimar o proprietário para repelir todos os *excluídos* que se intrometam ou interfiram na posição jurídica da qual é titular exclusivo o mesmo proprietário.

A *concepção ético-jurídica da propriedade* importa assegurar que o ser humano — com os bens ou graças aos bens atribuídos a ele enquanto pessoa — tenha oportunidade de *criar, expandir e consolidar a própria personalidade*.

Eis a medida em que a atribuição de direitos efetivos assegura, à pessoa enquanto pessoa, a titularidade ou o desfrute de um *espaço vital*, de um *círculo existencial-material*, aos quais cada pessoa possa imprimir o próprio caráter, *a própria personalidade*, a qual se reflete e se reproduz no ambiente assim singularizado, interativamente.

Parágrafo 6º

O "*direito à propriedade*", a que alude o *caput* do art. 5º, da Constituição Federal, implica, desenganadamente, a pertinência *de bens de consumo em sentido estrito* — isto é, destinados, ao desfrutamento pessoal no círculo individualizado em que figura o titular deles ("*propriedade personalíssima*") —, e isto sem prejuízo dos chamados *bens sociais* correlacionados à *seguridade*, à *educação* e à *cultura*, ao *meio ambiente*, à proteção da *maternidade*, da infância e da *senectude* (Constituição Federal, arts. 6º; 196-197; 201-204; 205-217; 225; 201, III; 203, I-II; 227; 230).

Os *bens de produção* não se podem conter num espaço vital individualizado.

A propriedade privada dos bens de produção redunda em poder sobre os *bens* que também se projeta e se exercita sobre *homens*. Não é por outra razão que a propriedade privada sobre os bens de produção — a qual dá suporte decisivo à *livre iniciativa empresarial*, configuradora, por excelência, da atividade econômica, consoante o modelo constitucional (arts. 1º, III; 170, II e 173, *caput*) — *está funcionalizada à meta* de "assegurar a *todos* existência *digna*, conforme os ditames da justiça social" (art. 170, *caput*), e não, meramente, à acumulação da riqueza, e à apropriação individual do lucro, pelo empresário. A "*função social da propriedade*", no que diz respeito aos *bens produtivos*, ressalta.

Por outro lado, o assentamento do "direito à propriedade", na Constituição Federal, art. 5º, *caput*, não permite, porém, ressuscitar a *ideologia* envolvida pela asserção de que "*a propriedade é projeção da personalidade*".

Essa afirmativa é originária do período da Revolução Francesa, quando se perceberam as *concretas possibilidades da propriedade privada* (sobre os bens de consumo e sobre os bens de produção) para a *gestação e a atuação da liberdade individual*.

Já se viu como o "direito à propriedade" no *caput* do art. 5º, da Constituição da República, corresponde à exigência ética material de uma esfera personalíssima individualizada, em cuja dimensão têm de comparticipar bens de consumo em sentido estrito, suscetíveis de titularidade e desfrute *direcionados* à criação, ao desenvolvimento e à consolidação do ser chamado pessoa, no sentido axiológico-normativo do termo.

Eis, em síntese, a razão pela qual deu-se à presente comunicação o título declarado desde o início: "*A propriedade privada entre o Direito Civil e a Constituição*".

São Paulo, 7 de maio de 2002.

Espaço Discente

NOTAS SOBRE A EFICÁCIA DA CLÁUSULA COMPROMISSÓRIA ESTATUTÁRIA*

JULIANA KRUEGER PELA

I — Introdução. II — Aspectos centrais da cláusula compromissória no Direito brasileiro. III — Disciplina das deliberações nas sociedades por ações: a regra da maioria. IV — A cláusula compromissória estatutária e o acionista minoritário dissidente. V — Bibliografia.

I — Introdução

A recente reforma da lei acionária brasileira, promovida pela Lei 10.303, de 31.10.2001, trouxe diversas inovações à disciplina e aos institutos relativos às sociedades por ações. O presente estudo pretende tratar de uma dessas inovações, a saber, a introdução de um § 3º ao art. 109 da Lei 6.404, de 15.12.1976, que dispõe:

"Art. 109. (...) "§ 3º. O estatuto da sociedade pode estabelecer que as divergências entre os acionistas e a companhia, ou entre os acionistas controladores e os acionistas minoritários, poderão ser solucionadas mediante arbitragem, nos termos em que especificar."

Segundo esse dispositivo, portanto, pode o estatuto da sociedade por ações indicar a arbitragem como mecanismo de solução das divergências que venham a emergir nas relações entre os acionistas e a companhia ou entre os acionistas controladores e os acionistas minoritários.[1]

Para tanto, deve o estatuto social conter a chamada cláusula compromissória arbitral, assim definida pelo art. 4º da Lei 9.307, de 23.9.1996 (Lei de Arbitragem):

"Art. 4º. A cláusula compromissória é a convenção através da qual as partes em um contrato comprometem-se a submeter à arbitragem os litígios que possam vir a surgir, relativamente a tal contrato."[2]

* Trabalho apresentado no 1º semestre de 2002 no Curso de Pós-Graduação da Faculdade de Direito da Universidade de São Paulo, disciplina "Reforma da Lei das Sociedades Anônimas e do Mercado de Capitais" (DCO-5867-2), ministrada pelos Profs. Associados Rachel Sztajn e Mauro Rodrigues Penteado.

1. Note-se que, nesse dispositivo, o termo "acionistas controladores" é empregado em oposição à "acionistas minoritários". Trata-se, conforme se aduzirá no item III, infra, da utilização do conceito de controle interno majoritário.

2. Ressalte-se, desde logo, que não se pode alegar a inaplicabilidade desse dispositivo às sociedades por ações, por tratar de "partes de um contrato" e conflitos relativos a um "contrato". Com efeito, deve-se lembrar aqui do conceito de contrato plurilateral, tal como desenvolvido por Ascarelli. Esclarece esse autor, realmente, que os efeitos do contrato plurilateral projetam-se em pelo menos três planos: (i) o das relações entre os sócios; (ii) o das relações entre os sócios e a sociedade, enquanto pessoa jurídica; e (iii) o das relações entre a sociedade, enquanto pessoa jurídica, e terceiros, razão pela qual são tam-

Nas sociedades por ações, a adoção da cláusula de que trata o art. 4º da Lei de Arbitragem, acima transcrito, deve ocorrer em sede de assembléia geral, com necessário reflexo no estatuto social da companhia, inclusive por força do disposto no § 1º do mesmo art. 4º.[3] Por essa razão, costuma-se empregar, nesse caso, a expressão "cláusula compromissória estatutária", utilizada inclusive no título deste estudo.

A referida adoção, com efeito, tanto pode ser deliberada pelos acionistas no ato de constituição da sociedade, mais precisamente em sua assembléia geral de constituição, quanto em momento posterior, vale dizer, em assembléia geral extraordinária.[4] Essa distinção, segundo o raciocínio que aqui se pretende desenvolver, revela-se bastante importante na análise da eficácia da cláusula compromissória estatutária.

De fato, no âmbito da assembléia geral de constituição, o sistema da lei acionária pressupõe a adesão irrestrita dos subscritores ao conteúdo do projeto de estatuto social. Ao contrário do que ocorre nas reformas estatutárias posteriores, em que a respectiva deliberação pode ser tomada por maioria, na assembléia geral de constituição "a maioria não tem poder para alterar o projeto de estatuto", nos termos do art. 87, § 2º da Lei 6.404/1976.[5]

Em razão dessas regras, não resta dúvida de que, caso o estatuto social aprovado quando da constituição da companhia contemple a adoção da cláusula compromissória arbitral, todos os acionistas estarão a ela vinculados porque necessariamente manifestaram seu consentimento a esse respeito.[6]

Por outro lado, em se tratando de reformas estatutárias deliberadas em assembléia geral extraordinária, vigora, em princípio, a regra da maioria, nos termos do art. 129 da lei acionária.[7]

bém extremadas as noções de *relações internas e relações externas*. Nesse sentido, é particularmente elucidativa a seguinte passagem: "O contrato plurilateral, com a organização assim criada, constitui, por assim dizer, o substrato da pessoa jurídica: através desta, as várias relações jurídicas são, pois, concebidas e disciplinadas unitariamente. As relações de cada parte com 'todas as outras' sucedem, portanto, as de cada parte com a pessoa jurídica; às relações de 'todas as partes' para com os terceiros, as da pessoa jurídica para com os terceiros" (*Problemas das Sociedades Anônimas e Direito Comparado*, p. 313). Evidentemente, a cláusula compromissória inserida em um estatuto social só atinge as duas primeiras espécies de relações, conforme consta do próprio art. 109, § 3º da lei acionária brasileira. A respeito, confira-se Gianni Schizzerotto, *Dell'Arbitrato*, p. 192.

3. Transcrevemos, a seguir, o teor do referido dispositivo: "Art. 4º. (...) § 1º. *A cláusula compromissória deve ser estipulada por escrito, podendo estar inserta no próprio contrato ou em documento apartado que a ele se refira*".

4. Cumpre esclarecer que se trata de matéria objeto de Assembléia Geral Extraordinária em virtude do disposto nos arts. 131 e 135 da Lei 6.404/1976.

5. Note-se que, embora situada na seção que cuida da constituição de companhias por subscrição pública, a regra é cogente também para as constituições operadas por subscrição particular, quer sob a forma de assembléia geral, quer sob a forma de escritura pública. Em relação à primeira de tais formas, a regra incide por força do disposto no art. 88, § 1º da lei acionária, segundo o qual: "Se a forma escolhida for a de assembléia geral, observar-se-á o disposto nos arts. 86 e 87, devendo ser entregues à assembléia o projeto do estatuto, assinado em duplicata por todos os subscritores do capital, e as listas ou boletins de subscrição de todas as ações". Já em relação à segunda das formas acima indicadas, ou seja, subscrição particular por lavratura de escritura pública, a lei também prevê, no art. 88, § 2º, a necessidade de que esta última seja assinada por todos os subscritores e contenha o estatuto da companhia.

6. No caso de constituição de companhia por subscrição pública, todos os subscritores de capital, ainda que ausentes na respectiva assembléia, manifestaram, ao subscrever as ações, sua concordância com os termos do projeto de estatuto social, que lhes deve ter sido previamente submetido pelos chamados fundadores (cf. Darcy Arruda Miranda Júnior, *Breves Comentários à Lei de Sociedades por Ações*, p. 127). Por outro lado, no caso de subscrição particular, tal consentimento manifesta-se pela assinatura do projeto de estatuto submetido à assembléia geral, se essa ocorrer, ou pela assinatura da escritura pública de que trata o art. 88, § 2º da Lei 6.404/1976.

7. *In verbis*: "Art. 129. As deliberações da assembléia geral, ressalvadas as exceções previstas em lei, serão tomadas por maioria absoluta de votos, não se computando os votos em branco".

Especialmente no que toca à reforma do estatuto para fins de inclusão da cláusula compromissória, a vigência e cogência do princípio majoritário não são excepcionadas pelo art. 109, § 3º, ora analisado, e nem mesmo mitigadas pela atribuição, ao minoritário dissidente, do direito de recesso, dado o silêncio, nesse particular, do art. 137 da Lei 6.404/1976.

Todavia, considerando os princípios em que se assenta a Lei de Arbitragem, a possibilidade de impor a cláusula compromissória contra a vontade de um dos contratantes causa, no mínimo, estranheza. Com efeito, a possibilidade de excluir previamente determinados litígios do conhecimento do Poder Judiciário está condicionada, em primeiro lugar e nos termos do art. 1º da Lei de Arbitragem, à disponibilidade e patrimonialidade dos bens objeto de litígio e, em segundo lugar, à manifestação explícita dos contratantes nesse sentido, como se infere pelo disposto no art. 4º da Lei de Arbitragem, já mencionado acima.

Vislumbra-se, assim, uma tensão entre, de um lado, a regra da maioria, sobre a qual se organiza, em larga medida, a disciplina das sociedades e, de outro lado, um dos princípios basilares adotados pela Lei de Arbitragem, segundo o qual a cláusula compromissória é válida desde que voluntariamente aceita pelos que a ela se sujeitarão.

Diante dessa tensão, é de se indagar se a cláusula compromissória, cuja inclusão em estatuto social tenha sido deliberada por maioria, pode obrigar os minoritários que restaram vencidos.

Essa é, propriamente, a hipótese objeto do presente trabalho.[8]

Para enfrentá-la de forma adequada, serão abordados, preliminarmente, os traços essenciais da cláusula compromissória e a disciplina das deliberações nas sociedades por ações.

II — Aspectos centrais da cláusula compromissória no Direito brasileiro

Consoante se adiantou na introdução ao presente estudo, a cláusula compromissória é aquela que instrumentaliza o acordo das partes em um determinado contrato sobre a submissão dos litígios daí advindos a um juízo arbitral, com a conseqüente renuncia à utilização dos meios de acesso ao Poder Judiciário. Sob essa perspectiva, a doutrina reconduz a cláusula compromissória à categoria de *negócio jurídico processual*, "eis que a vontade manifestada pelas partes produz desde logo efeitos (negativos) em relação ao processo estatal e (positivos) em relação ao processo arbitral (já que, com a cláusula, atribui-se jurisdição aos árbitros)".[9]

Por conta disso, à promulgação da Lei de Arbitragem, seguiu-se debate sobre sua compatibilidade com a Constituição da República, pois nesta última a possibilidade de acesso ao Poder Judiciário tem o *status* de garantia fundamental. Assim, muito se discutiu se a acima mencionada dimensão negativa da cláusula compromissória arbitral — consistente em retirar dos órgãos judicantes estatais o poder de conhecer e dirimir situações de lesão ou ameaça de lesão a direitos — implicaria violação ao disposto no art. 5º, XXXV, da Constituição da

8. Note-se que poucos foram os autores que já enfrentaram essa questão. Dentre os que o fizeram, vale citar Luiz Leonardo Cantidiano, na obra *Reforma da Lei das S/A*; Modesto Carvalhosa, em artigo publicado na obra coordenada por Jorge Lobo e intitulada *Reforma da Lei das Sociedades Anônimas — Inovações e Questões Controvertidas da Lei 10.303, de 31 de outubro de 2001*; Modesto Carvalhosa e Nelson Elzirik, em seu *A Nova Lei das S/A*; e, finalmente, Zacarias Barreto em *Lei das S/A — Breves Notas conforme as Alterações da Lei 10.303*. Outros autores, mesmo pretendendo comentar a reforma da lei societária brasileira, ignoraram a questão. Referência é feita a Álvaro Peixoto e Themístocles Pinho, *A Reforma da Lei das Sociedades Anônimas através da Lei 10.303, de 31 de outubro de 2001*, e Marcelo M. Bertoldi, *Reforma da Lei das Sociedades Anônimas — Comentários à Lei 10.303, de 31 de outubro de 2001*.

9. Carlos Alberto Carmona, *Arbitragem e Processo — Um Comentário à Lei 9.307/1996*, p. 82.

República. O presente estudo não tem por escopo relatar na íntegra essa discussão nem analisar e julgar os argumentos utilizados de parte a parte.

Importa, porém, sob uma perspectiva mais pragmática, identificar de que modo o próprio Poder Judiciário tem compreendido a eficácia da cláusula compromissória para, em um segundo momento, contrastar tal compreensão com os princípios que regem a organização e o funcionamento das sociedades por ações no direito brasileiro.

Assim, deve-se fazer referência, em primeiro lugar, ao julgamento do Supremo Tribunal Federal nos autos do Agravo Regimental na Sentença Estrangeira 5.206, realizado em 12.12.2001, cujo resultado foi publicado no *Diário de Justiça* de 19 de dezembro do mesmo ano. Nesse julgamento, considerado *leading case* em matéria de arbitragem, o Supremo Tribunal Federal, vencidos em parte os Ministros Sepúlveda Pertence, Sydney Sanches, Néri da Silveira e Moreira Alves, firmou o entendimento de que os dispositivos da Lei de Arbitragem que conferem exeqüibilidade à cláusula compromissória arbitral — quais sejam, os seus arts. 6º, parágrafo único, 7º e respectivos §§, 41 e 42 — não ofendem o texto constitucional.[10]

Em harmonia com essa interpretação favorável à plena eficácia da Lei de Arbitragem e seus mecanismos fundamentais, tanto juízos monocráticos como tribunais têm referendado os ditos *efeitos negativos e positivos* da cláusula compromissória arbitral.[11]

Essa ampla aceitação da Lei de Arbitragem pelos juízes e tribunais brasileiros permite inferir, com efeito, a existência de uma forte correlação entre a validade da cláusula compromissória e o reconhecimento de que os contratantes gozam de autonomia quanto à sua estipulação. Em suma, a afirmação de que a Lei de Arbitragem manteve incólume a garantia de acesso ao Poder Judiciário prevista no art. 5º, XXXV, da Constituição da República importa em atribuir aos contratantes a faculdade de escolher a forma pela qual seus conflitos serão solucionados. Nesse sentido, o que a Lei de Arbitragem delineia é uma expansão da liberdade contratual ou, em outras palavras, a constituição de um espaço regulado, sobretudo, pelo consenso entre as partes e imune à interferência estatal, uma vez que estão em jogo apenas interesses passíveis de livre disposição pelos envolvidos.[12]

Essa relação essencial entre, de um lado, a validade e eficácia da cláusula compromissória e, de outro, a necessidade de manifestação inequívoca do consentimento da parte envolvida acerca de sua adoção fica cabalmente demonstrada na disciplina da arbitragem nos contratos de adesão.[13] Como se sabe, esta última categoria de contratos caracteriza-se pela supressão da liberdade de uma das partes — o aderente — de discutir e contribuir para a determinação do conteúdo contratual, restando-lhe apenas a escolha entre contratar ou não contratar.[14]

10. Consultado no *site* do Supremo Tribunal Federal na *internet*: www.stf.gov.br.

11. A respeito das decisões monocráticas, veja-se Pedro A. Batista Martins, "O Poder Judiciário e a arbitragem. Quatro anos da Lei 9.307/1996" (1ª parte), *Revista de Direito Bancário, do Mercado de Capitais e da Arbitragem* 9/319-326. Já no que tange às decisões colegiadas, confira-se, do mesmo autor, "O Poder Judiciário e a arbitragem. Quatro anos da Lei 9.307/1996" (2ª parte), *Revista de Direito Bancário, do Mercado de Capitais e da Arbitragem* 10/323-347.

12. Colhe-se do primeiro dos artigos citados na nota anterior o seguinte excerto: "Esse espaço liberal [i.e. o instituto da arbitragem] é reserva legal de manifestação voluntária da vontade individual que o regula, de acordo com o consenso, e se sobrepõe — e se contrapõe — ao poder estatal, justamente por tratar-se de interesses disponíveis, renunciáveis *in totum* pelo cidadão" (p. 317).

13. Não se ignora, porém, que a necessidade de consentimento inequívoco se faz presente em todo e qualquer contrato, vez que a cláusula compromissória não pode ser pactuada senão sob a forma escrita, nos termos do art. 4º, § 1º da Lei de Arbitragem, transcrito na nota 3, supra.

14. Em geral, há outros traços que caracterizam os contratos de adesão, como a hipossuficiência

Segundo o art. 4º, § 2º da Lei de Arbitragem, que cuida especificamente dos contratos de adesão, a eficácia da cláusula compromissória, nesses contratos, condiciona-se (i) à iniciativa do aderente quanto à sua adoção, ou (ii) à concordância do aderente, manifestada de modo explícito e específico, em relação às demais cláusulas contratuais, com a cláusula compromissória.[15]

Demonstra-se, assim, que, no sistema da Lei de Arbitragem brasileira, não se pode compelir qualquer pessoa, física ou jurídica, a submeter-se ao juízo arbitral contra sua vontade ou mesmo na ausência de manifestação explícita de sua parte.

Feita essa constatação, cumpre analisar se essa nota estrutural da cláusula compromissória, tal como definida na Lei de Arbitragem, deve ser relevada ou de qualquer forma impactada por conta de sua inserção na disciplina das sociedades por ações.

III — Disciplina das deliberações nas sociedades por ações: a regra da maioria

Há quem veja, na regra da maioria, uma "necessidade lógica", inerente à disciplina das sociedades por ações. Afirma, de fato, Carvalho de Mendonça:[16]

"Exigir a unanimidade seria expor a sociedade à inação, seria cair no absurdo de atribuir a um só acionista a qualidade de representante ou árbitro da vontade social.

"Adotando-se o critério da maioria, sistema seguido em todas as corporações como necessidade lógica, não se sacrificam direitos nem interesses individuais dos sócios. Acha-se em causa o interesse exclusivo da pessoa jurídica, sociedade, abstraindo de considerações de ordem individual. A assembléia não representa a totalização das vontades individuais dos acionistas; é o órgão mais autorizado da vontade social. Os acionistas cooperam aí não como contratantes, porém, com a vontade individual para produzirem uma só vontade, a da sociedade.

"Tem-se dito, com razão, que a sociedade anônima vive sob o regime parlamentar, sujeita à lei das maiorias.

"Às deliberações da assembléia geral, tomadas nos limites da lei e dos estatutos, não se pode, portanto, subtrair a minoria. Os acionistas com as ações adquiridas subseqüentemente às deliberações acham-se, também, a estas subordinados."[17]

do aderente e a assimetria informacional. Importa mais diretamente ao presente estudo, porém, o aspecto relativo à compressão da liberdade de determinar o conteúdo contratual.

15. Assim dispõe o referido parágrafo: "Art. 4º. (...) § 2º. Nos contratos de adesão, a cláusula compromissória só terá eficácia se o aderente tomar a iniciativa de instituir a arbitragem ou concordar, expressamente, com a sua instituição, desde que por escrito em documento anexo ou em negrito, com a assinatura ou visto especialmente para essa cláusula".

16. *Tratado de Direito Comercial*, v. IV, livro II, parte III, 6ª ed., p. 11.

17. No mesmo sentido, Fábio Konder Comparato. Apesar de empregar o termo "fórmula", o autor interpreta a regra da maioria como uma necessidade da disciplina das sociedades por ações. Veja-se:

"No entanto, historicamente, a fórmula acionária foi criada para se permitir a constituição de um vasto corpo acionário. E efetivamente, companhias há que contam com centenas de milhares de acionistas. Nessas condições, seria totalmente desarrazoado aceitar a regra contratual do consentimento unânime, nas deliberações sociais. Em todas as legislações, estabeleceu-se o princípio majoritário, notadamente em matéria de sociedades por ações.

"Mas por que a maioria deve comandar? Parte-se, sem dúvida, do postulado que a sociedade existe no interesse dos sócios, e como ninguém, em princípio, está investido da prerrogativa de decidir pelos interesses alheios, prevalece sempre a vontade do maior número, julgando cada qual segundo seu próprio interesse. A idéia que está na base do princípio majoritário, observou Kelsen, é a de que o ordenamento social deve estar de acordo com o maior número possível de sujeitos, e em desacordo com o menor número possível.

"Significa isso constranger a minoria e desprezar os seus interesses? Evidentemente não, mas desde que a minoria haja aceito essa regra fundamental do jogo. O princípio majoritário, afinal, pressupõe necessariamente a unanimidade, uma vez, no momento de constituição da sociedade, como postulado da razão social" (*O Poder de Controle na Sociedade Anônima*, 3ª ed., pp. 43 e 44).

No entanto, reflexões mais detidas a respeito da regra da maioria procuram relativizar o seu caráter e não a compreendem como uma "necessidade lógica". Citando Ruffini, Francesco Galgano[18] lembra que:

"(...) o princípio majoritário não é um instituto jurídico, é simplesmente uma fórmula jurídica. O princípio majoritário não encontra em si mesmo a sua razão de ser; pode adquiri-la ou não segundo onde e como seja aplicado.

"Essa assertiva implica a negação de um enfoque unitário do princípio da maioria: indicando na proposição que o exprime a fórmula jurídica comum a fenômenos entre si diversos, tal assertiva introduz no estudo do princípio majoritário uma dimensão relativa; afirmando que tal fórmula não encontra em si mesma a sua razão de ser, propõe uma perspectiva que leve em conta os diversos sistemas nos quais a fórmula é chamada a operar."

Note-se que a relativização referida por Galgano não busca contestar o princípio da maioria ou, sequer, negar sua utilidade. Ao contrário, visa apenas a evidenciar sua verdadeira dimensão, que é apenas e tão-somente instrumental. Realmente, não se ignora que sem a regra da maioria a condução dos negócios sociais restaria prejudicada ou até mesmo inviabilizada. Todavia, dado o seu caráter instrumental, acima mencionado, a regra deve ceder às exigências materiais das situações que pretende disciplinar.

Nesse sentido, mesmo no sistema da lei acionária, a regra da maioria não recebe tratamento unitário, apresentando-se em três contextos diferentes, quais sejam: (i) o contexto de derrogação em face da regra da unanimidade; (ii) o contexto de mitigação, a que correspondem as hipóteses de atribuição, ao acionista dissidente, do direito de recesso; e (iii) o contexto de plena vigência e aplicabilidade.

No primeiro contexto, a regra da maioria é excepcionada de forma expressa, exigindo a lei, nas deliberações sociais, a unanimidade. Trata-se, especificamente, das hipóteses previstas no art. 202, § 3º da Lei 6.404/1976, que cuida da distribuição de dividendo inferior ao obrigatório,[19] no art. 221, *caput*, referente à transformação da companhia em outros tipos societários,[20] e no art. 72 do Decreto-lei 2.627, de 26.9.1940, mantido em vigor pelo art. 300 da Lei 6.404/1976.[21]

Já no segundo contexto, a regra de maioria sofre certa mitigação, vez que se atribui ao acionista dissidente da deliberação majoritária o direito de recesso. Esse direito, qualificado, inclusive, como essencial pelo art. 109, V, da lei acionária brasileira,[22] foi, nas palavras de Fábio Konder Comparato, "o remédio jurídico encontrado pelo Código Comercial Italiano de 1882 para proteger os acionistas minoritários, como compensação ao abandono do princípio de que certas decisões extraordinárias da assembléia geral, (...) salvo previsão no ato constitutivo, só poderiam ser tomadas pela unanimidade dos acionistas".[23]

De fato, o direito de retirada, tal como previsto nos arts. 137 e 220 da lei acionária brasileira, atua como um "corretivo majoritário",[24] na medida em que faculta, ao acionista dissidente de certas deliberações tomadas pela maioria em assémbleia ge-

18. Tradução livre de *Il Principio di Maggioranza nelle Società Personali*, pp. 31 e 32.

19. Cabe destacar que esse dispositivo, embora não utilize a expressão unanimidade, a impõe de forma indireta ao condicionar a deliberação à ausência de "oposição de qualquer acionista presente", vale dizer, à ausência de veto.

20. Como se passará a expor a seguir, esse dispositivo emprega, subsidiariamente, a regra da maioria no segundo dos contextos acima apontados.

21. Prevê o art. 72 do Decreto-lei 2.627/1940: "Art. 72 A sociedade anônima ou companhia brasileira somente poderá mudar de nacionalidade mediante o consentimento unânime dos acionistas".

22. Vale ressaltar, por oportuno, que o inciso supramencionado qualifica como direito essencial o direito de retirar-se da sociedade nos casos previstos na Lei 6.404/1976, notadamente em seu art. 137.

23. "O novo direito de retirada do acionista nos casos de fusão e incorporação", *RDM* 116/11.

24. Alfredo Lamy Filho e José Luiz Bulhões Pedreira, *A Lei das S/A*, v. II, 2ª ed., p. 346.

ral,[25] sair da companhia,[26] mediante reembolso do valor de suas ações.

Finalmente, no terceiro dos contextos apontados, o princípio da maioria encontra plena vigência e aplicabilidade. Trata-se, com efeito, da regra geral de aprovação de deliberações em assembléia geral, conforme inscrita no art. 129 da lei acionária. Além disso, constitui critério para a configuração do poder de controle, tal como definido, de forma subjetiva, pelo art. 116 da Lei 6.404/1976.[27]

Diante da utilização, pela lei acionária, da regra da maioria nesses três diferentes contextos, cumpre definir em quais deles deve ser alocada a situação de reforma estatutária para inclusão de cláusula compromissória. É a partir dessa definição que pretendemos abordar a sujeição ou não do minoritário dissidente em relação a tal deliberação. É do que se passa a tratar no item subseqüente.

IV — A cláusula compromissória estatutária e o acionista minoritário dissidente

Como já mencionado na introdução ao presente estudo, poucos foram os autores que, até o momento, analisaram o procedimento de reforma do estatuto para fins de inclusão da cláusula compromissória sob a ótica da imposição da respectiva deliberação ao acionista dela dissidente.[28]

Dentre os que o fizeram, distinguem-se aqueles que defendem tal imposição de forma irrestrita, como Zacarias Barreto, daqueles que a rejeitam, como Luiz Leonardo Cantidiano, Modesto Carvalhosa e Nelson Eizirik.

Segundo Zacarias Barreto, na hipótese do art. 109, § 3º da Lei 6.404/1976, "os acionistas minoritários dependerão dos majoritários ou controladores, pois estes é que deliberarão em assembléia geral os termos em que a arbitragem será utilizada pela companhia".[29]

Embora não apresente maiores argumentos a esse respeito, o autor parece considerar que, em virtude da simples prevalência da regra da maioria, os acionistas minoritários sujeitam-se à cláusula compromissória.

Em defesa da interpretação diversa, afirma Luiz Leonardo Cantidiano:

"Pode surgir alguma polêmica quando da aprovação, por sociedade já existente, de alteração estatutária tendo por objetivo regular, como é facultado pelo § 3º do art. 129 (*sic*) da lei, a submissão à arbitragem de eventuais divergências entre os acionistas e a companhia, ou entre o controlador e não controladores.

"Em tal situação, cabe indagar se as pessoas que já eram acionistas da compa-

25. Importante notar que, na Lei 6.404/1976, as principais matérias cuja aprovação atribui ao acionista dissidente o direito de recesso constam dos incisos I a VI e IX de seu art. 136. Esse dispositivo exige, salvo previsão diversa do estatuto social, *quorum* majoritário qualificado, vale dizer, aprovação dos acionistas que representem metade, no mínimo, das ações com direito a voto.

26. Embora o direito de recesso não seja o objeto imediato do presente trabalho, cumpre ressaltar que, se reconduzido à teoria geral do direito privado, eqüivale a um poder formativo extintivo, pois implica na extinção do vínculo que une o acionista dissidente e a companhia. De fato, após o exercício do direito de recesso, o acionista dissidente passa a mero credor da sociedade. A respeito, confira-se Nelson Eizirik, *Reforma das S/A e do Mercado de Capitais*, p. 61.

27. Referência é feita, nesse ponto, ao controle interno majoritário. Não se ignora, por óbvio, que há outras espécies de controle, igualmente contempladas pelo sistema da lei, como é o caso de controle interno minoritário, ou praticamente ignoradas por ele, como o controle interno administrativo e o controle externo. Cf. Fábio Konder Comparato, *O Poder de Controle na Sociedade Anônima*, cit., pp. 35-81.

28. Interessante questão, cuja análise, embora conexa com a presente, suplanta os limites deste estudo, seria a da submissão à cláusula compromissória dos acionistas ausentes na assembléia geral que deliberar pela sua inclusão no estatuto. Da mesma forma, pode-se indagar acerca da oponibilidade da referida cláusula aos acionistas titulares de ações preferenciais sem direito a voto.

29. *Lei das S/A — Breves Notas conforme as Alterações da Lei 10.303*, p. 50.

nhia antes da realização da assembléia geral, e que se opuserem à referida alteração estatutária, estarão obrigadas a submeter-se ao procedimento arbitral.

"A resposta a tal indagação me parece ser negativa; o acionista que vota contra não optou pela submissão de suas eventuais divergências à arbitragem, até mesmo porque inexistia previsão estatutária regulando a matéria.

"Considerando que ninguém pode ser obrigado a submeter-se, contra a sua vontade, ao processo arbitral, e tendo presente que o antigo acionista da companhia manifestou sua expressa divergência à reforma estatutária, entendo que a decisão adotada pela maioria não o obriga a aceitar a arbitragem, se requerida por terceiro (outro acionista ou a própria companhia).

"Nada impede, no entanto, que o referido acionista possa instituir a arbitragem, tal como facultado pelo § 2º, do art. 4º, da Lei 9.307/1996."[30]

Como se infere da leitura desse trecho, Cantidiano entende que a decisão tomada pela maioria acionária em assembléia geral não vincula o acionista minoritário dissidente em virtude de: (i) a submissão ao juízo arbitral exigir expressa manifestação de vontade; (ii) nesse caso, além de inexistir tal manifestação, haver declaração em sentido contrário. Além disso, invocando a disciplina da arbitragem nos contratos de adesão, mencionada no item II do presente trabalho, o autor afirma que o acionista dissidente pode, posteriormente à decisão da assembléia geral, tomar a iniciativa de adotar a cláusula compromissória.

Por fim, Modesto Carvalhosa e Nelson Eizirik,[31] embora sob justificativa diversa, corroboram a interpretação defendida por Cantidiano. Os referidos autores, com base na doutrina italiana,[32] aduzem os seguintes argumentos: (i) a cláusula compromissória, por importar na renúncia do contratante à jurisdição estatal, deve ser por ele expressa e inequivocamente aprovada; (ii) o acesso ao Poder Judiciário é direito essencial do acionista, por força do disposto no art. 109, § 2º da lei acionária e não lhe pode ser subtraído sem expressa concordância; (iii) a cláusula compromissória estatutária assume a natureza de um pacto parassocial, e, portanto, contempla matéria facultativa; (iv) o estatuto social equipara-se a um contrato de adesão, aplicando-se a disciplina arbitral equivalente.

Embora levem à interpretação mais condizente com o sistema legal brasileiro, esses argumentos merecem ser revistos, especialmente no que toca aos seus fundamentos.

O primeiro argumento merecedor de revisão é aquele segundo o qual a dimensão negativa da cláusula compromissória arbitral, consistente no afastamento do controle judicial sobre os litígios societários, viola o direito essencial do acionista insculpido no art. 109, § 2º da Lei 6.404/1976. Segundo se afirma, a renúncia à via do Poder Judiciário, que decorre da adoção da cláusula compromissória arbitral, implica elisão "aos meios, processos ou ações que a lei confere ao acionista para assegurar os seus direitos".

Ora, tendo em vista a decisão do Supremo Tribunal Federal citada na parte II, supra, segundo a qual da escolha da arbitragem não decorre ofensa à garantia constitucional de acesso à jurisdição, não se vê razão para entender que, em matéria societária, tal ofensa ocorra. De fato, os meios, processos ou ações garantidos aos acionis-

30. *Reforma da Lei das S/A*, pp. 119 e 120.

31. Referência é feita tanto ao artigo publicado por Modesto Carvalhosa na obra coordenada por Jorge Lobo, *Reforma da Lei das Sociedades Anônimas — Inovações e Questões Controvertidas da Lei 10.303, de 31 de outubro de 2001*, pp. 321-343, quanto à obra conjunta dos referidos autores, *A Nova Lei das S/A*, pp. 178-207.

32. A respeito da doutrina italiana invocada pelos autores, cumpre ressaltar que, ao que parece, o artigo de Giorgio Bianchi, citado na nota 40 da obra *A Nova Lei das S/A*, cit., p. 183, não foi publicado na *Rivista delle Società*, fasc. 1, jan.-fev. 1999.

tas por lei não restam prejudicados pela adoção da cláusula compromissória arbitral. Eles apenas passam a ser exercidos em outro âmbito, qual seja, o do juízo arbitral e não mais o do Poder Judiciário. Ademais, se levada às últimas conseqüências, tal interpretação impediria qualquer forma de composição de litígios societários pela via arbitral, já que o estatuto não poderia restringir, segundo a visão ora criticada, o acesso ao Poder Judiciário.

Por outro lado, aceitar que a cláusula compromissória estatutária tem aptidão para violar um direito essencial do acionista, significaria atribuir ao minoritário dissidente um verdadeiro e próprio direito de veto a esse respeito. Com efeito, já esclareceu Comparato, sobre essa matéria que: "nem os estatutos sociais, nem a assembléia geral poderão privar nenhum acionista dos direitos catalogados no art. 109, vale dizer, cada acionista detém, nessa matéria, um direito de veto".[33] Por esse motivo, caso se aceite o argumento em análise, será necessário, por dever de coerência, atribuir ao minoritário dissidente o referido poder de veto, o que equivale a submeter a deliberação sobre a inclusão no estatuto da cláusula compromissória à regra da unanimidade.

O segundo argumento que nos parece falho é o de que os minoritários dissidentes não estariam vinculados à decisão da maioria sobre a adoção da cláusula compromissória, pois esta última tem caráter parassocial. Como se pode perceber, a qualificação do acordo sobre a cláusula compromissória arbitral como pacto parassocial seria uma conseqüência da não vinculação do minoritário dissidente à decisão da maioria e não uma causa dessa não vinculação.

Por fim, cumpre discutir a equiparação do estatuto social a um contrato de adesão. Nesse ponto, é importante mencionar que tal equiparação é feita, sobretudo, pela doutrina italiana, no âmbito da discussão sobre a submissão de um novo acionista à cláusula compromissória previamente inserida no estatuto social da companhia.[34] Invoca-se, nesse sentido, a aplicação analógica do art. 1.341 do *Codice Civile*. Por força desse dispositivo, não são eficazes, salvo se especificamente aprovadas por escrito, as cláusulas que atribuem, àquele que predispõe o conteúdo contratual, prerrogativas não eqüitativas, dentre as quais se inclui, segundo o direito positivo italiano, a cláusula compromissória.

Assim, ainda que a equiparação pudesse ter algum sentido se estritamente considerada a situação do novo acionista que, minoritário, adentra o quadro social de companhia,[35] ela seria pouco útil para resolver

33. *O Poder de Controle na Sociedade Anônima*, cit., p. 39.

34. Essa hipótese, também bastante polêmica, foi objeto de análise por Andrea Pisani Massamormile, "Riflessioni in tema di clausole arbitrale e di nomina degli arbitri in materia societaria", *Rivista delle Società*, ano 45, fasc. 2, p. 275-282; Gianni Schizzerotto, *Dell'Arbitrato*, 2ª ed., pp.192 e 193; Alessandro Nigro, "Questioni vecchie e nuove in matéria di clausola compromissoria negli statuti di società", *Rivista delle Società*, ano XIII, fasc. 1, pp. 186-192.

35. Defende-se, nesse sentido, que, para esse acionista, as normas estatutárias mostram-se predispostas e insusceptíveis de alteração, a exemplo do que ocorre nos contratos de adesão típicos. No entanto, demonstrando a falta de coerência desse raciocínio, afirmou Rachel Sztajn: "O que importa ter presente é que o contrato plurilateral, ao admitir a adesão de novas partes a um instrumento já aperfeiçoado, submetendo-se tais partes aderentes às regras já estabelecidas, responde à realidade da vida das sociedades e não se confunde com os contratos por adesão em que as cláusulas contratuais, não livremente estipuladas, são aceitas por uma das partes e fixadas pelo outro contratante. (...) Define-se o contrato de adesão como aquele em que o conteúdo contratual é fixado, total ou parcialmente, de forma abstrata e geral antes do período contratual. Não se estabelece qualquer debate anterior na fixação das cláusulas gerais, permitindo-se ao aderente, eventualmente, debater a introdução de algumas cláusulas, de comum acordo com o outro contratante, sem que modifique, substancialmente, o conteúdo do contrato. Não é o que ocorre na adesão aos contratos de sociedade já aperfeiçoados, pois o sócio aderente pode discutir a introdução de novas cláusulas no contrato ao qual adere: ou aceita-o integralmente ou não se associa se as modificações pretendidas forem rejeitadas" (*Contrato de Sociedade e Formas Societárias*, pp. 43 e 44).

a situação do acionista que é dissidente na deliberação de que resultou a inclusão da cláusula compromissória no estatuto social. Da mesma forma, sob esse raciocínio, não seria possível aproximar o estatuto social de um contrato de adesão no caso de o novo acionista ser o adquirente do controle da companhia.

Por essas razões, bem como pela ausência, no que toca ao estatuto social, de outros traços característicos dos contratos de adesão, como é o caso da assimetria informacional e da hipossuficiência econômica do aderente,[36] não se pode eleger a aplicação analógica da disciplina dos contratos de adesão como forma de resolução do problema objeto deste estudo.

No caso específico do direito brasileiro, tal recurso à analogia não é nem mesmo necessário, pois a própria Lei de Arbitragem, conjugada com a disciplina das sociedades por ações, é capaz de oferecer solução ao problema.[37]

Tal como ressaltado na parte III, supra, a regra da maioria tem um caráter instrumental na disciplina das sociedades por ações. Em outras palavras, a regra da maioria não tem um sentido em si mesma; seu papel é simplesmente o de permitir a condução dos negócios sociais com uma agilidade que não seria possível caso fosse necessária a obtenção de unanimidade. Tanto é assim que o estatuto social pode conter, sem ofensa à lei, regra segundo a qual as deliberações sociais só serão tomadas por unanimidade, devendo-se lembrar que a própria Lei 6.404/1976 trabalha com contextos em que a regra da maioria cede espaço para outras fórmulas, como a unanimidade e o recesso.

Ora, no sistema da Lei de Arbitragem, o consentimento do contratante é requisito de validade da adoção da cláusula compromissória, vez que não se admite a sujeição de qualquer pessoa à arbitragem sem que ela tenha manifestado expressamente sua vontade nesse sentido. Sob a vigência da Lei de Arbitragem, com efeito, é ilegal submeter qualquer cidadão a um juízo arbitral à sua revelia.

Em suma, enquanto a Lei das Sociedades por Ações convive com situações em que não vigora a regra da maioria, a Lei de Arbitragem não admite a submissão de qualquer pessoa ao juízo arbitral contra a sua vontade. Por essa razão, a conjugação das duas disciplinas deve ser feita com o fim de alocar a deliberação sobre a adoção da cláusula compromissória estatutária em um contexto no qual a regra da maioria não seja dotada de plena eficácia.

Sob essa perspectiva, considerando que o rol do art. 137 da Lei 6.404/1976 é taxativo, e que não há exigência expressa de unanimidade capaz de afastar a regra geral do art. 129 da Lei 6.404/1976, chega-se à conclusão de que a Lei 10.303/2001 criou um novo contexto de aplicação da regra da maioria, que não se confunde com nenhum dos três contextos descritos na parte III, supra.

Trata-se, propriamente, da hipótese em que a regra da maioria, nada obstante seja o mecanismo de apuração dos votos em assembléia geral extraordinária, não tem aptidão para estender os efeitos da deliberação aos acionistas minoritários que dela divergiram. Assim, em que pese ser possível a alteração do estatuto social para o fim de incluir a cláusula compromissória, estar-se-á diante de uma situação de inoponibilidade dessa cláusula aos acionistas que se manifestaram expressamente contrários à sua adoção.[38]

36. Basta-se pensar, sobre esse ponto, na marcante presença dos fundos de pensão como acionistas minoritários em diversas companhias abertas brasileiras. Nesse caso, não é razoável, realmente, assumir que tais fundos de pensão possam ser considerados hipossuficientes.

37. Tem-se, nesse caso, uma nítida área de intersecção entre dois microssistemas, a saber, o da Lei de Arbitragem e aquele da lei societária. Sobre a noção de microssistemas, veja-se Natalino Irti, *La Edad de la Descodificación*, Barcelona, Bosch, 1992, *apud* Ricardo Luis Lorenzetti, *Fundamentos do Direito Privado*, São Paulo, Ed. RT, 1998.

38. Não resta dúvida de que a concordância posterior do acionista inicialmente dissidente ao juízo arbitral fará cessar imediatamente tal inoponibilidade.

No entanto, embora seja essa a única solução compatível tanto com a estrutura da Lei de Arbitragem como com o sistema da lei acionária, não é possível tê-la como satisfatória ou até mesmo apropriada. É preciso lembrar, a esse respeito, que a convivência, dentro de uma mesma companhia, de acionistas sujeitos a um determinado juízo arbitral e acionistas não sujeitos a esse juízo arbitral pode engendrar situações ainda mais complexas e insolúveis. Pense-se, por exemplo, em duas ações concorrentes movidas por acionistas minoritários contra a companhia, uma delas proposta perante o Poder Judiciário por um acionista dissidente na deliberação sobre a adoção da cláusula compromissória, e a outra proposta perante o juízo arbitral, por um acionista que consentiu com tal deliberação.

Por conta desses inconvenientes, a conclusão final do presente estudo é a de que o legislador teria andado melhor se, juntamente com a inclusão do § 3º ao art. 109 da Lei 6.404/1976, houvesse ampliado as hipóteses de exercício de direito de recesso, para o fim de incluir dentre elas o caso de adoção da cláusula compromissória. Essa solução, além de ser mais eficiente, por evitar os custos de administração de dois sistemas de resolução de litígios, mantém incólume a autonomia do acionista dissidente, em consonância com os ditames da Lei de Arbitragem.

V — Bibliografia

ASCARELLI, Tulio. *Problemas das Sociedades Anônimas e Direito Comparado.* 1ª ed., São Paulo, Saraiva, 1945.

———. *Saggi di Diritto Commerciale.* Milão, Dott. A. Giuffrè Editore, 1955.

BARRETO, Zacarias. *Lei das S/A — Breves Notas conforme as Alterações da Lei 10.303.* Curitiba, Juruá, 2002.

BASSO, Maristela. "A revitalização da arbitragem no Brasil sob um enfoque realista e um espírito diferente", *RDM* 103/15-24.

BERTOLDI, Marcelo M. *Reforma da Lei das Sociedades Anônimas — Comentários à Lei 10.203, de 31 de outubro de 2001.* São Paulo, Ed. RT, 2002.

CANTIDIANO, Luiz Leonardo. *Reforma da Lei das S/A.* Rio de Janeiro, Renovar, 2002.

CARMONA, Carlos Alberto. *Arbitragem e Processo — Um Comentário à Lei 9.307/96.* São Paulo, Malheiros Editores, 1998.

CARVALHO DE MENDONÇA, José Xavier. *Tratado de Direito Comercial.* v. IV, livro II, parte III, 6ª ed., Rio de Janeiro, Freitas Bastos, 1959.

CARVALHOSA, Modesto. *Comentários à Lei de Sociedades Anônimas.* 2ª ed., São Paulo, Saraiva, 1997.

———. e, EIZIRIK Nelson. *A Nova Lei das S/A.* São Paulo, Saraiva, 2002.

COMPARATO, Fábio Konder. "O novo direito de retirada do acionista nos casos de fusão e incorporação", *RDM* 116/11-16.

———. *O Poder de Controle na Sociedade Anônima.* 3ª ed., Rio de Janeiro, Forense, 1983.

DE LUCA, Newton. "O direito de recesso no Direito brasileiro e na legislação comparada", *RDM* 114/7-33.

EIZIRIK, Nelson. *Reforma das S/A e do Mercado de Capitais.* Rio de Janeiro, Renovar, 1997.

FERREIRA, Waldemar. *Tratado de Sociedades Mercantis.* v. 5, 5ª ed., Rio de Janeiro, Editora Nacional de Direito, 1958.

GALAGANO, Francesco. *Il Principio di Maggioranza nelle Società Personali.* Padova, Cedam, 1960.

LAMY FILHO, Alfredo e PEDREIRA, José Luiz Bulhões. *A Lei das S/A.* vs. I e II, 2ª ed., Rio de Janeiro, Renovar, 1996.

LOBO, Jorge (org.). *Reforma da Lei das Sociedades Anônimas — Inovações e Questões Controvertidas da Lei 10.303, de 31 de outubro de 2001.* Rio de Janeiro, Forense, 2002.

LORENZETTI, Ricardo Luis. *Fundamentos do Direito Privado.* São Paulo, Ed. RT, 1998.

MARTINS, Pedro A. Batista. "O Poder Judiciário e a arbitragem. Quatro anos da Lei 9.307/

1996 (1ª parte)", *Revista de Direito Bancário, do Mercado de Capitais e da Arbitragem* 9/315-336, São Paulo, Ed. RT, jul.-set. 2000.

———. "O Poder Judiciário e a arbitragem. Quatro anos da Lei 9.307/1996 (2ª parte)", *Revista de Direito Bancário, do Mercado de Capitais e da Arbitragem* 10/323-347, São Paulo, Ed. RT, out.-dez. 2000.

———. "O Poder Judiciário e a arbitragem. Quatro anos da Lei 9.307/1996 (3ª parte)", *Revista de Direito Bancário, do Mercado de Capitais e da Arbitragem* 12/319-336, São Paulo, Ed. RT, abr.-jun. 2001.

MASSAMORMILE, Andrea Pisani. "Minoranze e autonomia statutaria", *Rivista delle Società*, ano 46, fasc. 2-3, Milão, Dott. A. Giuffrè Editore, mar.-jun. 2001, pp. 613-660.

———. "Riflessioni in tema di clausole arbitrale e di nomina degli arbitri in materia societaria", *Rivista delle Società*, ano 45, fasc. 2, Milão, Dott. A. Giuffrè Editore, mar.-abr. 2000, pp. 267-293.

MIRANDA JÚNIOR, Darcy Arruda. *Breves Comentários à Lei de Sociedades por Ações*. São Paulo, Saraiva, 1977.

NIGRO, Alessandro. "Questioni vecchie e imove in matéria di clausola compromissoria negli statuti di società", *Rivista delle Società*, ano XIII, fasc. 1, Milão, Dott. A. Giuffrè Editore, jan.-fev. 1968, pp. 175-192.

PARAÍSO, Anna Luiza Prisco. *O Direito de Retirada na Sociedade Anônima*. 2ª ed., Rio de Janeiro, Lumen Juris, 2000.

PEIXOTO, Álvaro e PINHO, Themistocles. *A Reforma da Lei das Sociedades Anônimas através da Lei 10.303, de 31 de outubro de 2001*. São Paulo, Freitas Bastos, 2002.

PEIXOTO, Carlos Fulgêncio da Cunha. *Sociedades por Ações*. 3º v., São Paulo, Saraiva, 1973.

REQUIÃO, Rubens. *Aspectos Modernos de Direito Comercial — Estudos e Pareceres*. 2ª ed., São Paulo, Saraiva, 1988.

SCHIZZEROTTO, Gianni. *Dell'Arbitrato*. 2ª ed., Milão, Giuffrè Editore, 1982.

SZTAJN, Rachel. *Contrato de Sociedade e Formas Societárias*. São Paulo, Saraiva, 1989.

———. "O direito de recesso nas sociedades comerciais", *RDM* 71/50-54.

TAVARES GUERREIRO, José Alexandre e LACERDA TEIXEIRA, Egberto. *Das Sociedades Anônimas no Direito Brasileiro*. vs. 1 e 2, São Paulo, Bushatsky, 1979.

VALVERDE, Trajano de Miranda, *Sociedade por ações*. vs. I e II, Rio de Janeiro, Forense, 1940.

ALIENAÇÃO DO CONTROLE DE S/A POR OFERTA PÚBLICA (ART. 254-A DA LEI DAS S/A)*

ADRIANA JOSUÁ

1. Contexto histórico. 2. Destinatários da oferta. 3. Significado de controle e de alienação de controle. 4. Formas de aquisição do controle de S/A: 4.1 Alienação direta; 4.2 Alienação indireta; 4.3 Alienação em etapas. 5. Considerações acerca do prêmio previsto no § 4º do art. 254-A. Bibliografia.

Este trabalho tem por escopo analisar o art. 254-A, acrescentado à Lei das Sociedades Anônimas pela Lei 10.303, de 31.10.2001. O referido artigo trata da obrigatoriedade do adquirente do controle de companhia aberta de fazer oferta pública para adquirir as ações dos demais acionistas da companhia, detentores de ações com direito a voto, de modo a lhes assegurar o preço, no mínimo, igual a 80% (oitenta por cento) do valor pago por ação com direito a voto, integrante do bloco de controle.

A questão será inicialmente abordada do ponto de vista de sua evolução histórica no país. Em seguida, serão analisados a definição dos destinatários da oferta e os conceitos de controle e de alienação de controle, nos termos do artigo. Por fim, o trabalho discorrerá a respeito das hipóteses de alienação de controle em que será obrigatória a realização da oferta pública e das possíveis interpretações do § 4º do art. 254-A.[1]

1. Contexto histórico

O instituto de oferta pública obrigatória de aquisição de ações por ocasião da

* Trabalho apresentado no 1º semestre de 2002 no Curso de Pós-Graduação da Faculdade de Direito da Universidade de São Paulo, disciplina "Reforma da Lei das Sociedades Anônimas e do Mercado de Capitais" (DCO-5867-2), ministrada pelos Profs. Associados Rachel Sztajn e Mauro Rodrigues Penteado.

1. Redação do art. 254-A, introduzido na Lei das S/A com a Lei 10.303/2001:

"Art. 254-A. A alienação, direta ou indireta, do controle de companhia aberta somente poderá ser contratada sob a condição suspensiva ou resolutiva, de que o adquirente se obrigue a fazer oferta pública de aquisição das ações com direito a voto de propriedade dos demais acionistas da companhia, de modo a lhes assegurar o preço no mínimo igual a 80% (oitenta por cento) do valor pago por ação com direito a voto, integrante do bloco de controle.

"§ 1º. Entende-se como alienação de controle a transferência, de forma direta ou indireta, de ações integrantes do bloco de controle, de ações vinculadas a acordo de acionistas e de valores mobiliários conversíveis em ações com direito a voto, cessão de direitos de subscrição de ações e de outros títulos ou direitos relativos a valores mobiliários conversíveis em ações que venha a resultar na alienação de controle acionário da sociedade.

"§ 2º. A Comissão de Valores Mobiliários autorizará a alienação de controle de que trata o *caput*, desde que verificado que as condições da oferta pública atendem aos requisitos legais.

alienação de controle acionário de companhia aberta, não dependentes de autorização governamental para funcionar, surgiu com a Lei 6.404/1976, com a seguinte redação:

"Art. 254. A alienação do controle de companhia aberta dependerá de prévia autorização da Comissão de Valores Mobiliários.

"§ 1º. A Comissão de Valores Mobiliários deve zelar para que seja assegurado tratamento igualitário aos acionistas minoritários mediante simultânea oferta pública para aquisição de ações.

"§ 2º. Se o número de ações ofertadas, incluindo as dos controladores ou majoritários, ultrapassar o máximo previsto na oferta, será obrigatório o rateio, na forma prevista no instrumento da oferta pública.

"§ 3º. Compete ao Conselho Monetário Nacional estabelecer normas a serem observadas na oferta pública relativa à alienação do controle de companhia aberta."

O artigo tinha como objetivo corrigir situações de iniqüidade verificadas no mercado, especialmente no período entre 1967 e 1973. Este período foi marcado por uma onda de fusões e incorporações de instituições financeiras incentivadas pelo Governo Federal, que desde os anos 50 adotava como política, para limitar a expansão das agências, o que incentivou a concentração de bancos comerciais. A aquisição do controle de bancos comerciais objetivava aproveitar autorizações detidas pelos bancos incorporados para abrir novas agências (cartas-patentes). Na época, havia uma confusão entre a aquisição do controle das companhias e a aquisição de todo seu intangível, e o preço pago por este não era repassado aos minoritários quando da substituição de suas ações por novas ações da incorporadora.[2] Referidas transferências de controle geraram ganhos extraordinários para os controladores alienantes, sem que houvesse qualquer espécie de proteção aos interesses dos minoritários.[3]

Em consonância com o reconhecimento da necessidade de maior proteção aos investidores no sentido de superar as distorções no mercado, a Lei 6.404/1976 tinha o claro objetivo de incentivar o crescimento do mercado de capitais. Nesse sentido, a Exposição de Motivos CDE-14, de 25.6.1974, dispunha: "A lei estabelecerá os mecanismos que impeçam que cada ação do majoritário possua um valor potencial muito superior ao de cada ação do minoritário". Após uma mudança de proposta do Governo, conforme exposto na Mensagem 204, de exposição de motivos da nova lei, seguida de pressão dos líderes do Legislativo para que os interesses dos minoritários fossem protegidos, a Emenda 26 proposta pelo Senador Otto Cirillo Lehmann (Emenda Lehmann) foi aprovada, garantindo a vigência do art. 254 no corpo da Lei 6.404/1976.

Uma das primeiras problemáticas geradas na interpretação do dispositivo legal dizia respeito à extensão ou não do direito de participar da oferta pública às ações sem direito a voto. A controvérsia gerada que foi resolvida com a Resolução 401, do Conselho Monetário Nacional (CMN), que li-

"§ 3º. Compete à Comissão de Valores Mobiliários estabelecer normas a serem observadas na oferta pública de que trata o *caput*.

"§ 4º. O adquirente do controle acionário de companhia aberta poderá oferecer aos acionistas minoritários a opção de permanecer na companhia, mediante o pagamento de um prêmio equivalente à diferença entre o valor de mercado das opções e o valor pago por ação integrante do bloco de controle."

2. Roberta Nioac Prado, "Da obrigatoriedade por parte do adquirente do controle de sociedade por ações de capital aberto de fazer simultânea oferta pública em iguais condições aos acionistas minoritários — art. 254 da Lei 6.404/1976 — é efetivo o mecanismo de proteção aos minoritários?", *RDM* 106/83 ss.

3. Nesse sentido, num dos casos mais célebres, o controlador da instituição financeira, detentor da informação privilegiada, adquiriu ações da acionista minoritária Santa Casa de Misericórdia de São Paulo em negociação fora do pregão, para posteriormente alienar o controle por valor 12 vezes superior ao pago à acionista minoritária.

mitou o alcance do artigo quanto aos beneficiários, ao determinar que a oferta seria dirigida somente à aquisição de ações com direito a voto, excluindo os preferencialistas sem direito a voto e deixando uma lacuna quanto aos de voto restrito.

À época, havia basicamente duas correntes doutrinárias opostas referentes à Resolução do CMN supramencionada. A primeira defendia que o direito deveria ser estendido a todos os minoritários, inclusive aos preferencialistas, enquanto a segunda entendia que somente os ordinaristas fariam jus à oferta pública.[4] A jurisprudência majoritária acabou por entender como válida tal restrição, que prevaleceu até a promulgação da Lei 9.457/1997, que extinguiu o instituto.[5]

A Lei 9.457/1997 surgiu com o escopo de facilitar a execução do Plano Nacional de Desestatização e revogou, em seu art. 6º, o art. 254 e os §§ 1º e 2º do art. 255 da Lei das S/A, eliminando a oferta pública obrigatória por alienação de controle, sobrevivendo apenas a hipótese, menos freqüente ou provável, de eventual oferta voluntária nos termos do art. 257 da Lei das S/A.

O "Projeto Kandir", que resultou na Lei 9.457/1997, justificava a extinção no nosso sistema jurídico da obrigação do adquirente do controle de fazer oferta pública aos minoritários, garantindo a estes o mesmo preço pago ao controlador, e portanto tratamento igualitário. Ele tinha como fundamento a necessidade de reduzir os custos da aquisição de controle, entendendo que os valores que poderiam ser utilizados na capitalização da companhia estariam sendo aplicados na realização da oferta pública para adquirir as ações dos minoritários, limitando desta forma o desenvolvimento econômico.

No entanto, qualquer tentativa de justificação não-política e desvinculada do Plano Nacional de Desestatização divergirá da realidade latente no momento da aprovação da Lei que revogou o art. 254.

De fato, a Lei 9.457/1997 teve sua funcionalidade voltada à otimização dos retornos da União, que, como acionista controladora, apropriou-se integralmente do sobrepreço das ações alienadas no curso de processos de privatização, sem o ônus de compartilhá-lo com os demais acionistas minoritários.[6] Nesse sentido, argumentos de que seria socialmente vantajoso o aproveitamento pela União da totalidade do sobrepreço devem ser repudiados, uma vez que a revogação do artigo gerou externalidades, como vendas de controle com sobrepreços exorbitantes, sem o correspondente aproveitamento deste pelos acionistas minoritários, e, no contexto geral da Lei 9.457/1997, um retrocesso no desenvolvimento do mercado de capitais. O eventual ganho obtido pelo governo não pode ter sido tão significante que, ainda que aproveitado inteiramente pela sociedade, tenha sido capaz de compensar as externalidades geradas.

A Lei pareceu caminhar na contramão da tendência mundial de expandir os direitos dos minoritários de modo a incentivar o desenvolvimento do mercado de capitais.[7] A revogação do art. 254 foi seguida de nova onda de ganhos dos controladores na ven-

4. A respeito da matéria: Arnoldo Wald, "Do descabimento da oferta pública de compra em relação às ações preferenciais", *RDM* 45/7-19; Mauro Rodrigues Penteado, "Apontamentos sobre a alienação de controle de companhia aberta", *RDM* 76/15-25; Fábio Konder Comparato, *O Poder de Controle na Sociedade Anônima*, p. 242.

5. Arnoldo Wald, "Do descabimento da oferta pública de compra em relação às ações preferenciais", *RDM* 45/7-19.

6. Modesto Carvalhosa e Nelson Eizirik, *A Nova Lei das Sociedades Anônimas*, p. 387.

7. Referência em Modesto Carvalhosa, *A Nova Lei das S/A*, cit. A Décima Terceira Diretiva da Comunidade Econômica Européia, de 1996/1997, determinava a obrigação dos Estados-membros de promulgar normas que obriguem o lançamento de oferta pública em caso de aquisição do controle de uma companhia, respeitando, entre outros, o princípio do tratamento igualitário. Em Modesto Carvalhosa, conforme nota 6.

da de controles, sem qualquer tipo de vantagem aos acionistas minoritários, não somente nas privatizações, como também no mercado em geral.

Buscando amenizar as desigualdades geradas, a CVM baixou a Instrução 299/1999, que tinha como finalidade regulamentar, para as companhias abertas, as seguintes matérias: "I — divulgação de informações na alienação de controle acionário e no aumento de participação de acionista controlador, administrador e membro do conselho fiscal, no capital representado por ações da companhia; II — eventos relacionados com a negociação de ações de própria emissão; e III — ofertas públicas para aquisição de ações".[8]

A Instrução 299/1999 garantiu aos investidores um maior grau de transparência em relação às negociações das ações de companhias, referentes à alienação de controle e aumento de participação do controlador.

Durante as discussões do projeto que culminou na Lei 10.303, de 31.10.2001, dois grupos de interesses com posições opostas influenciaram o restabelecimento da oferta pública por alienação de controle. De um lado, em defesa dos interesses dos minoritários, encontravam-se os fundos de pensão e outros investidores institucionais como o BNDESPAR e a CVM, e de outro lado, os controladores de companhias abertas representados pela ABRASCA, aos quais não interessava o tratamento igualitário aos acionistas minoritários, o que reduziria o valor do poder de controle por eles detido.

A CVM posicionou-se fortemente em favor da re-introdução do instituto como mecanismo de proteção aos interesses dos acionistas minoritários. No mesmo sentido, a BOVESPA, ao estabelecer as regras do Novo Mercado e dos Níveis 1 e 2 de governança corporativa, adotou as regras da oferta pública por alienação de controle, reconhecendo-as como, juntamente com outras regras com o objetivo de proteger interesses dos minoritários, capazes de agregar valor às companhias abertas e de incentivar o crescimento do mercado de capitais.

A questão era tratada no "Projeto Kapaz" de forma equivalente à redação original da Lei 6.404/1976, garantindo equivalência de condições aos acionistas minoritários na venda de suas ações ao adquirente do controle acionário de companhia aberta, que, obrigado a fazer oferta pública, deveria estender aos minoritários detentores de ações com direito a voto as mesmas condições recebidas pelo bloco alienante do controle.

No entanto, as pressões externas acabaram resultando no *Projeto Kandir*, que garantia aos acionistas minoritários o recebimento de 80% do valor pago por ação integrante do bloco de controle por ocasião de sua alienação. Esse tratamento aos minoritários, que integra a Lei 10.303/2001, reconhece a existência de um valor econômico do controle superior ao valor das ações minoritárias, e portanto valores diferenciados entre ações representantes de um mesmo quinhão da sociedade. Em vez de ver-se restaurado o princípio do tratamento igualitário entre os acionistas do art. 254 da Lei 6.404/1976, é consagrado, expressamente, "o princípio do valor diferenciado de ações da mesma espécie: as ações ordinárias integrantes do bloco de controle, detidas pelos acionistas controladores, valem mais que as não integrantes, detidas pelos acionistas minoritários".[9] Em seu parecer, o Deputado manifestou sua posição:

"No art. 254, reconstituindo-o, com alterações, já que em má hora revogado pela Lei 9.457/1997. Em verdade, trata-se de outra alteração feita para desobstruir o PND, mas que chegou mais longe do que pretendia. O dispositivo — no qual mantemos a determinação de não aplicabilidade às empresas em processo de desestatização

8. Art. 1º da Instrução CVM 299/1999, incs. I, II e III.

9. Modesto Carvalhosa, *A Nova Lei das Sociedades Anônimas*, cit., p. 390.

— representa uma proteção essencial aos minoritários, em regra abandonados a sua própria sorte quando realizados processos de alienação de controle. Por ele, a CVM deverá zelar pelos interesses dos minoritários ordinários, por, no mínimo, 80% do valor da ação pago pelo bloco de controle. Assim, mantém-se a valorização estratégica do controle, sem que, contudo, abissais e injustificáveis disparidades se formem entre parcelas iguais do patrimônio da companhia, em prejuízo dos minoritários."[10]

Referido princípio da existência de um valor diferenciado das ações de controle é reconhecido pacificamente desde as discussões que antecederam e se seguiram à promulgação da Lei 6.404 e Resolução CMN 401.

A premissa de que havia um valor diferenciado e que dependeria de política governamental estendê-lo aos demais ou não, levava em consideração o fato de que os controladores detinham poder político ao qual correspondia valor econômico diferenciado. Referido poder tinha um valor, pois permitia ao controlador "determinar o destino da empresa, escolher seus administradores e definir suas políticas".[11]

No mesmo sentido, Comparato, ao analisar o negócio de cessão do controle, entende que "uma ação ordinária não vale outra ação ordinária", isto é, uma ação ordinária vendida com o bloco de controle deve valer muito mais que as demais ações votantes de uma companhia. O professor afirma, ainda, que "o que se transfere numa cessão de controle, (...) não é um bloco de ações, e, sim, o poder de dominação e disposição de uma empresa".[12] Portanto, o art. 254, a partir deste ponto de vista, veio para estender aos minoritários (detentores de ações com direito a voto) um direito de aproveitar o sobrepreço da alienação do controle ao qual o controlador de fato faz jus, e, a princípio, o minoritário, não.

No entanto, uma análise econômica deste argumento à luz de preceitos de governança corporativa aponta para a existência de um *plus* do valor de controle na medida em que este traz benefícios patrimoniais e não patrimoniais para o controlador da companhia. A teoria econômica predominante nos países de tradição anglo-saxônica entende que os interesses do controlador tendem a ir de encontro com os da companhia e com os dos minoritários.[13] Num cenário desprovido de mecanismos eficazes para proteger os interesses dos acionistas sem poder de controle na sociedade, o controlador buscará, primariamente, maximizar seus resultados, mesmo que em detrimento dos interesses da companhia.

Portanto, apesar de não explícitas, as razões econômicas do sobrepreço pago ao controle devem ser consideradas na análise do art. 254-A, especialmente no sentido de interpretá-lo da forma mais ampla possível, como uma forma de garantir aos minoritários proteção capaz de limitar os mecanismos de abuso do poder de controle e a expropriação de valor da companhia pelos controladores.

2. *Destinatários da oferta*

A redação do art. 254-A pacificou relativamente a questão dos destinatários da oferta, ao estabelecer que a oferta seria destinada exclusivamente aos titulares de ações com direito a voto não integrantes do bloco de controle. Abandonou-se o critério dos minoritários como destinatários da oferta pública, o que deve ser elogiado, pois, conforme apontou o Professor Comparato, referida expressão é imprópria, pois "mino-

10. Trecho replicado por Luiz Leonardo Cantidiano, "Características da ação, cancelamento de registro e *tag-along*", *A Reforma da Lei das Sociedades Anônimas Comentada*, p. 91.

11. Mensagem 204, citada acima.

12. Fábio Konder Comparato, *Poder de Controle na Sociedade Anônima*, cit., respectivamente, pp. 219 e 226.

13. Michael C. Jensen e William H. Meckling, *Theory of the Firm: Managerial Behavior, Agency Costs and Ownership Structure*, em http://papers.ssrn.com/sol3/paper.taf?abstract_ID=94043.

ria e maioria são noções que só fazem senso quando referidas ao direito de voto, a assembléias deliberativas ou a colégios eleitorais".[14]

No entanto, remanesceu a dúvida se os acionistas detentores de ações preferenciais, que adquirirem direito a voto na hipótese do § 1º do art. 111 da Lei das S/A, também devem ser incluídos como destinatários da oferta.

Como mencionado anteriormente neste trabalho, a discussão a respeito dos destinatários da oferta pública foi ampla quando da aprovação da Emenda Lehman. Neste contexto, defendendo a corrente doutrinária de que devem ser incluídos como destinatários da OPA somente os acionistas com direito de voto, argumentou Arnoldo Wald[15] que "os preferencialistas sem direito de voto não podem ser caracterizados como tendo uma posição política na sociedade" e que "(...) o privilégio econômico dado à ação preferencial não deixa de ser uma forma de compensação pelo fato de não participar do poder político representado pelo controle da empresa (...)". Assim, se as ações com direito a voto são as que têm a potencialidade de participar do poder político de controle, o argumento pode ser utilizado para reforçar a não participação, na oferta pública por alienação de controle, dos acionistas com voto temporário ou restrito.

A Instrução CVM 361/2002, que regulamentou as ofertas públicas para aquisição de ações ("OPA"), estabeleceu, no *caput* de seu art. 29, que trata especificamente da OPA por alienação de controle, que esta "terá por objeto todas as ações de emissão da companhia às quais seja atribuído o *pleno e permanente direito a voto*, por disposição legal ou estatutária" (grifamos).

Assim, a Instrução exclui como destinatários da OPA os preferencialistas que tenham adquirido direito temporário de voto e os detentores de ações preferenciais com direitos de voto restritos, respectivamente nos termos do § 1º do art. 111 da Lei das S/A, e do art. 18. Fica restringido o direito de participar da OPA por alienação de controle, aos detentores de ações ordinárias, ou preferenciais com direitos irrestritos e permanentes de voto.

Em sentido contrário manifestou-se Modesto Carvalhosa, que entende que os preferencialistas que adquirirem o direito de voto nos termos do art. 111, § 1º, da Lei das S/A, "também devem ser incluídos como destinatários da oferta pública decorrente da alienação do controle acionário, uma vez que o art. 254-A não estabelece qualquer requisito quanto ao caráter de maior ou menor permanência do direito de voto, não cabendo ao intérprete distinguir onde a lei não o faz".[16]

No entanto, Carvalhosa também reconheceu, durante a vigência do art. 254 em seu texto original, que a Resolução 401/1976, ao estabelecer que somente estariam inclusas as ações que assegurassem, *de modo permanente*, o controle da companhia, havia restringido a incidência do então art. 254 somente aos detentores de ações ordinárias (ou preferenciais originalmente e permanentemente com direito de voto). Como a atual regulamentação da CVM, como visto acima, usa a expressão "pleno e permanente direito a voto", deve prevalecer o entendimento que as preferenciais que adquirirem direito a voto nos termos do § 1º do art. 111 da Lei das S/A não são destinatários da OPA por alienação de controle.

A respeito da questão, parece-nos razoável esperar que a jurisprudência acompanhe o posicionamento da CVM. O acionista com voto temporário ou restrito não deve ser equiparado ao acionista com amplos poderes políticos na sociedade, que são

14. Fábio Konder Comparato, *Poder de Controle na Sociedade Anônima*, cit., respectivamente, pp. 219 e 242.

15. Arnoldo Wald, "Do descabimento", cit., *RDM* 45/7-19.

16. Modesto Carvalhosa, *A Nova Lei das S/A*, cit., p. 392.

beneficiados com o direito de participar de parte do prêmio de controle recebido pelos controladores. Porém não devem ser excluídos da OPA os acionistas detentores de ações preferenciais com direitos de voto irrestritos e permanentes.

3. Significado de controle e de alienação de controle

A aplicação do art. 254-A se dará sempre que ocorrer, nos termos de seu *caput*, a "alienação, direta ou indireta, do controle de companhia aberta". A definição de controle a ser adotada para os fins deste artigo deverá ser a do art. 116 da Lei das S/A, que define como controlador "a pessoa natural ou jurídica, ou o grupo de pessoas vinculadas por acordo de voto, ou sob controle comum, que: a) é titular de direitos de sócio que lhe assegurem, de modo permanente, a maioria dos votos nas deliberações da assembléia geral e o poder de eleger a maioria dos administradores da companhia; e b) usa efetivamente seu poder para dirigir as atividades sociais e orientar o funcionamento da companhia". O art. 243, § 2º, praticamente repete a definição ao definir como "controlada, a sociedade na qual a controladora, diretamente ou através de outras controladas, é titular de direitos de sócio que lhe assegurem, de modo permanente, preponderância nas deliberações sociais e o poder de eleger a maioria dos seus administradores".

Assim, são excluídos os controles externo e o interno administrativo ou gerencial, tratando a lei exclusivamente do controle interno acionário.[17] As formas de controle referidas, tanto no art. 116 como no art. 254-A, são as de controle majoritário e minoritário, desde que reconhecida a não precariedade desta última modalidade de controle, no caso concreto.[18]

A definição do art. 116 abrange o controle minoritário, pois exige a "preponderância nas deliberações sociais", e não a maioria de votos. Da mesma forma, o art. 254-A reconhece a possibilidade de controle conjunto, prevista na definição do art. 116.

Segundo Carvalhosa, o § 1º do art. 254-A dá uma acepção mais ampla à expressão "alienação de controle acionário", pois são incluídas as hipóteses em que não há venda direta do conjunto das ações que compõem o bloco de controle, incluindo alienação indireta e cessão de direitos de subscrição e títulos conversíveis em ações que venham a resultar na alienação de controle acionário.[19]

Devem estar presentes dois elementos para que seja caracterizada a expressão alienação de controle do artigo em questão. Será necessário: (a) que a operação resulte num novo acionista controlador ou grupo de controle, originada por transferência de ações, títulos ou direitos pelo titular origi-

17. Sobre as qualificações de controle: Fábio Konder Comparato, *O Poder de Controle na Sociedade Anônima*.

18. Comentando a regulamentação da questão na vigência do art. 254, Guilherme Döring Cunha Pereira, em *Alienação do Poder de Controle Acionário*, p. 194 escreve: "Quer um, quer outro inciso (incs. II, III e IV da Resolução 104) referem-se não só ao controle majoritário, mas também ao controle minoritário que, por circunstâncias de dispersão acionária ou simples desinteresse dos demais sócios, assegure de modo permanente a maioria dos votos nas deliberações da assembléia geral e o poder de eleger a maioria dos administradores da companhia. Nem sempre a influência decisória de menos de 50% das ações com voto é seriamente precária".

A respeito da precariedade do controle minoritário, Fábio Konder Comparato, em *O Poder...*, cit., p. 66, esclarece: "A preponderância permanente nas deliberações sociais opõe-se à meramente eventual, isto é, a que depende de fato incerto, para existir. Essa permanência pode ser questionada nas hipóteses de controle minoritário, o que levou a autoridade administrativa a fixar um critério de duração mínima, ou seja, 'a maioria absoluta dos votos dos acionistas presentes nas três últimas assembléias gerais da companhia' (Resolução 401, de 22.12.76, do Banco Central do Brasil)".

A nova Instrução CVM 361/2002 repetiu o disposto no art. 116 da Lei das S/A em seu art. 3º, IV.

19. Modesto Carvalhosa, *A Nova Lei das S/A*, cit., p. 395.

nal do controle; e (b) a alienação do controle deve ocorrer a título oneroso.

A respeito do primeiro requisito, acima, Carvalhosa entende que o "critério decisivo é o da *aquisição* do controle",[20] enquanto Cantidiano, de forma diversa, vê como foco a *alienação* do controle acionário, porque a alienação de controle exclui as hipóteses de aquisições originárias de controle.[21] De fato, tanto a configuração de *alienação* de controle, como a verificação de efetiva *aquisição* do controle, de outro lado, são importantes.

Deve ser verificada a aquisição do controle, pois caso inexista um novo controlador, não haverá sujeito ativo da obrigação de realizar a oferta pública. Da mesma forma, não é factível que exista uma alienação de controle sem que este seja adquirido por outra parte. Essa conclusão não é verdadeira se invertidas as proposições. Será possível uma aquisição de controle sem que exista como contrapartida uma alienação propriamente dita do controle. Trata-se de modo de aquisição originária do controle, oposto à forma de aquisição de controle a título derivado.

São aquisições de controle a título originário aquelas que ocorrem numa "situação de inexistência de controle acionário claramente estabelecido, quer numa situação de controle acionário minoritário, e implicará a perda deste último. (...) Não se realiza se o controle for majoritário, salvo a hipótese de este ser exercido por um grupo de pessoas, quando então a defecção de um dos seus integrantes é possível, abrindo espaço para uma tomada de controle".[22] Podemos citar como exemplos de aquisição originária de controle, a aquisição por um determinado investidor de pequenas quantidades de ações, que somadas sejam suficientes para controlar a sociedade[23] e a realização de acordo de acionistas entre grupo de minoritários.

As aquisições a título derivado dependerão da preexistência de um controle, a ser adquirido de uma pessoa que o tenha alienado. A hipótese típica de aquisição derivada de controle é a da aquisição decorrente da cessão ou alienação negociada do controle, podendo também ocorrer aquisição derivada nas hipóteses de subscrição desproporcional de aumento de capital e venda em leilão de privatização. Em todos os casos há uma vontade explícita do alienante de transferir as ações suficientes para garantir ao adquirente o poder de controle na sociedade.

Carvalhosa menciona, ainda, uma forma "semiderivada" de aquisição de controle,[24] que se configura quando não há a alienação integral do bloco de controle. Segundo descreve, é exemplo de aquisição semiderivada a aquisição por determinada pessoa de uma série de ações dispersas no mercado, seguida da aquisição do então controlador da companhia do número de ações faltantes para que o adquirente detenha o controle da companhia.

De fato, deve ser excluída a hipótese de alienação de controle no caso de aquisição originária de controle, pois não haverá transferência do direito ou situação jurídica de controle. A respeito, manifestou-se a Gerência de Operações Especiais da CVM na vigência do art. 254 da Lei 6.404/1976, no sentido de que não seria obrigatória a oferta pública por aquisição de controle acionário, no caso de aquisição originária.

Adicionalmente, a própria redação do art. 254-A reafirma este entendimento, ao dispor que a oferta pública deverá ser realizada para assegurar aos demais acionis-

20. Modesto Carvalhosa, *A Nova Lei das S/A*, cit., p. 395.

21. Luiz Leonardo Cantidiano, *A Reforma da Lei das S/A Comentada*, p. 238.

22. Guilherme Döring Cunha Pereira, *Alienação...*, cit., pp. 33 e ss.

23. Chamado *hostile takeover*, típica forma de aquisição de controle em sociedade com grande dispersão acionária, especialmente as de tradição anglo-saxônica.

24. Modesto Carvalhosa, *A Nova Lei das S/A*, cit., pp. 406 e 407.

tas o mesmo preço pago às ações integrantes do bloco de controle. Portanto a alienação de que trata é de ações do controle, necessariamente.

No exemplo citado, houve aquisição do controle a título oneroso e alienação de ações, títulos ou direitos, suficientes para que o controle fosse transferido das mãos do original controlador para o novo controlador. Nesse caso, deverá incidir a regra do citado art. 254-A, pois não é necessário que sejam alienadas todas as ações que compõem o bloco de controle, mas somente as ações do bloco de controle necessárias para que este seja transferido.

O terceiro requisito para qualificar a expressão "alienação de controle" é a onerosidade da operação. É essencial que o controlador alienante tenha percebido, de alguma forma, uma remuneração pela transferência de suas ações, títulos ou direitos que garantam ao adquirente a aquisição da posição de controlador.

Cantidiano entende, ainda, que além do caráter oneroso, para que se configure alienação de controle e a conseqüente aplicação do art. 254-A, será necessário que exista de fato o pagamento de um prêmio pelo controle da companhia.[25] Do contrário, não teria razão de ser a oferta pública para pagar aos demais acionistas somente 80% do valor recebido, que equivaleria a 80% do valor de fato das ações (uma vez que não houve sobrepreço).

Carvalhosa manifestou-se no sentido contrário, entendendo ser desnecessário o pagamento de ágio, bastando que se configure o caráter oneroso, ou seja, o "pagamento, em dinheiro ou em bens, das ações ou valores mobiliários que ensejam a transferência do poder de controle".[26] Não se pode extrair da Lei das S/A que o pagamento de sobrepreço pelas ações do controle é condição para a obrigação de realização da oferta. De fato, deve ser levado em consideração que o resultado da avaliação da companhia, por mais "justo"[27] que seja o preço, poderá variar caso a caso, de acordo com o critério escolhido e as variáveis aplicadas. Portanto, ainda que não fosse necessária a realização de oferta pública por aquisição de controle no caso de inexistência de pagamento de ágio, nem sempre seria possível averiguar se o preço pago corresponde ao preço das ações, e que portanto não houve, de fato, pagamento de ágio. A adoção do critério de preço de mercado em bolsa não parece adequada, tanto por sua volatilidade (especialmente quando a companhia está diante de uma alienação de controle) quanto pela possibilidade de inexistência deste, devido à pequena liquidez da companhia.

Assim, deverá prevalecer o entendimento, já manifestado pela CVM[28] durante a vigência do art. 254 da Lei 6.404/1976, no sentido de que não é necessário o pagamento de ágio pelo adquirente do controle para que seja obrigatória a oferta pública por alienação de controle.

4. Formas de aquisição do controle de S/A

Como visto acima, são modalidades de aquisição de controle as aquisições a título originário e a título derivado. As aquisições de controle também podem ser categorizadas como as aquisições voluntárias e involuntárias, e aquisições originadas de uma ou de várias operações. As modalidades de aquisição involuntárias não poderão causar a aplicação do art. 254-A, dado que, nestes casos, não ocorrerá, via de regra, alienação onerosa do controle.[29] A estas

25. Luiz Leonardo Cantidiano, *A Reforma da Lei das S/A*, cit., p. 240.

26. Carvalhosa, *A Nova Lei das S/A*, cit., p. 399.

27. Nos termos do art. 4º, § 4º, da Lei das S/A, o novo critério para a boa avaliação de companhias (no caso, para fins de oferta pública para fechamento de capital) é o do preço justo, observadas as formas de avaliação permitidas no artigo, ou eventualmente aprovadas pela CVM.

28. Parecer CVM/SJU 79/1983.

29. A típica forma de aquisição involuntária é a da sucessão *causa mortis*. Outro exemplo de aqui-

modalidades, tendo em vista o disposto no § 1º do art. 254-A, podemos acrescentar as formas de aquisição de controle direta e indireta.

O § 1º do art. 254-A define alienação de controle, apontando três formas diversas, quais sejam: (a) "a transferência, direta ou indireta de ações integrantes do bloco de controle"; (b) a transferência, direta ou indireta "de ações vinculadas a acordos de acionistas e de valores mobiliários conversíveis em ações com direito a voto"; e (c) a "cessão de direitos de subscrição de ações e de outros títulos ou direitos relativos a valores mobiliários conversíveis em ações que venha a resultar na alienação de controle acionário da sociedade".

Assim, podemos categorizar as diferentes alienações de controle, conforme o disposto no artigo em tela, em três modalidades: alienação direta, alienação indireta e alienação em etapas.

4.1 Alienação direta

A alienação de forma direta do controle de companhias, no Brasil, é a forma mais comum de alienação de ações, tendo em vista a concentração do controle acionário.[30] A alienação direta de ações ocorre quando o controlador ou controladores alienam a terceiro as ações pertencentes ao bloco de controle da companhia, de modo que o adquirente assume a posição de controlador da companhia.

Referida alienação é procedida mediante um contrato de compra e venda, ou negócio jurídico bilateral de cunho patrimonial. O contrato é oneroso e gera direitos e obrigações para ambas as partes,[31] tendo como objeto não a maioria das ações da companhia, mas algo tido como mais valioso que isto: o poder de tomar as decisões referentes à atividade societária. A apropriação deste poder é passível de transferência por via contratual. A própria redação da lei reconhece que não se trata de mera cessão de ações ao tratar do tema com a expressão alienação de controle.[32]

O objeto do contrato da alienação do controle é o poder de controle, que se opera mediante a transferência da propriedade do conjunto de ações que conferem este poder. O contrato de compra e venda de ações é o contrato que instrumentaliza a alienação de controle. Há entendimento no sentido de que ao se transferir o bloco de controle, está se transferindo, em linhas gerais, o poder sobre os bens afetos à atividade empresarial (apesar de o poder de controle ser, na maior parte dos casos, uma situação de fato e não jurídica). Nesse sentido confunde-se o poder de controle com o poder sobre a própria sociedade[33] (esta sob a noção de um perfil patrimonial[34]).

Os incs. II e III da Resolução 401 do CMN tratavam da alienação direta do con-

sição involuntária seria aquela em decorrência da pulverização pelo controlador original de suas ações no mercado, de modo que um minoritário com participação relevante (40%, por exemplo), poderia passar a deter potencialmente o controle da sociedade. Esta última modalidade de aquisição é involuntária e originária.

30. Em pesquisa pelo "Counsel of Securities Regulators of the Americas — COSRA", publicada na *Internet*, em www.cvm.gov.br., foi verificado que das maiores empresas brasileiras, a maioria tem um acionista majoritário controlador ou grupo de acionistas controladores vinculados por acordo de votos.

31. A respeito da qualificação do negócio de alienação de controle, Guilherme Döring Cunha Pereira, *Alienação...*, cit., p. 65, esclarece: "(...) visualizamos duas formas de apreciar o negócio de alienação de controle: pode-se dizer ter havido a compra e venda do poder de controle, como se diz compra e venda da herança (como bem incorpóreo circunscrita à realidade material, equiparada à universalidade de direito, patrimônio e empresa objetivamente considerada); mas pode-se entender também ter havido a compra e venda do poder de controle, como se diz compra e venda do poder de controle de uma empresa, como se diz compra e venda da propriedade de um bem, ou compra e venda da posse de um bem".

32. Guilherme Döring Cunha Pereira, *Alienação...*, cit., pp. 49 e ss.

33. Guilherme Döring Cunha Pereira, *Alienação...*, cit., pp. 53 e 54.

34. Alberto Asquini, "Profili dell'impresa", *Rivista del Diritto Commerciale*, v. 41, trad. Fábio Konder Comparato, "Perfis da empresa", *RDM* 104.

trole, sendo que o inc. II referia-se ao acionista controlador individual, pessoa física ou jurídica, e o inc. III a grupo de pessoas vinculadas por acordo de voto[35] ou sob controle comum. Ambos abrangem tanto os controladores majoritários quanto minoritários. O inc. II supracitado define como alienação de controle o "negócio pelo qual o acionista controlador (art. 116 da Lei 6.404), pessoa física ou jurídica, transfere o poder de controle da companhia mediante a venda ou permuta do conjunto das ações de sua propriedade que lhe assegura, de modo permanente, a maioria dos votos nas deliberações da Assembléia Geral e o poder de eleger a maioria dos administradores". No inc. III da mesma Resolução, ao definir alienação de controle por grupo de acionistas detentores do poder de controle, estabelece que a alienação de controle é o "negócio pelo qual todas as pessoas que formam o grupo controlador transferem para terceiro o poder de controle da companhia, mediante venda ou permuta do conjunto das ações de sua propriedade que lhes assegura, de modo permanente (...)" o controle da companhia. Como se vê, trata-se de alienação direta pois são transferidas todas as ações, ou o conjunto das ações do controlador ou bloco de controle da companhia.

Apesar da referência à transferência de todas ações que compõem o controle da companhia, tendo em vista os abusos que poderiam ser gerados a partir da interpretação literal do dispositivo, a CVM vinha adotando, na prática, a posição que foi consagrada com a Lei 10.303/2001.

A alienação de controle nos termos da nova lei é mais ampla, abrangendo ações integrantes do bloco de controle, ações vinculadas a acordo de acionistas, e não somente ações, mas também outros títulos ou direitos relativos a valores mobiliários conversíveis em ações. Ainda, não é exigido que sejam alienadas, por todos os integrantes do bloco de controle, todas as suas ações, bastando que sejam alienadas ações do bloco de controle significantes, para que a transação resulte na transferência do poder de controle.[36]

4.2 Alienação indireta

A alienação indireta ocorrerá sempre que o controle sobre a companhia for exercido indiretamente, através dos órgãos sociais de outra companhia. O controle indireto pode ser exercido através de sociedades *holdings* de controle ou de participação, ou ainda por meio de outras sociedades.

A redação original do art. 254 não previa a necessidade de oferta pública nos casos de alienação indireta, tampouco a Resolução 401. No entanto, em parecer proferido a respeito, publicado na *Revista da CVM*, a CVM manifestou-se favorável à obrigação de oferta pública no caso de alienação indireta de controle.[37] Referida interpretação da CVM era coerente com a Lei 6.404/1976, que já reconhecia a existência do controle indireto em seu art. 243, § 2º, cuja redação refere-se à controlada como a "sociedade na qual a controladora, diretamente ou através de outras controladas, é titular de direitos de sócio que lhe assegurem, de modo permanente, preponderância nas deliberações sociais e o poder de eleger a maioria dos administradores". Menção ao controle indireto também é feita no art. 236 da lei, onde é feita ressalva ao direito dos acionistas de pedir o reembolso de suas ações em caso de pessoa jurídica de direito público adquirir, por desapropriação, o controle de companhia, "se a companhia já se achava sob o controle, direto

35. O STF reconheceu o controle conjunto sem a existência de acordo de acionista (REsp 784-RJ, 4ª T., *RDM* 83/108).

36. Nesse sentido, a transferência de ações dentro de um bloco de controle não deverá ser considerada alienação de poder de controle para os fins do art. 254-A, pois não resultará no surgimento de um novo controlador, conforme exposto por Modesto Carvalhosa, *A nova Lei das S/A*, cit., p. 398.

37. Guilherme Döring Cunha Pereira, *Alienação...*, cit., p. 196, parecer citado.

ou indireto, de outra pessoa jurídica de direito público, ou no caso de concessionária de serviço público". Outra ocasião onde se encontra menção ao controle indireto é no parágrafo único do art. 269, que ao definir os critérios para identificar a nacionalidade do controle do grupo de sociedades constituído por meio de convenção grupal, em sua alínea *c* refere-se a "sociedade ou sociedades brasileiras que, direta ou indiretamente, estejam sob o controle das pessoas referidas nas alíneas *a* e *b*".

Assim, a existência de sociedades intermediárias não deve interferir na identificação do poder central de controle. Nesse sentido, Guilherme Döring Cunha Pereira, afirma que "o poder que exercem as referidas sociedades intermediárias sobre a companhia aberta é secundariamente poder de controle. São elas, por assim dizer, 'instrumentos' do verdadeiro controlador e na medida em que são 'instrumentos' recebem a potencialidade causal do controle. A lei teve inegável intenção de atingir o controle em seu real titular. Qualquer interpretação que desconsidere esse dado está fadada ao erro".[38]

O reconhecimento da alienação indireta do controle, no art. 243, § 2º, seguiu a orientação já adotada pela CVM, e reconhecida pela doutrina e jurisprudência. Não há dúvida que deverá ocorrer a oferta pública quando um terceiro adquire as ações de uma *holding* detentora do poder de controle em uma companhia. Diversa é a hipótese de uma sociedade controladora da companhia *X* constituir uma afiliada ou subsidiária e transferir as ações representantes do controle desta companhia *X* para sua afiliada ou subsidiária. Neste caso, seguindo o raciocínio acima exposto e desde que não tenha ocorrido alteração das relações de controle na afiliada ou subsidiária, não ocorreu, de fato, uma real alienação de controle, tendo o verdadeiro controlador apenas criado um "instrumento" de controle. Contrário a este entendimento manifestou-se o Professor Modesto Carvalhosa: "A hipótese configura, sem dúvida, uma alienação de controle e, assim, exige-se uma oferta pública, muito embora, na maioria das vezes, não haja interesse do minoritário em aceitar sua oferta".[39]

Também não deverá ser considerada alienação de controle a reorganização de um grupo de empresas em que as participações entre as sociedades controladas são alteradas sem alteração no controle do grupo como um todo, ou ainda a alteração de participações individuais, dentro de um grupo de controle. Assim, se um acionista, dentro de grupo de acionistas controladores vinculados por acordo de acionistas, recebe ações dentro do grupo, passando a deter a maioria de votos no grupo, não ocorrerá alienação do controle, uma vez que este permanece nas mãos do grupo.[40]

Uma questão de difícil solução diz respeito ao preço que deverá ser considerado como pago pela alienação do controle no caso de alienação indireta. Tratando-se de uma sociedade chamada *holding* pura, que não tem ativos senão a participação no capital da companhia controlada, presume-se que o valor pago pelas ações da *holding* corresponde à sua participação na sociedade controlada, e não haverá grandes problemas. Caso, por outro lado, o controle indireto não seja detido por uma *holding* pura, pode ser bastante difícil auferir o preço da alienação do controle, especialmente quando a controladora que foi alienada, tendo causado a alienação indireta de compa-

38. Guilherme Döring Cunha Pereira, *Alienação...*, cit., p. 198.

39. Modesto Carvalhosa, *A Nova Lei das S/A*, cit., pp. 149, 150.

40. Modesto Carvalhosa, *A Nova Lei das S/A*, cit., p. 398. "Ocorrendo transferência de posições acionárias *dentro* do acordo de acionistas, ou entre as pessoas que não há alienação do controle para os efeitos do art. 254-A, uma vez que da operação, ainda que onerosa, não resultará o surgimento de um *novo* acionista controlador. No caso, pode eventualmente ocorrer uma troca de posições *dentro* de um bloco de controle que não caracteriza a alienação do controle acionário para os efeitos do art. 254-A".

nhia que detinha, for operacional e detiver participações em outras companhias.

A Instrução (CVM) 361/2002, em seu art. 29, § 6º, não estabelece parâmetros para a avaliação do preço devido nos casos de alienação indireta do poder de controle, por força do art. 254-A, mas exige que seja submetida à CVM a demonstração justificada da forma de cálculo do preço devido, correspondente à alienação do controle da companhia objeto. Considerados os princípios gerais de informação e transparência aos destinatários da oferta, em casos de definição complexa de preço, deve ser apresentado laudo de avaliação realizado por empresa especializada e independente. Referida avaliação deverá ser feita de todas as participações detidas pela empresa controladora alienada de forma segregada, assim como das atividades operacionais da empresa, se for o caso. Posteriormente, deverá ser presumido o preço pago pelo controle da companhia, sendo que 80% deste preço deverão ser oferecidos aos minoritários.

Parece extremamente difícil que em casos de grande complexidade seja possível estabelecer um preço ajustado pela alienação de controle. De qualquer forma, deve ser garantida uma avaliação por empresa especializada e independente, utilizando a mesma data para a avaliação dos patrimônios das companhias, assim como transparência e informação suficiente para os destinatários da oferta.

Obedecidos estes critérios, não caberá à CVM avaliar o mérito do laudo de avaliação ou questionar o preço oferecido, por falta de competência para tanto. Conforme o Professor Carvalhosa, "caso a CVM envolva-se diretamente em negociações com o adquirente do controle para estabelecer o preço da oferta pública, poderá vir a ser responsabilizada pelos prejuízos eventualmente sofridos pelos minoritários que não considerarem adequado o preço oferecido por suas ações na oferta pública".[41]

41. Modesto Carvalhosa, *A Nova Lei das S/A*, cit., p. 402.

4.3 Alienação em etapas

As modalidades de aquisição em um único ato definitivo e em várias etapas estão ambas previstas no § 1º do art. 254-A, que, ao definir alienação de controle, refere-se a alienações que venham a "resultar na alienação de controle acionário da sociedade". A previsão da alienação por etapas é importante para evitar que uma aquisição de controle passe desapercebida, nos casos em que o adquirente realiza uma série de operações (adquire ações, títulos conversíveis, direitos de subscrição, e outros) que irão resultar na aquisição do controle, realizada dentro de um período relativamente longo.[42]

A respeito das operações em etapas, cabe nota sobre as *multistep acquisitions*, prática norte-americana, que, como descreve Guilherme Döring Cunha Pereira, ocorre, em geral, como segue:

"O interessado na aquisição compra, numa primeira etapa, um bloco significativo de ações, que poderá ser o bloco do controlador minoritário favorável à aquisição ou que está nas mãos de um grande investidor (normalmente institucional) não controlador.

"A segunda etapa consiste no lançamento de uma oferta pública para compra de ações dos minoritários, nas mesmas condições de preço obtidas pelo titular do bloco de ações alienadas inicialmente.

"Por fim, procede-se a uma *cash merger*, procedimento que autoriza a expulsão dos acionistas remanescentes."[43]

42. A exemplo de outras legislações, foi inserido com a reforma da Lei das S/A o art. 116-A, com o objetivo principal de combater o *insider trading*, mas que poderá, também, positivamente restringir o fator surpresa desta forma de alienação de controle, dispositivo que obriga acionistas, detentores de participação relevante (nos termos da lei, "acionistas ou grupo de acionistas, que elegerem membro do conselho de administração ou membro do conselho fiscal" da sociedade) a informar as modificações em suas posições acionárias na companhia à CVM e às Bolsas de Valores ou entidades de balcão organizado.

43. Guilherme Döring Cunha Pereira, *Alienação...*, cit., pp. 39 e 40.

A nossa aquisição em etapas normalmente ocorrerá de forma diversa, especialmente dada a pequena incidência de companhias com capital pulverizado.

Note-se que quando se tratar de alienação em etapas que gere uma aquisição originária do controle (caso forem adquiridas ações de minoritários e ações dispersas no mercado, que originalmente não compunham o controle), como já disposto acima, não será obrigatória a oferta pública do art. 254-A.

Contrariamente, caso sejam adquiridas ações integrantes do bloco de controle (ainda que apenas parte destas), deverá incidir o art. 254-A. Neste ponto, vale mencionar que a redação do artigo foi acertada ao não exigir a aquisição da totalidade das ações pertencentes ao bloco de controle, ou seja, a alienação de parte das ações do bloco de controle, desde que suficiente para transferir a titularidade do controle, caracterizará uma alienação de controle para os fins do artigo ora comentado.

Nos casos de alienação em etapas, o momento efetivo da alienação ocorrerá com a transferência da titularidade do poder de controle na companhia. Assim, só será considerado alienado o controle quando da efetiva conversão de títulos em ações suficientes para garantir o controle, ou quando da subscrição de ações com os direitos de subscrição, ainda que adquiridos anteriormente. Isto porque a posição de potencial controlador em que se encontra o detentor de "direitos de subscrição de ações e de outros títulos ou direitos relativos a valores mobiliários conversíveis em ações", não se confunde com a do efetivo controlador da sociedade. O adquirente de referidos direitos pode deixar de exercê-los, ou o exercício pode depender de uma condição suspensiva incerta. Assim, somente poderá ser exigida a realização da oferta pública nos termos do art. 254-A após a efetiva subscrição de ações ou conversão em ações, resultando na aquisição do controle.

Nesse sentido, Cantidiano entende que somente poderá ocorrer a alienação decorrente de subscrição de ações nas seguintes hipóteses, desde que a cessão seja onerosa, com recebimento pelo alienante de prêmio,[44] "que demonstre a intenção de ambos (alienante e adquirente dos direitos à subscrição) de pactuar a transferência do controle da sociedade, fazendo-o por intermédio de uma cessão de direitos à subscrição": (a) "dita cessão é efetivada tendo por objeto direitos à subscrição de participação majoritária do capital votante, se o adquirente não é acionista da companhia cujo capital está sendo incrementado"; (b) "o comprador, já sendo detentor de uma posição relevante do capital da companhia que está procedendo ao aumento de seu capital adquire do detentor do controle da companhia direitos à subscrição que, vindo a ser exercidos, aumente de tal sorte a sua participação no capital votante da sociedade que leve a superar a posição até então detida pelo alienante de tais direitos".[45]

5. Considerações acerca do prêmio previsto no § 4º do art. 254-A

A figura do prêmio foi inserida no § 4º do art. 254-A, e não tem precedentes no direito societário brasileiro. A possibilidade de oferecer aos minoritários a totalidade do prêmio do controle para que estes permaneçam na sociedade tem grandes vantagens, tanto para o adquirente do controle, que poderá ter um menor desembolso de capital, quanto para os destinatários da oferta, que poderão receber 100% (cem por cento) do prêmio de controle, em vez de 80% (oitenta por cento) do valor pago pelas ações.

O § 4º não revoga a obrigação do adquirente de realizar a oferta nos termos

44. Vide a posição adotada no capítulo 2 deste trabalho, discordando a respeito da necessidade de prêmio para configuração da alienação do controle.

45. Luiz Leonardo Cantidiano, *A Reforma...*, cit., p. 244.

do *caput* do art. 254-A. Este poderá, a seu critério, oferecer aos minoritários uma opção, alternativa à alienação de suas ações. Os minoritários, por sua vez, não podem ser privados do direito de alienar suas ações em oferta pública, podendo, caso oferecido pelo adquirente do controle, receber somente o prêmio do controle, sem desfazer-se de suas ações.

A questão da oferta do prêmio gerou divergências na doutrina. O Prof. Carvalhosa, no mesmo sentido exposto acima, defende que a oferta do prêmio pode ser oferecida pelo adquirente do controle, e que o minoritário terá a opção de aceitá-la ou não.[46] Cantidiano, de outro lado, entende a possibilidade de oferecer o pagamento do prêmio aos minoritários como uma opção do adquirente do poder de controle da companhia. Este poderá oferecer aos acionistas minoritários, alternativamente e a seu critério, pelo menos a íntegra do prêmio pago pelo controle, ou 80% do valor pago pelas ações do bloco de controle.[47]

A justificativa para a interpretação do referido § 4º oferecida por Cantidiano é de que o efeito para o minoritário seria neutro, tendo em vista que ele recebe o valor do prêmio e continua titular da ação, que poderá ser posteriormente vendida, a qualquer instante, no mercado.

No entanto, a premissa adotada por Cantidiano de que o mercado poderia absorver todas as ações eventualmente colocadas à venda não leva em consideração a falta de liquidez do mercado e sua volatilidade, esta última que poderá ser acentuada numa situação de iminente transferência de controle da companhia. Adicionalmente, a justificativa desconsidera a existência de ações de companhias abertas sem valor de mercado. A interpretação também não parece razoável, na medida em que a própria lei reconhece que no caso de aquisição da ação será pago, por ação dos minoritários, *80% (oitenta por cento) do valor pago por ações do bloco de controle*, enquanto no caso de oferecimento de prêmio para que o minoritário fique com suas ações, este deverá ser *pelo menos igual ao prêmio pago por ação do bloco de controle*. Portanto a própria lei, ao estabelecer esta diferença, reconhece a inexistência de neutralidade entre as duas hipóteses.

Finalmente, ainda que de fato a situação fosse neutra para o minoritário, o adquirente do controle e ofertante, em tese, deveria gozar da mesma neutralidade, e portanto para este seria indiferente, mais do que isso, seria vantajoso adquirir as ações por 80% do preço pago pelas ações do bloco de controle para depois aliená-las no mercado, evitando pagar 100% do prêmio aos minoritários.

Sem prejuízo da inviabilidade da interpretação adotada por Cantidiano, reconhecemos que a possibilidade, para o adquirente de controle, de obrigar os acionistas a permanecerem com suas ações, recebendo somente o prêmio pago por ação do bloco de controle, pois permitiria ao novo controlador manter os níveis de liquidez[48] das ações da companhia no mercado, o que seria considerado saudável ao desenvolvimento do mercado. Não obstante, não poderá ser retirado do minoritário o seu direito estabelecido no *caput* do art. 254-A, de alienar suas ações em oferta pública formulada pelo adquirente do controle nos termos da lei.

De qualquer forma, de fato a possibilidade de fazer uma oferta nos termos do § 4º

46. Modesto Carvalhosa, *A Nova Lei das S/A*, cit., pp. 409 e ss.

47. Luiz Leonardo Cantidiano, *Reforma da Lei das S/A*, cit., pp. 248 e ss.

48. A diminuição da liquidez, em tese, não pode ser considerada como conseqüência direta da diminuição de ações disponíveis no mercado (*free float*). A liquidez é representada pela facilidade de vender e comprar um determinado bem no mercado, e a escassez de um bem (como no caso de ouro, diamante) pode, inclusive, aumentar sua liquidez. No entanto, no caso de mercado de ações, a diminuição do volume no mercado pode gerar uma diminuição na negociação destes valores mobiliários, e esta sim é a falta de liquidez a que os autores se referem.

pode representar vantagens ao adquirente do controle, pois possibilita que o seu desembolso seja consideravelmente menor, e ainda impede que seja drasticamente (eventualmente) reduzida a liquidez de suas ações no mercado.

Deve prevalecer a interpretação de que a OPA do *caput* é obrigatória, independentemente da decisão do adquirente do controle de oferecer ou não o prêmio para que os minoritários permaneçam na companhia. Este poderá, a seu critério e sem prejuízo do disposto no *caput*, oferecer ao minoritário a opção (cabendo ao minoritário optar por um ou pelo outro) de receber o prêmio recebido pelo alienante do controle, calculado a partir da diferença entre o valor de mercado das ações e o valor pago por ação de controle.

A CVM segue este entendimento ao estabelecer, no § 4º do art. 30 da Instrução 361/2002, que "a CVM poderá deferir a oferta de prêmio diverso daquele referido no *caput*, desde que I — permaneça facultada aos destinatários da oferta a aceitação da própria OPA".

O valor do prêmio a ser estendido aos minoritários em oferta pública também pode, em algumas situações, ser de difícil determinação. No caso de alienações indiretas de controle, aplicam-se as mesmas ressalvas apontadas acima quanto à determinação do preço pago pelas ações do bloco de controle alienado. Uma vez determinado este preço, aplica-se a regra do § 4º do art. 254-A. Este estabelece que o prêmio será "equivalente à diferença entre o valor de mercado das ações e o valor pago por ação integrante do bloco de controle". No art. 30, § 2º, da Instrução 361/2002, é definido como valor de mercado "a cotação média ponderada das ações objeto da oferta, nos últimos 60 (sessenta) pregões realizados antes da divulgação do aviso de fato relevante que der a notícia da alienação do controle". Ao exigir que o valor de mercado seja determinado com base nos pregões realizados antes da divulgação da alienação de controle, a CVM permite que sejam excluídas do cálculo eventuais depreciações das ações decorrentes da alienação do controle.

No entanto, a CVM não apresenta solução para o caso de ações que, devido à pequena liquidez, não possam ter seu valor determinado em bolsa por falta de parâmetros. Nesse caso, não deveria ser suprimido o direito do adquirente do controle de oferecer o prêmio aos minoritários, nos termos do art. 254-A. Nesse sentido, Cantidiano sugere que seja apresentado laudo de avaliação indicativo do valor de mercado da ação, caso este seja inexistente.[49]

Bibliografia

ALBERTO ASQUINI. "Profili dell'impresa", *Rivista del Diritto Commerciale*, v. 41, I, 1943, trad. Fábio Konder Comparato, "Perfis da empresa", *RDM* 104.

CANTIDIANO, Luiz Leonardo. *A Reforma da Lei das S/A Comentada*. Renovar, 2002, pp. 233 a 251.

______. "Alienação e aquisição de controle", *RDM* 59/56-67.

CARVALHOSA, Modesto. *Oferta Pública de Aquisição de Ações*. Rio de Janeiro, IBEMEC, 1979.

¾¾¾ e EIZIRIK, Nelson L. *A Nova Lei das Sociedades Anônimas*. São Paulo, Saraiva, 2002.

COMPARATO, Fábio Konder. *O Poder de Controle na Sociedade Anônima*. Rio de Janeiro, Forense, 1983.

COSRA. "Counsel of Securities Regulators of the Americas", pesquisa publicada na *internet*, em www.cvm.gov.br.

EIZIRIK, Nelson L. *Reforma das S/A e do Mercado de Capitais*. Rio de Janeiro, Renovar, 1997, pp. 83 a 88.

JENSEN, Michael C. e MECKLING, William H. "Theory of the firm: managerial behavior, agency costs and ownership structure", publicado em http://papers.ssm.com/sol3/paper.taf?abstract_ID= 94043.

49. Luiz Leonardo Cantidiano, *Reforma da Lei das S/A*, cit., p. 249.

MOTTA, Nelson Cândido. "Alienação de controle de instituições financeiras. Acionistas minoritários. Notas para uma interpretação sistemática da Lei das S/A", *RDM* 46/33-50.

PENTEADO, Mauro Rodrigues. "Apontamentos sobre a alienação de controle de companhia aberta", *RDM* 76/15-25.

PEREIRA, Guilherme Döring Cunha. *Alienação do Poder de Controle Acionário.* São Paulo, Saraiva, 1995.

PRADO, Roberta Nioac. "Da obrigatoriedade por parte do adquirente do controle de sociedade por ações de capital aberto de fazer simultânea oferta pública em iguais condições aos acionistas minoritários — art. 254 da Lei 6.404/1976 — é efetivo o mecanismo de proteção aos minoritários?", *RDM* 106/83 ss.

SALOMÃO, Calixto. "Liquidação de sentença por cálculo — Matéria de prova — Compra de controle acionário em sociedade dependente de autorização", *RDM* 95/9-104.

WALD, Arnoldo. "Do descabimento da oferta pública de compra em relação às ações preferenciais", *RDM* 45/7-19.

Jurisprudência Comentada

CÉDULA RURAL PIGNORATÍCIA — DEPÓSITO DE BEM FUNGÍVEL EM ARMAZÉM-GERAL — PRISÃO DE DEPOSITÁRIO INFIEL

Comentários de
FERNANDO NETTO BOITEUX
ao recurso especial 46.017-MG

REsp 46.017-MG (1994/0008568-0)

Rel.: Ministro Waldemar Zveiter

Rel. p/acórdão: Ministro Ari Pargendler

Recte.: Banco Real S/A

Advs.: Edelberto Augusto Gomes Lima e outro

Recdos.: Silvio Ferraz Pires e outro

Advs.: Luiz Antunes Caetano e outros

Recdo: Mogiana Agri Serviços Armazéns-Gerais Ltda.

Adv.: João Soares Landim

Recdo.: Flávio Leite de Moraes

Advs.: Pedro Massaro Neto e outro

Ementa: Processo civil. Depósito. Bens fungíveis. A infidelidade do depósito de coisas fungíveis não autoriza a prisão civil. Ressalva do ponto de vista pessoal do relator. "Habeas corpus" concedido, de ofício.

ACÓRDÃO

Vistos, relatados e discutidos estes autos, acordam os Ministros da 3ª Turma do Superior Tribunal de Justiça, na conformidade dos votos e das notas taquigráficas a seguir, prosseguindo o julgamento, após o voto-vista da Sra. Ministra Nancy Andrighi, por maioria, não conhecer do recurso especial e conceder o *habeas corpus* de ofício, vencido o Sr. Ministro Relator. Lavrará o acórdão o Sr. Ministro Ari Pargendler. Participaram do julgamento os Srs. Ministros Ari Pargendler, Menezes Direito, Nancy Andrighi e Pádua Ribeiro.

Brasília, 26 de março de 2001 (data do julgamento).

Ministro Ari Pargendler, Presidente e Relator p/acórdão.

RELATÓRIO

O Exmo. Sr. Ministro Waldemar Zveiter: Adoto como relatório a parte expositiva do parecer da Subprocuradoria da República (fls. 335-338):

> Cuida-se de recurso especial interposto com arrimo no art. 105, III, alíneas *a* e *c*, da Constituição Federal, em que o Banco Real S/A se insurge contra o v. aresto de fls. 214 *usque* 219, complementando às fls. 262 e seguintes, lavrados pela Colenda 1ª Câmara Civil do Tribunal de Alçada do Estado de Minas Gerais.
>
> O Banco Real S/A promoverá ação de depósito contra Mogiana Agri Serviços Armazéns-Gerais Ltda., João Roberto

de Araújo Barbosa, Silvio Ferraz Pires e Flávio Leite de Moraes, porque, em contrato de financiamento celebrado com a Comove — Companhia Mogiana de Óleos Vegetais, com sede em Orlândia, no Estado de São Paulo, esta houvera dado, em garantia de cumprimento da obrigação assumida, consoante conhecimento de depósito de *warrants* apresentados, endossados, a seguir, ao Banco Real, 23.728.813 kg a granel de soja em grão, depositados nos Armazéns-Gerais Mogiana Agri Serviços Armazéns-Gerais Ltda., que, todavia, antes de colocados à disposição do credor, foram consumidos.

A r. sentença veio a julgar procedente o pedido do Banco Real, às fls. 79 *usque* 85, condenando os requeridos a depositarem a mercadoria desviada ou seu equivalente em dinheiro, em 24 horas, sob pena de prisão.

Litisconsortes passivos e autor apelaram — aqueles, objetivando a reforma da sentença a pretexto de: a uma, ser de conhecimento do autor que o bem haveria de ser consumido para que não perecesse; a duas, haver o Banco Real garantido o negócio também por meio de avalistas, já executados em ação própria; a três, ser inadmissível a prisão civil, quer por não se tratar de típico contrato de depósito, porquanto a origem do negócio celebrado reside em cédula rural pignoratícia, quer por ser pessoa jurídica e ser descabida de prisão dos sócios e avalistas. Já o autor, mediante o apelo, pretendeu que o valor da mercadoria a ser considerado fosse o vigorante na data do pagamento.

A Egrégia 1ª Câmara Civil do Tribunal de Justiça do Estado de Minas Gerais, de ofício e à unanimidade, houve por excluir da lide Silvio Ferraz Pires, João Roberto Araújo Barbosa e Flávio Leite de Moraes, com arrimo nos arts. 301, X e § 4º e 267, VI e § 3º, todos do Código de Processo Civil, por não terem, referidos réus, relação alguma com os documentos em que se baseara a ação proposta. Veio, ainda, aquele colégio julgador a negar provimento às demais apelações, consoante se lê do acórdão, às fls. 210 *usque* 219.

Oferecidos embargos declaratórios pela instituição financeira e por Mogiana Agri Serviços Armazéns-Gerais Ltda., a colenda 1ª Câmara Civil do Tribunal de Alçada mineiro, às fls. 247 e ss. dos primeiros — os ofertados pelo Banco Real — veio a conhecer, mas para inacolhê-los, julgando prejudicados os segundos, opostos pela companhia.

Novos embargos declaratórios vieram a ser ofertados pelo Banco Real S/A, porém, sem sucesso, dado não terem sequer restado conhecidos.

Embora tanto a Mogiana Agri Serviços Armazéns-Gerais Ltda. quanto o Banco Real S/A, tenham aviado recurso especial, somente o interposto pelo banco foi admitido pelo despacho de fls. 313 *usque* 316, tendo referida decisão sido mantida em sede de agravo.

A irresignação extrema do Banco Real encontra-se alicerçada nas alíneas *a* e *c* do autorizador constitucional. Baseou-se o recorrente, no tocante à alínea *a*, em pretensa violação, em um primeiro momento, aos arts. 302, 219, 128, 512, e § 1º do art. 515, todos do Código de Processo Civil; em um segundo, aos arts. 11, 15 e 35, § 4º do Decreto 1.102, de 21.11.1903, c/c os arts. 901 e ss., do Código de Processo Civil; em um terceiro, aos arts. 22 e 23, também do Código de Processo Civil. Quanto à alínea *c* trouxe decisão havida no REsp 8.621-MG, de que fora relator o eminente Ministro Nílson Naves, em seguida, contudo, tecer o confronto analítico entre os julgados.

Esclareço que contra a inadmissão do apelo de Mogiana Agri Serviços Armazéns-Gerais foi aviado o competente agravo de instrumento que, no entanto, foi julgado deserto, sem que novamente se insurgisse a agravante (fls.186 — apenso).

Enviados os autos para parecer em 2.5.1994 retornaram-me, conclusos, em 15.9.2000.

É o relatório.

Ementa: Conhecimento de depósito. "Warrant". Responsabilidade dos administradores dos armazéns-gerais onde depositada a mercadoria.

I — Podem os representantes legais da pessoa jurídica serem compelidos, pena de prisão, à entrega da coisa depositada ou do seu equivalente em dinheiro, não fora assim, aliás a responsabilidade decorrente do depósito, sendo depositária, a pessoa jurídica, seria mera ficção, sem possibilidade de conduzir a efeitos práticos, porque ninguém seria alcançado pela coerção que a lei, excepcionalmente e sustentada em texto constitucional, permite seja exercida.

II — Cabe à empresa de armazéns-gerais proceder à entrega das mercadorias a quem, como legítimo possuidor, apresente aqueles títulos. O conhecimento de depósito presta-se a evidenciar, em princípio, quem o proprietário da mercadoria, propriedade que se transmite com o endosso.

III — Tal entendimento prevalece ainda quando os administradores do armazém onde depositadas as mercadorias são as mesmas pessoas sócias de outra empresa tomadora de empréstimos junto ao banco, eis que emitiram os títulos e os endossaram à instituição financeira, porquanto sua responsabilidade é regulada por lei específica.

IV — Recurso conhecido e provido.

VOTO

O Exmo. Sr. Ministro Waldemar Zveiter (Relator): Como lido no relatório Banco Real S/A propôs ação de depósito contra Mogiana Agri Serviços Armazéns-Gerais Ltda., João Roberto de Araújo Barbosa, Silvio Ferraz Pires e Flávio Leite de Moraes sob o fundamento de que concedeu à Cia. Mogiana de Óleos Vegetais um financiamento representado por Cédula Rural Pignoratícia destinado à comercialização de soja em grão, nos termos do Decreto-lei 79/1966.

Em garantia dessa obrigação ofereceu a empresa 23.728.813 kg (vinte e três milhões, setecentos e vinte e oito mil, oitocentos e treze quilos) de soja em grão a granel, regularmente depositada nos Armazéns-Gerais Mogiana Agri Serviços Armazéns-Gerais Ltda. Este último emitiu um conhecimento de depósito e um *warrant* como comprobatórios do depósito da mercadoria.

O eminente Juiz sentenciante assim apreciou a espécie (fls. 82-84):

> O autor juntou com a inicial a prova literal do depósito, ou seja, o conhecimento de n. 0002, de 2.10.1990, e o *warrant* correspondente, emitidos pela ré Mogiana Agri Serviços Armazéns-Gerais Ltda. e endossados, ao autor, pela Cia. Mogiana de Óleos Vegetais — Comove, que também é a emitente da Cédula Rural Pignoratícia de fls. 10.
>
> O autor estimou o valor da coisa em Cr$ 545.000.000,00, cumprindo assim os requisitos do art. 902 do CPC.
>
> Ora, a Cia. Mogiana de Óleos Vegetais, ao contrair com o autor o empréstimo de Cr$ 139.999.996,70 ofereceu, além da garantia de 23.728.873 quilos de soja, em penhor cedular de primeiro grau, o aval dos suplicados Silvio Ferraz Pires e Flávio Leite de Moraes, que também são os representantes legais da depositária.
>
> Assim, na qualidade de responsáveis e administradores da Mogiana Agri Serviços Armazéns-Gerais tornaram-se fiéis depositários da mercadoria ali entregue, que por decorrência do endosso, estava à disposição do autor, sujeitando-se, os depositários, às obrigações preceituadas pelo art. 11 e seus itens, do Decreto 1.102/1903.
>
> Com vistoria realizada em 24.11.1990, constatou-se a inexistência da soja, fato confirmado pelo Sr. Edvar Garcia de Paulo, encarregado dos Armazéns-Gerais, o que foi ratificado pelo Boletim de Ocorrência, lavrado pela Delegacia de Polícia, desta Comarca, fls. 5-6.
>
> Não resta dúvidas que a soja foi consumida pela depositária e além do que, os réus, em sua contestação, confessam que utilizaram a soja, armazenada em silo, que fora depositada em seus armazéns, sem, entretanto, comprovarem qualquer autorização, por parte dos credores, para disporem da coisa da qual eram fiéis depositários.

Assim tem decidido a Jurisprudência que peço vênia para citar.

"*Depositária. Pessoa jurídica. Prisão dos representantes legais.*

"Podem os representantes legais da pessoa jurídica serem compelidos, pena de prisão, à entrega da coisa depositada ou do seu equivalente em dinheiro, não fora assim, aliás a responsabilidade decorrente do depósito, sendo depositária a pessoa jurídica, seria mera ficção, sem possibilidade de conduzir a efeitos práticos, porque ninguém seria alcançado pela coerção que a lei excepcionalmente e sustentada em texto constitucional permite seja exercida (ac. un. da 3ª C.Cível de 7.10.1986, Ap. 23.974-Itajaí/SC)."

Quanto às alegações dos réus sobre a improcedência da Ação de Depósito e a eficácia do *warrant* em relação a eles, razão também não lhes assiste.

A melhor doutrina nos diz que o *warrant* é um título de crédito representativo das mercadorias depositadas e com uma finalidade específica que é a de, com seu endosso, constituir penhor sobre aquelas mercadorias.

Uma vez que o endossatário constate que a mercadoria não mais existe, pode pedir que a coisa seja depositada ou consignado seu equivalente em dinheiro, e não, necessariamente, executar o título que recebeu por endosso, do depositante.

As obrigações dos Armazéns-Gerais são as previstas no Decreto 1.102, de 1903, ao passo que o direito do endossatário, ora autor, é de livre disposição da mercadoria depositada.

Nem o fato da Cia. Mogiana de Óleos Vegetais, emitente da Cédula Rural Pignoratícia, se encontrar em regime de Concordata Preventiva requerida após a celebração do contrato, beneficia os réus, vez que as garantias reais não se sujeitam aos efeitos da concordata.

Ante o exposto, e tudo mais que dos autos consta, com fundamento nos arts. 901 e ss. do CPC e Decreto 1.202/1903, julgo procedente o pedido para condenar os réus a depositarem 23.728.813 (vinte e três milhões setecentos e vinte e oito mil oitocentos e treze) quilos de soja em grão, ou seu equivalente em dinheiro, no prazo de 24 horas, sob pena de prisão.

Apreciando apelação de ambas as partes a 1ª Câmara Civil do Tribunal de Alçada do Estado de Minas Gerais, de ofício, excluiu da lide, os litisconsortes passivos João Roberto de Araújo Barbosa, Silvo Ferraz Pires e Flávio Leite de Moraes, ao argumento de que a ação baseava-se no conhecimento de depósito e no *warrant* emitidos pela Mogiana Agri Serviços Armazéns-Gerais Ltda., e o nome das pessoas excluídas não guardava qualquer correspondência com referidos documentos.

Em relação ao recurso da empresa assim dispôs o *decisum* (fls. 217-218):

Repelem-se as alegações da apelante Mogiana Agri Serviços Armazéns-Gerais Ltda. (fls. 160-164).

A companhia de armazéns-gerais ao receber a mercadoria assume, na qualidade de depositária, a obrigação de bem guardá-la e entregá-la quando for solicitada. O contrato, portanto, é de depósito.

O item LXVII, do art. 5º da Constituição da República, dispõe, *verbis*: "não haverá prisão civil por dívida, salvo a do responsável pelo inadimplemento voluntário e inescusável de obrigação alimentícia e a do depositário infiel".

Manteve, portanto, o Legislador Constituinte, a prisão por dívida para o caso de depositário infiel. Categoria à qual a apelante em apreço se enquadra perfeitamente.

Alega que sendo a infiel depositária pessoa jurídica, não cabe a prisão de seus sócios.

Não tem razão.

É evidente que os responsáveis pela pessoa jurídica-infiel depositária são passivos de prisão. Do contrário as normas legais que prevêem esta penalidade restariam inertes.

Além disso, a legislação específica sobre armazéns-gerais prevê expressamente a prisão de seus administradores e/ou sócios em casos como o presente, *ex vi* do art. 35, § 4º do Decreto 1.102, de 21.11.1903.

A afirmativa de que é descabida a prisão de avalistas de cédulas de crédito é correta. Acontece, porém, que a presente ação tem por base os documentos emitidos pela sociedade de armazéns-gerais, como ficou exposto anteriormente.

O Banco, então, opôs dois embargos declaratórios para o esclarecimento do acórdão que, ao mesmo tempo que exclui da lide as pessoas retromencionadas, disse possível a prisão civil dos administradores do armazém-geral, alertando que eram *as mesmas pessoas*.

No voto dos Declaratórios consignou o relator (fls. 248/250):

O Banco Real S/A oferece embargos declaratórios, entendendo ter havido contradição no acórdão, porque, depois de se afirmar (...).

(...) que o *warrant* correspondente ao depósito quanto a Cédula Rural Pignoratícia têm como objeto de garantia os 23.728.813 quilos de soja em grão e que os responsáveis legais da devedora e da depositária e os avalistas da Cédula Rural Pignoratícia são as mesmas pessoas (...).

Fez inserir na parte decisória que

"(...) assim, na qualidade de responsáveis e administradores da Mogiana Agri Armazéns-Gerais tornaram-se fiéis depositários da mercadoria ali entregue (...).

"(...) é evidente que os responsáveis pela pessoa jurídica-infiel depositária, são passivos de prisão. Do contrário as normas legais que prevêem a penalidade restariam inertes.

"Além disso, a legislação específica de armazéns-gerais prevê expressamente sócios em casos como o presente, *ex vi* do art. 35, § 4º do Dec. 1.102, de 21.11.1903 (...)."

(...) e concluiu por excluir João Roberto de Araújo Barbosa, Silvio Ferraz Pires e Flávio Leite de Moraes da lide, afirmando que ditas pessoas não guardavam qualquer correspondência com o conhecimento de depósito e o *warrant* em que se baseou a ação.

Aí, a contradição — diz — porque Silvio Ferraz Pires e Flávio Leite de Moraes não foram apenas os avalistas da cédula, mas eram também sócios diretores da Mogiana Agri Serviços Armazéns-Gerais Ltda., ao tempo dos fatos.

Não houve contradição.

Teria havido se no acórdão se reconhecesse que os excluídos eram empresários, partícipes da Mogiana Agri Serviços Armazéns-Gerais Ltda., ou seus gerentes ou fiéis e que, apesar disso, não estavam sujeitos às penalidades que lhe foram impostas no julgamento de primeiro grau. Mas não foi isso.

Relendo minuciosamente o processo, vejo que, realmente, quando da alteração contratual de fls. 35, feita em 10.11.1987, os excluídos Silvio e Flávio ficaram entre os gerentes da sociedade e, quando da contestação desta ação, outorgaram mandato na condição de representantes legais da Mogiana Agri Serviços Armazéns-Gerais Ltda. E comparando as assinaturas de fls. 37 (alteração contratual) e de fls. 58/59-TA (mandados), com as do *warrant* (fls. 12-TA) e conhecimento de depósito (fls. 13-TA), tudo indica que estas são as mesmas daquela.

Independentemente de que o sejam, ou não, não negaram eles sua condição de diretores da Mogiana (Armazéns-Gerais) e nem o desvio da mercadoria.

Sem embargos disso, dados os tempos do acórdão, estou certo que não houve contradição, mas, provavelmente, má análise e má apreciação das provas, o que não se corrige através de embargos declaratórios, que não se prestam para rediscutirem matéria de prova, porque só eventualmente têm efeito de infringência. Sendo mais claro: eventualmente, constatando-se a ocorrência de contradição ou omissão, ao se suprir a falta, pode resultar efeito infringente aos embargos declaratórios. Fora daí, não.

Em relação aos arts. 302, 219, 128, 512 e § 1º do art. 515 do CPC e 22 e 23 do CPC, inviável o apelo eis que ausente o prequestionamento da matéria.

Esta corte assentou entendimento no sentido de que não basta a oposição dos Embargos Declaratórios mister que o aresto sobre o tema se pronuncie. Caso haja omissão o especial deve veicular ofensa ao *art. 535* e *incisos* do *CPC* e não insistir no mérito. Incidência da *Súmula 211/STJ*.

Merece provimento, contudo, quanto à questão relativa ao *§ 4º do art. 35 do Decreto 1.102/1903*.

O acórdão não nega a condição de gerentes e diretores da Mogiana Armazéns-Gerais das pessoas excluídas. A ação de depósito foi proposta contra a empresa.

E ainda afirma que seus administradores podem sofrer a pena de prisão civil, segundo o dispositivo supra.

Ao excluir os sócios da lide, o *decisum*, em verdade, tornou ineficaz a decisão de prisão dos administradores dos armazéns-gerais, que ele mesmo disse cabível.

Não importa que esses sejam, também, os gerentes e sócios da empresa tomadora do empréstimo que originou o conhecimento de depósito e o *warrant*, porquanto sua responsabilidade é regular por lei específica.

Não se pode esquecer que tais títulos podem ser endossados, inclusive a terceiros, estranhos à relação existente entre o banco e a devedora.

Esta 3ª Turma, quando do julgamento do REsp 73.700-RJ, Relator Ministro Eduardo Ribeiro, assim decidiu, *verbis*:

> *Conhecimento de depósito. "Warrant". Endosso.*
>
> Cabe à empresa de armazéns-gerais proceder à entrega das mercadorias a quem como legítimo possuidor, apresente aqueles títulos. O conhecimento de depósito presta-se a evidenciar, em princípio, quem o proprietário da mercadoria, propriedade que se transmite com o endosso. Se isso não ocorrer, em virtude da natureza das relações pessoais entre endossante e endossatário, é matéria estranha ao depositário.

Como ali ficou expresso, o conhecimento de depósito presta-se a evidenciar quem o proprietário da mercadoria. Com o endosso, a propriedade, em princípio, se transmite. O endosso do *warrant* significa a constituição de penhor sobre os bens. Aquele que detém os dois títulos terá, como regra, a completa disponibilidade das coisas depositadas.

Portanto, *in casu*, melhor se houve o julgador monocrático ao analisar o pleito, merecendo prevalecer o entendimento ali consignado.

Forte em tais lineamentos, conheço do recurso em parte, e, nessa parte, dou-lhe provimento para cassando o acórdão recorrido, restabelecer a r. sentença de primeiro grau.

VOTO-VISTA

O Exmo. Sr. Ministro Ari Pargendler: A MM. Juíza de Direito Substituta Dra. Nadir Ferreira Nunes julgou procedente a ação de depósito contra Mogiana Agri Serviços Armazéns-Gerais Ltda., João Roberto de Araújo Barbosa e Silvio Ferraz Pires, à base da seguinte motivação:

> Trata-se os presentes autos de uma ação de depósito, ajuizada com fincas nos arts. 901 e ss. do CPC e no Decreto 1.102, de 21.11.1903, onde se pede o depósito de 23.728.813 quilos de soja em grão ou seu equivalente em dinheiro.

O autor juntou com a inicial a prova literal do depósito, ou seja, o conhecimento de n. 0002 de 2.10.1990 e o *warrant* correspondente, emitidos pela ré Mogiana Agri Serviços Armazéns-Gerais Ltda., e endossados, ao autor, pela Cia. Mogiana de Óleos Vegetais — Comove, que também é a emitente da Cédula Rural Pignoratícia de fls. 10.

O autor estimou a coisa em Cr$ 545.000.000,00, cumprindo assim os requisitos do art. 902 do CPC.

Ora, a Cia. Mogiana de Óleos Vegetais, ao contrair, com o autor, o empréstimo de Cr$ 139.999.996,70 ofereceu, além da garantia de 23.728.813 quilos de soja, em penhor cedular de primeiro grau, o aval dos suplicados Silvio Ferraz Pires e Flávio Leite de Moraes, que também são representantes legais da depositária.

Assim, na qualidade de responsáveis e administradores da Mogiana Agri Serviços Armazéns-Gerais tornaram-se fiéis depositários da mercadoria ali entregue, que por decorrência do endosso, estava à disposição do autor, sujeitando-se, os depositários, às obrigações preceituadas pelo art. 11 e seus itens, do Decreto 1.102/1903.

Com a vistoria realizada em 24.11. 1990, contatou-se a inexistência da soja, fator confirmado pelo Sr. Edvar Garcia de Paulo, encarregado dos Armazéns-Gerais, o que foi ratificado pelo Boletim de Ocorrência, lavrado pela Delegacia de Polícia, desta Comarca, fls. 5-6.

Não resta dúvida de que a soja foi consumida pela depositária e além do que os réus, em sua contestação, confessam que utilizaram a soja, armazenada em silo, que fora depositada em seus armazéns, sem, entretanto, comprovarem qualquer autorização, por parte dos credores, para disporem da coisa da qual eram fiéis depositários.

Assim tem decidido a jurisprudência que peço vênia para citar:

> *Depositária. Pessoa jurídica. Prisão dos representantes legais.* Podem os representantes legais da pessoa jurídica ser compelidos, pena de prisão, à entrega da coisa depositada ou de seu equivalente em dinheiro. Não fora assim, aliás, a responsabilidade decorrente do depósito, sendo depositária, a pessoa jurídica, seria mera ficção, sem possibilidade de conduzir a efeitos práticos, porque ninguém seria alcançado pela coerção que a lei, excepcionalmente e sustentada em texto constitucional, permite seja exercida (ac. un. da 3ª C.Civil de 7.10.1986, Ap. 23.974-Itajaí/SC).

Quanto às alegações dos réus sobre a improcedência da ação de depósito e a eficácia do *warrant* em relação a eles, razão também não lhes assiste.

A melhor doutrina nos diz que o *warrant* é um título de crédito representativo das mercadorias depositadas e com uma finalidade específica que é a de, com seu endosso, constituir penhor sobre aquelas mercadorias.

Uma vez que o endossatário constate que a mercadoria não mais existe, pode pedir que a coisa seja depositada ou consignado seu equivalente em dinheiro, e não, necessariamente, executar o título que recebeu por endosso, do depositante.

As obrigações dos Armazéns-Gerais são as previstas no Decreto 1.102, de 1903, ao passo que o direito do endossatário, ora autor, é de livre disposição da mercadoria depositada.

Nem o fato da Cia. Mogiana de Óleos Vegetais, emitente da Cédula Rural Pignoratícia, se encontrar em regime de concordata preventiva, requerida após a celebração do contrato, beneficia os réus, vez que as garantias reais não se sujeitam aos efeitos da concordata (fls. 82-84).

O Tribunal *a quo*, Relator o eminente Juiz Páris Pena, manteve a sentença, salvo quanto aos litisconsortes passivos João Roberto de Araújo Barbosa, Silvio Ferraz Pires e Flávio Leite de Moraes, excluídos do processo, nestes termos:

> A ação se baseia no conhecimento de depósito e no *warrant* emitidos pela Mogiana Agri Serviços Armazéns-Gerais Ltda. Os nomes das pessoas ora excluídas da lide não guardam qualquer correspondência com referidos documentos.
>
> E nem se pode dizer que a presente ação de depósito teve como suporte a cédula rural pignoratícia de fls. 10-11, porquanto tratando-se de ação de depósito deveria ser proposta contra a emitente do referido título e não contra seus avalistas; e o nome da emitente (Cia. Mogiana de Óleos Vegetais) não figura no pólo passivo da ação (fl. 216).

Opostos embargos de declaração (fls. 224-231 e 233-234), e renovados (fls. 254-

260), os primeiros, rejeitados, e os segundos, não conhecidos (fls. 247-251 e 262-263).

Daí o presente recurso especial, interposto pelo Banco Real S/A (fls. 277-291).

Pedi vista dos autos porque a ementa do voto do eminente Relator colide com a orientação da Turma, para cuja maioria — contra o meu entendimento (vide voto vencido que proferi no REsp 137.616) — a infidelidade no depósito de coisas fungíveis não é punida com a pena de prisão civil.

Lê-se na primeira parte dessa ementa:

> I — Podem os representantes legais da pessoa jurídica ser compelidos, pena de prisão, à entrega da coisa depositada ou de seu equivalente em dinheiro. Não fora assim, aliás, a responsabilidade decorrente do depósito, sendo depositária a pessoa jurídica, seria mera ficção, sem possibilidade de conduzir a efeitos práticos, porque ninguém seria alcançado pela coerção que a lei, excepcionalmente e sustentada em texto constitucional, permite seja exercida.

Aqui, todavia, essa questão não está em julgamento, já foi decidida perante o Tribunal *a quo*, e não sofreu ataque no recurso especial, interposto pelo Banco Real S/A.

Nesta altura, discute-se apenas se os administradores de Mogiana Agri Serviços Armazéns-Gerais Ltda. devem, ou não, ser excluídos do processo.

A despeito de excluí-los do processo, o Tribunal *a quo* manteve-lhes a prisão civil, *in verbis*:

> É evidente que os responsáveis pela pessoa jurídica-infiel depositária são passivos de prisão. Do contrário as normas legais que prevêem esta penalidade restariam inertes.
>
> Além disso, a legislação específica sobre armazéns-gerais prevê expressamente a prisão de seus administradores e/ou sócios em casos como o presente, *ex vi* do art. 35, § 4º do Decreto 1.102, de 21.11.1903.
>
> A afirmativa de que é descabida a prisão de avalistas de cédulas de crédito é correta. Acontece, porém, que a presente ação tem por base os documentos emitidos pela sociedade de armazéns-gerais, como ficou exposto anteriormente (fl. 218).

E, respondendo à crítica que nisso via contradição, disse:

> Não houve contradição.
>
> Teria havido se no acórdão se reconhecesse que os excluídos eram empresários, partícipes da Mogiana Agri Serviços Armazéns-Gerais Ltda., ou seus gerentes ou fiéis e que, apesar disso, não estavam sujeitos às penalidades que lhe foram impostas no julgamento de primeiro grau. Mas não foi isso (fl. 249).

Logo, e *data venia* do entendimento adotado pelo eminente relator, o acórdão não contrariou o art. 35, § 4º do Decreto 1.102, de 1903, *in verbis*:

> Art. 35. Incorrerão nas penas de prisão celular, por um a quatro anos (...).
>
> § 4º. Os empresários ou administradores de armazéns-gerais que desviarem, no todo ou em parte, fraudarem ou substituírem por outras as mercadorias confinadas à sua guarda, sem prejuízo da prisão de que trata o art. 2º, n. 1.

Obiter dictum, ainda que, do ponto de vista lógico, não se flagre contradição no julgado, a respectiva conclusão não se sustenta juridicamente.

Na ação de depósito ajuizado contra uma pessoa jurídica, a pena de prisão civil só pode ser imputada ao respectivo administrador; nessas condições, se os efeitos da sentença, ou pelo menos um deles, recairão sobre ele, segue-se que é litisconsorte necessário no processo.

Em caso desse jaez, todavia, a turma, de ofício, tem concedido *habeas corpus*, ao fundamento de que a infidelidade no depósito de coisas fungíveis não autoriza a prisão civil.

A menos que esse entendimento seja alterado, é isso que deve ser feito na espécie e assim voto, ressalvando ponto de vista pessoal.

VOTO-VISTA

Ministra Nancy Andrighi: Versa a hipótese recurso especial da instituição financeira que se insurge contra a exclusão do depositário e sócios da empresa de serviços de armazéns-gerais, que figuravam no pólo passivo de ação de depósito ajuizada pelo Banco Real S/A.

O acórdão estadual consignou que:

> A ação se baseia no conhecimento de depósito e no *warrant* emitidos pela Mogiana Agri Serviços Armazéns-Gerais Ltda. Os nomes das pessoas ora excluídas da lide não guardam qualquer correspondência com referidos documentos.
>
> E nem se pode dizer que a presente ação de depósito teve como suporte a cédula rural pignoratícia de fl. 10/11, porquanto tratando-se de ação de depósito deveria ser proposta contra a emitente do referido título e não contra seus avalistas; e o nome da emitente (Cia. Mogiana de Óleos Vegetais) não figura no pólo passivo da ação.

O e. Relator Min. Waldemar Zveiter ementou seu voto na seguinte forma:

> *Conhecimento de depósito. "Warrant". Responsabilidade dos administradores dos Armazéns-Gerais onde depositada a mercadoria.*
>
> I — Podem os representantes legais da pessoa jurídica serem compelidos, pena de prisão, à entrega da coisa depositada ou do seu equivalente em dinheiro, não fora assim, aliás a responsabilidade decorrente do depósito, sendo depositária, a pessoa jurídica, seria mera ficção, sem possibilidade de conduzir a efeitos práticos, porque ninguém seria alcançado pela coerção que a lei, excepcionalmente e sustentada em texto constitucional, permite seja exercida.
>
> II — Cabe à empresa de armazéns-gerais proceder à entrega das mercadorias a quem, como legítimo possuidor, apresente aqueles títulos. O conhecimento de depósito presta-se a evidenciar, em princípio, quem o proprietário da mercadoria, propriedade que se transmite com o endosso.
>
> III — Tal entendimento prevalece ainda quando os administradores do armazém onde depositadas as mercadorias são as mesmas pessoas sócias de outra empresa tomadora de empréstimos junto ao banco, eis que emitiram os títulos e os endossaram à instituição financeira, porquanto sua responsabilidade é regulada por lei específica.

Divergindo, o e. Min. Ari Pargendler, em seu voto-vista, pontuou que "pedi vista dos autos porque a ementa do voto-vista do eminente relator colide com a orientação da turma, para cuja maioria (...) a infidelidade no depósito de coisas fungíveis não é punida com a pena de prisão civil". E prossegue: "Em casos desse jaez, todavia, a turma, de ofício, tem concedido o *habeas corpus*, ao fundamento de que a infidelidade no depósito de coisas fungíveis não autoriza a prisão civil".

A hipótese versa a titularidade passiva em ação de depósito, no qual figura o armazém-geral, seus sócios e o depositário. Contudo, não se trata de depósito clássico, porque a soja não foi depositada para ser conservada e devolvida ao proprietário, mas por artifício jurídico, constituída como garantia de mútuo financeiro, ainda que tenha havido emissão de *warrant* e endosso do conhecimento de depósito.

Anotou o acórdão estadual que:

> Tendo o Banco-autor concedido um empréstimo à Companhia Mogiana de Óleos Vegetais;, representado pela cédula rural pignoratícia de fls. 10/11-TA, emitida pela devedora e avalizada por Flávio Leite de Moraes, Silvio Ferraz Pires e Heraldo Caiuby Salles, a tomadora ainda lhe ofereceu, em garantia 23.728.813 kg de soja em grãos, que foram depositados

nos armazéns-gerais Mogiana Agri Serviços Armazéns-Gerais Ltda., a qual emitiu o conhecimento de depósito e *warrant* de fls. 13 e 12, respectivamente, endossados ao banco.

Esta exclusão pode ser feita de ofício pelo Tribunal de origem, com espeque no art. 267, § 3º, combinado com o seu inciso VI do CPC, e, muito embora o fundamento do acórdão seja diverso do aqui apresentado, não há mácula de ilegalidade que possibilite a alteração de sua parte dispositiva.

Em recente julgamento, a e. 4ª Turma, no HC 14.935, Rel. Min. Ruy Rosado, em 6.3.2001, pontuou que:

Esta 4ª Turma, a partir do precedente citado no relatório — AGA 196.654-MG, Rel. Min. César Asfor Rocha — distingue: a) de um lado o contrato de depósito feito em garantia de dívida, no qual o depositário aparece como sendo o devedor de um financiamento e os bens são dados em garantia, que dessa dívida, bens que são do devedor e permanecem na sua posse, que normalmente o emprega na sua atividade industrial ou comercial; b) situação essa que pode ser equiparada à do comerciante que recebe produção agrícola em seus armazéns, inicialmente a título de depósito, mas para posteriormente adquiri-la, quando for da conveniência das partes, ou depois de efetuados procedimentos de preparação e seleção do produto, hipótese em que o recebedor do produto agrícola é o prometido comprador.

Nesses dois casos, sendo os bens fungíveis e consumíveis, aplica-se a regulação do mútuo e não cabe a ação de depósito, podendo ser transformada a ação em ordinária.

Veja-se, também:

Civil e processual civil. Ação de depósito. Descabimento. Caráter secundário. Garantia do mútuo. Recurso desacolhido.

I — O depósito irregular não enseja o cabimento da ação de depósito (art. 1.280, CC), devendo aplicar-se as regras do mútuo.

II — Essa ação somente terá cabimento nas hipóteses do chamado depósito clássico (arts. 1.265 e ss.), em que o depositário recebe, para guardar, um objeto móvel do depositante, a fim de restituí-lo quando lhe for exigido, não importando seja esse bem móvel fungível ou infungível.

III — Na espécie, não se caracterizando o contrato como depósito clássico, uma vez que o contrato de depósito está vinculado a outro contrato (de mútuo), torna-se incabível a prisão e imprópria a ação de depósito (REsp 188.462, Rel. Min. Sálvio de Figueiredo Teixeira, *DJ* de 15.5.2000).

Agravo em agravo de instrumento contra a inadmissão de recurso especial. Processual civil. Ação de depósito. Adequação. Contrato de depósito clássico. Depósito irregular. Coisas fungíveis.

O art. 1.280 do Código Civil, ao pontificar que o depósito de coisas fungíveis "regular-se-á pelo disposto a cerca do mútuo", não leva à conclusão que o depósito irregular e o mútuo tenham a mesma identidade.

"Dentre as regras jurídicas sobre o mútuo, que o Código Civil diz invocáveis a respeito do depósito irregular, somente pode incidir, a propósito do contrato de depósito irregular e dos seus efeitos, o que não se choque com o conceito de depósito. Faltou, evidentemente, ao art. 1.280, mas subentende-se o usual no que for aplicável" (Pontes de Miranda).

A ação de depósito é adequada para o cumprimento da obrigação de devolver coisas fungíveis, objeto de contrato de depósito clássico, ainda que seja o irregular.

O depositário infiel que se obrigou por ter firmado contrato clássico, ainda que de coisas fungíveis, desatrelado do mútuo, está sujeito à prisão civil, nos termos do parágrafo único do art. 904 do Código de Processo Civil, uma vez que o direito positivo brasileiro elegeu o respeito à confiança e à boa-fé empenhada na guarda de coisa alheia (a par da obrigação alimentícia) como valor superior ao próprio valor liberdade.

Subsistentes os fundamentos do decisório agravado, nega-se provimento ao agravo (AGA 196.654-MG, Rel. Min. César Asfor Rocha, *DJ* de 15.3.1999).

Portanto, no caso em tela, a mercadoria nunca foi depositada pelo Banco Real S/A para ser conservada e depois devolvida, mas foi constituída como garantia de cédula rural pignoratícia e continuou na posse direta dos devedores, mutuários, que também são proprietários da empresa de serviços de armazéns-gerais, ainda que haja a peculiaridade da emissão de *warrant* e endosso do conhecimento de depósito, pois cuidou-se de artifício jurídico para transfigurar um depósito atípico em depósito clássico.

Forte nestas razões, *não conheço* o recurso especial, acompanhando o e. Min. Ari Pargendler.

É o voto.

VOTO

O Sr. Ministro Antônio de Pádua Ribeiro: Sr. Presidente, à vista do caso concreto, acompanho o voto do Sr. Ministro Ari Pargendler, não conhecendo o recurso especial e concedendo o *habeas corpus* de ofício.

Presidente o Sr. Ministro Ari Pargendler.

Relator o Sr. Ministro Waldemar Zveiter.

Comentários de

Fernando Netto Boiteux

1. Os fatos

Em breve resumo, dada a extensão do acórdão, o caso em tela refere-se a uma ação de depósito proposta por um banco, que concedeu um empréstimo a uma sociedade, representado por uma cédula rural pignoratícia, emitida pela devedora e avalizada por seus sócios.[1]

O comentário que se segue refere-se, exclusivamente, à questão da garantia pignoratícia, afastando, expressamente qualquer comentário sobre o aval, pois dado que os avalistas foram excluídos do processo, por não poderem ser responsáveis pela infidelidade dos depositários; bem como sobre o cabimento da ação de depósito, que fica implícito.

O objeto do penhor, constituído pela cédula rural pignoratícia, na realidade, não foram mercadorias em si, diretamente consideradas (uma quantidade de soja), mas o conhecimento de depósito e o *warrant* que os representavam, visto que eles estavam depositados em armazém-geral. Ambos os títulos (conhecimento de depósito e *warrant*) foram endossados ao banco credor.

Dado que a soja, representada pelo conhecimento de depósito e pelo *warrant*, não foi entregue ao banco ao final do contrato, por ter sido consumida sem autorização do credor, conforme se prova nos autos, inclusive com a confissão dos réus, o banco ingressou com ação de depósito para reavê-la, requerendo a prisão dos representantes legais da sociedade devedora, que eram os mesmos representantes legais do armazém-geral depositário da mercadoria.

O primeiro voto vencedor foi dado pelo Ministro Ari Pargendler, que, reconhecendo os fatos e analisando amplamente a questão, considerou que a devedora:[2]

"(...) ao contrair, com o autor, o empréstimo de (...) ofereceu, (...) quilos de soja, em penhor cedular de primeiro grau (...).

"Assim, na qualidade de administradores da (...) tornaram-se fiéis depositários da mercadoria ali entregue, que por decorrência do endosso, estava à disposição do autor, sujeitando-se, os depositários, às obrigações preceituadas pelo art. 11 e seus itens, do Decreto 1.102/1903.

1. STJ, REsp 46.017-MG, 3ª T., Rel. Min. Waldemar Zveiter, Rel. p/acórdão Min. Ari Pargendler, j. 26.3.2001, por maioria, voto-vista do Min. Ari Pargendler.

2. STJ, REsp 46.017-MG, cit., voto Rel. p/ acórdão Min. Ari Pargendler.

"Com a vistoria (...) constatou-se a inexistência da soja."

O Ministro acompanhou a jurisprudência do Superior Tribunal de Justiça, com a ressalva do seu entendimento pessoal, decidindo que: "a infidelidade no depósito de coisas fungíveis não é punida com a pena de prisão civil".

Segundo entendemos, o Ministro deixou de considerar as particularidades do caso em exame, que o distanciam dos casos que formaram o entendimento majoritário, mas esse fato ocorreu, certamente, pela circunstância de já terem os administradores do armazém-geral sido excluídos da lide, sem que essa questão estivesse em julgamento no recurso especial em exame (relatório do Ministro Waldemar Zveiter). Por este motivo, a pena de prisão não poderia ser aplicada a eles, de qualquer forma, nos seguintes termos: "na ação de depósito ajuizada contra uma pessoa jurídica, a pena de prisão civil só pode ser imputada ao respectivo administrador; nessas condições, se os efeitos da sentença, ou pelo menos um deles, recairão sobre ele, segue-se que é litisconsorte necessário no processo".

À vista desses fatos, concluiu o Min. Ari Pargendler:

"Em casos desse jaez, todavia, a Turma, de ofício, tem concedido *habeas corpus*, ao fundamento de que a infidelidade no depósito de coisas fungíveis não autoriza a prisão civil.

"A menos que esse entendimento seja alterado, é isso que deve ser feito na espécie, e assim voto, ressalvando ponto de vista pessoal."

O segundo voto que integrou a tese vencedora foi dado pela Ministra Nancy Andrighi, que acrescentou ao voto anterior as seguintes considerações:

"(...) não se trata de depósito clássico, porque a soja depositada não foi depositada para ser conservada e devolvida ao proprietário, mas por artifício jurídico, constituída como garantia de mútuo financeiro, ainda que tenha havido emissão de *warrant* e endosso do conhecimento de depósito.

"(...).

"Portanto, no caso em tela, a mercadoria nunca foi depositada pelo Banco Real S/A para ser conservada e depois devolvida, mas foi constituída como garantia de cédula rural pignoratícia e continuou na posse direta dos devedores, mutuários, que também são proprietários da empresa de serviços de armazéns-gerais, ainda que haja a peculiaridade da emissão de *warrant* e endosso do conhecimento de depósito, pois cuidou-se de artifício jurídico para transfigurar um depósito atípico em depósito clássico.

"Forte nestas razões, não conheço do recurso especial, acompanhando o e. Min. Ari Pargendler.

"É o voto."

O terceiro voto vencedor, do Ministro Antônio de Pádua Ribeiro, acompanhou o primeiro, concedendo o *habeas corpus* de ofício.

Entendemos que a decisão majoritária merece reparos, pelas razões que seguem. O voto vencido será examinado ao final.

2. O depósito de bens fungíveis e seu regime jurídico

Efetivamente, a jurisprudência do Superior Tribunal de Justiça nega a prisão do depositário de bens fungíveis, como afirma o Ministro Ari Pargendler, por entendê-lo regulado pelas regras do mútuo. Ocorre que essa jurisprudência foi formada tomando em consideração uma hipótese particular, aquela na qual os bens objeto do penhor mercantil são de propriedade da empresa devedora e permanecem na sua posse.

Outro aspecto considerado pela jurisprudência é que nos acórdãos que formaram essa jurisprudência sempre trataram de bens fungíveis e diretamente relacionados ao objeto social da empresa devedora. Bens destinados à devedora, portanto.

Por exemplo, no REsp 86.305, Relator Ministro Ruy Rosado de Aguiar, é que essas mercadorias são "destinadas à venda, no cumprimento do próprio objetivo da empresa devedora".[3]

O mesmo entendimento foi manifestado pelo Ministro Sálvio de Figueiredo Teixeira, em acórdão com a seguinte ementa (destaques nossos):[4] "Em sendo fungíveis *e destinados à comercialização* os bens dados em garantia, sobre os quais se haja instituído a obrigação de guarda, incabível pretender exigi-los por meio de ação de depósito, seja porque aplicável em casos que tais as regras do mútuo (art. 1.280 CC), seja por existência de incompatibilidade com o dever de custódia".

No REsp 16.949-0-MG, Relator Min. Waldemar Zveiter, igualmente, o depósito era de "mercadorias da atividade da executada".[5]

No *habeas corpus* 8.232, Relator Min. Menezes Direito, também se tratava de bens cuja comercialização era o objeto social da própria devedora.[6]

No REsp 11.108, Cláudio Santos, tratava-se do penhor de gado para corte, de propriedade de uma Agropecuária, hipótese idêntica às precedentes.[7]

No REsp 48.180-5-GO, Relator Min. Costa Leite, a hipótese era idêntica, ainda que o acórdão não tenha se referido especificamente a essa possibilidade, pois se tratava de uma Usina de Álcool que era depositária, precisamente, de uma certa quantidade de álcool, seu produto principal.[8]

Finalmente, no REsp 13.591, Relator Min. Nílson Naves, os bens dados em garantia eram fungíveis e permaneceram na posse do próprio devedor.[9]

A distinção entre serem os bens destinados à comercialização pela própria devedora, e permanecerem na sua posse, ou estarem depositados em armazém-geral, que exerce profissionalmente a atividade de depositário, é fundamental para o deslinde da questão. Ainda que essa distinção não tenha sido adotada no acórdão que estamos comentando é importante notar que o Eminente Ministro Relator afastou a questão alegando outro argumento que, por si só, afastava a prisão: os administradores do armazém-geral, nessa qualidade, foram excluídos da lide.[10]

A questão da legitimidade passiva dos administradores, portanto, foi absolutamente relevante para o julgamento e não permite afirmar, por dessemelhança de hipóteses, que o acórdão tenha negado peremptoriamente a possibilidade de prisão em caso de depósito de coisa fungível em armazém-geral.

3. O regime jurídico dos armazéns-gerais

A regulamentação especial imposta pelo legislador à atividade dos armazéns-gerais representa uma intervenção do Estado no domínio econômico, visando a garantir a segurança do exercício de sua atividade, em benefício dos depositantes. Eles

3. STJ, REsp 86.305-MG, 4ª T., Rel. Min. Ruy Rosado de Aguiar, j. 9.4.1996, unânime, transcrição parcial da ementa. Devemos ressaltar, no entanto, que o objetivo social de qualquer empresa comercial é sempre o lucro; objeto social é o que ela pretende fazer para obter o lucro.

4. STJ, REsp 31.490-RJ, 4ª T., Rel. Min. Sálvio de Figueiredo, j. 9.8.1993, unânime, transcrição parcial da ementa.

5. STJ, REsp 16.949-0-MG, 3ª T., Rel. Min. Waldemar Zveiter, j. 4.8.1992, unânime, transcrição parcial da ementa.

6. STJ, *habeas corpus* 8.232-SP, 3ª T., Rel. Min. Menezes Direito, j. 22.6.1999, unânime, conforme relatório e voto condutor.

7. STJ, REsp 11.108-RS, 3ª T., Rel. Min. Cláudio Santos, j. 8.10.1991, unânime.

8. STJ, REsp 48.180-5-GO, 3ª T., Rel. Min. Costa Leite, j. 8.8.1994, unânime, transcrição parcial da ementa.

9. STJ, REsp 13.591-0-MG, 3ª T., Rel. Min. Nílson Naves, j. 27.9.1993, conforme voto condutor.

10. STJ, REsp 46.017-MG, cit., Relatório do Min. Waldemar Zveiter e voto do Rel. p/acórdão Min. Ari Pargendler.

estão sujeitos, portanto, a um regime especial de responsabilidade.[11]

Armazéns-gerais são empresas mercantis que têm por finalidade a guarda e a conservação de mercadorias com a faculdade de emissão, quando requerida, de títulos de crédito que as representam (conhecimento de depósito e *warrant*).[12]

Hoje, sua atividade é regulada pela Lei 9.973, de 29.5.2000, que, no entanto, não revogou expressamente o Decreto 1.102, de 1903, razão pela qual continua o mesmo em vigor, no que não for incompatível com a nova lei.

Estão sujeitos os armazéns-gerais a uma regulação especial, a ser estabelecida mediante um "sistema de certificação" a ser criado pelo Ministério da Agricultura e do Abastecimento (Lei 9.973/2000, art. 2º), permanecendo sujeitos ao registro na Junta Comercial.

A empresa de armazéns-gerais responde pela guarda, conservação e pronta entrega das mercadorias recebidas em depósito (Lei 9.973/2000, art. 6º, *caput*; Decreto 1.102, de 1903, art. 11, n. 1).

Responde o depositário, ainda, pela culpa, fraude ou dolo de seus empregados e prepostos e pelos furtos ocorridos dentro dos armazéns, "bem como os danos decorrentes de seu manuseio inadequado, na forma da legislação específica" (Lei 9.973/2000, art. 6º, § 1º).

A lei atual não se refere aos casos de força maior como excludente de responsabilidade, ao contrário da anterior, mas, a simples omissão não tem o dom de afastar a excludente de responsabilidade, que é regra geral nos contratos bilaterais. No entanto, a ressalva de força maior não é norma imperativa, podendo as partes prever, de comum acordo, a responsabilidade do armazém, ainda nesses casos (Decreto 1.102, de 1903, art. 11, n. 1 c/c art. 37, parágrafo único).

A mesma lei prevê, ainda, a responsabilidade do presidente, do diretor e do sócio-gerente do armazém, ou daqueles que detiverem cargos semelhantes aos seus nas cooperativas, e, ainda, do titular de firma individual. Eles respondem, integral e solidariamente, com o fiel do armazém pelas mercadorias recebidas em depósito.

4. O depósito de bens fungíveis em armazéns-gerais não é depósito irregular, mas contrato típico

O voto do Ministro Ari Pargendler, no sentido de que de que a infidelidade no depósito de coisas fungíveis não autoriza a prisão civil foi construída pelo Superior Tribunal de Justiça com fundamento na distinção entre o depósito típico e o depósito irregular, aquele que se refere a coisas fungíveis, como examinado acima.

Na mesma linha de raciocínio, confrontando o contrato de depósito típico previsto no art. 1.287 do Código Civil com a legislação aplicável à alienação fiduciária em garantia, decidiu o Tribunal que a relação que se estabelece na alienação fiduciária não permite que nela se reconheça um contrato de depósito.[13]

Ocorre que o armazenamento de bens fungíveis já era admitido pelo art. 12 do Decreto 1.102, de 1903, dispositivo, hoje, mais bem redigido no art. 7º da Lei 9.973/2000, como segue:

"Art. 7º. Poderão ser recebidos em depósito e guardados a granel no mesmo silo ou célula produtos de diferentes depositantes, desde que sejam da mesma espécie, classe comercial e qualidade.

"Parágrafo único. Na hipótese de que trata este artigo, o depositário poderá restituir o produto depositado ou outro, respeitadas as especificações previstas no *caput*."

11. As considerações abaixo estão presentes em Fernando Netto Boiteux, *Contratos Mercantis*, São Paulo, Dialética, 2001, capítulo 22, pp. 161 e ss.

12. O conceito é dado pelo Decreto 1.102, de 21.11.1903, art. 1º, que regula o funcionamento, direitos e obrigações dos armazéns-gerais.

13. STJ, REsp 191.407-MG, 4ª T., Rel. Min. Ruy Rosado de Aguiar, j. 1.12.1998, unânime.

Portanto, os armazéns-gerais têm autorização legal expressa para armazenar bens fungíveis e estão sujeitos, repetimos, a um regime especial de responsabilidade que exclui, portanto, e evidentemente, qualquer alegação de que podem se afastar do regime da restituição dos bens que se encontram sob a sua guarda com fundamento na jurisprudência que admite, genericamente, a exoneração de responsabilidade pela guarda de bens fungíveis.

O depósito irregular é o depósito de coisas fungíveis, em que o depositário se obriga a restituir coisa do mesmo gênero, quantidade e qualidade. Portanto, o depositário tem o poder de uso da coisa, pois não é devedor da própria coisa, mas do gênero como ocorre, por exemplo, no depósito bancário.[14]

Segundo o disposto nos arts. 1.280 do Código Civil e 285 do Código Comercial, aplicam-se as regras do mútuo, *no que couber*. Assim, esclareceu o Superior Tribunal de Justiça que o art. 1.280 do Código Civil, ao pontificar que o depósito de coisas fungíveis "regular-se-á pelo disposto acerca do mútuo", não leva à conclusão que o depósito irregular e o mútuo tenham a mesma identidade.[15]

Em sentido mais específico, o próprio Superior Tribunal de Justiça, Relator Ministro Ruy Rosado de Aguiar, já reconheceu a tipicidade do contrato de depósito em armazéns-gerais, esclarecendo que:[16]

"*Depósito. Bem fungível (soja). Armazém-geral.*

"O empresário ou administrador que recebe mercadoria fungível para depósito pode guardá-la misturada com outras, mas tem a obrigação de restituí-la, na forma dos arts. 11, § 1º, 12, § 1º, n. 1, e 35, § 4º do Dec. 1.102, de 21.11.1903, sendo cabível a ação de depósito e o decreto de prisão civil.

"*Habeas corpus* denegado."

No mesmo sentido acórdão relatado pelo Ministro Aldir Passarinho Júnior:[17]

"*Processual civil. Medida cautelar incidental. Depósito remunerado para guarda e conservação de arroz adquirido pela CONAB por AGF. Armazém-geral. 'Fumus boni iuris'. Ausência.*

"I — Configurado tratar-se de contrato de depósito remunerado para a guarda de arroz adquirido pelo Governo Federal vinculado à Política de Garantia de Preços Mínimos, é o depositário responsável pela entrega do bem no prazo acordado, sob pena de sujeitar-se às cominações da espécie, inclusive pena de prisão.

"II — Precedentes do STJ.

"(...)."

5. *O regime legal da cédula rural hipotecária*

O regime do penhor mediante cédula hipotecária admite, expressamente, que a garantia permaneça em mãos do devedor, na forma prevista no art. 1º da Lei 492/1937, com a seguinte redação (destaques nossos):

"Art. 1º. Constitui-se o penhor rural pelo vínculo real, resultante do registro, por via do qual agricultores ou criadores sujeitam suas culturas ou animais ao cumprimento de obrigações, *ficando como depositário* daquelas ou destes.

"Parágrafo único. (...)."

Portanto, é indiferente para se examinar a validade do negócio saber em mãos de quem se encontra a garantia.

De qualquer forma, como o conhecimento de depósito, acompanhado do *war-*

14. Jacques Ferronière *et alii*, *Les Opérations de Banque*, 6ª ed., Paris, Dalloz, 1980, p. 14.

15. STJ, REsp 50.830-PR, registro 94.0020253-9, 4ª T., Rel. Ministro César Asfor Rocha, unânime, j. 7.10.1997, *Revista do Superior Tribunal de Justiça*, Brasília, a. 10, (106):287-363, jun. 1998, p. 313.

16. STJ, *habeas corpus* 14.935-MS, 4ª T., Rel. Min. Ruy Rosado de Aguiar, j. 6.3.2001, unânime.

17. STJ, agravo regimental na medida cautelar 3.884-RS, 4ª T., Rel. Min. Aldir Passarinho Júnior, j. 18.12.2001, unânime.

rant, foi endossado ao Banco credor, e o endosso dos títulos transfere a propriedade da mercadoria, fica evidente que a garantia não estava em mãos do devedor, mas sim do credor.

Por esta razão não se pode afirmar, como fez o acórdão, que a mercadoria nunca tenha sido depositada pelo Banco Real, pois, ao receber o endosso, ele passou à posição de depositante da mesma, pois nos títulos emitidos pelos armazéns-gerais o endosso tem uma função adicional, que é a de transferir a mercadoria representada pelos títulos. Na expressão de J. C. Sampaio de Lacerda:[18] "o endosso dos títulos da mercadoria depositada, além de transferir a posse do título, confere ao endossatário a livre disposição da mercadoria depositada, quer seja ele dado nos títulos reunidos, quer no conhecimento de depósito isolado, ressalvando-se, nessa hipótese, os direitos do credor, portador do *warrant*".

Portanto, ainda que se considere a mercadoria depositada como bem fungível, o título de crédito que a representa é bem infungível. Mesmo os valores mobiliários, que, onde se reconhece a distinção entre eles e os títulos de crédito,[19] tem a sua fungibilidade no sentido econômico, que decorre de sua emissão em série, reconhecida,[20] são juridicamente infungíveis.

18. J. C. Sampaio de Lacerda, *Dos Armazéns-Gerais — Seus Títulos de Crédito (Conhecimento de Depósito e "Warrant")*, Rio de Janeiro, Forense, s/data, p. 90.

19. Os diversos regimes dos valores mobiliários na Itália, Estados Unidos, Inglaterra, Alemanha, Holanda, Bélgica e Suíça são examinados na coletânea do Institut d'Études Européennes, *Le Regime Juridique des Titres de Sociétés en Europe et aux États-Unis*, Bruxelles, Presses Universitaires de Bruxelles, 1970. Em nosso direito Nelson Eizirik, *Aspectos Modernos do Direito Societário*, Rio de Janeiro, Renovar, 1992, p. 155, analisa a legislação, a doutrina e o direito comparado.

20. Fábio Konder Comparato, *Direito Empresarial: Estudos e Pareceres*, São Paulo, Saraiva, 1990, p. 463; Giuseppe Ferri, *Títulos de Crédito*, Buenos Aires, Abeledo-Perrot, 1982, p. 61, ressalta que a característica da fungibilidade econômica é destacada pela doutrina mais recente.

Este fundamento já seria suficiente para afastar a aplicação da jurisprudência a que se refere o Ministro Ari Pargendler, que nega a prisão do depositário infiel quando a garantia pignoratícia consiste em bens fungíveis, aos casos em que esses bens são representados por um título emitido por armazém-geral.

Reafirmando esse entendimento, a legislação que rege a cédula rural pignoratícia permite que sejam objeto do penhor "frutos armazenados", na forma prevista no art. 6º da Lei 492/1937, sem especificar se esse armazenamento é aquele feito em armazém-geral ou em outro qualquer, razão pela qual não se pode excluir a primeira hipótese.

6. *A inexistência de "artifício jurídico" na conduta do credor*

A existência de um artifício, a que alude a Ministra Nancy Andrighi ao analisar o comportamento do credor, está ligada ao dolo. Na expressão de Clóvis Bevilaqua "dolo é o artifício ou expediente astucioso, empregado para induzir alguém à prática de um ato, que o prejudica, e aproveita ao autor do dolo ou a terceiro".[21] No mesmo sentido Caio Mário da Silva Pereira.[22]

Ora, se a garantia foi efetivamente prestada nos estritos termos da lei. Se não se alegou nenhum desvio de finalidade do contrato principal, que é de mútuo, do qual o penhor representa, apenas, a garantia, podemos afirmar que o fato de a mercadoria dada em penhor mediante o uso de cédula rural pignoratícia se encontrar depositada em armazém-geral, em nada desvirtua a natureza da garantia, nem permite supor a existência de um "artifício jurídico", como alegado no acórdão.

21. Clóvis Bevilaqua, *Código Civil dos Estados Unidos do Brasil*, Edição Histórica, v. I, Rio de Janeiro, Ed. Rio, 1976, comentários ao art. 92, p. 341.

22. Caio Mário da Silva Pereira, *Instituições de Direito Civil*, v. I, 4ª ed., Rio de Janeiro, Forense, 1974, p. 450.

7. O regime do crédito agrícola

Ainda que não se tenha alegado o desvio de finalidade em sentido próprio, a Ministra Nancy Andrighi deu a entender que o "artifício jurídico" estaria relacionado à constituição de uma "garantia de mútuo financeiro".

Vale lembrar, portanto, que o crédito agrícola, por disposição específica dos arts. 2º e 3º da Lei 4.829/1965, se destina especificamente aos "investimentos rurais", bem como a "favorecer o custeio oportuno e adequado da produção e a comercialização de produtos agropecuários". Em ambos os casos a operação é de mútuo financeiro, ainda que com finalidade determinada especificamente pela legislação, sendo que em nenhum momento se alega no corpo do acórdão que essa finalidade tenha sido desvirtuada.

8. O cabimento da prisão do depositário infiel, na espécie

Em que pese o entendimento do Superior Tribunal de Justiça de que não cabe a prisão no depósito irregular, ou atípico, este ressalva a aplicação integral da prisão do depositário no depósito tradicional, previsto no Código Civil. Por identidade de razões a prisão civil pode ser aplicada quando se tem presente o contrato típico de depósito em armazém-geral, bem como quando o objeto da garantia é um título emitido por ele.

Cabe observar que o depósito tradicional não se confunde com a dívida, para efeito de prisão do depositário infiel, razão pela qual a prisão por esse fundamento não está excluída pelos tratados internacionais firmados pelo Brasil, que passamos a analisar, para afastar quaisquer dúvidas.

O Brasil aderiu ao Pacto Internacional sobre Direitos Civis e Políticos,[23] que no seu art. 11 dispõe que "ninguém poderá ser preso apenas por não poder cumprir com uma obrigação contratual".

Aderiu, também em 1992, à Convenção Americana de Direitos Humanos, assinada na Conferência Interamericana sobre Direitos Humanos, de São José da Costa Rica, de 22 de novembro de 1969, habitualmente referida como Pacto de São José. Dispõe este, no seu art. 7º, item 7, que:[24] "Ninguém deve ser detido por dívidas. Este princípio não limita os mandados de autoridade judiciária competente expedidos em virtude de inadimplemento de obrigação alimentar".

Ora, que o contrato de depósito não caracteriza uma dívida é caso passado em julgado, não se aplicando, portanto, o disposto no art. 7º da Convenção de Direitos Humanos à espécie.

Quanto à impossibilidade de cumprir uma obrigação contratual, referida no art. 11 do Pacto Internacional sobre Direitos Civis e Políticos, ela não se aplica ao descumprimento de uma obrigação por ato ilícito, como as hipóteses previstas no art. 159 do Código Civil, no curso de um contrato típico e profissional, salvo força maior, pois a prática de ato ilícito não significa *impossibilidade*, mas *intenção* de não cumprir. Geneviève Viney distingue bem os dois regimes:[25] "La faute délictuelle se caractérise par la violation d'une règle de conduite ou d'une norme de comportement édictée par la loi ou affirmé par la jurisprudence et qui s'impose en principe à toute personne se trouvant dans une situation donnée. Or, l'inexécution de l'obligation contractuelle ne suppose pas nécessairement une telle violation car le contrat crée des obligations qui ne s'appuient sur aucune régle de conduite généralisable et qui ne s'imposent

23. Este Pacto foi aprovado pelo Decreto Legislativo 226, de 12.11.1991 e promulgado pelo Decreto 592, de 6.7.1992.

24. Essa Convenção Internacional foi ratificada pelo Congresso Nacional, sem reservas expressas, pelo Decreto Legislativo 27, de 26.5.1992, e promulgada pelo Decreto 678, de 6.11.1992.

25. Geneviève Viney, *Introduction à la Responsabilité*, 2ª ed., Paris, LGDJ, 1995, p. 284.

qu'au débiteur dans ses rapports avec le créancier".

Assim, a responsabilidade delitual só poderia ser afastada, por hipótese, pela prova da excludente de força maior (ainda que a Lei 9.973/2000, ao contrário do art. 11 do Decreto 1.102/1903, a ela não se refira expressamente, ela se aplica como regra geral dos contratos bilaterais).

Finalmente, se ao depósito civil típico não se aplicam as excludentes das duas Convenções Internacionais acima assinaladas, com fundamento na jurisprudência do Superior Tribunal de Justiça, com mais razão elas não se aplicam, em qualquer hipótese, aos depósitos realizados pelos armazéns-gerais, também contratos típicos, regidos por legislação especial, por se referirem a depósito exercido em caráter profissional, de responsabilidade agravada, aos quais o regime do Código Civil só pode ser aplicado supletivamente.

Conclusão

Por todo o exposto é que se pode concluir que a operação realizada pelo banco foi absolutamente de acordo com a legislação, tanto a que consolida o crédito rural quanto a que regula a constituição da cédula rural pignoratícia; que a garantia pignoratícia foi dada sobre título de crédito representativo de mercadorias, bem infungível, e não sobre a própria mercadoria, bem fungível; que não se alegou qualquer desvio de finalidade no uso dos recursos da operação e que ilegalidade só existiu na atuação do armazém-geral, que, ao se desviar da sua responsabilidade como depositário, agiu com dolo, como depositário infiel.

Como o depósito de bens fungíveis pelos armazéns-gerais é exercido como atividade profissional e está sujeito a regime legal especial não se pode aplicar a ele a ressalva genérica presente na jurisprudência da impossibilidade da prisão do depositário infiel de bens fungíveis destinados à sua comercialização.

Dado que o ato do depositário foi ilícito, ao contrário da impossibilidade de cumprir a prestação, também não se aplicam a ele as restrições constitucionais e legais à prisão por dívidas ou por impossibilidade de cumprimento de obrigação contratual.

Prestigiamos, portanto, o voto do Ministro Waldemar Zveiter, vencido, tanto pelos argumentos nele expostos como por todos os demais examinados acima, no sentido de distinguir as hipóteses de depósito irregular, de mercadorias que se destinam à comercialização pelo próprio devedor daquelas em que a mercadoria fica depositada em armazém-geral, e na qual a garantia incide não sobre a mercadoria propriamente dita, que pode ser, ou não fungível, mas sobre o título que a representa, bem infungível. O voto tem a seguinte ementa:[26]

"*Conhecimento de depósito. 'Warrant'. Responsabilidade dos administradores dos armazéns-gerais onde depositada a mercadoria.*

"I — Podem os representantes legais da pessoa jurídica serem compelidos, pena de prisão, à entrega da coisa depositada ou do seu equivalente em dinheiro. Não fora assim, aliás a responsabilidade decorrente do depósito, sendo depositária, a pessoa jurídica, seria mera ficção, sem possibilidade de conduzir a efeitos práticos, porque ninguém seria alcançado pela coerção que a lei, excepcionalmente e sustentada em texto constitucional, permite seja exercida.

"II — Cabe à empresa de armazéns-gerais proceder à entrega das mercadorias a quem, como legítimo possuidor, apresente aqueles títulos. O conhecimento de depósito presta-se a evidenciar, em princípio, quem o proprietário da mercadoria, propriedade que se transmite com o endosso.

"III — Tal entendimento prevalece ainda quando os administradores do armazém

26. STJ, REsp 46.017-MG, cit., ementa do voto do Min. Waldemar Zveiter.

onde depositadas as mercadorias são as mesmas pessoas sócias de outra empresa tomadora de empréstimo junto ao banco, eis que emitiram os títulos e os endossou à instituição financeira, porquanto sua responsabilidade é regulada por lei específica.

"IV — Recurso conhecido e provido."

CVM – DECISÃO ADMINISTRATIVA SOBRE ALIENAÇÃO DE CONTROLE – AÇÕES VINCULADAS A ACORDO DE ACIONISTAS – O CASO VOTORANTIM*

Comentários de

ARTHUR BARDAWIL PENTEADO

ao recurso contra a decisão da Superintendência de Relações com Empresas (SEP) — RJ2001/10329 Colegiado da CVM

Proc. CVM RJ2001/10329
Registro EXE/CGP 3528/2002
Rel.: Diretor Marcelo F. Trindade
Recurso de Decisão da SEP
Recte.: Votorantim Celulose e Papel S/A (VCP)

O Colegiado acompanhou o voto apresentado pelo Diretor-Relator, abaixo transcrito:

RELATÓRIO

Trata-se de recurso de decisão da SEP que determinou à VCP a divulgação de informações requeridas pela Instrução CVM 299/99, em razão da aquisição, pela recorrente, de ações vinculadas a acordo de acionistas firmado pelo bloco controlador da companhia aberta Aracruz Celulose S/A.

A recorrente fez publicar em 13.10.2001 notícia de Fato Relevante (fls. 2), na qual informava a aquisição de participação na Aracruz Celulose S/A, acrescentando as seguintes informações:

I — comprador: a VCP, "através de uma subsidiária constituída no exterior" (cf. fls. 2);

II — vendedor: as sociedades Mondi Brazil Ltd. e Mondi Internacional S/A (Grupo Mondi);

III — preço: U$ 370.000.000,00;

IV — quantidade e espécie das ações adquiridas: 127.506.457 ações ordinárias;

V — percentual representativo do capital votante e do capital social: 28% e 12,3%, respectivamente;

VI — que "a efetiva aquisição e transferência das referidas ações deverá ocorrer no próximo 1º de novembro de 2001, sendo que nesta data será formalizada *a adesão da referida subsidiária da VCP ao Acordo de Acionistas da Aracruz*, atualmente em vigor, do qual são também partes do BNDES Participações S/A — BNDESPAR, Grupo Lorentzen e Grupo Safra" (cf. fls. 2)

Na mesma data a Aracruz Celulose também publicou notícia de Fato Relevante (cf. fls. 4), esclarecendo que a VCP inte-

* Trabalho apresentado no 1º semestre de 2002 no Curso de Pós-graduação da Faculdade de Direito da Universidade de São Paulo, disciplina "Administração das Sociedades Comerciais no Direito Comercial Comparado II — Administração das Sociedades por Ações" (DCO-5842-2), ministrada pelos Profs. Rachel Sztajn, Mauro Rodrigues Penteado e Paulo Fernando Campos Salles de Toledo.

graria "o grupo de controle" com os demais signatários do acordo de acionistas.

Em 6.11.2001 a recorrente encaminhou carta à CVM (fls. 6-7) comunicando, "em cumprimento ao disposto na Instrução CVM 69/1987", que concluíra a operação e requerendo "a dispensa da divulgação, pela imprensa, das informações exigidas pela Instrução CVM 69/1987", tendo em vista "a publicação de Fato Relevante em 3 de outubro de 2001".

A SEP, analisando o requerimento, terminou por entender (fls. 10) que era o caso de aplicação dos arts. 3º, *caput*, parágrafo único e incisos III, VII e VIII, e 4º, *caput* e parágrafo único, da Instrução CVM 299/1999, que dispõem sobre *divulgação de informações na alienação de controle acionário*, e que estabelecem:

"Art. 3º. Sem prejuízo do disposto na Instrução CVM n. 31, de 8 de fevereiro de 1984, *a operação que resultar na alienação de controle acionário de companhia aberta* deverá ser comunicada de imediato, pelo adquirente do controle, à CVM e às Bolsas de Valores ou entidades do mercado de balcão organizado nas quais os valores mobiliários de emissão da companhia estejam admitidos à negociação, assim como divulgada na imprensa, mediante imediata publicação providenciada pelo mesmo adquirente nos jornais utilizados habitualmente pela companhia.

"Parágrafo único. A comunicação e a divulgação de que se trata deverão contemplar, no mínimo, as seguintes informações:

"(...).

"III — Preço e demais características e condições relevantes do negócio.

"(...)

"VII — Declaração, positiva ou negativa, relativamente à intenção de promover o cancelamento do registro de companhia aberta da sociedade envolvida.

"VIII — Outras informações relevantes referentes a planos futuros na condução dos negócios sociais, notadamente no que se refere a eventos societários específicos que se pretenda promover na companhia.

"Art. 4º. No prazo de dez dias, contados da divulgação pública da operação referida no art. 3º, deverá ser encaminhada à CVM, pelo adquirente do controle, cópia da documentação relativa à alienação respectiva.

"Parágrafo único. A CVM poderá exigir outras informações e elementos que considere necessário, bem como determinar retificações e aditamentos às informações prestadas" (destacou-se).

Foi apresentado então o recurso ora em exame, no qual é salientado (fls. 15) que "as participações em ações ordinárias dos acionistas signatários do Acordo de Acionistas são as seguintes:

ACIONISTAS	PARTICIPAÇÃO
BNDESPAR	12,5%
LORENTZEN	28%
SAFRA	28%
VCP	28%

Afirma a recorrente que não houve alienação de controle com a aquisição da participação no bloco de controle, dado que "o poder de controle é atributo e prerrogativa do grupo considerado coletivamente, e não de qualquer de seus participantes considerados isoladamente. O só fato do acionista precisar do grupo para integrar o controle é suficiente para demonstrar que sozinho ele não pode exercer esse poder". Ao final conclui que "não podendo ser a VCP, individualmente, caracterizada como acionista controladora da Aracruz, não há que se falar em alienação de controle relativamente à aquisição por ela efetuada" (fls. 17).

Entre elementos trazidos pela recorrente para sustentar esse entendimento, destaca-se a transcrição (fls. 18) dos incisos II e III da Resolução CMN 401/1976, que estabelecem:

"II — entende-se por alienação de controle da companhia aberta, (...), o negócio pelo qual o *acionista controlador* (art. 116) pessoa física ou jurídica, *transfere o poder de controle da companhia mediante venda ou permuta do conjunto das ações de sua propriedades* ***que lhe assegura***, *de modo permanente*, ***a maioria dos votos*** nas deliberações da Assembléia Geral e o poder de eleger a maioria dos administradores da companhia.

"III — se o controle da companhia é exercido por grupo de pessoas vinculadas por acordo de acionistas, nos termos do art. 118 da Lei n. 6.404/1976, ou sob controle comum, entende-se por alienação de controle pelo qual *todas as pessoas que formam o grupo controlador* transferem para o poder de controle da companhia, mediante venda ou permuta do conjunto de ações de sua propriedade que lhe assegura, de modo permanente, a maioria dos votos nas deliberações da Assembléia Geral e o poder de eleger a maioria dos administradores da companhia" (destacou-se).

Nada obstante, a SEP manteve a decisão recorrida afirmando que:

a. "Em momento algum o dispositivo (art. 116 da Lei 6.404) caracteriza como controlador somente aquele que é titular de direitos de sócio que lhe assegurem *individualmente* a maioria dos votos, como quer fazer crer a companhia" (fls. 22 — destaque no original).

b. "O controle acionário da Aracruz é partilhado entre os signatários do Acordo de Acionistas, como admite a própria recorrente. São, portanto, todos controladores. A esse respeito, a Lei das S/A, em seu art. 118, § 2º, é clara, não permitindo que, pelo fato de existir um grupo de controle, o acionista participante deste grupo se exima das suas responsabilidades como controlador.

"'Acordo de Acionistas.

"'Art. 118. Os acordos de acionistas, sobre a compra e venda de suas ações, preferência para adquiri-las, exercícios do direito a voto, *ou do poder de controle* deverão ser observados pela companhia quando arquivados na sua sede.

"'§ 1º. As obrigações ou ônus decorrentes desses acordos somente serão oponíveis a terceiros, depois de averbados nos livros de registro e nos certificados das ações, se emitidos.

"'§ 2º. *Esses acordos não poderão ser invocados para eximir o acionista de responsabilidade no exercício do direito de voto (art. 115) ou do poder de controle (arts. 116 e 117)*'" (fls. 23 — destaques pela SEP).

c. "O citado art. 254-A, § 1º, inserido recentemente na Lei 6.404/1976, longe de ser indicativo do que pretende a recorrente, é uma evidência de que o legislador quis dirimir toda e qualquer dúvida que pudesse pairar sobre o assunto:

"'Art. 254-A. A alienação, direta ou indireta, do controle de companhia aberta somente poderá ser contratada sob a condição, suspensiva ou resolutiva, de que o adquirente se obrigue a fazer oferta pública de aquisição das ações com direito a voto de propriedade dos demais acionistas da companhia, de modo a lhes assegurar o preço no mínimo igual a 80% (oitenta por cento) do valor pago por ação com direito a voto, integrante do bloco de controle.

"'§ 1º. *Entende-se como alienação de controle a transferência* de forma direta ou indireta, *de ações integrantes do bloco de controle*, de ações vinculadas a acordos de acionistas e de valores mobiliários conversíveis em ações com direito a voto, cessão de direitos de subscrição de ações e de outros títulos ou direitos relativos a valores mobiliários conversíveis em ações que venham resultar na alienação de controle acionário da sociedade'" (fls. 23-24 — destaques pela SEP).

d. "Não há dúvida de que as ações adquiridas pela Votorantim integram o bloco de controle, sendo certo que o dispositivo (art. 254-A da Lei 6.404) não exige para a caracterização da alienação a transferência de *todas*, mas apenas de *ações integrantes do bloco de controle*. Assim, a operação, por meio da qual a companhia passou à condição de um dos acionistas controladores da Aracruz, deve sujeitar-se à regulamentação pertinente" (fl. 24 — destaques no original).

É o relatório.

VOTO

O art. 116 da Lei 6.404/1976, cuja redação se mantém com o advento da Lei 10.303/2001, define acionista controlador da seguinte forma:

"Art. 116. Entende-se por acionista controlador a pessoa natural ou jurídica, ou *o grupo de pessoas vinculadas por acordo de voto*, ou sob controle comum, que:

"a) é titular de direitos de sócio que lhe assegurem, de modo permanente, a maioria dos votos nas deliberações da assembléia geral e o poder de eleger a maioria dos administradores da companhia; e

"b) usa efetivamente seu poder para dirigir as atividades sociais e orientar o funcionamento dos órgãos da companhia" (destacou-se).

Como se vê, a lei trata de três possibilidades de controle da sociedade: (i) o controle detido isoladamente por pessoa física ou jurídica, (ii) o detido por grupo de pessoas unidas por acordo de acionistas, e (iii) o exercido diretamente por um grupo de pessoas jurídicas, controladas por um controlador comum, que então controlará a sociedade indiretamente.

No caso dos autos se está claramente diante de uma hipótese de controle detido por um "grupo de pessoas vinculadas por acordo de voto", composto por BNDESPAR, Grupo Lorentzen, Grupo Safra e agora pela VCP, em substituição ao Grupo Mondi.

Ocorre que este caso não desafia as complexas questões que podem surgir quanto ao conceito de alienação de controle detido por grupo de acionistas unidos por acordo. Aqui não houve alienação de uma participação majoritária dentro do bloco de controle, como se viu do quadro transcrito no relatório, nem se está diante da aquisição de uma participação que, somada àquela já detida pelo adquirente, o eleve à condição de controlador único.

No caso destes autos houve simplesmente a transferência de uma participação que compõe o bloco de controle, mas certamente o Grupo Mondi não alienou nem a VCP adquiriu o controle da sociedade, pois nem o Grupo Mondi detinha isoladamente, nem a VCP adquiriu o poder de, isoladamente, exercer "a maioria dos votos nas deliberações da assembléia geral e o poder de eleger a maioria dos administradores da companhia".

A SEP invoca o § 2º do art. 118 da Lei 6.404/1976, para fundamentar seu entendimento de que a VCP deve ser considerada, por si só, controladora da Aracruz, esquecendo-se de que tal dispositivo trata da *responsabilidade* pelo exercício do poder de controle, a qual recai sobre todos aqueles que exercem esse poder, quer isolada ou conjuntamente.

Igualmente incompleta é a interpretação dada pela SEP ao novel § 1º do art. 254-A da Lei 6.404/1976, introduzido pela Lei 10.303/2001, ainda em período de *vacatio*. Tal regra, para ser compreendida, deve ser lida até o final, no qual se encontra — de modo um tanto circular, reconheça-se — a afirmação de que, para estar-se diante de aquisição de controle, é preciso que a "transferência, de forma direta ou indireta, de ações integrantes do bloco de controle" resulte "na alienação de controle acionário da sociedade", isto é, na transmissão de poder exercer "a maioria dos votos nas deliberações da assembléia geral do poder de eleger a maioria dos administradores da companhia" (art. 116, I).

Assim, em primeiro lugar, voto pelo provimento do recurso, dado que não eram de aplicar-se à operação em exame as regras da Instrução CVM 299/1999 sobre informação em alienação de controle.

Anoto, ainda, que optando por dedicar-se ao tema da alienação de controle, a SEP deixou de examinar o pedido da recorrente "de dispensa da divulgação, pela imprensa, das informações exigidas pela Instrução CVM 69/1987", "tendo em vista a publicação de Fato Relevante em 3 de outubro de 2001" (fls. 6).

Esse desvio foi, a meu ver, prejudicial, pois tal pedido não estava a merecer acolhimento, já que a notícia de Fato Relevante inicial informava que a "efetiva aquisição e transferência das referidas ações deverá ocorrer no próximo dia 1º de novembro de 2001, sendo que nesta data será formalizada *a adesão da referida subsidiária da VCP ao Acordo de Acionistas da Aracruz*".

Assim, era fundamental que tivesse sido divulgada a informação sobre a definitiva efetivação do negócio, e a celebração do acordo de acionistas pela VCP — em adesão ao acordo existente —, divulgação que poderia ter sido feita pela VCP ou pela própria Aracruz Celulose, em atenção ao disposto na letra *a* do parágrafo único do art. 1º e no art. 2º, *caput*, da Instrução CVM 31/1984.

Contudo, como tal determinação foi substituída por outra, de aplicação da Instrução CVM 299/1999, passaram-se muitos meses do ocorrido, o que faz não recomendável, a meu sentir, a publicação de aviso de Fato Relevante a esta altura, sob pena de confundir-se o mercado.

Sugiro, assim, que a SEP aguarde a apresentação do IAN da Aracruz Celulose, no qual deverá constar a nova composição do grupo de controle, oficiando àquela companhia para que, na forma de inc. IV do art. 17 da Instrução CVM 202/1993, encaminhe à CVM cópia do instrumento através do qual, aderindo ao acordo de acionistas, a VCP passou a integrar o grupo de controle.

É meu voto.

Rio de Janeiro, 19 de fevereiro de 2002.

Marcelo F. Trindade, Diretor-Relator.

Comentários de

Arthur Bardawil Penteado

I — Breve relato dos fatos e da decisão do colegiado da CVM

Versa essa decisão do Colegiado da CVM sobre matéria que suscita discussões das mais interessantes.

A decisão trata de alienação, por parte das Sociedades Mondi Brazil Ltd. e Mondi Internacional S/A (Grupo Mondi) à Votorantim Celulose e Papel S/A (Votorantim), de ações vinculadas a acordo de acionistas celebrado pelo bloco controlador da companhia aberta Aracruz Celulose S/A (Aracruz).

O percentual da participação acionária alienada pelo Grupo Mondi representava 28% do capital votante, equivalente a 12,3% do capital social da Aracruz.

Por época da referida alienação, o mercado foi informado, através de Fato Relevante, que a nova acionista Votorantim integraria o grupo de controle, em substituição às sociedades do Grupo Mondi, juntamente com os demais acionistas signatários do acordo de acionistas, quais sejam, BNDES Participações S/A (BNDESPAR), Grupo Lorentzen e Grupo Safra.

Após a alienação das ações, o BNDESPAR detinha 12,5% do capital votante da Aracruz e os demais signatários do acordo de acionistas, Grupo Lorentzen, Grupo Safra e Votorantim, 28% cada.

Submetida a operação à CVM, a Superintendência de Relações com Empresas — SEP entendeu que se tratava de caso de aplicação dos arts. 3º e 4º da então vigente Instrução CVM 299/1999, que dispunham sobre divulgação de informações na alienação de controle, visto restar configurada essa operação da Aracruz.

A Votorantim recorreu dessa decisão fundamentando-se na Resolução CMN 401/1976, incs. II e III. Alegou que em caso de grupo de pessoas vinculadas por acordo de acionistas, somente se configuraria alienação de poder de controle, caso houvesse transferência das ações por parte de todas as pessoas que formam o grupo controlador, o que, de fato, não havia ocorrido.

Apesar desse recurso, manteve a SEP seu entendimento baseando-se na definição de acionista controlador e na responsabilidade dos acionistas integrantes de acordo de acionistas, nos termos dos arts. 116 e 118, § 2º, da Lei 6.404, de 1976, respectivamente. Fundamentou-se, ainda, no conceito de alienação de controle disposto no § 1º do art. 254-A introduzido pela Lei 10.303, de 2001, que se encontrava em período de *vacatio legis*.

Finalmente, sobre a questão pronunciou-se o Colegiado da CVM, por meio de voto exarado pelo Diretor Marcelo F. Trindade, acompanhado integralmente pelos demais membros do colégio, estabelecendo que a transferência de ações da Aracruz não configurava hipótese de alienação de poder de controle, motivo por que não deveriam ser aplicados os arts. 3º e 4º da referida Instrução CVM 299/1999.

II — Evolução da disciplina legal da alienação de controle

A questão sobre alienação do poder de controle sempre foi muito controversa e tomou relevância, entre nós, principalmente em virtude do art. 254 da Lei 6.404, de 1976,[1] que dispunha que a alienação de poder de controle de companhia aberta deveria ser acompanhada de oferta pública de aquisição de ações pelo mesmo preço pago pelas ações do controle.

Durante a vigência desse dispositivo, muitas discussões surgiram em torno da extensão dessa oferta pública também aos acionistas preferencialistas.[2] Essa questão foi objetivo da Resolução BACEN 401, de 1976, que determinava que a oferta pública deveria ser estendida apenas aos acionistas ordinaristas, entendimento que foi confirmado, finalmente, pelo Superior Tribunal de Justiça.[3]

Dentre outras matérias, essa Resolução BACEN 401, de 1976, tratou também, em seus incs. II e III, da qualificação de alienação do poder de controle de companhia aberta. No inc. II, conceituou como alienação de controle o negócio pelo qual o acionista controlador transfere, mediante venda ou permuta, o conjunto das suas ações que lhe asseguram, de modo permanente, a maioria dos votos nas deliberações da assembléia geral e o poder de eleger a maioria dos administradores da companhia. Em seu inc. III, cuidou da alienação do poder de controle exercido por pessoas vinculadas por acordo de acionistas, dispondo que somente se consideraria alienação do poder de controle "o negócio pelo qual todas as pessoas que formam o grupo controlador transferem para terceiros o poder de controle da companhia (...)".

1. Redação original da Lei 6.404, de 1976: "Art. 254. A alienação do controle da companhia aberta dependerá de prévia autorização da Comissão de Valores Mobiliários. § 1º. A Comissão de Valores Mobiliários deve zelar para que seja assegurado tratamento igualitário aos acionistas minoritários, mediante simultânea oferta pública para aquisição de ações. § 2º. Se o número de ações ofertadas, incluindo as dos controladores ou majoritários, ultrapassar o máximo previsto na oferta, será obrigatório o rateio, na forma prevista no instrumento de oferta pública. § 3º. Compete ao Conselho Monetário Nacional estabelecer as normas a serem observadas na oferta pública relativa à alienação do controle de companhia aberta".

2. A esse respeito vide os estudos de Mauro Rodrigues Penteado, "Apontamentos sobre a alienação do controle de companhias abertas", in *RDM* 76/15-25; de Roberta Nioac Prado, "Da obrigatoriedade por parte do adquirente do controle de sociedade por ações de capital aberto de fazer oferta pública, em iguais condições, aos acionistas minoritários — art. 254 da Lei 6.404/76 e resolução CMN 401/76 — é efetivo mecanismo de proteção aos minoritários?", in *RDM* 106/81-106, e, mais recentemente, de Jorge Lobo, "Interpretação realista da alienação de controle de companhia aberta e os direitos dos minoritários. Análise do art. 254 da Lei 6.404, de 1976", in *Reforma da Lei das Sociedades Anônimas*, pp. 505-524.

3. REsp 2.276, de 4.12.1991 (cf. Nelson Eizirik, *Sociedades Anônimas — Jurisprudência*, pp. 367-372).

Dessa forma, a referida Resolução BACEN excluiu do conceito de alienação do poder de controle, a alienação de parte das ações que compunham o bloco de controle, ainda que essas ações alienadas fornecessem posição majoritária dentro desse bloco de controle.

Posteriormente, a Lei 9.457, de 1997, por meio de seu art. 6º, revogou o art. 254 da Lei 6.404, de 1976, retirando a obrigatoriedade da oferta pública de aquisição de ações aos minoritários ordinaristas.[4] Não ficava, portanto, o adquirente do controle acionário obrigado a pagar aos acionistas ordinaristas minoritários o mesmo preço pago pelas ações do bloco de controle, que se tornou mais valorizado.

O propósito dessa lei, como é sabido, foi reduzir os custos da alienação do controle acionário e concentrar o ágio nas mãos dos alienantes. Nesse período, curiosamente, houve um enorme movimento de privatização,[5] possibilitando aos controladores das companhias públicas, União e Estados, aferir vultosos ganhos.

Finalmente, a recente Lei 10.303, de 2001, por meio da introdução, na Lei 6.404, de 1976, do art. 254-A, trouxe novamente o dever do adquirente do controle de realizar oferta pública para aquisição de ações com direito a voto da companhia a preço equivalente a 80% do valor pago pelas ações do bloco de controle.

O § 1º desse art. 254-A, de forma inadequada procurou esclarecer o significado de alienação de controle em redação que, em face de sua obscuridade reconhecida inclusive pelo relator da decisão ora sob comento, vale ser aqui transcrita:

"Art. 254-A. (...).

"§ 1º. Entende-se como alienação de controle a transferência, de forma direta ou indireta, de ações integrantes do bloco de controle, de ações vinculadas a acordos de acionistas e de valores mobiliários conversíveis em ações com direito a voto, cessão de direitos de subscrição de ações e de outros títulos ou direitos relativos a valores mobiliários conversíveis em ações que venham a resultar na alienação de controle acionário da sociedade."

Facilmente se depreende que, na tentativa de esclarecer, a Lei 10.303, de 2001, complicou ainda mais o que deve ser entendido por *alienação de controle*. Pois como entender por alienação de controle a transferência de títulos ou direitos que venham a resultar na própria *alienação de controle*, como quer o citado § 1º do art. 254-A?

Apesar da falha redação do referido dispositivo, entendemos que a qualificação de alienação de poder de controle exercido por pessoas vinculadas a acordo de acionistas contida no inc. III da Resolução BACEN 401, de 1976, não deve mais ser aplicada, tendo em vista o diverso tratamento legal dispensado à matéria.

A interpretação do referido § 1º do art. 254-A é tarefa árdua da qual, no entanto, não pode se esquivar o operador do direito, sob pena de não serem resolvidas questões importantes, de que é exemplo perfeito a operação ora examinada, objeto da decisão do Colegiado da CVM.

Procuraremos, inicialmente, comentar essa decisão à luz dos instrumentos legais de que dispunham o intérprete à época. Num segundo momento, traremos à discussão o referido § 1º do art. 254-A, introduzido pela Lei 10.303, de 2001, principalmente com relação à qualificação de alienação de controle em casos de companhias controladas por bloco de controle cujas ações são vinculadas por acordo de acionistas. Finalmente, cabe examinar o caso concreto à luz do atual contexto legal.

4. Sobre a matéria, salienta Rachel Sztajn: "As recentes alterações da lei do anonimato, que visou facilitar as privatizações, teve efeito nefasto na tutela dos acionistas minoritários que se não era boa ficou pior" ("Notas sobre privatização", in *RDM* 117/111).

5. Sobre as bases do processo de privatização brasileiro, vide o referido estudo de Rachel Sztajn.

III — A decisão no contexto legal da época

A decisão do Colegiado da CVM, de 19.2.2002, foi proferida sob a égide das alterações introduzidas pela Lei 9.457, de 1997, na Lei 6.404, de 1976, que, dentre outras matérias, retirou, através da revogação do então vigente art. 254, a obrigatoriedade de o adquirente de controle de companhia aberta realizar oferta pública de aquisição de ações aos acionistas minoritários titulares de ações ordinárias.

Como referido, encontrava-se em vigor a Resolução BACEN 401, de 1976, que expressamente dispunha, em seu inc. III, que caso o controle da companhia aberta fosse exercido por grupo de pessoas vinculado por acordo de acionistas, somente se considerava alienação do poder de controle o negócio pelo qual todas as pessoas que formavam esse grupo controlador transferissem para terceiro o conjunto de suas ações, que assegurava a maioria nas deliberações sociais e a eleição da maioria dos administradores da companhia.

Anteriormente à alienação de ações, o poder de controle da Aracruz era exercido justamente por grupo de pessoas vinculadas por acordo de acionistas, ou seja, pelos Grupos Mondi, Safra, Lorentzen e pelo BNDESPAR.

A Votorantim, adquirindo a participação societária detida pelo Grupo Mondi, passaria a deter 28% do capital votante da Aracruz, integrando o bloco de controle, juntamente com os acionistas que permanecem na sociedade, visto que foi incluída no acordo de acionistas então vigente na Aracruz.

Tratava-se, portanto, de simples alienação de ações por parte de duas pessoas integrantes do bloco de controle da Aracruz (as duas sociedade do Grupo Mondi) e não de alienação de participação de todas as pessoas que formavam esse bloco. Essa operação de alienação de ações, em vista do inc. III da Resolução BACEN 401, de 1976, não configurava alienação do poder de controle da Aracruz.

Para que ficasse caracterizada a alienação de controle da Aracruz, nos termos da referida Resolução BACEN, todos os acionistas integrantes do bloco de controle e signatários do referido acordo de acionistas deveriam transferir suas ações à Votorantim.

Em sua decisão, no entanto, a SEP entendeu ter ocorrido alienação de controle da Aracruz, mandando aplicar os referidos arts. 3º e 4º da Instrução CVM 299/1999. Sustentou que, no controle compartilhado, todos os acionistas são controladores, porque, de certa forma, todos exercem o poder de controle. Reforçou esse entendimento lembrando que o § 2º do art. 118 da Lei 6.404, de 1976, não exime o participante do grupo vinculado por acordo de acionistas das suas responsabilidades como acionista controlador. Como argumento final, evocou a exegese do § 1º do art. 254-A, à época em período de *vacatio legis*, que caracterizava, em seu entender, a transferência de ações integrantes do bloco de controle como alienação de controle.

Para o Colegiado da CVM, todavia, não se configurou a alienação de controle. Nos termos do voto proferido pelo relator, Diretor da CVM, Marcelo F. Trindade, "no caso destes autos houve simplesmente a transferência de uma participação que compõe o bloco de controle, mas certamente o Grupo Mondi não alienou nem a VCP (Votorantim) adquiriu o controle da sociedade, pois nem o Grupo Mondi detinha isoladamente, nem a VCP (Votorantim) adquiriu o poder de, isoladamente, exercer 'a maioria dos votos nas deliberações da assembléia geral e o poder de eleger a maioria dos administradores da companhia'".

Com essa decisão, a CVM deu provimento ao recurso da Votorantim, no sentido de não se tratar a operação de alienação de controle, mas de simples transferência de ações integrantes do bloco de controle. Nesse sentido, determinou também a não aplicação da Instrução CVM 299/1999 no tocante à obrigatoriedade da divulgação de informações em alienação de controle.

Independentemente da argumentação acima transcrita nos parece que o resultado final da decisão da CVM era previsível pelo simples fato — não mencionado no desenvolvimento do voto em que se baseou a decisão, mas apenas no relatório do caso como argumento da Votorantim — de que o referido inc. III da Resolução BACEN 401, de 1976, que tratava da alienação de poder de controle em bloco de ações vinculadas por acordo de acionistas excluía, claramente, a hipótese do caso concreto, na medida em que essa operação teve como objeto apenas parte das ações vinculadas ao acordo de acionistas da Aracruz e não a transferência do conjunto das ações de todos os acionistas que compunham esse bloco de controle.

Vale destacar, contudo, a interpretação dada pelo Colegiado da CVM ao § 1º do art. 254-A, introduzido pela Lei 10.303, de 2001, então em período de *vacatio legis*: "tal regra, para ser compreendida, deve ser lida até o seu final, no qual se encontra — de um modo um tanto circular, reconheça-se — a afirmação de que, para estar-se diante de *aquisição de controle*, é preciso que a 'transferência, de forma direta ou indireta, de ações integrantes do bloco de controle' resulte na 'alienação de controle acionário da sociedade', isto é, na transmissão de poder de exercer 'a maioria dos votos nas deliberações da assembléia geral e o poder de eleger a maioria dos administradores da companhia'" (destaques nossos).

Segundo essa interpretação do Colegiado da CVM, o § 1º do art. 254-A exige, para que seja configurada uma *aquisição de controle*, que a transferência de ações integrantes do bloco de controle resulte na *alienação de controle* acionário da companhia. Entendimento que, *data venia*, nada esclarece a já confusa redação do referido dispositivo, visto que em nenhum momento tal dispositivo refere-se a *aquisição de controle*. Essa interpretação, ao substituir a expressão legal *alienação de controle* pela expressão, completamente arbitrária, *aquisição de controle*, não melhorou a interpretação da regra do § 1º do art. 254-A.

IV — Reflexões sobre o § 1º do art. 254-A

Com a reforma da Lei 6.404, de 1976, trazida pela Lei 10.303, de 2001, o cenário da alienação de controle transforma-se significativamente em razão do novo art. 254-A, que reintroduz a regra da oferta pública de alienação de controle.

O *caput* do novo art. 254-A condiciona[6] a alienação, direta ou indireta, do controle da companhia aberta à realização, pelo adquirente desse controle, de oferta pública de aquisição de ações com direito a voto, por valor mínimo igual a 80% do preço pago pela ações integrantes do bloco de controle.

O § 1º desse dispositivo fornece, ainda que de forma tecnicamente imprópria, o conceito de alienação de controle, entendida como a transferência, direta ou indireta, de ações integrantes do bloco de controle, de ações vinculadas a acordos de acionistas e de valores mobiliários conversíveis em ações com direito a voto, cessão de direitos de subscrição de ações e de outros títulos ou direitos relativos a valores mobiliários conversíveis em ações que resultem na alienação do controle acionário da sociedade.

A redação circular desse § 1º do art. 254-A[7] dificulta a determinação concreta da alienação de controle que obriga a realização de oferta pública de aquisição de ações, trazendo como conseqüência, além de enorme insegurança jurídica, problemas para a avaliação da viabilidade econômica das operações de alienação de ações, já que

6. Não se trata aqui da condição do negócio jurídico prevista no art. 114 do Código Civil de 1916 (art. 121 do Código Civil de 2002), pois a condição prevista no art. 254-A, por óbvio, não deriva exclusivamente da vontade das partes, mas de imposição legal.

7. No sentido exposto no item III supra.

o adquirente não poderá precisar o montante de capital necessário para implementar a operação.

Portanto, a já complexa análise da viabilidade econômica da operação ganha agora, com a introdução desse indigitado dispositivo, ingrediente que poderá obstar a realização de operações de aquisição de ações ou de controle de companhia aberta.

De outro lado, a incerteza dos acionistas não controladores titulares de ações com direito a voto com relação à sua inclusão na oferta pública de alienação de ações, nos casos em que, por exemplo, um dos acionistas controladores vinculado por acordo de acionistas aliene sua participação, não traz outro resultado que não a busca por investimentos mais seguros, em que, ao menos, as regras do jogo sejam conhecidas e determinadas.

A Instrução CVM 361, de 5.3.2002, que dispõe sobre os procedimentos aplicáveis às diversas espécies de oferta pública, não auxiliou na interpretação do § 1º do art. 254-A da Lei 6.404, de 1976. Em seu art. 29, dispõe simplesmente que a oferta pública de que trata o novo art. 254-A será obrigatória sempre que houver alienação direta ou indireta de controle de companhia aberta, devendo ter por objeto todas as ações da companhia às quais seja atribuído o pleno e permanente direito de voto, por disposição legal ou estatutária.[8]

Em vista do exposto, resta ao intérprete, em primeiro lugar, recorrer à noção de poder de controle para, em seguida, verificar as hipóteses de configuração de sua alienação.

Para Berle e Means,[9] "the term control must be limited for practical purposes to those who hold the major elements of power over an enterprise, keeping in mind, however, that a multitude of individuals may exercise a degree of power over the activities of an enterprise without holding sufficient power to warrant their inclusion in 'control'".

Por sua vez, Guilherme Döring[10] assinala que "o poder de controle é um poder de índole econômica, para o qual o essencial é a efetiva posse dos meios para fazer valer sua força. E no caso da sociedade anônima, esses meios residem na posse de um número de ações aptas a fazer prevalecer o voto que emite. Não intervêm aí outros requisitos".

Finalmente, Fábio Comparato[11] sublinha que "o núcleo da definição de controle, na sociedade anônima, reside no poder de determinar as deliberações da assembléia geral".

Nessa ordem de idéias insere-se a definição legal de acionista controlador prevista no art. 116 da Lei 6.404, de 1976. De acordo com esse dispositivo, dois são os requisitos para a identificação do acionista controlador: (i) direitos de sócio que assegurem a maioria dos votos nas deliberações da assembléia geral e poder de eleger a maioria dos administradores da companhia, e (ii) uso efetivo desse poder para a direção dos negócios sociais.[12] Do ponto de

8. Com a restrição de voto pleno e permanente por disposição legal ou estatutária, pretendeu a Instrução CVM 361/2002 excluir da oferta pública por alienação de controle as ações preferenciais com direito de voto, voto restrito ou que tenha adquirido o direito de voto em virtude de não pagamento, por três exercícios consecutivos, dos dividendos legais (§ 1º do art. 111 da Lei de Sociedades por Ações). A doutrina tem divergido sobre a matéria. Modesto Carvalhosa e Nelson Eizirik, por exemplo, sustentam que as ações preferenciais teriam direito de serem incluídas na oferta pública (*A nova lei das S/A*, p. 392).

9. *The Modern Corporation and Private Property*, pp. 120-121.

10. *Alienação do Poder de Controle Acionário*, p. 26.

11. *O Poder de Controle na Sociedade Anônima*, 2ª ed., 1977, p. 61.

12. Fábio Konder Comparato não aceita o requisito do uso efetivo para configuração de acionista controlador: "a exigência do uso efetivo do poder para dirigir as atividades sociais e orientar o funcionamento dos órgãos da companhia somente se compreende, como elemento integrante da definição de controlador, em se tratando de controle minoritário.

vista legal, presentes esse dois requisitos, estará determinado o acionista ou grupo de acionistas controladores, detentores do poder de controle da companhia.

Fixadas, ainda que brevemente, essas noções, passemos à caracterização da alienação de controle. Modesto Carvalhosa e Nelson Eizirik,[13] comentando o novo art. 254-A, ensinam que existem dois aspectos essenciais para a configuração da alienação do poder de controle: (i) que da operação resulte a presença de um novo acionista controlador ou grupo de controle; e (ii) que a transferência do controle tenha sido realizada com caráter oneroso.

Luiz Leonardo Cantidiano[14] tem opinião diversa sobre o § 1º do art. 254-A. Para ele, é "necessário deixar claro, para evitar interpretações inadequadas quanto à aplicação do dispositivo ora comentado, que a nova lei torna obrigatória a apresentação de oferta pública quando houver a *alienação* de controle de companhia aberta. Em conseqüência, ainda que haja, por parte de terceiro, estranho ao grupo de controle, a *aquisição* originária de um bloco de ações que assegure, ao referido terceiro, a partir da citada aquisição, comandar os destinos da companhia, não será obrigatória a apresentação, pelo novo controlador, de oferta pública dirigida aos acionistas minoritários, porque não terá ocorrido, em tal hipótese, alienação de controle que origine a obrigação de formular propostas pública de compra das ações que são detidas pelos demais titulares de ações ordinárias de sua emissão" (destaques no original).[15]

No mesmo sentido, Norma Parente,[16] Diretora da Comissão de Valores Mobiliários — CVM, afirma que no tocante à alienação de controle a lei incorporou a experiência da CVM sobre a matéria, *in verbis*: "considerou como alienação de controle a transferência ou cessão de direitos relativos aos títulos abaixo indicados (ações ou valores mobiliários conversíveis em ações que venham a resultar na alienação de controle acionário da sociedade, de forma direta ou indireta (...)".

Quer-nos parecer que assiste razão aos primeiros, ou seja, basta que da alienação de ações resulte novo acionista controlador para que seja caracterizada a alienação de controle. Não há necessidade que sejam transferidas ações representando a maioria do capital votante da companhia. Uma alienação de ações que não representem a maioria do capital votante da companhia, mas que seja capaz de, somadas às ações anteriormente detidas pelo adquirente, transmitir o poder de exercer a maioria dos votos nas deliberações da assembléia geral e o poder de eleger a maioria dos administradores da companhia, será uma alienação de controle.

Conclui-se, assim, que para a caracterização de alienação de controle de que trata o art. 254-A é necessário, unicamente, que de operação onerosa de alienação de ações sobrevenha um novo acionista ou um novo grupo de acionistas controladores.

Em vista do exposto, a questão não apresentará muita dificuldade quando se

Neste, com efeito, o titular de direitos de sócio que lhe assegurariam a preponderância nas deliberações sociais, em razão da dispersão acionária, pode manter-se ausente nas assembléias gerais, perdendo com isto, de fato, o comando da empresa. Já no controle do tipo majoritário, porém, o desuso ou o mau uso do poder não é elemento definidor do *status*, pois ainda que o controlador afete desinteressar-se dos negócios sociais, não pode arredar o fato de que o poder de comando se exerce em seu nome, ou por delegação sua, o que a tanto eqüivale" (*apud* Mauro Rodrigues Penteado, ob. cit., p. 16).

13. Ob. cit., p. 396.

14. *Reforma da Lei das S/A*, p. 238.

15. Sobre a oferta pública do art. 254-A, Luiz Leonardo Cantidiano acrescenta também que "não se justifica a incidência da regra quando alienante do controle transfere as ações que integram o bloco de controle sem receber sobrepreço correspondente à mais valia decorrente da cessão do citado bloco de ações" (ob. cit., p. 240).

16. "Principais inovações introduzidas pela Lei n. 10.303, de 31 de outubro de 2001, à Lei de Sociedades por ações", in *Reforma da Lei das Sociedades Anônimas*, p. 40.

tratar de único acionista controlador. Nesse caso, o alienante das ações com direito de voto estará alienando o controle da companhia, mesmo que aliene menos da maioria das ações com direito de voto da companhia, caso o novo adquirente, em virtude da aquisição, torne-se o novo acionista controlador, surgindo assim a obrigatoriedade de o adquirente realizar a oferta pública de que trata o novo art. 254-A.

No entanto, na hipótese de transferência de ações vinculadas por acordo de acionistas de grupo controlador, como no caso da Aracruz, exsurge o problema da caracterização da alienação do poder de controle, tendo em vista o disposto no art. 254-A, introduzido pela Lei 10.303, de 2001.

Modesto Carvalhosa e Nelson Eizirik,[17] expedem opinião clara sobre a matéria: "ocorrendo transferências de posições acionárias *dentro* do acordo de acionistas, ou entre pessoas que constituem o bloco de controle, mesmo sem acordo de acionistas, não há alienação do controle para os efeitos do art. 254-A, uma vez que da operação, ainda que onerosa, não resultará o surgimento de um *novo* acionista controlador. No caso, pode eventualmente ocorrer uma troca de posições dentro de um bloco de controle que não caracteriza a alienação do controle acionário para os efeitos do art. 254-A" (destaques no original).

Sobre esse ponto, Norma Parente[18] sustenta que "a primeira questão resolvida concerne à venda de bloco de ações e de parte de ações vinculadas a acordo de acionistas, que somente despertarão a necessidade de oferta pública se vierem a resultar na alienação de controle. Ficou claro que se a alienação for de parte do controle não mais se discutirá acerca da necessidade de haver oferta pública".

Fábio Ulhoa Coelho,[19] a seu turno, salienta que "não se encontra sob a égide do art. 254-A da LSA a alienação parcial do controle, assim entendida a operação de ingresso de novo ou novos acionistas no *bloco de controle*, desde que continue predominando, no interior deste, a orientação do anterior controlador. Não se encontra também sujeita à condição da oferta pública referida no dispositivo em foco a venda de ações entre os membros do *bloco de controle*, exceto se isto significar mudança na orientação geral da companhia".

Essa série de opiniões a respeito da transferência de ações vinculadas a acordo de acionistas dá uma boa medida da complexidade do problema, podendo ser assim sistematizadas:

(i) haverá alienação do controle nas transferências de ações vinculadas a acordo de acionistas, ou entre pessoas que constituem o bloco de controle, sempre que resultar novo acionista controlador (Modesto Carvalhosa e Nelson Eizirik);

(ii) somente haverá alienação de controle nas transferências de ações vinculadas a acordo de acionistas que representem a maioria do capital votante da companhia (Norma Parente);

(iii) a alienação de controle nas transferências de ações vinculadas a acordo de acionistas ocorrerá somente em caso de o ingresso do novo acionista no bloco de controle alterar a orientação geral dos negócios anteriormente vigente (Fábio Ulhoa Coelho).

Em nosso sentir, algumas hipóteses de alienação de ações vinculadas a acordo de acionistas devem ser examinadas, para que o tema seja melhor iluminado. A primeira delas é a alienação de ações que representem pequena minoria dentro do acordo de acionistas e que, por isso, não trará maiores conseqüências para a companhia e para o grupo controlador, que permanecerá dirigindo os negócios sociais da companhia da mesma forma que ocorria anteriormente à alienação, ainda que o novo adquirente dessas ações passe a integrar o acordo de acionistas do grupo controlador, visto que

17. Ob. cit., p. 398.
18. Ob. cit., p. 41.
19. "O direito de saída conjunta (*tag along*)", in *Reforma da Lei das Sociedades Anônimas*, p. 481.

sua influência nesse grupo não será suficiente para alterar as bases de comando da companhia.

A segunda hipótese é aquela em que há alienação de participação relevante, mas ainda assim minoritária, dentro do acordo de acionistas do grupo controlador. Se o adquirente, somando as ações adquiridas às que anteriormente lhe pertenciam, passar a deter a maioria do capital votante da companhia, estará configurada a alienação de controle, visto que a operação, além de onerosa, gerou novo acionista controlador. No entanto, caso o adquirente dessas ações, anteriormente desligado da companhia, ingresse no grupo de controle por meio de subscrição do acordo de acionistas, o exame específico desse instrumento será necessário para a verificação da possibilidade de o novo acionista alterar a orientação geral dos negócios da companhia. Parece, assim, que em caso de alteração da orientação geral dos negócios da companhia, restará configurada a alienação do poder de controle, pois a troca de posição dentro do grupo de controle terá como resultado um novo grupo de controle: o bloco de controle passa a ter outra configuração com o ingresso do novo acionista.

A terceira hipótese é a de alienação de ações que representem a maioria dentro do bloco de controle vinculado por acordo de acionistas. Nesse caso, com o ingresso do adquirente no grupo de controle, surgirá necessariamente novo grupo de acionistas controladores comandado pelo adquirente, hipótese em que restará também configurada a alienação de controle da companhia, em que a oferta pública do novo art. 254-A será obrigatória.

Em suma: caso ocorra uma troca de posições acionárias dentro do bloco de controle decorrente de alienação de ações vinculadas a esse bloco de controle deve-se verificar, casuisticamente, os poderes de alteração dos rumos negociais detidos pelo novo acionista. Caso seu ingresso não implique efetiva mudança na orientação normal dos negócios da companhia, não estará configurada a alienação de controle, sendo inaplicável, portanto, o art. 254-A. Ao contrário, caso o novo acionista seja capaz de provocar efetiva mudança na orientação geral dos negócios da companhia, estará aí configurada a hipótese do art. 254-A, obrigando-se o adquirente a efetuar oferta pública de aquisição de ações aos demais acionistas com direito a voto.

Saliente-se que o ingresso do adquirente no bloco de controle, por vezes, poderá não trazer uma imediata mudança na orientação geral dos negócios que, como referido, poderá até mesmo não ocorrer, apesar de potencialmente possível. Em vista disso, entendemos que o melhor critério para a identificação da concreta influência do novo integrante do bloco de controle é o exame casuístico do acordo de acionistas da companhia, de que fará parte o novo acionista. Sendo apurado que seus poderes são amplos e aptos a configurar uma modificação na orientação geral dos negócios sociais ou, ainda, que conferem voto de qualidade em matérias fundamentais para o desenvolvimento do objeto social, estará aí identificada a alienação de controle. Caso contrário, não há que se falar em alienação de controle ou em oferta pública de aquisição de ações.

Por fim, no que tange às conseqüências desse exame casuístico, cabe ressaltar o importante papel da CVM e suas eventuais responsabilidades, sem prejuízo, é óbvio, do exame da matéria pelo próprio Poder Judiciário.

V — O caso concreto no cenário atual

À luz do novo art. 254-A, introduzido pela Lei 10.303, de 2001, o exame da alienação das ações ocorrida no âmbito da Aracruz ganharia novos contornos.

A transferência, pelo Grupo Mondi à Votorantim, de 28% das ações do capital votante da Aracruz, bem como o posterior ingresso da Votorantim no bloco de controle, através da subscrição de Acordo de Acionistas na Aracruz, necessitariam ser analisados com maior rigor e profundidade, mormente pelo fato de não haver, dentro desse novo bloco de controle formado, acionista majoritário que ditasse as principais bases da orientação geral dos negócios da companhia.

O equilíbrio de forças existente dentro do bloco de controle seria mais um elemento que apontaria para a configuração de um novo bloco de controle, impondo-se, assim, um exame mais sério da operação, a fim de que, caso restasse constatada a possibilidade do novo acionista alterar os rumos da política empresarial da Aracruz, não restassem os demais acionistas com direito a voto prejudicados com a ausência de oferta pública de aquisição de suas ações, como manda o novo art. 254-A em caso de alienação de controle.

No caso concreto, a grande questão suscitada sob o manto das novas alterações introduzidas pela Lei 10.303, de 2001, a respeito da configuração da alienação de controle pelo Grupo Mondi para a Votorantim e conseqüente obrigatoriedade de realização de oferta pública de aquisição de ações, somente poderia ser seguramente enfrentada através da verificação das cláusulas constantes do novo Acordo de Acionistas celebrado no âmbito da Aracruz, por ocasião do ingresso da Votorantim.

Em conclusão, os pareceres sobre alienações de parte de ações vinculadas a acordo de acionistas que resultem na substituição de acionistas dentro de bloco de controle, emitidos no bojo do art. 254-A, devem ser precedidos de exame específico do acordo de acionistas celebrado posteriormente à alienação das ações, de modo que, existindo a possibilidade de alteração da orientação geral dos negócios da companhia pelo novo acionista, seja conferido aos demais acionistas detentores de ações com direito a voto, que não pretendam seguir na empresa com esse novo controlador, o direito de sair da companhia mediante a venda de suas ações em oferta pública realizada pelo adquirente, como determina o novo art. 254-A.

VI — Bibliografia consultada

BERLE, Adolf A. e MEANS, Gardiner C. *The Modern Coporation and Private Property*. Nova York, The Macmillan Company, 1940.

CANTIDIANO, Luiz Leonardo. *Reforma da Lei das S/A Comentada*. Rio de Janeiro, Renovar, 2002.

_______. "Alienação e aquisição de controle", *RDM* 59/56-67.

CARVALHOSA, Modesto. *Comentários à Lei de Sociedades Anônimas*. v. 2, São Paulo, Saraiva, 1997.

_______. *Oferta Pública de Aquisição de Ações*. São Paulo, tese, 1978.

_______ e EIZIRIK, Nelson. *A Nova Lei das S/A*. São Paulo, Saraiva, 2002.

COMPARATO, Fábio Konder. *O Poder de Controle na Sociedade Anônima*. 2ª ed., São Paulo, Ed. RT, 1977.

_______. *Direito Empresarial; Estudos e Pareceres*. São Paulo, Saraiva, 1990.

COELHO, Fábio Ulhoa. "O direito de saída conjunta (*tag along*)", in LOBO, Jorge (coord.), *Reforma da Lei das Sociedades Anônimas*, Rio de Janeiro, Forense, 2002.

EIZIRIK, Nelson. *Sociedades Anônimas — Jurisprudência*. Rio de Janeiro, Renovar, 1996.

HAMILTON, Robert W. *The Laws of Corporations*. 5ª ed., St. Paul, West Group, 2000.

PARENTE, Norma. "Principais inovações introduzidas pela Lei n. 10.303, de 31 de outubro de 2001, à Lei de Sociedades por Ações", in LOBO, Jorge (coord.), *Reforma da Lei das Sociedades Anônimas*, Rio de Janeiro, Forense, 2002.

PENTEADO, Mauro Rodrigues. "Apontamentos sobre alienação do controle de companhias abertas", *RDM* 76/15-25.

PEREIRA, Guilherme Döring Cunha. *Alienação do Poder de Controle Acionário*. São Paulo, Saraiva, 1995.

PRADO, Roberta Nioac. "Da obrigatoriedade por parte do adquirente do controle de sociedade por ações de capital aberto de fazer oferta pública, em iguais condições, aos acionistas minoritários — art. 254 da Lei 6.404/76 e resolução CMN 401/76 — é efetivo mecanismo de proteção aos minoritários?", *RDM* 106/81-106.

RIBEIRO, Márcia Carla Pereira. *Reforma da Lei das Sociedades Anônimas – Comentários à Lei 10.303, de 31.10.2001*. Coord. Marcelo M. Bertoldi, São Paulo, Ed. RT, 2002, pp. 161-168.

PARECER CVM DE 16.4.2002: CRITÉRIOS PARA A ELEIÇÃO DE MEMBROS DO CONSELHO DE ADMINISTRAÇÃO DE S/A ABERTA, APÓS A LEI 10.303/2001*

Comentários de

DANIELA GOMES AFONSO

ao Parecer da Comissão de Valores Mobiliários, de 16.4.2001

Consulta sobre os procedimentos de eleição de membros do conselho de administração após as alterações introduzidas pela Lei 10.303/2001

Interessados: Ultrapar Participações S/A

Rel.: Luiz Antonio de Sampaio Campos

RELATÓRIO

1. Trata-se de consulta da Ultrapar Participações S/A, apresentada em 8.4.2002, a respeito dos procedimentos de eleição de membros do conselho de administração à luz da nova redação do art. 141 da Lei 6.404/1976, com as mudanças introduzidas pela Lei 10.303/2001.

2. Ao requerer o pronunciamento desta Autarquia, a Consulente destacou:

(i) a prerrogativa assegurada aos acionistas minoritários titulares de, pelo menos, 15% (quinze por cento) do total das ações com direito a voto, de elegerem um membro, e seu suplente, do conselho de administração da companhia;

(ii) a manutenção do mecanismo de voto múltiplo para eleição dos membros do conselho de administração, que seria historicamente adotado na companhia;

(iii) a companhia emitiu classes únicas de ações ordinárias e preferenciais, estas sem direito a voto; e

(iv) a assembléia de acionistas que deverá ocorrer no final do presente mês deverá, entre outros assuntos, deliberar sobre a eleição de 6 membros do conselho de administração e seus respectivos suplentes.

3. A Consulente assim formula sua questão:

"Na hipótese de adoção de voto múltiplo para a eleição dos membros do Conselho de Administração da Companhia, como autorizado pelo *caput* do art. 141 da Lei das S/A, a dúvida que ora se apresenta a essa Comissão é de como devem ser tratados os votos dos titulares das ações ordinárias que optarem por exercer a prerrogativa criada pelo inciso I, § 4º do art. 141 da Lei das S/A."

VOTO

4. A questão merece análise urgente, porque as assembléias gerais ordinárias se

* Trabalho apresentado no 1º semestre de 2002 no Curso de Pós-Graduação da Faculdade de Direito da Universidade de São Paulo, disciplina "Administração das Sociedades Comerciais no Direito Comercial Comparado II — Administração das Sociedades por Ações" (DCO-5842-2), ministrada pelos Profs. Rachel Sztajn, Mauro Rodrigues Penteado e Paulo Fernando Campos Salles de Toledo.

avizinham, sendo imprescindível uma orientação ao mercado.

5. Para melhor examinar a questão convém que se faça um breve traçado histórico sobre a introdução do procedimento do voto múltiplo no sistema do anonimato no Brasil e a sua evolução legislativa.

6. O sistema do voto múltiplo para a eleição de membros do conselho de administração foi introduzido no Brasil no anteprojeto elaborado pelos ilustres juristas Drs. Alfredo Lamy Filho e José Luiz Bulhões Pedreira, que afinal deu origem à Lei 6.404/1976. Até então não existia previsão legal a seu respeito. A inserção no anteprojeto prestou tributo à experiência norte-americana e visava, notadamente, a permitir a representação proporcional no conselho de administração das companhias, coerente com o conceito de miniassembléia, e, obviamente, na linha que orientou o anteprojeto, aumentar a participação e a representatividade dos acionistas minoritários.

7. Já na exposição justificativa que acompanhou o anteprojeto, seus ilustres autores explicavam por que defendiam a previsão do voto múltiplo para o conselho de administração e eram contra a possibilidade desse mesmo sistema para a diretoria, dando a exata noção do sistema do anonimato e da preocupação com o bom funcionamento dos órgãos da companhia, cada qual de acordo com as suas peculiaridades, lição que o Congresso Nacional ignorou na Lei 10.303/2001, mas o Presidente da República em boa hora reconheceu ao vetar dispositivo que tratava do voto múltiplo para a diretoria. Da exposição justificativa constava o seguinte, no particular:

"O art. 141 assegura — através do voto múltiplo — a representação das minorias no órgão deliberativo da administração. Essa solução não pode ser adotada na eleição de Diretores, cuja escolha por diferentes grupos de acionistas colocaria em risco a imprescindível unidade administrativa: deliberar pode ser função exercida por órgão colegiado, pelo voto da maioria, mas a execução exige unidade de comando."

8. A redação originalmente proposta no que toca à adoção do voto múltiplo era a seguinte:

"Voto Múltiplo

"Art. 141. Na eleição dos conselheiros é facultado aos acionistas que representem, no mínimo, um décimo do capital social com direito a voto, esteja ou não previsto no estatuto, requerer a adoção do processo de voto múltiplo, atribuindo-se a cada ação tantos votos quantos sejam os membros do conselho, e reconhecido ao acionista o direito de cumular os votos num só candidato ou distribuí-los entre vários.

"§ 1º. A faculdade prevista neste artigo deverá ser exercida pelos acionistas até quarenta e oito horas antes da assembléia geral, cabendo à mesa que dirigir os trabalhos da assembléia informar previamente aos acionistas, à vista do 'Livro de Presença', o número de votos necessários para a eleição de cada membro do conselho.

"§ 2º. Os cargos que, em virtude de empate, não forem preenchidos, serão objeto de nova votação, pelo mesmo processo, observado o disposto no § 1º, *in fine.*

"§ 3º. Sempre que a eleição tiver sido realizada por esse processo, a destituição de qualquer membro do conselho de administração pela assembléia geral importará destituição dos demais membros, procedendo-se a nova eleição; nos demais casos de vaga, não havendo suplente, a primeira assembléia geral procederá à nova eleição de todo o conselho."

9. Previa, então, a redação original a possibilidade de participação proporcional dos acionistas detentores de ações com direito de voto, se requerida à companhia até 48 horas antes da assembléia geral, por acionista ou acionistas que representassem, pelo menos, 10% das ações com direito de voto.

10. As fórmulas para a eleição de membros do conselho de administração já foram longamente apresentadas em diversos estudos sobre a questão, originadas nos escritos norte-americanos, havendo variações de acordo com a informação que se pretende obter, não merecendo aqui maiores referências, porque refoge à questão específica.

11. Recordo aqui, todavia, que para efeito do cálculo do voto múltiplo e a obtenção dos votos necessários para a eleição de cada conselheiro consideram-se apenas as ações com direito de voto presentes na assembléia e não todas as ações com direito de voto emitidas pela companhia, o que significa dizer que o número exato somente será conhecido após a verificação da lista de acionistas presentes na assembléia.

12. À vista do enunciado do voto múltiplo, é evidente que, quanto menor o número de conselheiros previstos no estatuto social, maior será a quantidade de votos necessários para eleger um conselheiro e daí surgiu a emenda inserida no Congresso Nacional que adicionou à proposta original do tratamento do voto múltiplo aquilo que veio a ser o § 4º do art. 141, *in verbis*: "§ 4º Se o número de membros do conselho de administração for inferior a cinco, é facultado aos acionistas que representem 20%, no mínimo, do capital com direito a voto, a eleição de um dos membros do conselho, observado o disposto no § 1º".

13. Esse parágrafo, inserido no Congresso Nacional, tinha por finalidade evitar casos de abuso que já haviam sido presenciados na experiência norte-americana, onde se reduzia o número estatutariamente previsto de membros do conselho de administração para o efeito de excluir a possibilidade de eleição de membro do conselho de administração por determinado acionista ou grupo de acionistas representante de percentual expressivo do capital votante da companhia.

14. Essa possibilidade poderia existir nos termos da redação original do anteprojeto, pois o processo de voto múltiplo seria apenas o resultado matemático da relação entre os membros previstos no conselho de administração e os acionistas votantes presentes na assembléia, ressalvado, evidentemente, a má estratégia por parte de alguns dos votantes, que poderiam desperdiçar seus votos inutilmente.

15. Assim, como nos termos do anteprojeto —, confirmado na Lei 6.404/1976 — o número mínimo de composição do conselho de administração é de 3 membros (cf. art. 140, *caput*), poderia acontecer situação onde acionistas detentores de parcela relevante do capital social com direito a voto deixariam de eleger membro do conselho de administração, mesmo que requeressem a adoção do processo de voto múltiplo.

16. Portanto, além do critério puramente matemático, adotou-se um critério adicional que se referia a um percentual que o legislador considerou representativo, qual seja, 20% do capital votante, que, de resto, já permitiria, em tese, a eleição de um conselheiro em qualquer conselho de administração cuja composição fosse de pelo menos 5 membros. O critério era, então, a um só tempo, de matemática e de relevância e deveria servir para desencorajar a redução indevida do número de conselheiros e não permitir que essa redução frustrasse a representação proporcional.

17. A intenção, evidentemente meritória, não foi imune a críticas, notadamente do ponto de vista de sistema, pois a redação não deixava claro se esta eleição dar-se-ia no processo do voto múltiplo ou não, mas certamente dependia de requisição prévia, nos termos do § 1º do art. 141, ao qual a parte final do § 4º expressamente remetia.

18. Felizmente, a questão tornou-se mais acadêmica do que prática, uma vez que, até mesmo em função do que dispõe o § 4º do art. 141, raramente se verifica companhias onde há acionistas minoritários relevantes e cuja composição do conselho de administração seja inferior a 5 membros. E a razão certamente não é de surpreender, pois, como, em essência, a definição da composição do conselho de administração cabe ao acionista controlador, que tem, em regra, o poder de sozinho definir este aspecto no estatuto social, é mesmo natural que ele evitasse a discussão a respeito e corresse o risco de se ver com seu direito de eleger a maioria dos membros do conselho de administração questionado.

19. Com a recente reforma da Lei 6.404/1976 pela Lei 10.303/2001, a questão ganha nova complexidade, o que se dá mais uma vez pelo fato de se pretender inserir dispositivos que isoladamente são meritórios, notadamente no que toca à participação dos acionistas no conselho de administração, sejam eles, agora, titulares de ações ordinárias ou preferenciais, mas esquecendo-se que o anteprojeto da Lei 6.404/1976 foi elaborado, não canso de repetir, com invejável rigor sistemático. Nesse sentido, não basta que se insira um dispositivo que isoladamente seja meritório, é necessário ver como esse dispositivo se insere no sistema da Lei e fazer, se necessário, as adaptações pertinentes, principalmente no que toca à redação, para evitar discussões desnecessárias, ponto em que o anteprojeto da Lei 6.404/1976 teve enorme sucesso.

20. Com efeito, criaram-se novas situações, que podem ser assim resumidas:

(i) reduziu-se o *quorum* mínimo para eleição de membro do conselho de administração pelos detentores de ações com direito a voto, que antes era de 20% do capital votante, e passa a ser de 15% desse capital;

(ii) abandonou-se a restrição do exercício deste direito apenas para as hipóteses onde houvesse menos de 5 membros no conselho de administração;

(iii) atribuiu-se o direito de eleição de um membro do conselho de administração aos titulares de ações preferenciais — destituídas de direito de voto e da vantagem a que refere o art. 18 da Lei 6.404/1976 — que representem, pelo menos, 10% do capital total (isto é, votante e não votante);

(iv) permitiu-se a cumulação das ações com direito de voto e preferenciais sem esse direito para apuração do quorum de 10% do capital total, caso nem as ações preferenciais nem as ações ordinárias tenham eleito um conselheiro na forma dos itens (i) e (iii) acima;

(v) determinou-se que o exercício dos direitos antes descritos seja feito em votação em separada, da qual não participa o acionista controlador;

(vi) limitou-se o exercício dos direitos antes descritos aos acionistas que sejam titulares das ações votantes, no mínimo, nos 3 meses anteriores à assembléia onde o direito estiver sendo exercido; e

(vii) garantiu-se ao acionista controlador ou grupo de controle que detenha 50% ou mais das ações com direito a voto, quando acionistas detentores de ações com direito de voto ou preferenciais sem este direito tiverem eleito membros do conselho de administração, o direito de eleger a maioria do conselho, independentemente da quantidade prevista no estatuto.

21. As alterações, conforme o texto da Lei 6.404/1976 consolidado, são as seguintes:

"§ 4º. Terão direito de eleger e destituir um membro e seu suplente do conselho de administração, em votação em separado na assembléia geral, excluído o acionista controlador, a maioria dos titulares, respectivamente:

§ 4º. com redação dada pela Lei 10.303, de 31.10.2001.

"I — de ações de emissão de companhia aberta com direito a voto, que representem, pelo menos, 15% (quinze por cento) do total das ações com direito a voto; e

Inciso I acrescentado pela Lei 10.303, de 31.10.2001.

"II — de ações preferenciais sem direito a voto ou com voto restrito de emissão de companhia aberta, que representem, no mínimo, 10% (dez por cento) do capital social, que não houverem exercido o direito previsto no estatuto, em conformidade com o art. 18.

Inciso II acrescentado pela Lei 10.303, de 31.10.2001.

"§ 5º. Verificando-se que nem os titulares de ações com direito a voto e nem os titulares de ações preferenciais sem direito a voto ou com voto restrito perfizeram, respectivamente, o *quorum* exigido nos incisos I e II do § 4º, ser-lhes-á facultado agregar suas ações para elegerem em conjunto um membro e seu suplente para o conselho de administração, observando-se, nessa hipótese, o *quorum* exigido pelo inciso II do § 4º.

§ 5º acrescentado pela Lei 10.303, de 31.10.2001.

"§ 6º. Somente poderão exercer o direito previsto no § 4º os acionistas que comprovarem a titularidade ininterrupta da participação acionária ali exigida durante o período de 3 (três) meses, no mínimo, imediatamente anterior à realização da assembléia-geral.

§ 6º acrescentado pela Lei 10.303, de 31.10.2001.

"§ 7º. Sempre que, cumulativamente, a eleição do conselho de administração se der pelo sistema do voto múltiplo e os titulares de ações ordinárias ou preferenciais exercerem a prerrogativa de eleger conselheiro, será assegurado a acionista ou grupo de acionistas vinculados por acordo de votos que detenham mais do que 50% (cinqüenta por cento) das ações com direito de voto o direito de eleger conselheiros em número igual ao dos eleitos pelos demais acionistas, mais um, independentemente do número de conselheiros que, segundo o estatuto, componha o órgão."

§ 7º acrescentado pela Lei 10.303, de 31.10.2001.

22. A leitura dos dispositivos acima transcritos demonstra que não se aproveitou a oportunidade para se corrigir a imperfeição do § 4º original e aumentou-se enormemente o grau de incerteza gerado pela norma.

23. Principie-se pelo fato de que, numa seção relativa a voto múltiplo, insere-se dispositivo que trata de votação em separado. Não é ocioso aqui recordar que voto múltiplo, conforme já se disse, não se confunde com votação em separado. No voto múltiplo, para se utilizar a expressão política, o colégio eleitoral é o mesmo, onde votam todos os acionistas com direito a voto, sem qualquer distinção. Na votação em separado, há colégio eleitoral específico, onde apenas determinados acionistas são admitidos. A rigor, na adoção do voto múltiplo não há motivos para distinção no que toca ao titular das ações, pois o sistema é feito para que as ações, independentemente de quem as possua, votem, de tal forma que a maioria, se existente, não possa eleger todos os conselheiros, como ocorreria na votação por "chapa" ou "lista".

24. A votação de que trata o novo § 4º não se dá pelo voto múltiplo; há apenas uma assembléia onde o controlador não vota, mas somente os acionistas minoritários, sendo a votação simples, exigido um *quorum* mínimo de aprovação, isto é, 15% do capital respectivo para as ações que têm direito de voto e 10% do capital total para as ações preferenciais sem direito de voto.

25. Ainda na assembléia dos minoritários, por assim dizer, traz-se um requisito que não existe no voto múltiplo, que é o da titularidade das ações pelo período mínimo e ininterrupto de 3 meses que anteceder à assembléia.

26. Deixa de se exigir, ao menos expressamente, a notificação prévia à companhia nos termos do § 1º do art. 141, o que significa dizer que a realização da votação em separado deverá ocorrer bastando que à assembléia compareçam acionistas que preencham os requisitos de *quorum* e titularidade temporal específicos.

27. Abrem-se, então, duas possibilidades para que os acionistas titulares de ações com direito de voto possam eleger membros do conselho de administração, mas, evidentemente, a adoção de cada via tem conseqüências e ônus próprios, que deverão ser avaliados pelos acionistas minoritários para efeitos de decisão.

28. Examinados os novos dispositivos legais, inseridos por ocasião da reforma pela Lei 10.303/2001, constata-se que essas novas regras muito se assemelham àquelas que tratam do conselho fiscal, pois em linhas gerais (i) dão ao acionista minoritário titular de ações com direito de voto a prerrogativa de eleição de um conselheiro, observado *quorum* específico; (ii) dão ao acionista titular de ações preferenciais sem direito de voto a prerrogativa de eleger um conselheiro; (iii) garantem ao acionista controlador o direito de eleger a maioria do conselho, independentemente da previsão estatutária; e (iv) os direitos previstos em (i) e (ii) podem ser exercidos sem solicitação prévia como no voto múltiplo puro (bastando, evidentemente, que a matéria conste da ordem do dia, o que não se exige do conselho fiscal).

29. Ocorre que, para a eleição do conselho fiscal, não há possibilidade de exercício do voto múltiplo.

30. À vista disto, impõe-se conciliar todos os dispositivos, os antigos e os novos, do art. 141 da Lei 6.404/1976, de forma a garantir-lhes toda a efetividade, mas sem que distorções e disfunções sejam criadas.

31. E, a meu ver, para se fazer isso, deve-se ter em conta o sistema da Lei 6.404/1976, especialmente o sistema e a finalidade do voto múltiplo e a disposição do art. 110 da Lei 6.404/1976, que veda o voto plural para qualquer classe ou espécie de ações.

32. Nesse sentido, qualquer interpretação que permita que uma ação vote em quantidade de vezes diferentes das demais ações da mesma espécie e classe na mesma deliberação não pode ser aceita. Esclareço, desde logo, que, no voto múltiplo, muito embora a quantidade de votos detidos por uma ação seja multiplicado, em termos percentuais e relativos não há diferença, pois cada ação, independentemente de seu titular, é multiplicada pelo número de vagas no conselho de administração, de forma que cada ação atribui ao seu titular o mesmo número de votos, o que difere muito do duplo voto ou do voto plural, em que, dito de forma simples, algumas ações têm mais votos do que outras.

33. Portanto, parece-me inadmissível que determinadas ações votem no processo de voto múltiplo e no processo de eleição em separado previsto no novo § 4º do art. 141 da Lei 6.404/1976, de forma que entendo que, uma vez utilizadas as ações em um processo, não poderão as mesmas ser utilizadas no outro processo.

34. Nessa linha, a própria redação do inciso II do novo § 4º do art. 141 da Lei 6.404/1976, no que toca às ações preferenciais sem direito de voto, faz ressalva expressa de que as ações preferenciais que detiverem a vantagem política de que trata o *caput* do art. 18 da Lei 6.404/1976 não participam da votação referida no inciso II.

35. A questão da duplicidade de voto, todavia, se coloca apenas para as ações com direito de voto, nas hipóteses do inciso I do § 4º e no § 5º, no caso de cumulação de ações ordinárias e preferenciais, ambos do art. 141 da Lei 6.404/1976.

36. Assim, sem prejuízo de outras formas que a experiência demonstre seguramente impedir que as ações votem 2 vezes, entendo que, na abertura dos trabalhos assembleares, e havendo solicitação prévia à companhia da adoção do processo de voto múltiplo, no prazo e nas condições exigidas pelo art. 141 da Lei 6.404/1976, deverá o presidente da assembléia informar a solicitação de voto múltiplo e advertir os acionistas presentes de que as ações que elegerem um membro do conselho de administração, utilizando o direito de votação em separado de que tratam os §§ 4º e 5º, não poderão participar do processo do voto múltiplo e, evidentemente, não participarão do *quorum* respectivo para efeito de cálculo.

37. Procedimentalmente, a votação de que trata o § 4º do art. 141 deveria ocorrer antes que se dê o início à votação pelo voto múltiplo. Os acionistas que optarem pela votação em separado não participarão no voto múltiplo com as ações que tiverem utilizado no processo de votação em separado, de forma a evitar que as ações votem duas vezes. Após a realização dessa votação em separado é que apurar-se-á, definitivamente, o coeficiente para fins do procedimento de voto múltiplo.

38. Veja-se, a propósito, que outros sistemas jurídicos que possuem regime parecido com o do voto múltiplo deram tratamento semelhante ao aqui preconizado, como é o caso da Espanha, onde, respectivamente, a nova e a antiga leis de sociedades por ações contêm texto expresso e esclarecedor no sentido de que as ações que participem de um sistema não participarão do outro:

"Artículo 137.

"Sistema proporcional

"La elección de los miembros del Consejo se efectuará por medio de votación. A estos efectos, las acciones que voluntariamente se agrupen, hasta constituir una cifra del capital social igual o superior a la que resulte de dividir este último por el número de vocales del Consejo, tendrán derecho a designar los que, superando fracciones enteras, se deduzcan de la correspondiente proporción. *En el caso de que se haga uso de esta facultad, las acciones así agrupadas, no intervendrán en la votación de los restantes miembros del Consejo*" (destacou-se).

"Artículo 71

"Nombramiento de los administradores

"El nombramiento de los administradores y la determinación de su número, cuando los estatutos establezcan solamente el máximo y el mínimo, corresponde a la junta general, la cual podrá, además, en defecto de disposición estatutaria, fijar las garantías que los administradores deben prestar o relevarlos de esta prestación.

"Para ser nombrado administrador no se requiere la cualidad de accionista, a menos que los estatutos dispongan lo contrario. La elección de los miembros del Consejo se efectuará por medio de votación. A estos efectos, las acciones que voluntariamente se agrupen, hasta constituir una cifra del capital social igual o superior a la que resulte de dividir este último por el número de vocales del Consejo, tendrán derecho a designar los que, superando fracciones enteras se deduzcan de la correspondiente proporción. *En el caso de que se haga uso de esta facultad, las acciones así agrupadas no intervendrán en la votación de los restantes miembros del Consejo*" (destacou-se).

39. Esclareço, ainda, que os conselheiros que tiverem sido eleitos pela votação em separado estarão fora do regime da destituição vigente quando a eleição é feita pelo regime de voto múltiplo, hipótese em que a destituição de um conselheiro representa a queda do conselho inteiro e, bem assim, a vacância de um membro do conselho (art. 141, § 3º). Como diz o novo § 4º, a sua destituição somente poderá ocorrer por votação igualmente em separado, criando um liame — muitas vezes criticado pelos minoritários quando se trata do acionista controlador — entre os acionistas minoritários e o conselheiro por eles eleito, pois que o poder de vida e morte de seu mandato dependerá da assembléia destes acionistas.

40. Finalmente, cabe destacar, porém, a relevância do uso da prerrogativa de que trata o novo § 4º do art. 141 da Lei 6.404/1976, pois, de acordo com a redação do novo § 2º do art. 142, somente estes conselheiros terão o direito de veto na contratação ou destituição dos auditores independentes, veto este que deve ser fundamentado.

É o meu voto.

Rio de Janeiro, 16 de abril de 2001.

Luiz Antonio de Sampaio Campos, Diretor-Relator.

Comentários de

Daniela Gomes Afonso

I. Introdução

A disciplina do conselho de administração na sociedade anônima, tal como originalmente concebida na Lei 6.404, de 15.12.1976, sofreu modificações importantes, introduzidas pela Lei 10.303, de 31.10.2001,[1] dentre as quais as que dizem respeito à forma de eleição dos membros desse órgão, que foram especificamente tratadas no § 4º do art. 141, cuja redação foi alterada, nos §§ 5º a 8º, introduzidos no mesmo artigo, bem como no parágrafo único introduzido no art. 140.

Dentre as alterações trazidas pelos referidos dispositivos, destacam-se a alteração das condições nas quais os acionistas titulares de ações ordinárias[2] podem eleger em separado um membro do conselho de administração (art. 141, § 4º, I), a introdução da possibilidade de acionistas titulares de ações preferenciais sem direito a voto ou com voto restrito[3] elegerem em separado um conselheiro, em determinadas condições (art. 141, § 4º, II), a possibilidade de acionistas titulares de ações ordinárias e de ações preferenciais unirem-se, em determinadas condições, para eleger um conselheiro, bem como a introdução da faculdade estatutária de se prever a eleição de um membro do conselho de administração por eleição direta dos empregados, organizada pela sociedade em conjunto com as entidades sindicais que representem seus empregados (art. 140, parágrafo único).

As alterações trazidas pela Lei 10.303/2001 não modificaram, contudo, as disposições acerca do voto múltiplo — originalmente tratado no *caput* do art. 141 e em seus §§ 1º a 3º, da Lei 6.404/1976 —, que passaram a coexistir com as novas formas de eleição em separado criadas pela lei.

Não obstante tenha sido louvável o intuito do legislador ao reformular essa matéria, a má redação dos dispositivos dificultou o seu entendimento, dando margem a sérias dúvidas quanto à forma de preenchimento dos cargos do conselho de administração, afetando imediatamente as companhias obrigadas a aplicar esses dispositivos a partir das assembléias gerais ordinárias realizadas para a aprovação das demonstrações financeiras do exercício de 2001.

A consulta submetida à CVM,[4] acima transcrita, questiona a respeito do tratamento a ser dado aos *votos dos acionistas titulares de ações ordinárias* que optarem por exercer a prerrogativa que lhes é concedida pelo inciso I, § 4º do art. 141 da Lei das Sociedades Anônimas, conforme alterada pela Lei 10.303, de 31.10.2001, caso seja concomitantemente adotado o processo de voto múltiplo na mesma eleição para o preenchimento dos cargos do conselho de administração.

Embora concordemos com a conclusão final da resposta da CVM à referida consulta, cabe tecer alguns comentários, uma vez que a questão apresentada não diz respeito tão-somente ao deslinde de um trâmite burocrático quanto aos procedimentos de eleição dos membros do conselho de administração, mas tem reflexos importantíssimos na representatividade dos acionistas no conselho de administração.

II. A representação dos acionistas no conselho de administração na Lei 6.404/1976

A lei de sociedades anônimas de 1940 (Decreto-lei 2.627, de 26.9.1940) estabelecia uma estrutura unitária para a admi-

1. A Lei 10.303, de 31.10.2001, que alterou diversos dispositivos da Lei 6.404, de 15.12.1976, foi publicada no *DOU* em 1.11.2001, iniciando-se a sua vigência, nos termos do seu art. 9º, após *vacatio legis* de 120 (cento e vinte) dias, em 1.3.2002.

2. Embora o inc. I do § 4º do art. 141 refira-se a "ações com direito a voto", entendemos que a lei quis referir-se a ações ordinárias. Portanto, no âmbito deste trabalho, referiremo-nos a estas ações simplesmente como ações ordinárias.

3. Doravante, para fins meramente práticos no âmbito deste trabalho, referiremo-nos às *ações preferenciais sem direito a voto ou com voto restrito* simplesmente como ações *preferenciais*.

4. A CVM, com base no art. 13 da Lei 6.385, de 7.12.1976, tem o dever de exercer atividade consultiva e de orientação aos agentes do mercado de valores mobiliários e investidores, ficando a seu critério divulgar ou não as respostas a essas consultas ou os critérios de orientação.

nistração da companhia, adotando a diretoria como único órgão, sem a previsão de um conselho de administração, o qual apenas veio a ser reconhecido legalmente, muito embora sem o estabelecimento de regras precisas quanto ao seu funcionamento, pela Lei 4.595, de 31.12.1964.

Na verdade, o conselho de administração, órgão integrante da estrutura da administração da sociedade por ações, somente veio a ter o seu funcionamento disciplinado, no Brasil, pela Lei 6.404/1976. Este diploma, inspirado no modelo do conselho de supervisão alemão,[5] adotou uma estrutura dualista para administração das companhias, instituindo o conselho de administração como órgão obrigatório, além da diretoria, para as companhias abertas (art. 4º), para as companhias com capital autorizado (art. 168), e para as sociedades de economia mista (art. 235).

Dentro da distribuição de funções realizada pela lei entre os órgãos da companhia, foram atribuídas ao conselho de administração especialmente as funções de orientação estratégica da companhia e de fiscalização da atuação dos seus diretores.

Procurou a lei moldar o conselho de administração como um órgão intermediário entre a assembléia geral dos acionistas e a diretoria, ao qual fosse atribuída parte das funções tradicionalmente competentes à assembléia geral. Criou-se, assim, esse órgão colegiado como uma "miniassembléia geral" no qual deveriam estar representadas as várias facções do capital social, ou seja, em que fosse possível, ao menos em alguma medida, a representação proporcional dos diferentes grupos de acionistas,[6] especialmente dos minoritários.

Essa característica da representatividade do capital social que se quis imprimir ao conselho de administração foi expressamente declarada na exposição de motivos da lei de 1976, referente ao art. 141, a qual também explicava que essa representatividade não poderia dar-se no âmbito da diretoria, pois esta, sendo um órgão de administração ordinária dos negócios e de representação social, exigia unidade de atuação, sendo indesejável o surgimento de divergências ou impasses entre as diversas correntes de acionistas que eventualmente pudessem estar ali representadas, o que poria em risco o desenvolvimento das atividades da companhia.[7]

No âmbito do conselho de administração, entendeu-se necessário prever mecanismos legais que assegurassem a representação dos minoritários, a qual beneficiaria não apenas esse grupo de acionistas, como também, em última análise, o desempenho da própria companhia.

Com efeito, pode-se dizer que a participação dos minoritários no conselho de administração traz, em última análise, uma série de benefícios à companhia, na medida em que:[8] (i) democratiza a sua adminis-

5. O conselho de supervisão na Alemanha (*Aufsichtsrat*) foi criado com a lei societária de 1937, e depois aperfeiçoado com a lei de 1965. A respeito da estrutura da administração das sociedades anônimas alemãs, v. Paulo Fernando Campos Salles de Toledo, *O Conselho de Administração na Sociedade Anônima*, 2ª ed., pp. 22-24.

6. Esta representação, no entanto, não se confunde com a representação contratual do mandatário, uma vez que as obrigações do conselheiro, uma vez eleito, são, primordialmente, para com a companhia e não para com o grupo de acionistas que o elegeu. Dito de outra forma, os conselheiros devem observar em primeiro plano o *interesse da companhia*, ainda que em detrimento do interesse do grupo ou classe de acionistas pelo qual foi eleito (art. 154, § 1º).

7. Em razão dessa necessidade de unidade na atuação da diretoria é que foi vetado pelo Presidente da República o art. 143 da Lei 10.303/2001, que previa o voto múltiplo na eleição da diretoria.

8. Robert W. Hamilton (*The Law of Corporations*, 5ª ed., p. 269) aponta também alguns inconvenientes da participação de minoritários no conselho de administração: (i) a presença de facções diversas poderia causar desarmonia e prejudicar a eficiência do desempenho do órgão; (ii) o representante dos minoritários poderia criticar de forma desarrazoada atuação dos diretores fazendo com que estes passassem a estar menos dispostos a correr riscos necessários à administração; (iii) o representante dos minoritários poderia deixar vazar informações confidenciais; (iv) a participação do minoritário no con-

tração, dando direito à voz aos diversos grupos de acionistas; (ii) permite o surgimento de pontos de vista diferentes dentro do conselho de administração, o que favorece o debate, extremamente desejável num órgão de deliberação colegiada, para que se chegue a uma deliberação mais refletida; (iii) faz com que a fiscalização dos atos da diretoria tenda a ser mais efetiva;[9] (iv) a presença de representantes de outros interesses que não o dos controladores tende a fazer prevalecer não o interesse destes, mas o interesse social nas deliberações desse órgão.[10]

E para permitir a representatividade, especialmente dos minoritários, no conselho de administração, a Lei 6.404/1976 previu basicamente dois mecanismos de votação para a eleição dos seus membros: o voto múltiplo e o voto em separado, os quais se aplicariam em diferentes circunstâncias.

II.1 Voto múltiplo (art. 141, §§ 1º, 2º e 3º)

O voto múltiplo consiste em um processo de eleição para preenchimento dos cargos do conselho de administração, pelo qual se atribui a cada uma das ações ordinárias presentes à assembléia geral tantos votos quantos sejam os membros do conselho de administração a eleger, concedendo-se ao acionista o direito de cumular os seus votos em um só candidato ou distribuí-los entre vários.

Não se confunde esse processo de eleição com o voto plural, o qual consiste na atribuição de um maior número de votos apenas a determinadas ações. O voto múltiplo confere a todas as ações presentes à votação na assembléia geral o número de votos aumentado, enquanto no voto plural apenas algumas ações são beneficiadas com esse privilégio, havendo nítida desproporção entre o poder de voto dos acionistas e a sua participação no capital social.[11]

A lei brasileira de 1976 inspirou-se no *cumulative voting* do direito norte-americano para a criação do voto múltiplo.[12] Visava, com isso, propiciar aos minoritários a chance de terem uma representação proporcional no conselho de administração.

No Brasil, a faculdade de requerer o processo de voto múltiplo para a eleição do conselho de administração é dada a acionistas representando pelo menos 10% das ações com direito a voto, podendo a CVM — conforme autoriza o art. 291 da Lei 6.404/1976[13] — fixar percentuais menores para o exercício dessa faculdade, em função do valor do capital social.

selho de administração poderia ser usada para fins egoísticos de grupos minoritários que desejam, por exemplo, assumir o controle.

9. Hamilton, ob. cit., p. 268.

10. Modesto Carvalhosa, *Comentários à Lei de Sociedades Anônimas*, v. 3, p. 94. Este mesmo autor ressalta, ainda (p. 95), que aos minoritários, vistos como instituição, é dado não apenas o direito de participar do conselho de administração, mas também o encargo de defender a companhia do abuso de poder dos conselheiros majoritários ou controladores, defendendo, em última análise, o interesse social (art. 154, § 1º).

11. Em vista da desproporção entre capital e voto causada pela atribuição de voto plural a determinadas ações, este tipo de privilégio é hoje proibido em grande parte das legislações. Assim, por exemplo, na Alemanha, em que o voto plural é expressamente vedado pela lei (§ 12 Abs. 2 Satz. 1, da lei societária alemã de 6.9.1965), sendo apenas permitido a título excepcional, mediante autorização da autoridade competente, em casos onde há um interesse, sobretudo econômico, do *Land* da sede da sociedade (§ 12 Abs. 2 Satz. 2); na Espanha, em que são ilícitas as ações "que de forma indireta alterem a proporcionalidade entre o valor nominal da ação e o direito de voto" (art. 50/2 *in fine* da lei societária espanhola de 1989); na Itália, onde a lei societária (Código Civil, Livro V, Título V, Capítulo V, arts. 2.325 e ss., e alterações posteriores) expressamente proíbe o voto plural (Paulo Olavo Cunha, *Os Direitos Especiais nas Sociedades Anônimas: As Ações Privilegiadas*, pp. 49-52, 75-79, 86-89).

12. Este processo de votação é desconhecido no direito continental europeu, conforme lembra Paulo Fernando Campos Salles de Toledo (*O Conselho de Administração na Sociedade Anônima*, 2ª ed., p. 31).

13. A Instrução CVM 165, de 11.12.1991, fixa uma escala de percentuais necessários para o exercício da faculdade de requerer o voto múltiplo, sendo o percentual mínimo de 5% para capital acima de CR$ 35.600.001,00, e o máximo de 10% para capital de até Cr$ 1.200.000,00.

E tal faculdade pode ser exercida pelos acionistas detentores do percentual de ações necessário para tanto, independentemente de previsão estatutária. Trata-se de matéria cogente, não se permitindo estipulação em contrário no estatuto social.[14]

É condição para o exercício do voto múltiplo que seja requerido pelos acionistas interessados à diretoria, 48 horas antes do pleito (art. 141, § 1º). Esse aviso prévio é essencial para que os acionistas possam preparar-se para a votação por meio desse processo, uma vez que o sucesso na utilização do voto múltiplo depende da elaboração de cálculos, estratégias e até mesmo acordos de votação.

Uma vez instalada a assembléia geral na qual se realizará a eleição de conselheiros por voto múltiplo, a mesa diretora dos trabalhos deve informar a quantidade de votos necessária para eleger cada membro do conselho de administração, e isso somente se faz possível após a verificação do número de acionistas com direito a voto presentes, conforme os registros do Livro de Presenças.

Como referido na decisão ora em comento, há diversas fórmulas aplicáveis à eleição do conselho de administração por voto múltiplo, as quais variam de acordo com a informação que se pretende obter.[15]

14. No direito norte-americano o voto múltiplo é obrigatório em alguns Estados, e facultativo em outros. Em alguns Estados em que é facultativo, a lei exige que os *articles of incorporation* ou *bylaws* expressamente renunciem a ele. Em outros Estados é necessária provisão expressa adotando-o, cf. Harry G. Henn e John E. Alexander (*Law of Corporations and other Business Enterprises*, p. 496).

15. A mais conhecida delas a fórmula de Campbell ("The origin and growth of cumulative voting for directors", in 10, *Bus. Law*, 3, abr. 1955, *apud* Osmar Brina Correa Lima, ob. cit., p. 160.):

X = (Y x NL) / (N + 1) + 1, Onde:

X = número de ações necessárias para a eleição de um determinado número de conselheiros;

Y = total de ações com direito a voto presentes à assembléia geral;

NL = número de membros do conselho de administração que se quer eleger;

N = número total de membros do conselho de administração a serem eleitos.

Na eleição por voto múltiplo não prevalece o *quorum* da maioria absoluta, conforme prevê a regra geral do art. 129 para as votações em assembléias gerais, mas o da maioria relativa de votos. Vencem os candidatos que tiverem maior número de votos, por ordem decrescente.

Havendo empate, deve haver nova votação pelo mesmo processo de voto múltiplo para eleição dos cargos não preenchidos (art. 141, § 2º).[16]

Quando a eleição dos membros do conselho de administração tenha sido por voto múltiplo, a destituição de qualquer dos conselheiros provoca a destituição imediata de todos os demais (art. 141, § 3º), que devem ficar impedidos de atuar até que haja nova eleição pela assembléia geral, a qual deve ser imediatamente convocada pela Diretoria.[17] Essa regra visa evitar abusos por parte do controlador, que poderia tornar inviável a representação dos minoritários no conselho de administração, e, portanto, ineficaz a proteção do voto múltiplo, pela simples destituição do conselheiro eleito pela minoria.

Note-se que embora o voto múltiplo possa ser requerido por uma minoria de acionistas, uma vez adotado, beneficia igualmente a todos os acionistas titulares de ações ordinárias presentes à assembléia geral, pois aumenta proporcionalmente o número de votos de todos eles. Trata-se, portanto, de um direito que não serve ape-

16. O § 2º do art. 141 determina nova votação por voto múltiplo apenas para o preenchimento dos cargos não preenchidos em razão do empate. Note-se, entretanto, como bem demonstrado por Hamilton, que na eleição de desempate, estando reduzido o número de cargos a preencher, reduzem-se as chances de os minoritários elegerem um representante (*The Law of Corporations*, 5ª ed., p. 267). Talvez por esse motivo entenda Carvalhosa, em sentido contrário do que parece decorrer do § 2º do art. 141, que na eleição de desempate deve-se refazer a votação por inteiro, desconsiderando-se os candidatos já eleitos (*Comentários à Lei de Sociedades Anônimas*, v. 3, p. 108).

17. Carvalhosa, ob. cit., p. 108.

nas à proteção do minoritário,[18] podendo servir até mesmo como mecanismo de desempate, em situações onde não há minoritários.[19]

Outra observação importante é que o voto múltiplo não representa uma garantia segura para os minoritários de que lhes será possível eleger um representante no conselho de administração. O êxito dos minoritários na sua utilização depende principalmente dos seguintes fatores: (i) número de conselheiros a serem eleitos; (ii) número de titulares de ações ordinárias presentes à assembléia geral; (iii) capacidade de concentração de votos da minoria;[20] e (iv) elaboração de estratégias de votação que levem em conta as estratégias adotadas pelos grupos opositores.[21]

Uma constatação matemática acerca do voto múltiplo é a de que quanto menor o número de conselheiros a eleger, menores as chances de os minoritários elegerem um representante.

E foi exatamente por este motivo que, como mencionado na decisão ora comentada, a lei de 1976 previu, no § 4º do art. 141, um mecanismo de votação em separado que tentava assegurar aos minoritários a representação no conselho de administração, quando este tivesse número de conselheiros inferior a cinco.

II.2 Voto em separado

Além do processo de voto múltiplo e da previsão de eleição em separado do § 4º do art. 141, a lei de 1976 previu outras três hipóteses, as quais se analisará adiante, em que poderia dar-se o voto em separado para a eleição dos membros do conselho de administração: no art. 239, aplicável às sociedades de economia mista; no art. 16, III, aplicável apenas às companhias fechadas; e no art. 18, aplicável tanto às companhias abertas quanto às fechadas.

Em todas essas hipóteses de voto em separado, deviam formar-se, nas assembléias gerais em que fossem eleitos os membros do conselho de administração, colégios eleitorais em separado, formados pelas pessoas habilitadas pela lei a participar dessas votações. Cada um desses colégios deliberaria por maioria simples,[22] escolhendo um representante do respectivo grupo de acionistas, o qual seria apenas homologado pela assembléia geral.[23]

II.2.1 Voto em separado do § 4º do art. 141

Previa a lei de 1976 a faculdade de titulares de ações ordinárias, representando no mínimo 20% do capital votante, elegerem em votação em separado um membro do conselho de administração, toda vez que o número de conselheiros a eleger fosse inferior a cinco (art. 141, § 4º).

Tratava-se de uma faculdade legal, a qual, desde que exercida nos termos do § 1º do art. 141, ou seja, mediante aviso prévio enviado à companhia até 48 (quarenta e oito) horas antes da assembléia geral, assegurava àqueles ordinaristas a participação com um representante no conselho de administração.

Conforme já referido, essa regra pressupunha a insuficiência do voto múltiplo para garantir a representatividade dos minoritários no conselho de administração, nas companhias em que esse órgão tivesse número reduzido de membros.

18. Cf. Toledo, ob. cit., p. 31, e Osmar Brina Correa Lima, *Sociedade Anônima: Textos e Casos*, p. 158.

19. Vide exemplo de Hamilton, ob. cit., p. 265.

20. Lima, ob. cit., p. 158.

21. Como mostra Hamilton, em exemplos (ob. cit., pp. 264-267).

22. Egberto Lacerda Teixeira e José Alexandre Tavares Guerreiro entendiam que na deliberação do colégio em separado formado para eleição de um conselheiro da minoria, nos termos do § 4º do art. 141, a decisão seria tomada por maioria simples, não se utilizando o sistema do voto múltiplo nesse colégio apartado, e admitindo-se votos vencedores e vencidos (*Das Sociedades Anônimas no Direito Brasileiro*, v. II, p. 449). Entendemos que o mesmo princípio majoritário prevalece para as votações em separado dos arts. 16, III, 18 e 239.

23. Carvalhosa, ob. cit., p. 109.

Pela própria finalidade da proteção instituída pelo o § 4º do art. 141 da lei de 1976 — que era a de funcionar como uma garantia supletiva de participação dos minoritários no conselho de administração, caso o simples exercício do voto múltiplo não lhes garantisse essa participação — não se podia permitir a cumulação do exercício do voto múltiplo e da prerrogativa do referido § 4º, sob pena de se conceder dupla oportunidade aos minoritários de eleger representantes para o conselho de administração, e de se permitir a criação de uma representatividade distorcida nesse órgão.[24]

Assim, se exercida a prerrogativa de votação em separado por acionistas titulares de 20% do capital votante no prazo de 48 (quarenta e oito) horas antes da assembléia geral (§ 4º do art. 141, com a redação original da Lei 6.404/1976), eliminada estaria a possibilidade de utilização do processo de voto múltiplo para a mesma eleição do conselho de administração.

II.2.2 Voto em separado do art. 239

De forma semelhante ao disposto para as companhias privadas, o art. 239 da Lei 6.404/1976 dava aos minoritários das sociedades de economia mista a faculdade de eleger em votação em separado um membro do conselho de administração, caso não lhes fosse possível eleger maior número pelo processo do voto múltiplo.

Note-se que também neste caso não era possível cumular a faculdade dos minoritários de eleger em separado um membro do conselho de administração com a de requerer a votação por voto múltiplo. Isso porque era expresso o art. 239 em dispor que apenas se aplicaria a votação em separado, se o voto múltiplo não fosse suficiente para assegurar aos minoritários um representante no referido colegiado. Também aqui, tratava-se de uma garantia supletiva dada pela lei para o caso da insuficiência do voto múltiplo, decorrendo daí que a opção por exercer o direito de eleger em separado um representante era excludente da eleição por voto múltiplo.

II.2.3 Voto em separado dos arts. 16, III, e 18

Além dos direitos de eleição em separado conferidos pela lei aos minoritários titulares de 20% do capital votante, nas companhias privadas (§ 4º do art. 141, da Lei 6.404/1976), e aos minoritários das sociedades de economia mista (art. 239), como forma de garantir a representatividade desses grupos no conselho de administração, a lei de 1976 permitia, ainda, que fossem criados estatutariamente direitos de eleição em separado de conselheiros para determinadas espécies e classes de ações.

Assim, o art. 16, III permitia que o estatuto da *companhia fechada* criasse classes diferenciadas de ações ordinárias, em função do direito de eleger em separado um ou mais cargos de órgãos da administração. E o art. 18 permitia ao estatuto, *da companhia aberta ou fechada*, assegurar a uma ou mais classes de ações preferenciais a vantagem política de eleger em separado um ou mais membros dos órgãos de administração.

Note-se que ambos os dispositivos conferiam a possibilidade de o estatuto conceder a determinadas classes de ações o direito à eleição em separado de um ou mais membros de qualquer dos órgãos da administração. Portanto, esses dispositivos não se aplicam somente à eleição do conselho de administração, embora seja este o aspecto que nos interessa para efeitos desses comentários.

Na exposição de motivos da lei de 1976, percebe-se que o legislador, com esses dispositivos, não pretendeu proteger minorias representadas por determinadas espécies ou classes de ações. Na verdade esses dispositivos visavam conferir maior

24. A esse respeito, Teixeira e Guerreiro, ob. cit., p. 449: "realmente, não seria compreensível que a minoria pudesse beneficiar-se duplamente da oportunidade de fazer-se representar no Conselho de Administração".

flexibilidade às sociedades em *joint ventures*, pois consistiam num meio importante de divisão de poderes de gestão entre os diferentes acionistas e, portanto, de conciliação dos interesses dos diferentes grupos associados.

A função desses direitos de votação em separado, que poderiam ser concedidos pelo estatuto apenas a determinadas classes de ações, era a de acomodar os interesses dos sócios em determinados empreendimentos, e pressupunham um certo poder de barganha dos diferentes grupos na distribuição de poder dentro da companhia. Portanto, não se podia conceber que esses benefícios estatutários pudessem excluir o direito das demais classes de ações de elegerem representantes pelo mecanismo do voto múltiplo.

A lei, no entanto, silenciava a respeito da possibilidade de cumulação do voto múltiplo com os votos em separado atribuídos estatutariamente a determinadas classes de ações. E na ausência de disposição legal, parte da doutrina entendia ser possível cumular a eleição por voto múltiplo com as votações em separado dos arts. 16, III, e 18,[25] uma vez que essas disposições estatutárias não poderiam ser usadas para elidir o direito dos minoritários de participar da votação por voto múltiplo, que é uma faculdade inderrogável pelo estatuto.[26]

Entendemos, no entanto, que essa possibilidade de cumulação de voto múltiplo com o voto em separado dos arts. 16, III, e 18[27] referia-se apenas à possibilidade de utilização desse dois processos eletivos em uma mesma eleição dos membros do conselho de administração. Isso porque, diante da vedação ao voto plural estabelecida no art. 110 da lei societária de 1976, não se poderia permitir que um mesmo acionista, tendo votado com determinadas ações na votação em separado, nos termos dos arts. 16, III, ou 18, pudesse, com as mesmas ações, votar também na eleição por voto múltiplo.

As razões desse entendimento são as mesmas que nos levam a considerar impossível a cumulação do voto múltiplo com o voto em separado das ações ordinárias, nos termos dos §§ 4º e 5º do art. 141 da Lei 6.404/1976, com a redação que lhe foi dada pela Lei 10.303/2001, e serão melhor explicitadas adiante.

III. A representação dos acionistas no conselho de administração, na Lei 10.303/2001

A reforma da lei das sociedades anônimas que culminou com a promulgação da Lei 10.303/2001, já vinha sendo discutida desde a promulgação da Lei 9.457, de 5.5.1997.

Na verdade, este último diploma havia suprimido direitos dos acionistas minoritários — especialmente a obrigatoriedade da oferta pública na alienação do controle

25. Teixeira e Guerreiro defendiam a possibilidade de cumulação do voto múltiplo e do voto em separado dos arts. 16, III e 18, embora sem precisar, quanto aos titulares de ações ordinárias (art. 16, III), se essa possibilidade de cumulação referia-se aos processos de eleição ou à participação de um mesmo acionista nesses dois processos de eleição (ob. cit., v. II, p. 450).

26. Carvalhosa, ob. cit., v. III, p. 96. Registre-se, contudo, o entendimento contrário de Lima, que entendia inaplicável o voto por classe quando adotado o voto múltiplo, pois "tendo o direito de escolher um dos membros do conselho de administração em separado, os acionistas não poderiam votar em todos os candidatos e seu poder votante poderia ser desproporcional" ("Direito de voto na sociedade anônima", *RT* 530/31). O entendimento de Lima é verificado também no direito norte-americano: "class voting for a classified board of directors, under constitutions and statutes requiring cumulative voting, might not be valid since shareholders would not be able to vote for all directors to be elected and their voting power could be disproportionate to their number of votes" (Henn, ob. cit., p. 498, nota 26).

27. Note-se que a questão da duplicidade de voto, no processo de voto múltiplo e no de voto em separado, só se punha, na vigência da Lei 6.404/76, para as ações ordinárias (art. 16, III) ou para as preferenciais eventualmente não privadas do direito de voto, já que não se podia cogitar de participação em eleição por voto múltiplo de preferenciais que tivessem apenas o direito de voto nos termos do art. 18.

societário e o direito de recesso em hipóteses de reestruturação societária — com o objetivo de facilitar os procedimentos necessários à implementação do programa de privatizações instituído pelo Governo Federal e seguido pelos Governos Estaduais e Municipais.

A evidente preocupação com as funestas conseqüências que a reforma legal de 1997 poderia trazer para o nosso mercado de capitais, afugentando os investidores que viram sua proteção legal reduzida, num mercado já altamente concentrado, fez com que, logo em seguida, se iniciasse um novo processo de reforma, que após longa tramitação legislativa culminou com a edição da Lei 10.303/2001.

O objetivo, dessa vez, era o de tentar reerguer o mercado de capitais brasileiro, e torná-lo uma fonte segura de recursos para as empresas com necessidade de financiamento externo, colocando-o em rota de competitividade com os mercados internacionais. Para isso, buscou-se fortalecer os direitos dos acionistas minoritários e adotar alguns princípios de *Governança Corporativa*[28] internacionalmente difundidos.

Nesse contexto, a Lei 10.303/2001 alterou substancialmente o § 4º do art. 141 para facilitar a participação dos minoritários no conselho de administração das *companhias abertas* e permitir também a participação dos preferencialistas; introduziu os §§ 5º a 8º no mesmo artigo, com regras adicionais relativas à eleição dos membros do conselho de administração; e alterou o parágrafo único do art. 140, para incluir a possibilidade de participação dos empregados no referido órgão.

Essa participação dos minoritários e preferencialistas no conselho de administração, se, por um lado não lhes permite, por si só, um peso decisivo nas deliberações desse colegiado, uma vez que os acionistas detentores do bloco de controle permanecem com o direito, aliás, legítimo, de eleger a maioria dos conselheiros, por outro lado, representa um avanço trazido pela Lei 10.303/2001, na medida em que assegura uma maior transparência na gestão da companhia, diminuindo a assimetria informacional entre os acionistas minoritários e preferencialistas, de um lado, e controladores, de outro. Isto porque o conselheiro representante dos primeiros tem o poder individual de diligência na fiscalização efetiva dos atos da diretoria, e, ainda, acesso a informações estratégicas da companhia. Além disso, esse representante dos ordinaristas e preferencialistas pode participar ativamente do processo de decisão, trazendo para o âmbito das discussões do colegiado outros interesses que não o dos controladores,[29] contribuindo para que se atinja o

28. A expressão, muito mal traduzida do inglês *Corporate Governance*, porém já amplamente divulgada no jargão societário brasileiro, denomina uma disciplina que estuda um amplo leque de relações envolvendo a administração da companhia. Seu foco centra-se na organização interna e na estrutura de poder e propriedade da sociedade, no funcionamento da administração, e nas relações entre a administração, acionistas e outros terceiros externos à companhia, que com ela se relacionam e que, portanto, têm interesse no seu desempenho (os chamados *steak holders*), dentre os quais destacam-se credores e trabalhadores (cf. Klaus J. Hopt e Stefan Prigge Hamburg, "Preface" in Klaus J. Hopt, Hideki Kanda, Mark J. Roe, Eddy Wymeersch e Stefan Prigge (org.), *Corporate Governance: The State of Art and Emergin Research*, p. v). O objetivo maior da *Corporate Governance* é a busca de mecanismos que possibilitem mitigar os problemas gerados pelo conflito de interesses existente entre os que detêm o poder de controle, e, portanto, de orientação da administração da companhia, e aqueles que, sendo proprietários do capital, submetem-no à administração dos primeiros, que efetivamente determinam o destino dos recursos investidos na companhia. O equilíbrio desses interesses faria com que os detentores do controle gerissem a companhia em prol dos interesses sociais, e não dos seus próprios, com vistas à obtenção de um melhor desempenho da companhia que agregue valor a ela e a todos os seus acionistas, e conseqüentemente estimule o investimento no mercado de capitais.

29. Nesse sentido, vale transcrever o seguinte trecho do relatório do Deputado Kandir sobre seu substitutivo: "A transparência, como princípio de gestão, constitui-se no pressuposto de que uma empresa, ao abrir seu capital e fazer apelo à poupança pública, terá que, em contrapartida, compartilhar com

interesse social, e para um melhor desempenho da companhia.

Entretanto, a forte resistência encontrada à inclusão na Lei 10.303/2001 do direito dos preferencialistas de eleger um membro do conselho de administração fez com que fosse negociada a inclusão do § 4º no art. 8º da Lei 10.303/2001, pelo qual adotou-se a inusitada solução conciliatória de postergar-se o direito de os preferencialistas elegerem de forma direta e independente o seu representante até a assembléia geral ordinária que se reunir para aprovar as demonstrações financeiras do exercício de 2004. Nesse ínterim, o conselheiro que representar os preferencialistas, eleito na forma do § 4º, II, ou do § 5º do art. 141, deverá ser escolhido, na votação em separado, dentre três nomes indicados pelo controlador.

Note-se que essa solução intermediária adotada pela lei obviamente retira toda a eficácia que se pretendeu dar à representação dos preferencialistas no conselho de administração, pelo menos durante o prazo em que durar a interferência do controlador na eleição daquele representante. Essa interferência, aliás, contradiz os próprios princípios de *Governança Corporativa* que se buscou trazer ao ordenamento com a reforma, pois cria um evidente conflito de interesses, já que os preferencialistas serão obrigados a votar em pessoa indicada pelo controlador, e portanto alinhada aos interesses deste, ao qual a própria lei (§ 4º do art. 141) impediu de participar da eleição do representante dos preferencialistas.[30]

III.1 A eleição dos membros do Conselho de Administração na Lei 10.303/2001

Tendo visto a forma como funcionava a eleição dos membros do conselho de administração sob a égide da Lei 6.404/1976, e, de forma breve, as circunstâncias em que foram inseridas na Lei 10.303/2001 as alterações na disciplina do conselho de administração, no que tange à participação dos minoritários, preferencialistas e empregados nesse órgão, passaremos à breve descrição das alterações trazidas, e à análise dos novos dispositivos legais sobre a matéria, para extrair deles um sentido que possibilite verificar os acertos ou desacertos do parecer da CVM ora comentado.

Embora o parecer em questão trate obviamente de companhia aberta, cumpre notar, no âmbito desses comentários,[31] vale lembrar que a alteração promovida no § 4º do art. 141 prejudicou os minoritários das *companhias fechadas*. Isso porque o antigo § 4º garantia a esses acionistas, desde que detivessem ao menos 20% do capital votante, o direito de eleger em separado um conselheiro, quando o número de membros

os investidores as decisões de maior importância para o desenvolvimento de sua atividade. O propósito colimado pelo Substitutivo, através do dispositivo em questão, é o de exortar as companhias a seguir o rumo de uma cooperação entre o acionista controlador e os titulares de ações ordinárias, acionistas minoritários, bem como os preferencialistas, com o conseqüente compartilhamento da responsabilidade pela tomada de decisões estratégicas.

"Como resultado da introdução da norma em comento espera-se que as práticas de administração de companhias abertas sejam elevadas, através da contribuição do representante dos mencionados acionistas, hoje absolutamente alienados de seu processo político. Há de aflorar, a partir desse ponto, um maior grau de confiança dos investidores nas companhias que disputam o financiamento através do mercado acionário, o que contribuirá sobremaneira para o fortalecimento dos alicerces desse mesmo mercado" (*apud* Luiz Leonardo Cantidiano, ob. cit., p. 175).

30. Essa solução mereceu as duras críticas de Carvalhosa e Eizirik que, além de apontarem o referido conflito de interesses, entendem ser o § 4º do art. 8º da Lei 10.303/2001 inaplicável, por encerrar um "conjunto de aberrações jurídicas", tratando-se "de norma que fere o mandamento constitucional da isonomia (art. 5º, *caput*) e os próprios fundamentos do Direito Civil, da livre manifestação de vontade de *agente capaz* sobre direitos subjetivos que lhe são autorizados pelo ordenamento" (*A Nova Lei das S/A*, pp. 289-294).

31. Advertimos que nesses comentários nos referiremos também aos processos de eleição dos membros do conselho de administração das companhias fechadas.

do conselho de administração fosse inferior a cinco. E de acordo com o inciso I do novo § 4º do art. 141, somente podem eleger o seu representante e respectivo suplente no referido órgão os minoritários de *companhias abertas* titulares de pelo menos 15% do capital votante.

O acesso dos minoritários a um cargo no conselho de administração nas *companhias fechadas* fica agora bastante restrito, pois dependerá unicamente da boa utilização do voto múltiplo pelos minoritários, a qual, de qualquer forma, será ineficaz, quando o número de conselheiros for reduzido, como já referido.

Em contrapartida, foram beneficiados, nas *companhias abertas*, não apenas os preferencialistas, mas também os ordinaristas de fora do bloco de controle. Estes últimos deixam de ter a garantia da eleição de um representante e respectivo suplente condicionada à existência de um número de conselheiros inferior a cinco, e passam a poder elegê-lo qualquer que seja o número de cargos a preencher. Além disso, reduziu-se o *quorum* necessário para a eleição em separado desse representante dos ordinaristas de 20% para 15%.

Para os preferencialistas das *companhias abertas* (art. 141, § 4º, II), o direito de eleger um representante e respectivo suplente é dado aos titulares de ações que representem pelo menos 10% do total do capital social, e que não tenham exercido o direito, eventualmente previsto no estatuto, de eleger em separado um membro do conselho de administração nos termos do art. 18. Note-se que a restrição contida neste inciso II do § 4º do art. 141 demonstra nitidamente a preocupação do legislador em não permitir que um mesmo acionista seja beneficiado por participar duplamente da eleição dos membros do conselho de administração. Se o acionista for detentor de preferenciais de classe já beneficiada pelo direito estatutário de eleição em separado, não terá o direito legal de eleição em separado.

A lei permite, ainda, que minoritários e preferencialistas, caso não atinjam os percentuais de participação necessários à obtenção do direito de votação em separado referido nos incs. I e II do § 4º do art. 141, somem as suas participações para eleger em conjunto um representante e respectivo suplente, desde que tenham, ao todo, ações que representem pelo menos 10% do capital social total (art. 141, § 5º).

Ressalte-se que o acionista controlador não participa da votação em separado a que se referem os §§ 4º e 5º do art. 141.

O colégio apartado para a votação, formado na assembléia geral, será constituído exclusivamente pelos acionistas habilitados na forma do § 6º, que formem o *quorum* necessário para a instalação. E esse *quorum* de instalação será de 15% das ações votantes para o colégio dos minoritários (§ 4º, I) e 10% do total do capital social, tanto para o colégio dos preferencialistas (§ 4º, II), quanto para o colégio conjunto de minoritários e preferencialistas (§ 5º).

Note-se, nesse ponto, o equívoco do parecer emanado pela CVM, ora comentado, ao afirmar (item 24) que o *quorum* de 15% do total das ações ordinárias, referido no § 4º, I, seria "*quorum* mínimo de aprovação". Como referido, esse é o *quorum* de instalação do colégio em separado. Isso porque, conforme expressamente determina o § 4º,[32] a deliberação dentro desses colégios será tomada sempre por maioria. Assim, da mesma forma como já ocorria com a votação em separado prevista no antigo § 4º do art. 141 da Lei 6.404/1976, havendo diferentes facções acionárias dentro de um mesmo colégio, admite-se votos vencedores e vencidos.

Cabe ressaltar que o direito conferido expressamente pelo § 4º, do art. 141 a minoritários e preferencialistas não é só de

32. "Art. 141. (...). § 4º. Terão direito de eleger e destituir um membro e seu suplente do conselho de administração, em votação em separado na assembléia geral, excluído o acionista controlador; a *maioria dos titulares*, respectivamente: (...)" (grifamos).

eleição, mas também de *destituição* por votação em separado. Assim, a maioria reunida em assembléia geral não pode, e nem poderia, sob pena de tornar ineficaz o direito conferido pela lei aos referidos acionistas, destituir os conselheiros representantes dos minoritários e preferencialistas. Tais representantes somente podem ser destituídos pela mesma forma que foram eleitos, ou seja, pelo colégio sem separado.

O § 6º introduzido no art. 141 trouxe uma medida em complemento à disposição do § 4º, exigindo, conforme menciona o parecer comentado, que os acionistas que desejarem participar da eleição em separado comprovem a titularidade das ações com que pretendem votar naquele colégio por um período ininterrupto de 3 (três) meses, imediatamente anterior à assembléia geral. Essa medida visa, ao menos em parte, evitar que acionistas de véspera com interesses estranhos ao interesse social,[33] venham a interferir numa decisão de grande relevância para a vida da companhia.

O parecer comentado apenas tangenciou a questão importante que se refere à prova da titularidade das ações pelos acionistas que desejarem participar da eleição em separado. Embora o § 6º do art. 141 mencione caber ao acionista provar a titularidade ininterrupta das suas ações pelo prazo ali referido, essa prova somente se pode fazer à vista do Livro de Registro de Ações Nominativas, cuja escrituração e guarda é de responsabilidade da companhia (art. 100, I). Esse livro deve estar à mesa da assembléia geral para consulta e prova da habilitação dos acionistas para o voto em separado. Com efeito, não faz sentido impor ao acionista o ônus de extrair uma certidão dos assentamentos do referido livro (art. 100, § 1º) apenas para provar à companhia aquilo que ela própria é obrigada a manter registrado em seu livro.

Dessa forma, deve-se entender que o acionista somente poderá ser privado de participar dessa votação em separado se não se puder constatar, do Livro de Registro de Ações Nominativas, que ele cumpre o requisito do § 6º.

Cumpre indagar, apesar de o parecer comentado não ter tocado neste ponto, se a exigência deste § 6º se aplicaria também aos acionistas minoritários e preferencialistas que pretendessem votar em conjunto nos termos do § 5º, uma vez que o § 6º apenas se referiu expressamente ao § 4º. Particularmente, entendemos que sim, pois trata-se de uma medida que visa evitar a participação na votação em separado de pessoas que possam não ter um interesse permanente na companhia, e isso pode vir a acontecer tanto nas hipóteses do § 4º quanto na do § 5º.

Outra regra complementar ao novo mecanismo de eleição em separado adotado pela Lei 10.303/2001, que ficou de fora da transcrição do art. 141 trazida pelo parecer comentado, e que tampouco foi por ele mencionada, é a disposição do § 8º. Este dispositivo exige que a companhia mantenha um registro com a identificação dos acionistas que exercerem a faculdade prevista no § 4º do art. 141. Essa regra é necessária para o controle dos ordinaristas que poderão participar da eleição dos demais membros do conselho de administração, por não terem participado da eleição em separado, como se verá adiante. E permitirá, ainda, identificar o grupo de acionistas que elegeu um determinado representante, o que pode ser especialmente útil para efeitos de responsabilidade dos acionistas decorrente de seu relacionamento com o representante eleito.

Note-se que o § 8º do art. 141 também se refere apenas à identificação dos acionistas que exercerem a prerrogativa do § 4º, nada mencionando expressamente sobre a identificação dos acionistas que par-

33. Paulo Fernando Campos Salles de Toledo, "Modificações introduzidas na lei das sociedades por ações, quanto à disciplina da administração das companhias", in Jorge Lobo (coord.), *Reforma da Lei das Sociedades Anônimas: Inovações e Questões Controvertidas da Lei 10.303, de 31.10.2001*, p. 433.

ticiparem da eleição separado nos termos do § 5º. Parece-nos, no entanto, que o registro de identificação dos acionistas que votarem nos termos do § 5º deve ser igualmente mantido pela companhia, em razão da necessidade de controle dos acionistas participantes em cada um dos colégios em separado previstos no art. 141, conforme acima referido.

Por fim, o § 7º estabelece que, se na eleição do conselho de administração for utilizado o processo de voto múltiplo *cumulativamente* com o exercício pelos titulares de ações ordinárias ou preferenciais da sua prerrogativa de eleger por votação em separado um conselheiro, será assegurado ao acionista ou grupo de acionistas vinculados por acordo de votos que detenham mais do que 50% das ações ordinárias o direito de eleger conselheiros em número igual ao dos eleitos pelos demais acionistas, mais um, independentemente do número de conselheiros que, segundo o estatuto social, componha o órgão.

III.2 A representação proporcional dos minoritários e preferencialistas no conselho de administração e o § 7º do art. 141

Como bem ressaltou o parecer da CVM ora em comento, faltou ao legislador o rigor técnico necessário no tratamento das matérias objeto dos §§ 4º a 8º do art. 141.

Em primeiro lugar, esses dispositivos, tratando da eleição por voto em separado, que, como referido anteriormente, é um processo de votação totalmente diferente do processo de voto múltiplo, deveriam ter sido tratados em um artigo independente, e não no corpo do art. 141.

Aliás, a impropriedade de tratar-se num mesmo artigo o voto múltiplo e o voto em separado já existia na da Lei 6.404/1976, com o antigo § 4º, inserido no corpo do art. 141. Mas naquele diploma, o dispositivo ainda guardava certa coerência lógica com o *caput* e demais parágrafos do artigo, porque tratava-se de hipótese a aplicar-se quando se verificasse a ineficácia do voto múltiplo para permitir a representação no conselho de administração dos minoritários, representantes de ao menos 20% do capital social. O novo § 4º, no entanto, não se insere logicamente no sistema do art. 141.

Mas, a despeito das impropriedades técnicas do novo texto legal, que quebram o rigor sistemático com que foi elaborado o diploma de 1976, há que se buscar interpretar suas disposições de forma a harmonizá-las com todo o sistema da lei das sociedades anônimas, no qual se inserem.

Com o § 7º do art. 141, o legislador procurou estabelecer a *proporcionalidade* na representação dos acionistas no conselho de administração, permitindo que aqueles que aportaram para a companhia a maior parte do capital votante possam eleger a maioria dos administradores, mantendo-se com a preponderância nas deliberações desse órgão.

Tendo concedido a minoritários e preferencialistas o direito de eleger representante no conselho de administração, e permitir que essa eleição seja cumulada ao processo de voto múltiplo, o que representa outra possibilidade de os minoritários virem a eleger mais um representante no conselho de administração, o legislador procurou, ao inserir a regra do § 7º, manter nesse órgão um reflexo da estrutura de poder existente na assembléia geral, garantindo que a participação de minoritários e preferencialistas não provocasse uma alteração no comando político da sociedade.[34]

Regra similar, aliás, já existia na lei societária de 1976, para o conselho fiscal (art. 161, § 4º, *b*), como bem menciona a CVM em sua resposta ora comentada. Entretanto, não havendo voto múltiplo para a eleição do conselho fiscal, essa regra aplicava-se sempre que se verificasse a votação em separado prevista na alínea *a* do § 4º do art. 161.

34. Cantidiano, ob. cit., p. 178.

Um aspecto não abordado pelo parecer comentado é que a garantia de proporcionalidade da representação que o legislador pretendeu conferir com o § 7º do art. 141 não é perfeita. Essa garantia somente se aplica se houver *cumulação* dos sistemas de voto múltiplo (art. 141, §§ 1º a 3º) e de voto em separado (§§ 4º e 5º do art. 141, ou arts. 16, III, e 18).[35] Poderá ocorrer, no entanto, hipótese em que, mesmo havendo somente a votação em separado, sem concomitante ocorrência do voto múltiplo, os minoritários e preferencialistas elejam conselheiros em número igual ou superior ao eleito pelos controladores. E claro que isso se dará apenas no caso de um conselho de administração formado por três ou quatro membros, o que, na prática, levará à adoção estatutária, por imposição do controlador, de um número de conselheiros sempre superior a cinco, como forma de evitar essa desproporcional representação.

Mas chegando ao ponto fulcral da consulta submetida à CVM, cumpre analisar qual o tratamento a ser dado ao voto dos minoritários que optarem por exercer a prerrogativa do inciso I do § 4º do art. 141, quando seja concomitantemente adotado o sistema de voto múltiplo.

O ponto ensejador da dúvida parece ser a possibilidade, expressamente mencionada no § 7º do art. 141, de cumulação entre o voto múltiplo e o voto em separado dos titulares de ações ordinárias e preferenciais para a eleição do conselho de administração.

Como bem ressaltou a resposta dada pela CVM, numa interpretação sistemática da lei societária, não se pode deixar de lado o dispositivo do § 2º do art. 110, que veda a atribuição de voto plural a quaisquer classes de ações.

O voto plural, como já referido, consiste na atribuição de um número superior de votos a determinadas ações de forma a conferir-lhes maior peso político nas deliberações sociais. Proibindo o voto plural, o legislador visa evitar o desequilíbrio entre as participações dos acionistas no capital social e seu direito de voto.[36]

E diante da vedação ao voto plural, não se pode admitir que numa mesma deliberação da assembléia geral — qual seja a de eleição dos membros do conselho de administração — determinados ordinaristas a quem a lei confere a prerrogativa de eleger em separado um representante para esse órgão (§ 4º, I e § 5º), venham a votar duas vezes, participando também da votação por voto múltiplo para a eleição dos demais membros do conselho de administração.

Aliás, a vedação do voto plural impede, em qualquer hipótese, que um mesmo acionista titular de ações com direito a voto, tendo exercido direito legal ou estatutário de eleição em separado (§§ 4º e 5º do art. 141, e arts. 16, III,[37] e 18), venha a participar, por qualquer forma, da eleição dos demais membros do conselho de administração, seja pelo processo do voto múltiplo, seja por votação simples, ou pela participação em outra votação em separado.[38]

35. Note-se que a redação do § 7º do art. 141 não se refere à cumulatividade do voto múltiplo exclusivamente com o voto em separado dos §§ 4º e 5º do art. 141. A redação do dispositivo é mais ampla, referindo-se à cumulatividade do voto múltiplo com o voto em separado dos "titulares de ações ordinárias e preferenciais", com o que abrange também as hipóteses de voto em separado dos arts. 16, III, e 18.

36. Note-se, como lembra Carvalhosa, que o princípio da proporcionalidade entre capital e voto encontra-se derrogado em nossa legislação por vários outros dispositivos, como, por exemplo, pela possibilidade de emissão de ações preferenciais sem direito de voto, e de emissão de ações sem valor nominal que permitem que acionistas com contribuições idênticas ao capital social tenham número de ações, e, portanto, número de votos, distintos. A despeito disso, em respeito ao referido princípio a lei manteve a ilegalidade do voto plural, para evitar uma desproporção ainda maior entre capital e voto (ob. cit., pp. 335-336).

37. Note-se que este dispositivo somente se aplica às companhias fechadas, o que não é o caso da companhia que formulou a consulta ora comentada.

38. Lembre-se que é esse mesmo princípio de vedação ao voto plural que levou a lei a consignar

Essa vedação do voto plural deve ser observada sempre em qualquer deliberação assemblear, não havendo razão para que seja excepcionada na eleição dos membros do conselho de administração, caso em que poderia significar a quebra da proporcionalidade da representação dos acionistas nesse órgão, de forma que a estrutura de poder dentro desse colegiado deixaria de refletir o peso político dos acionistas, conforme a sua participação no capital social.

Não se pode negar que o legislador tenha buscado guardar a proporcionalidade da representação dos acionistas no conselho de administração, quando nota-se que ele mesmo expressamente determinou que os preferencialistas que exercessem o direito estatutário de eleição em separado de um representante, nos termos do art. 18, ficassem impedidos de participar da eleição em separado de que trata o § 4º, II.

Também dentro desse mesmo intuito de manter a proporcionalidade é que foi inserida a própria regra do § 7º do art. 141, que permite sempre ao controlador eleger um representante a mais do que aqueles eleitos pelos minoritários e preferencialistas, quando houver cumulação entre voto múltiplo e voto em separado.

Há que se esclarecer um ponto não referido no parecer comentado. A cumulatividade entre voto múltiplo e voto em separado expressamente admitida pelo § 7º do art. 141 refere-se não à possibilidade de um mesmo acionista votar, com as mesmas ações, na votação em separado (§§ 4º e 5º do art. 141, e arts. 16, III e 18) e na votação por voto múltiplo (art. 141 e §§ 1º a 3º). Trata-se, na verdade, da cumulatividade ou ocorrência simultânea do *processo de voto múltiplo* e do *processo (ou processos) de voto em separado* numa mesma eleição. Ou seja, uma cumulatividade de processos ou sistemas de votação.[39]

Nos casos em que houver a cumulação desses dois processos ou sistemas de votação, poderá ocorrer de os titulares de ações ordinárias e preferenciais, mesmo não votando duas vezes, uma em cada processo eletivo, acabarem por ter número de conselheiros maior ou igual ao dos controladores, pelo que justifica-se a inclusão da regra do § 7º do art. 141.

Assim, conforme bem concluiu a comentada resposta da CVM, o acionista titular de ações ordinárias que tiver o direito de participar da eleição em separado a que se refere o § 4º, I, do art. 141, deverá optar por participar da eleição por voto múltiplo ou da eleição em separado — a depender das chances que vislumbre ter em cada um dos processos — sendo-lhe vedado votar com as mesmas ações em ambos os processos eletivos. E note-se que, estando o direito de voto ligado à ação e não à pessoa do acionista (art. 110), nada impede que esse minoritário opte por votar com parte de suas ações pelo processo de voto em separado, e com outra parte pelo processo de voto múltiplo.[40]

III.3 A representação dos empregados no conselho de administração

Muito embora não tenha sido objeto da consulta ora comentada o parágrafo único do art. 140, que trata da representação dos empregados no conselho de adminis-

expressamente no inc. II do § 4º do art. 141 que aqueles titulares de ações preferenciais que tiverem exercido o seu direito estatutário de eleger em separado um membro do conselho de administração (art. 18) não podem participar da eleição em separado prevista no § 4º.

39. Esse argumento, aliás, encontra apoio na própria redação do § 7º do art. 141: "sempre que, cumulativamente, a eleição do conselho de administração se der pelo *sistema* do voto múltiplo e os titulares de ações ordinárias ou preferenciais exercerem a prerrogativa de eleger conselheiro, será assegurado (...)".

40. João Laudo de Camargo e Maria Isabel Bocater, "A disciplina do conselho de administração na reforma da Lei das Sociedades por Ações (Lei 10.303, de 2001)", in Jorge Lobo (coord.), *Reforma da Lei das Sociedades Anônimas: Inovações e Questões Controvertidas da Lei 10.303, de 31.10.2001*, p. 403.

tração, cumpre analisar a forma pela qual se fará a eleição desse representante dos trabalhadores, e a forma pela qual este dispositivo se integra às demais regras para o preenchimento dos cargos daquele órgão.

O parágrafo único inserido no art. 140 pela Lei 10.303/2001 permite ao estatuto prever a participação no conselho de administração de um representante dos empregados. Esse representante será escolhido por meio de *eleição direta* dos empregados, a ser organizada pela companhia conjuntamente com as entidades sindicais que representem os seus empregados.

Esse conclave dos empregados, que demanda organização especial com a participação do sindicato, deve ser realizado antes, e, portanto, fora da assembléia geral que vier a eleger os demais membros do conselho de administração. Devem ter a oportunidade de participar dessa votação todos os empregados da companhia, e o resultado dessa eleição será a escolha de um representante dos empregados que será apenas homologado quando da realização da referida assembléia geral.

A dúvida que se põe com relação à eleição desse representante é a de saber se o empregado que seja ao mesmo tempo acionista da companhia poderia participar tanto da eleição direta para o representante dos trabalhadores no conselho de administração, quanto da eleição, qualquer que seja o processo eletivo, dos demais membros desse órgão.

Entendemos pela possibilidade de o empregado acionista votar duas vezes, uma como empregado e outra como acionista.

É que, nesse caso, o acionista, além de revestir-se da condição e dos direitos e deveres inerentes à sua condição de sócio, reveste-se também da condição de empregado, com os direitos e deveres inerentes à essa outra condição relativamente à companhia.

Não se confundem os interesses que a lei pretendeu tutelar com a representação dos empregados e dos acionistas minoritários e preferencialistas no conselho de administração. E se uma mesma pessoa concentra esses dois feixes distintos de interesses, os de empregado e os de acionistas, não pode ser impedida, salvo por expressa previsão legal, que no caso inexiste, de exercer os direitos de eleição que lhes são concedidos pela lei em virtude de cada um desses feixes de interesses.

Ademais, no caso, não incide a vedação do voto plural, pois a eleição do representante dos empregados dá-se fora da assembléia geral de acionistas, de forma que o voto nela exercido pelo empregado não se confunde com o voto por ele exercido na qualidade de acionista na assembléia geral.

Note-se que a lei nada menciona a respeito da destituição desse representante dos empregados. Deve-se entender, portanto, que cabe à assembléia geral destituir esse conselheiro. Porém essa destituição somente se poderá fazer quando este conselheiro faltar com os deveres e responsabilidades inerentes ao seu cargo (arts. 153 a 159),[41] sob pena de tornar-se ineficaz essa representação pela vontade da maioria dos acionistas.

III.4 O procedimento de eleição dos membros do conselho de administração, após as inovações introduzidas pela Lei 10.303/2001

Em vista de tudo o que foi exposto, podemos concluir que o procedimento a ser adotado nas assembléias gerais para a eleição dos membros do conselho de administração deve seguir os passos adiante mencionados.

41. Muito embora a regra do § 1º do art. 154 refira-se ao administrador eleito por grupo ou classe de acionista, deve-se entender que o administrador eleito pelos empregados tem para com a companhia os mesmos deveres que os demais, não podendo, ainda que para a defesa do interesse dos que o elegeram, faltar a esses deveres.

Primeiramente, não tendo a lei mandado aplicar o disposto no § 1º do art. 141 para a preparação para a votação em separado, não é necessário que os acionistas que intencionem exercer a prerrogativa da eleição em separado dos §§ 4º e 5º do art. 141 notifiquem previamente a companhia da sua intenção, basta, como salientou o parecer comentado, que compareçam à assembléia e manifestem nesse momento a sua intenção.

Instalada a assembléia, se tiver havido o requerimento tempestivo para a utilização do voto múltiplo, nos termos do § 1º do art. 141, o presidente deverá informar aos presentes da solicitação de voto múltiplo, explicitando aos acionistas titulares de ações com direito a voto que as ações por eles utilizadas para votar na eleição em separado nos termos dos §§ 4º e 5º do art. 141, ou dos arts. 16, III, e 18[42] não poderão ser utilizadas para votar na eleição por voto múltiplo.[43] E que aquelas ações preferenciais[44] utilizadas para a votação em separado do art. 18 não poderão ser usadas na votação em separado do inc. II do § 4º do art. 141.

Não tendo havido o requerimento de eleição por voto múltiplo, o presidente informará aos presentes apenas que as ações por eles usadas para votar na eleição em separado não poderão ser usadas para votar na eleição dos demais conselheiros por voto simples.

Os acionistas titulares de ações com direito a voto deverão, então, optar por participar da eleição por voto múltiplo (ou simples, conforme o caso) ou da eleição por voto em separado, por qualquer modalidade que seja (art. 141, §§ 4º e 5º, ou arts. 16, III, e 18), podendo ainda optar por dividir suas ações entre um e outro processo eletivo.

A mesa, então, procederá à verificação da habilitação de cada acionista para a votação em separado prevista nos §§ 4º e 5º, conferindo à vista do Livro de Registro de Ações Nominativas, se os acionistas cumprem o requisito do § 6º do art. 141. Em seguida, registrará o nome dos acionistas que optarem por participar dessa votação em separado, verificando se os acionistas habilitados perfazem o *quorum* necessário para a instalação daqueles colégios apartados.

Tendo havido requerimento de voto múltiplo, uma vez feito esse registro dos que participarão da votação em separado dos §§ 4º ou 5º do art. 141, a mesa calculará — cotejando tal registro com o Livro de Presença — o número de ações remanescentes que poderão participar da eleição por voto múltiplo, e informará aos presentes o número de votos necessários para a eleição de cada membro do conselho de administração, tendo em vista o número de assentos remanescentes a preencher. Se o estatuto previr a eleição de um representante dos empregados, a mesa deverá calcular o número de assentos a preencher por voto múltiplo, excluindo o assento do representante já eleito pelos empregados, que será apenas homologado pela assembléia geral.

Feitos os necessários registros, proceder-se-á às votações em separado pelos acionistas habilitados para tanto, e, em seguida, à votação por voto múltiplo para a eleição dos conselheiros para os assentos remanescentes.

Lembre-se, por fim, que a destituição de um dos conselheiros eleitos pelo *voto múltiplo* deve acarretar, nos termos do que dispõe o § 3º do art. 141, a destituição de todos os demais membros *eleitos pelo mesmo processo*. Essa destituição, no entanto, não implicará a destituição dos membros eleitos pela eleição em separado de que tra-

42. A referência ao art. 18 aqui é feita na suposição de que possa haver, eventualmente, ações preferenciais com direito a voto.

43. Note-se que ainda que um acionista vote com suas ações na eleição em separado e seja vencido, ficará impedido de participar da eleição por voto múltiplo.

44. Aqui, referimo-nos exclusivamente às ações preferenciais sem direito a voto ou com voto restrito.

tam os §§ 4º e 5º do art. 141 — pois estes, como visto, somente podem ser destituídos pelo mesmo processo pelo qual foram eleitos — e nem a destituição do conselheiro eleito pelos empregados, os quais permanecerão em seus cargos até o final de seus mandatos.

Bibliografia

BULGARELLI, Waldirio. *Regime Jurídico da Proteção às Minorias nas Sociedades Anônimas.* Rio de Janeiro, Renovar, 1998, cap. II.

CAMARGO, João Laudo de e BOCATER, Maria Isabel do Prado. "Conselho de Administração: seu funcionamento e participação de membros indicados por acionistas minoritários e preferencialistas", in LOBO, Jorge (coord.), *Reforma da Lei das Sociedades Anônimas*, Rio de Janeiro, Forense, 2002, pp. 385-421.

CANTIDIANO, Luiz Leonardo. *Reforma da Lei das S/A.* Rio de Janeiro, Renovar, 2002.

CARVALHOSA, Modesto. *Comentários à Lei de Sociedades Anônimas.* v. 3, São Paulo, Saraiva, 1997.

________. e EIZIRIK, Nelson. *A nova Lei das S/A.* São Paulo, Saraiva, 2002.

CUNHA, Paulo Olavo. *Os Direitos Especiais nas Sociedades Anônimas: As Ações Privilegiadas.* Coimbra, Almedina, 1993.

HAMILTON, Robert W. *The Law of Corporations.* 5ª ed., St. Paul, West, 2000, cap. 9, § 9.4.

HENN, Harry G. e ALEXANDER, John R. *Law of Corporations and other Business Enterprises.* 3ª ed., St. Paul, West Group, 1983.

HOPT, Klaus J. e HAMBURG, Stefan Prigge. "Preface" in HOPT, Klaus J., KANDA, Hideki, ROE, Mark J., WYMEERSCH, Eddy e PRIGGE, Stefan (orgs.), *Corporate Governance: the State of Art and Emergin Research.* Oxford, Oxford University Press, 1998.

LIMA, Osmar Brina Correa. *Sociedade Anônima: Textos e Casos.* Rio de Janeiro, Forense, 1991, pp. 156-161.

________. "Direito de voto na sociedade anônima", *Revista dos Tribunais* 530/26-37, dez. 1979.

LOBO, Carlos Augusto da Silveira. "O voto múltiplo na eleição do Conselho de Administração das Sociedades Anônimas", *Revista Forense* 270/117-119, ano 76, abr.-jun. 1980.

TEIXEIRA, Egberto Lacerda e GUERREIRO, José Alexandre Tavares. *Das Sociedades Anônimas no Direito Brasileiro.* v. II, São Paulo, José Bushatsky, 1979.

TOLEDO, Paulo F. C. Salles. *O Conselho de Administração na Sociedade Anônima.* 2ª ed., São Paulo, Atlas, 1999.

________. "Modificações introduzidas na lei das sociedades por ações, quanto à disciplina da administração das companhias", in LOBO, Jorge (coord.), *Reforma da Lei das Sociedades Anônimas*, Rio de Janeiro, Forense, 2002, pp. 424-452.

* * *

RDM 126

DOUTRINA: CONCEITO DE LIQUIDEZ NA DISCIPLINA DO MERCADO DE VALORES MOBILIÁRIOS – Rachel Sztajn • ***ATUALIDADES:*** OS CONTRATOS INOMINADOS E O NOVO CÓDIGO CIVIL – Haroldo Malheiros Duclerc Verçosa • A RETIRADA JUDICIAL DOS SÓCIOS COTISTAS E A JUSTA PRESERVAÇÃO DE SEUS DIREITOS NO CURSO DA AÇÃO – João Luiz Coelho da Rocha • O MERCADO DE CAPITAIS COMO IMPERATIVO DESENVOLVIMENTISTA – Raphael Velly de Castro • A ARBITRAGEM NAS SOCIEDADES DE RESPONSABILIDADE LIMITADA – Pedro A. Batista Martins • GOVERNANÇA CORPORATIVA E AÇÕES PREFERENCIAIS – DILEMA DO LEGISLADOR BRASILEIRO – Fernando Shayer • ELEIÇÃO DE MEMBROS DO CONSELHO DE ADMINISTRAÇÃO PELOS ACIONISTAS MINORITÁRIOS (EXEGESE DO INCISO I DO § 4º DO ART. 141 DA LEI 6.404/1976) – Pedro Oliva Marcilio de Sousa • ***DIREITO E ECONOMIA:*** APRESENTAÇÃO DO PROJETO “DIÁLOGOS FEA & LARGO DE SÃO FRANCISCO” – RELEVÂNCIA PARA TRANSFORMAÇÃO DAS INSTITUIÇÕES NO BRASIL CONTEMPORÂNEO – Decio Zylbersztajn, Rachel Sztajn, Érica Cristina Rocha Gorga e Roberto Fava Scare • A ECONOMIA E O DIREITO DE PROPRIEDADE – Decio Zylbersztajn e Rachel Sztajn • DIREITOS DE PROPRIEDADE NA NOVA ECONOMIA DAS INSTITUIÇÕES E EM DIREITO E ECONOMIA – Bernardo Mueller • A *PROPRIEDADE PRIVADA* ENTRE O DIREITO CIVIL E A CONSTITUIÇÃO – Alcides Tomasetti Jr. • ***ESPAÇO DISCENTE:*** NOTAS SOBRE A EFICÁCIA DA CLÁUSULA COMPROMISSÓRIA ESTATUTÁRIA – Juliana Krueger Pela • ALIENAÇÃO DO CONTROLE DE S/A POR OFERTA PÚBLICA (ART. 254-A DA LEI DAS S/A) – Adriana Josuá • ***JURISPRUDÊNCIA COMENTADA:*** CÉDULA RURAL PIGNORATÍCIA – DEPÓSITO DE BEM FUNGÍVEL EM ARMAZÉM-GERAL – PRISÃO DE DEPOSITÁRIO INFIEL – Fernando Netto Boiteux • CVM – DECISÃO ADMINISTRATIVA SOBRE ALIENAÇÃO DE CONTROLE – AÇÕES VINCULADAS A ACORDO DE ACIONISTAS – O CASO VOTORANTIM – Arthur Bardawil Penteado • PARECER CVM DE 16.4.2002: CRITÉRIOS PARA A ELEIÇÃO DE MEMBROS DO CONSELHO DE ADMINISTRAÇÃO DE S/A ABERTA, APÓS A LEI 10.303/2001 – Daniela Gomes Afonso

MALHEIROS EDITORES